中国文化遗产研究院
援外文物保护工程项目成果集：2017—2019

中国文化遗产研究院　编著

许　言　主编

文物出版社

图书在版编目（CIP）数据

中国文化遗产研究院援外文物保护工程项目成果集：
2017-2019 / 中国文化遗产研究院编著；许言主编 . --
北京：文物出版社，2021.10
　ISBN 978-7-5010-6631-5

　Ⅰ . ①中… Ⅱ . ①中… ②许… Ⅲ . ①文物保护－文
集 Ⅳ . ① G26-53

　中国版本图书馆 CIP 数据核字 (2021) 第 048221 号

中国文化遗产研究院援外文物保护工程项目成果集：2017—2019

编　　著：中国文化遗产研究院
主　　编：许　言

责任编辑：李　睿　宋　丹
封面设计：王文娴　王翊赜
责任印制：苏　林

出版发行：文物出版社
社　　址：北京市东城区东直门内北小街2号楼
邮　　编：100007
网　　址：www.wenwu.com
经　　销：新华书店
印　　刷：宝蕾元仁浩（天津）印刷有限公司
开　　本：889mm×1194mm　1/16
印　　张：28.5
版　　次：2021年10月第1版
印　　次：2021年10月第1次印刷
书　　号：ISBN 978-7-5010-6631-5
定　　价：580.00元

CHINESE ACADEMY OF CULTURAL HERITAGE
Collection of Chinese Aid Cultural Heritage Conservation Projects
2017—2019

CHINESE ACADEMY OF CULTURAL HERITAGE, EDIT
Xu Yan Chief editor

Cultural Relics Press
2021

CHINESE ACADEMY OF CULTURAL HERITAGE
Collection of Chinese Aid Cultural Heritage Conservation Projects
2017—2019

Director: Chai Xiaoming

Committee Member: Chai Xiaoming, Xie Bing, Xu Yan, Tang Wei, Qiao Yunfei, Li Hongsong, Wang Yuanlin, Li Xiangdong, Xing Shuqin, Dang Zhigang, Chen Xin

Chief editor: Xu Yan

Executive Editor: Wang Jing

Editor（Order by strokes of last name）:Wang Jing, Wang Yize, Liu Zhijuan, Li Danting, Li Mingsong, Zhang Litao, Chen Hui, Jin Zhaoyu, Zhao Yanpeng, Yuan Mengxi, Yuan Yujie, Jia Ning, Yan Ming, Guo Qianru, Huang Wenlan

序

　　许言研究员主编的《中国文化遗产研究院援外文物保护工程项目成果集 2017—2019》即将付梓。他想到了我在文研院任院长和在国家文物局任副局长期间对援外工作的关注，特地嘱我为序。这份盛情，令我感动。

　　中国文物援外项目在国家对外援助工作体系内显现出分量和特色，是最近 10 年的事情。从建国初期开始，虽然中国自身经济条件有限，但仍坚持向一些亚非友好国家提供经济援助和支持（包括欧洲的阿尔巴尼亚），而文物保护项目却是长期的空白。直到 20 世纪 90 年代中国参加联合国教科文组织发起的"拯救吴哥古迹国际行动"，文物保护项目才作为对外援助的特例有了一席之地。今天，对外文物保护和联合考古等已经成为中国国际发展与合作国家制度当中的基本内容，尽管所占比重不大，但却足以证明中国已经成长为世界经济强国和负责任的大国。一滴水可以见太阳，时代的变迁、国家的进步、社会的发展、事业的成长，都在其中。这个可喜的变化，有国家文物局和中国文化遗产研究院的积极贡献。

　　中国文化遗产研究院作为国家级的文物保护研究机构，有幸成为中国政府对外文物援助工作的排头兵。从 1998 年正式开始柬埔寨吴哥古迹周萨神庙遗址的保护工程至今，对外文物援助工作从临时组队到设置了专门的机构——国际合作中心；工作的地点和范围不断扩大：从柬埔寨的茶胶寺、崩密列、王宫遗址和柏威夏寺遗址，到蒙古国、尼泊尔、缅甸和乌兹别克斯坦；工作类型和业绩日益丰富，包括了考古发掘、石质文物保护、遗址保护展示以及石质、砖质和木构建筑维修等。这其中，大多是双边合作，但起主导作用的，是在柬埔寨开展的几个兼具多边和双边性质的项目。从成果而言，除了工程之外，还有一批研究意味很浓的课题和著作。在这些项目的推动过程中，以许言和侯卫东、乔云飞等专家为代表的文研院团队圆满完成了项目设计规定的任务，赢得了合作方的赞扬和尊重，姜怀英、刘江、许言、王元林、顾军等 5 位专家先后获得了柬埔寨王国的骑士勋章，更多的同志特别是年轻学者在工作中开阔了国际视野，增长了国际合作的经验和才干，学习了外国历史和文化，这对于将中国文化遗产研究院建设成为一个国际知名的文化遗产保护研究机构，也是重大的收获。

　　更重要的是，通过上述援外工作，中国文物保护走出去的国际影响力在不断扩大，中国作为世界文明古国和文化遗产大国的形象正在成为中国对外交往最重要的软实力，文物援外成为了中外文化交流的主渠道。这对于增进中国与世界各国特别是"一带一路"沿线国家和地区间的人文交流、文化合作，加强文明交流互鉴，是极为重要的。观察一下当今世界各个主要经济体和文化强国，就会发现一个普遍的现象：它们都很热心为国际文化遗产保护事业做出贡献，同时也很善于借助对外文物保护来扩大自己的影响、传播自己的文化观念。中国在这个方面，不仅任务很重，而且具有更大的优势。

2019 年 5 月，习近平主席在亚洲文明对话大会开幕式主旨演讲中明确提出："中国愿同各国开展亚洲文化遗产保护行动，为更好传承文明提供必要支撑。"这是他关于构建人类命运共同体、共建"一带一路"等新思想、新倡议重要的新构成，是推动周边外交的有力措施，意义十分重大。中国文化遗产研究院将近年来的文物援外成果提炼总结并集结付梓，对我们谋划并推动下一步的文物对外援助工作，将是重要的参考。我衷心希望中国文化遗产研究院在新的援外文物保护合作事业中与时偕行，呈现新气象，打开新局面，为推动国际文化遗产保护事业，为推动中国文化走出去，为增进中国人民与世界人民的心意相通、谱写人类文明交流互鉴的时代新篇章，作出更大贡献。

2021 年 1 月 25 日

Foreword

The Chinese Academy of Cultural Heritage Collection of chinese Aid Cultural Heritage Conservation Projects 2017—2019 compiled by Mr. Xu Yan will soon be published. I was invited by him to write this foreword because I was concerned about the foreign aid work during my tenure as the President of the Chinese Academy of Cultural Heritage and Deputy Director of the National Cultural Heritage Administration. I was touched by this gesture.

It was in the last decade that China's foreign aid in cultural relics conservation projects began to carry weight and characteristics in China's foreign aid work system. From the beginning of the founding of the People's Republic of China, our country stuck to providing economic aid and support to some friendly countries in Asia and Africa (including Albania in Europe) despite its limited economic conditions, however, there was a long–term gap in its foreign aid in cultural relics conservation projects. It was not until the 1990s, when China participated in the UNESCO–advocated "International Action for Safeguarding Angkor," that cultural relics conservation projects took a place in China's foreign aid as a special case. Today, foreign cultural relics conservation and joint archaeology have become essential elements of China's national system for international development and cooperation, and they, despite small proportions in the foreign aid work, are sufficient to prove that China has grown into a world economic power and a major and responsible country. As the saying goes "a drop of water may mirror the sun"; the changes of the times, the progress of the country, the development of society, and the growth of the cause are all mirrored by little changes. And that welcome change was possible because of the active contribution of the National Cultural Heritage Administration and the Chinese Academy of Cultural Heritage.

As a national research institute for cultural relics conservation, the Chinese Academy of Cultural Heritage (CACH) is honored to be a vanguard in the Chinese government's foreign aid work in cultural relics conservation. Since the official launch of the conservation project of the Chau Say Tevoda ruins of Angkor, Cambodia in 1998, China's foreign aid force in cultural relics conservation has developed from a temporary team to a special institution——the International Cooperation Center; the locations and scopes of work have been expanding: from Ta Keo Temple, Beng Mealea, Royal Palace and Preah

Vihear Temple ruins of Cambodia, to Mongolia, Nepal, Myanmar, and Uzbekistan; and the types and achievements of work have become increasingly diverse, including archaeological excavations, stone cultural relics conservation, site conservation and display, and stone, brick and wooden architecture maintenance. Most of the projects involved therein are bilateral cooperation ones, and China plays the leading role in several projects in Cambodia that are both multilateral and bilateral in nature. In terms of achievements, there are a group of highly research-oriented subjects and works besides the project achievements. In the process of promoting these projects, the CACH team, represented by Xu Yan, Hou Weidong, Qiao Yunfei, etc., successfully completed the tasks specified in the project designs and won the praise and respect of the partners; five experts, including Jiang Huaiying, Liu Jiang, Xu Yan, Wang Yuanlin, and Gu Jun, were awarded the Knight Medal of the Kingdom of Cambodia; all participants, especially young scholars, have broadened their international vision, increased their experience and competence in international cooperation and learned foreign histories and cultures in their work, which are significant gains in building the Chinese Academy of Cultural Heritage into an internationally renowned research institute for cultural heritage conservation.

More importantly, through the above foreign aid work, the international influence of China's cultural relics conservation is expanding, the image of China as a world's ancient civilization and a big country of cultural heritage is becoming the most important soft power to be used in China's diplomacy, and foreign aid in cultural relics conservation has become the main channel of cultural exchanges between China and foreign countries. All these are extremely important to enhance people-to-people exchanges and cultural cooperation between China and the rest of the world, especially countries and regions along the Belt and Road, and to strengthen exchanges and mutual learning among civilizations. If we look at the major economies and strong countries in culture in the world today, we will find a common phenomenon: they are all very enthusiastic about contributing to the cause of international cultural heritage conservation, and they are also very adept in expanding their influence and spreading their cultural concepts through foreign cultural relics conservation. In this regard, China does not only have a heavy workload but also has greater advantages.

In May 2019, in his keynote speech at the Opening Ceremony of the Conference on Dialogue of Asian Civilizations, President Xi Jinping clearly put forward, "China is ready to work with other countries to protect Asian cultural heritage and better preserve and sustain our civilizations." This is an important new part of his new ideas and initiatives on building a community with a shared future for mankind and participating in Belt and Road cooperation as well as a powerful measure to promote neighborhood diplomacy, which is of great significance. The Chinese Academy of Cultural Heritage summarizing and collecting the achievements in China's foreign aid in cultural relics conservation in recent years for publication will provide an important reference for us to plan and promote the next foreign aid work of cultural heritage conservation. I sincerely hope that the Chinese Academy of Cultural Heritage will advance with the times, take on a new look and break new ground in the new cooperative cause of foreign aid in cultural relics conservation, to make greater contributions to promoting the cause of international cultural heritage conservation, boosting Chinese culture to go global, enhancing the friendship between the people of China and the rest of the world, and writing a new chapter in the era of exchanges and mutual learning among human civilizations.

Liu Shuguang

January 25, 2021

前 言

中国文化遗产研究院实施的一系列中国援外文物保护项目始终秉承"平等互利，讲究实效、形式多样、共同发展"的中国对外援助理念。从 1950 年代中国援助蒙古国文物维修项目的艰难开创，到援柬埔寨吴哥古迹 Ⅰ 期到 Ⅲ 期项目的逐步成熟，再到援尼泊尔加德满都九层神庙震后修复项目、援乌兹别克斯坦希瓦古城综合修复整治项目的发展壮大，今天中国国际合作援外文物保护事业所取得的成绩，是几代援外文物保护工作者不断开拓进取，在海外兢兢业业拼搏的集体智慧与劳动成果。

中国对外援助文物保护成套项目是由商务部主管，国际经济合作事务局直接管理，国家文物局专业支持，是中国对外援助工作中的一项重要内容，也是文物保护"走出去"的重要体现。以援外文物保护项目为抓手的中国文物国际交流合作，能够增进中国与"一带一路"沿线国家和地区间的人文交流、文化合作，加强亚洲地区间文明交流互鉴，是助力共建"一带一路"国际合作、践行亚洲文化遗产保护行动的切实举措。70 年来，援外文物保护合作事业顺应时代要求，整体布局，多点开花，多元实施，在南南合作框架下，援外文物保护项目涉及国别不断增加，保护合作领域不断拓展，中国文物保护"走出去"的国际影响力不断扩大。目前，中国在共建"一带一路"国家已经陆续开展了 30 余个文物援助项目，"援外文物保护工程和合作考古成为'一带一路'文化领域重要收获。"

文研院在陆续承担的十余项国际合作援外文物保护项目的过程中，逐步摸索形成了一套统筹兼顾，"以文物古迹保护修复实务为核心，与外方协同共施文物保护科学研究、专业技术合作、区域人文交流与人才队伍培养"的国际合作援外项目实施体系。我们真诚的关心和尊重他国的文化遗产，通过与"一带一路"沿线国家文物保护修复的务实合作实现平等共赢，同时致力于当地的文化遗产保护利用与社会区域的可持续发展。

文研院援柬茶胶寺项目组在前期十余年的吴哥保护工作中积累了大量的现场工作与国际合作经验，而且中国自身的文物保护技术和研究水平也有了长足的发展。因此，在茶胶寺项目实施过程中，中国工作队充分了解和尊重吴哥文明与柬方意愿，遵循国际文化遗产保护惯例和《吴哥宪章》的总体原则，同时融入了中国自身的文物保护工程实践经验与做法，在吴哥保护的国际平台上展示了中国队的新理念、新方法、新技术和新能力。茶胶寺修复项目于 2018 年顺利竣工，中国队的修复理念和技术都得到了柬方和国际同行的高度认可，可以说中国队已经在吴哥保护的国际舞台崭露头角，而这将对中国队即将实施的援柬Ⅲ期王宫遗址保护修复项目产生积极且深远的影响，同时也将进一步拓展中柬文化遗产保护的国际交流与合作。

以长期持续的援柬文物保护修复项目为工作基础，文研院陆续实施了首个中亚地区文物保护援助项目"援乌兹别克斯坦花剌子模州文化遗产保护项目"和尼泊尔2015年地震灾后重建的重要文化遗产援助项目"援尼泊尔加德满都杜巴广场九层神庙修复项目"、"援尼泊尔努瓦科特杜巴广场修复项目"。这些开创性援外文物保护项目的稳步实施，成为中国在文物保护领域对"一带一路"沿线国家贡献"中国方案"和"中国智慧"的集中体现。同时，我们也可以从中一窥中国国际合作援外文物保护事业之发展、理念之演进、实践之丰富、队伍之壮大的历程。

2017—2019年是援外文物保护事业创新发展的三年，也是中国文化遗产研究院的国际合作援外文物保护项目取得丰硕成果的三年。因此，我们整理了我院2017至2019年竣工结项或是取得了阶段性进展的三个优秀援外文物保护项目成果集结成册。其中包括2017年完成的《援尼泊尔加德满都杜巴广场九层神庙修复项目（2017—2022）深化设计》、2018年结项的《援柬埔寨吴哥古迹茶胶寺修复项目（2012—2019）》以及2019年竣工的《援乌兹别克斯坦花剌子模州历史文化遗迹保护修复项目（2017—2019）》。

将这三个项目的成果提炼和付梓，一来这是对此前援外工作埋头赶路的一次总结与回顾，形成今后可资借鉴的援外文物保护修复项目资料档案，充实我院在国际文物保护合作领域的基础建设和学术积累；二来是希望值此"新时代"背景下的援外文物保护事业关键发展时期，我们能够抬头看路、总结经验、长远谋划，以"文物"为载体讲好中国故事，助力夯实"一带一路"倡议和亚洲文化遗产保护行动的人文基础，更好地顺应国内外形势，服务国家外交大局。

选取这三个援外文物保护合作项目作为代表，是因为这三个项目无论在周边外交关系和项目所在地区的社会、宗教背景，还是文化遗产特性、工程项目性质等方面均有较大差异，极具代表性和典型性。同时，这三个项目均为世界文化遗产，在遗产的突出普遍价值认知与保护管理方面又具有一定的共性。

首先，从周边外交角度看，援乌项目属于中国与中亚重要国家的双边合作，作为联合国教科文组织开展的国际吴哥古迹保护行动框架下持续实施的援柬项目则是代表性的多边文化遗产保护行动，援尼项目则是尼泊尔震后文化遗产修复的国际援助行动，因此也趋向于多边合作。

其次，从地理区位和社会宗教背景来说，这三个项目分属亚洲不同地区、不同国别，且在本国所处的地位也不尽相同。其中九层神庙地处南亚尼泊尔的首都加德满都，吴哥古迹茶胶寺庙山建筑位于东南亚柬埔寨的重要历史文化城市暹粒，花剌子模州希瓦古城则是中亚地区乌兹别克斯坦西端的一处沙漠绿洲。在宗教背景方面，加德满都王宫建筑深受尼泊尔佛教和印度教影响，吴哥古迹庙山建筑是印度教神祇所在的极乐世界的现实象征，而希瓦古城中的经学院和清真寺是伊斯兰教最为典型的宗教建筑类型。

第三，从文物保护工程项目的性质来说，援尼项目为尼泊尔震后文化遗产抢救修复工程，援柬项目是延续了数十年的世界文化遗产国际合作保护行动，而援乌项目则是中国在中亚地区援助的首个世界文化遗产历史城镇综合保护整治项目。这三个项目的修复对象建筑结构分别涉及砖木、石构和砖砌体，从修复工程技术的角度具有代表性。具体来说，尼泊尔加德满都杜巴广场九层神庙是以木结构为主的典型尼泊尔马拉时期砖木结构王宫建筑，茶胶寺则是柬埔寨吴哥古迹中具有代表性的石构庙山国家寺庙建筑，希瓦古城中的阿米尔·图拉经学院和哈桑·穆拉德库什别吉清真寺是中亚地区分布最为广泛的砖砌体穹隆顶伊斯兰宗教建筑。

针对这三个项目自身的特点，文研院配备了相应专业的技术人员分别组建项目组，在充分考虑援外文物保护合作项目的差异性、复杂性与长期性的基础上，开展了全面、科学的修复工作。本辑收录的这三个典型援外工程项目成果，较为全面、系统地介绍了项目的背景概况、理念方法与项目实施过程，并且重点提炼了每个修复项目的创新亮点以及在工程中遇到的技术难点和相应的解决策略。文中还通过记录修复项目实施前后的效果对比及中外方媒体对该项目的宣传报道，进一步阐述援外文化遗产保护修复工程实施在促进当地社会可持续发展和中外文化保护交流合作等方面产生的一系列良好的综合社会效益。

1. 援尼泊尔加德满都杜巴广场九层神庙修复项目

2015 年尼泊尔遭受严重地震灾害，加德满都谷地世界遗产所涉及的多组重要建筑遭受严重破坏。中国政府承担了援助尼泊尔对受损严重的九层神庙实施地震灾后文化遗产抢救、修复与保护工作。作为典型的灾后重建援助项目，首先需要以科学的态度梳理文物建筑的地震灾后影响评估，了解尼泊尔当地震后重建工作的整体部署与原则，从而确定九层神庙建筑地震灾后清理、防护和修复的技术路线和工程步骤。九层神庙是加德满都标志性的传统建筑，结构体系独特且具有代表性，在尼泊尔具有很高的辨识度和影响力。由于九层神庙建筑是各个历史时期不断改建、加建积累叠加的结果，主体结构也是由方形九层塔和回形罗汉庭院及其上部角楼两个独立的结构体组合而成，因此建筑外观形式和结构都极为复杂，在此次地震中多处震损严重且损坏类型和表征多样，修复项目的技术难度极高。如何能在满足建筑结构震后加固安全性的基础上，最大程度地保留与修复该建筑地震前的文物信息是我院援尼中国项目组（以下简称援尼项目组）面临的重大课题。因此，对于尼泊尔建筑的历史资料研究与九层神庙的现状勘察就成为一项必须的基础工作。

由于九层神庙修复项目是中国在尼泊尔实施的第一个文物修复项目，此前国内学者对于尼泊尔建筑的了解也仅限于建筑风格与装饰，对尼泊尔各类建筑构造特征特别是宗教建筑缺少系统的研究。因此，九层神庙项目组前期对于尼泊尔的寺庙和宫殿建筑形制、构造、装饰及宗教内涵等进行了系统的梳理和研究，并将这种分析和研究思路贯穿整个修复与保护的过程之中。九层神庙作为"加德满都谷地"世界文化遗产的重要组成部分，具有多方面的价值。它作为尼泊尔马拉时期的典型塔庙形式居住宫殿建筑，在沙阿王朝扩建后成为国家的政治与宗教中心，同时兼具行政办公、日常生活起居以及皇家宗教仪式的功能。这种建筑的复合功能从一个侧面体现了尼泊尔政教合一的社会制度，同时也是体现尼泊尔皇家宫殿历史发展变迁的完整实物见证，具有极高的社会价值。九层神庙集合了尼泊尔传统纽瓦丽民居建筑的回字形合院组织结构、王宫建筑的平面功能布局以及宗教塔庙建筑的多层宽大披檐外立面形式等各类型尼泊尔建筑的典型特征，建筑结构和形式独特且复杂。建筑门、窗及主要构件上精湛繁复的木刻，更是将尼泊尔传统木刻工艺和建筑宗教意义表达得淋漓尽致，具有极高的艺术和技术价值。这些价值在灾后的抢救、修复、保护工程中，都需要得到最大程度的保存和延续。

对于九层神庙的勘测和研究包括了对九层神庙世界文化遗产价值的认知、建筑的形制源流与社会宗教背景发掘、建造工艺及历史修缮的辨别、震后灾害记录的分类梳理等诸多方面，九层神庙整体修复方案的科学制定，修复措施的甄选和研判也都是建立在前期这种详细科学的勘测与研究基础上。九层神庙的修复措施确定为"主要采用当地传统技艺对损坏的建筑进行修复，同时尽可能保留和使用原有建筑构件以最大程度保护九层神庙建筑及其周边环境的全部信息。"援尼项目组的技术人员与尼泊尔当地工匠、保护专家和在尼参与遗产保护工作的国际同行深度交流、共同合作，最终形成了一套基于尼泊尔当地传统技术，同时改善补强原有建筑结构整体性，适当运用新材料和新技术增强建筑关键节点部位抗震能力的综合震后修复技术方案。

通过现场详细的勘察与精确测量，援尼项目组通过对塌毁建筑旧构件的整理、编号、分类、修补、加固、试拼装等一系列程序，对原有建筑构件、做法进行了记录和分析，结合宗教与社会秩序研究和对当地工匠的走访，最大限度厘清了塌落的老构件原有的位置和面貌。项目组聘请尼泊尔当地技艺精湛的工匠为残损评估后能够继续使用的老构件进行必要的修补和利用，这为九层神庙修复实施的真实性和完整性提供了实物依据和操作保障。

为尽快推动尼泊尔震后的经济发展，促进加德满都旅游业的恢复，尼方提出加德满都的震后重建工作应尽量做到"边施工边开放"，这对九层神庙项目的施工组织提出了新的要求。在此情况下，项目组优化了整体施工组织布局，在远离九层神庙的国家博物馆闲置用地开辟了第二施工现场，保障震落的建筑构件能够及时清理和存储，塌落的原有构件的修补、预拼装与九层神庙现场修复工作同步开展，有效地提高了工程效率。同时调整了工程的节奏，按照加德满都谷地的旱季和雨季交替规律，将关键性的工程施工节点错开雨季，避免影响工期，保障了九层神庙修复工程的有序推进。

九层神庙的抗震加固修复设计也是此次工程设计与施工的一大亮点。项目利用九层神庙建筑平顶密椽的构造方式和主材为硬木的材料特性，在构件连接节点增设隐蔽钢丝绳加强构件间竖向的软性约束。使用"整体补强"和"节点软性连接"的综合震后修复措施实现最小干预目标。在九层神庙修复过程中，不仅使尼泊尔的重要文化遗产得到了修复，中国文物保护工作者也通过与当地工匠和专家的合作，提升了对特殊木结构体系的保护修复技术，同时一批国内外的青年文物保护技术人员也在项目中得到培养锻炼。

九层神庙建筑群曾是王宫，在尼泊尔人民心中的地位举足轻重，把它交给中国人修复是尼泊尔政府对中国文物保护技术力量的极大信任，也满载着尼泊尔人民的深切期望。这份期望，也化作中国文物保护工作者肩头沉甸甸的责任。项目实施过程中，文研院援尼项目组主动担当，与尼方密切交流、真诚合作，将九层神庙这一加德满都地标性建筑"形神兼备"地重新呈现出来，极大地促进了对尼泊尔加德满都谷地世界遗产的保护。这既是对尼泊尔文化遗产保护和可持续发展的有力支持，也是履行中国作为一个世界遗产大国在加入"世界遗产公约"时对国际社会的承诺，对保护全人类共同的文化财产而做出的贡献。正如尼泊尔总统班达里所说："九层神庙项目将尼泊尔古老宗教艺术与中国现代修复技术相结合，对文物采取保护性的修缮，值得学习。"

2020年是尼泊尔大地震五周年，项目按计划本应是完成九层神庙主体建筑修复，为2020尼泊尔旅游年迎接更多游客参观做好准备，助力尼泊尔震后旅游业的振兴。然而突如其来的新冠肺炎疫情给修复工作带来了危机。疫情下，面对这一全人类共同的敌人，中尼双方各级领导对九层神庙修复项目给予了极大的关注与支持，保证了项目的现场安全和有序推进。国家文物局和商务部经济事务合作局高度关心奋战在尼泊尔一线的援外项目组同志们的安全与项目进展情况，指导现场部署疫情防控工作方案。中国驻尼泊尔大使心系中尼工作人员健康，多次赴现场视察防疫工作安排。九层神庙修复项目组在疫情期间一如既往地坚守在第一线，在条件允许的情况下积极组织高质量的修复工作。在共建人类命运共同体的理念指引下，中尼人民再次携手并肩，相互支持，共同坚守抗疫，患难中见真情，将中尼人民友谊在九层神庙修复项目中延续下去。

2. 援柬埔寨吴哥古迹茶胶寺修复项目

2007年，在圆满完成中国政府援助柬埔寨吴哥古迹保护（一期）周萨神庙保护修复工程后，经中柬两国政府共同协商，选定茶胶寺作为援助柬埔寨吴哥古迹保护的二期项目。茶胶寺位于柬埔寨西北部暹粒省首府暹粒市的北部，是著名的吴哥古迹中最为雄伟且具有鲜明特色的庙山建筑之一，茶胶寺因其独特的历史、艺术和科学价值，一直备受国内外学者的瞩目。

联合国教科文组织于1992年将吴哥古迹列入世界文化遗产名录。1993年，柬埔寨王国政府与联合国教科文组织（UNESCO）共同发起了"拯救吴哥古迹国际行动"，以抢救保护这座历经千年自然环境影响及多年战火摧残的优秀文明古迹。在联合国教科文组织的统一协调下，先后有包括中国在内的十几个国家的工作队和学术研究机构，共同开启了援助柬埔寨吴哥古迹保护的国际行动。吴哥古迹的研究与保护工程是一座国际交往的平台，是各国文物保护工作者展示各自文物保护理念和文物保护技术的窗口。茶胶寺项目作为援柬吴哥古迹保护的第二个项目，有着承上启下的关键作用。为此，文研院与柬埔寨吴哥保护发展管理局（APSARA局）共同组建了中柬吴哥保护工作队（Chinese and Cambodia Safeguarding of Angkor，以下简称CCSA），项目的圆满完成在实践了中国援柬项目组保护理念和方法的同时，还在项目管理、施工技术、人员培训、档案建设、国际交流和对外宣传等方面为援柬吴哥古迹保护第三期王宫遗址项目的开展积累了丰富经验。

在修复工作开展前，项目组对茶胶寺的建筑历史格局、形制、病害、残损状况与成因及保护材料等，开展了深入调查和研究；尤其是积累了丰富的、针对性很强的施工经验，从而确保了工程科学开展。茶胶寺修复工程严格遵守了《吴哥宪章》和《世界遗产公约》的精神，实施过程中突出强调了最低限度干预的原则，从而最大限度地保护了茶胶寺建筑的真实性。修复工程保持了古迹的原形制、原结构、原材料和原工艺，并在新、旧构件的协调方面加以区分。此外，文物保护真实性和完整性的理念还体现在援柬项目组对于文物安全的重视上。除了完成既定的具体维修外，项目组还增设了可逆的安全防护设施，确保游人安全和文物安全。茶胶寺庙山建筑存在大量散落石材，项目组严格按照原始的砌筑方式对散落构件进行归安，花费了大量时间和精力在原有石构件的寻配上，对新补配的构件也采用了原工艺做法，最大限度地保护了茶胶寺的真实性与完整性。

在茶胶寺庙山建筑整体修复计划框架下，CCSA优先对茶胶寺基台及长厅、塔门、藏经阁等附属建筑开展修复工作，在积累了丰富的施工经验后，结合多年的学习实践，最后对修复难度最大但最具有标识性的茶胶寺庙山五塔开展抢险工作。庙山五塔抢救工程是 CCSA 在茶胶寺后期开展的单项工程，难度大、时间紧。因庙山五塔建筑构件体量巨大，并且位于高耸的庙山台基之上，修复难度较大，且已有一些前期临时加固、支护措施，因此曾有专家建议庙山五塔可暂时维持现状。项目组经过详细勘察认为茶胶寺庙山五塔确实存在塌落倾覆的安全隐患，且有进一步发展的趋势。本着负责任、有担当的大国精神，CCSA 充分准备、周密计划、精心实施，最终保质保量地完成了包括庙山五塔在内的全部茶胶寺修复任务。茶胶寺修复项目的顺利实施，得到了吴哥古迹保护协调委员会（ICC）对于 CCSA 组的赞扬与肯定。

吴哥古迹茶胶寺保护项目在完整实施文物保护工程的同时，加强了中柬文化遗产保护技术的交流和宣传推介，促进了吴哥文明的相关学术研究、保护工作。在茶胶寺修复项目实施期间，中柬双方持续开展与吴哥古迹相关的科学研究、学术交流以及技术人员培训工作。经中柬双方多次协商沟通后，选定于 APSARA 局办公区内建成"中国吴哥古迹保护研究中心"。研究中心主要围绕吴哥古迹综合保护研究项目的总体目标及研究方向，深入开展茶胶寺历史沿革、规划布局、建筑形制、装饰艺术等多方面的专题研究，CCSA 逐步在茶胶寺工作现场建立起科学、高效、创新的学术团队及科研支撑平台。今后中柬双方将继续以研究中心为依托，进一步加强与各国学术机构及研究单位的学术交流与合作研究，努力将研究中心建成吴哥古迹保护的高水平学术研究基地。

同时，为更好的配合柬埔寨 APSARA 局吴哥地区整体旅游管理规划，宣传介绍中国援柬工作队在吴哥古迹取得的工作与研究成果，CCSA 与 APSARA 局商定在茶胶寺西北侧，建造吴哥古迹保护中国展示中心。将项目前期完成的研究内容与最终修缮成果在展示中心中进行宣传、展示。展示中心整体建筑选用柬埔寨传统形式，同时融入中国古建筑特色，使得其整体与吴哥古迹环境协调统一。展示中心的建立，为 CCSA 提供了一个向世界展示自己的舞台，中国援柬工作二十余年的工作成果也借助展示中心在公众面前得到全面的展示。

保护吴哥古迹国际行动是中国政府第一次正式参与的大规模的文物保护国际合作。作为文化遗产保护领域国际合作与交流的重要平台之一，吴哥古迹保护的国际行动犹如一所文化遗产保护与研究的国际性大学，在秉持世界文化遗产保护的基本原则和理念的基础上，各国工作队不同文化、专业背景的遗产保护专家与学者在此相互学习、交流、激励，逐步凝练出具有国际视野的吴哥特色文化遗产保护学术体系与研究成果。CCSA 经过茶胶寺修复项目的锻炼，不断学习交流、总结经验，并逐步走向成熟，获得了柬埔寨和国际同行的认可和信任，在这一高水平的国际竞技场中展现了中国文化遗产保护的理念、工艺和技术水平。

3. 援乌兹别克斯坦花剌子模州历史文化遗迹保护修复项目

2013 年 9 月，习近平主席访问中亚四国，提出共建"丝绸之路经济带"的重要倡议。为落实"一带一路"倡议，2015 年 4 月，中乌两国政府商定援助乌兹别克斯坦花剌子模州历史文化遗迹修复项目（以下简称援乌修复项目），集中在希瓦古城伊钦·卡拉内城实施。花剌子模州希瓦古城位于乌兹别克斯坦西部阿姆河古三角洲的冲积平原上，是阿姆河流域最重要古城之一。希瓦古城从 4 世纪就开始持续的商贸活动，在 16 世纪末成为希瓦汗国的都城，与撒马尔罕、布哈拉同为历史上中亚枢纽地区的丝绸之路重镇，具有极高的知名度和影响力。

2016 年 6 月，习近平主席在塔什干接见在乌参与文物保护与联合考古的中国文物工作者代表。2017 年以来，希瓦古城保护修复项目稳步实施。于 2019 年底该项目已顺利通过中方内部竣工验收。2020 年 3 月，乌兹别克斯坦总统沙夫卡特·米尔济约耶夫视察这一中国政府援助文物保护修复项目，并高度评价中方的修复工作。

援乌修复项目组从选址开始便有针对性地围绕希瓦古城这类世界遗产城镇开展了专项支撑研究，包括希瓦古城地理环境、历史文化背景及其城市、建筑的营造特征等。作为中亚区域历史城镇的典型代表，希瓦古城符合"由原有聚落的核心发展转变为城市的防御工事要塞（城市核心），要塞之外建设由城墙护卫的城镇（内城），城镇之外的区域是商旅或手工艺人居住的郊区（外城）"这一中亚城市发展的基本规律。

希瓦古城整体分为伊钦·卡拉内城（Itchan Kala）和迪珊·卡拉外城（Dishan-Kala），修复项目位于古城历史建筑集中的内城。伊钦内城南北长 650 米、东西宽 400 米，面积约 26 公顷。内城核心是位于内城西北角的原有古城军事城堡转变而来。50 余处古老的文物建筑和 200 余处民居建筑在希瓦古城周边城墙与城市轴线的统摄下有机地结合在一起，见证了 14 世纪至 19 世纪伊斯兰建筑和城市的发展历程。内城有东西、南北两条主要道路，联通四个城门，城市的军事核心则在内城的东西轴线西端。内城中最重要的大型公共建筑物主要沿城市东西主干道分布，形成了古城的一条重要轴线。古城南北道路沿线则主要集中了多个经学院和小型清真寺，此次修复项目对象阿米尔·图拉（Amir Tura）经学院（建筑面积约 3000 ㎡）和哈桑·穆拉德库什别吉（khasahmurad）清真寺（建筑面积约 188 ㎡）即为内城南北轴线上具有代表性的伊斯兰宗教建筑。修复项目并没有将修复范围局限于两栋文物建筑本体，而是选择将两栋文物建筑连同周边古城北门、北部城墙及南北主干道及其周边民居的北门整体区域作为项目修复范围。修复项目实施后，北门区域可成为古城又一特征鲜明的历史文化展示区域，并强化了古城南北轴线，使其与东西主轴线共同形成古城的主要展示架构，更为完整地保护、展示希瓦古城历史风貌。

阿米尔·图拉经学院由穆罕默德·拉希姆汗一世的儿子阿米尔·图拉于 1870 年建造。建筑坐东朝西，整体平面为"回"字形格局，围合中部庭院空间，是伊斯兰经学院建筑的典型形制。哈桑·穆拉德库什别吉清真寺建造于 18 世纪晚期。清真寺主体建筑坐南朝北，主体由礼拜堂和宣礼塔构成，是希瓦古城小型清真寺的典型形制。

在修复项目实施过程中，项目组通过对两栋文物建筑本体进行全面详细的"诊察"，发现两栋建筑本体病害包括建筑墙体和屋顶变形、开裂，整体结构裂缝较多、抹灰斑驳脱落以及建筑基础不均匀沉降等。经学院的建筑病害相对严重且发育速度较快，需要尽快实施干预措施。经过勘察分析，造成经学院建筑基础不均匀沉降的主要原因是水害，包括地下水、地表水以及毛细水在内的共同作用。为此，项目组对建筑基础连续、大幅度下沉的部位采取了局部重点加固，对其他局部轻微沉降的基础部分则采取了持续监测、不进行过多工程干预的审慎态度，并注重在施工过程中对建筑基础的通风、干燥措施，使用传统方法减少地下水毛细作用对建筑的不良影响。

除上述经学院和清真寺文物建筑修复，希瓦古城保护修复项目还通过实施文物建筑展示、古城民居整治、南北主干道设施提升、北门及城墙整饬以及古城广场景观绿化改善等措施，整体提升了北门区域环境质量，使北门成为希瓦古城新开放的主要游览出入口。

援乌修复项目的环境展示与整治通过道路铺装设计串联古城南北主干道上的重点文物建筑，铺装设计注重伊斯兰建筑几何图形的运用，通过当地黏土砖铺砌方式及模数的变化修成几何图形意象，设计元素简洁、手法一致。广场铺装设计强调在密集民居中创造舒朗平整的整体形式感。为彻底解决排水不畅带来的建筑基础糟朽、居民出行不便等问题，项目组重新梳理了场地排水。根据地势与现状，采取"场地分区、道路分段"的排水策略，并沿用了希瓦古城原有渗井与地表蒸发、地下径流结合的排水方式及道路坡度，以减少场地变化及后期维护困难。

项目组通过深入理解希瓦古城作为世界文化遗产的突出普遍价值，探索保护修复中"最小干预"和"预防性保护"的理念与方法，将世界遗产历史城镇真实性与完整性保护、历史建筑修复与遗产地人居环境提升有机融合，从希瓦古城整体历史格局的角度将修复项目整合成为古城又一重要遗产展示节点，推动希瓦古城发展成为优质的世界文化遗产地。

项目组秉承合作共赢理念，在乌期间积极履行文化遗产保护的国际共同责任，着力对当地工人进行技能培训，带动民生经济，促进两国间文化交流。积极与希瓦市政府沟通古城保护发展计划与需求，聘用当地工匠与技术工人，按照当地的生活、工作习惯有序安排日常施工工作，有效地促进了当地的社会就业，得到古城居民的支持和认可。

同时，项目组组织国内专家不定期赴现场磋商相关保护修复工作，既注重学习研究中亚文物建筑保护修缮传统工艺，共同举办对乌文物保护技术人员的业务培训，以国际文化遗产合作项目带动提升当地专业人员技术水平。

援助乌兹别克斯坦花剌子模州希瓦古城保护修复项目的实施得到乌方社会与国际专家的一致高度评价。希瓦市长朱马尼亚佐夫感谢中国在希瓦古城开展的保护修复项目为当地旅游发展注入新的活力，同时开启中乌文物保护工作者交流与合作的新纪元。在科学实施希瓦古城保护修复项目的同时，中方还注重深化中乌及中亚地区间的文化遗产保护交流。2018年11月，中乌双方在塔什干共同召开"一带一路"文物保护技术国际研讨会——希瓦古城保护与利用国际交流会。增进了中国与"一带一路"沿线国家和地区间的文物国际交流合作。

2019年5月，习近平主席在亚洲文明对话大会开幕式主旨演讲中提出："中国愿同各国开展亚洲文化遗产保护行动，为更好传承文明提供必要支撑"。实施亚洲文化遗产保护行动，是习近平主席关于构建人类命运共同体、共建"一带一路"、推动周边外交的有力措施。

国际合作援外文化遗产保护修复是一个文化间相互尊重、对话、美美与共的合作过程，这种合作有助于人类共同面对各种挑战，形成人类命运共同体，促进人类社会的可持续发展。中国通过文物保护国际合作交流，了解其他国家的文化遗产保护经验，提升自身的文物保护水平，更积极地参与到文化遗产保护管理的国际合作当中，并且发挥了越来越重要的作用。

国际合作援外文化遗产保护修复项目具有前瞻性、综合性、复杂性和长期性，同时兼具了文化遗产保护理念提升与保护修复技术创新，融合了项目实施地的政治、社会和文化背景，是一项意义重大且极具挑战性的文化遗产保护创新领域。在今后，中国文化遗产研究院将继承几代援外文物人积极探索、勇于开拓、敢于担当的精神，坚持"以人为本"，真诚了解他国社会文化，真正理解文化多样性，在发扬中国传统文物保护修复理念与技艺的同时，综合创新中国国际合作文化遗产保护的科研领域，积极尝试应用新兴科技手段，拓展交流合作形式，力争取得更加丰硕的援外文物保护新成果。我们始终将国际合作援外文物保护事业作为一项推动不同文明间交流互鉴的重大历史使命，怀着崇高的荣誉感与责任感，积极参与到"构建人类命运共同体"这一伟大进程中。

谨以此向中国共产党成立100周年献礼！

中国文化遗产研究院编辑委员会

2021.5.30

Preface

A series of Chinese Aid cultural heritage conservation projects implemented by the Chinese Academy of Cultural Heritage (CACH) have adhered to Chinese Aid concept of "equality, mutual benefit, efficiency, diversity, and mutual development". From the difficult start in Chinese aid to Mongolia's cultural heritage maintenance project in the 1950s, to gradual maturation in Phase I to Phase III of Chinese aid to the conservation and restoration of Angkor in Cambodia, and to growing strong in the post–earthquake restoration project of the Nine–storyed Basantapur tower in Kathmandu, Nepal and to the comprehensive restoration and environmental improvement project in Khiva Ancient City, Uzbekistan, the achievements in Chinese aid cultural heritage conservation cause today are the result of the collective wisdom and labor of generations of workers engaged in foreign aid cultural heritage conservation who have continued to forge ahead and work diligently overseas.

A series of foreign aid cultural heritage conservation projects of international cooperation implemented by CACH are administered by the Ministry of Commerce, directly managed by the Agency for International Economic Cooperation, and professionally supported by the National Cultural Heritage Administration. They are an important contribution to Chinese aid work and also an important manifestation of cultural heritage conservation "going global". China's international exchange and cooperation in terms of cultural heritage with a focus on foreign aid cultural heritage conservation projects can enhance people–to–people exchanges and cultural cooperation between China and countries and regions along the "Belt and Road" and strengthen exchanges and mutual learning among civilizations in Asia, being a concrete measure to help promote "Belt and Road" cooperation and practice the Asian Collaboration Initiative for Cultural Heritage Conservation. Over the past 70 years, in line with the requirements of the times and overall planned, China's cause of foreign aid cultural heritage conservation cooperation has made various achievements and realized diversification; under the framework of South–South cooperation, China's foreign aid cultural heritage conservation projects are increasingly implemented in different countries, with the areas of conservation cooperation continuing to expand, and China's international influence in cultural heritage conservation continues to expand. China has so far carried out over 30 cultural heritage aid projects in "Belt and Road" partner countries. "Foreign aid in cultural heritage conservation projects and cooperation in archaeology have become important gains in the cultural field of the Belt and Road."

In the successive undertaking of over 10 foreign aid cultural heritage conservation projects of international cooperation, the CACH has gradually explored and developed an integrated implementation system for foreign aid projects of international cooperation that "regards the conservation and restoration of cultural heritage and historic sites as the core and collaborates with foreign sides in scientific research on cultural heritage conservation, professional and technical cooperation, and regional people–to–people exchanges and personnel training". We sincerely care for and respect the culture of other countries, seek to realize equality and win–win through practical cooperation in cultural heritage conservation and restoration with countries along the "Belt and Road" and devote ourselves to the conservation and utilization of local cultural heritage and the sustainable development of regional societies.

The CACH's project team CCSA to assist Cambodia with Ta Keo Temple conservation accumulated rich experience in field work and international cooperation during the previous decade of Angkor conservation work, and China's cultural heritage conservation techniques and research levels also grew significantly, therefore, during the implementation of the Ta Keo Temple conservation project, CCSA team fully understood and respected the Angkor civilization and the Cambodian side's wishes, followed the international cultural heritage conservation practices and the general principles of the "Angkor Charter", and at the same time integrated China's practical experience and practices in cultural heritage conservation projects, demonstrating the new concepts, methods, techniques and capabilities of the Chinese team on the international platform of Angkor conservation. The restoration project of Ta Keo Temple was successfully completed in 2018, where the restoration concept and technology of the Chinese team were highly recognized by the Cambodian side and international counterparts. The Chinese team emerged on the world stage of Angkor conservation, which will have positive and far–reaching influences on the upcoming Phase III of China's aid to Cambodia with Royal Palace conservation and restoration and also further expand the international exchange and cooperation between China and Cambodia in cultural heritage conservation.

With the long–term cooperation with to Cambodia in cultural heritage conservation and restoration projects as the working basis, the CACH has successively implemented the first cultural heritage conservation project in Central Asia, the "Chinese Government Conservation and Restoration Project of Historical Cultural Site of Khwarazm of Uzbekistan" as well as important cultural heritage projects in Nepal's post—earthquake reconstruction in 2015, the "Restoration Project of the Nine—storeyed Basantapur Tower in Kathmandu Durbar Square, Nepal" and the Restoration Project of the Durbar Square in Nuwakot". The steady implementation of these groundbreaking foreign aid cultural heritage conservation projects has centrally embodied China's contribution of Chinese solutions and Chinese wisdom to countries along the "Belt and Road" in the field of cultural heritage conservation. In the meantime, we can also get a glimpse of the cause development, concept evolution, practice enrichment, and team growth during China's international cooperation in foreign cultural heritage conservation projects.

The years 2017—2019 were three years of innovative development of China's cause of foreign aid in cultural heritage conservation and three years where the CACH made fruitful achievements in international cooperation in foreign cultural heritage conservation projects. Therefore, we have compiled the achievements of our three outstanding Chinese aid cultural heritage conservation projects that have been completed or have achieved phased progress from 2017 to 2019 into a volume, including the Design Development of Chinese Government Aid Restoration Project of the Nine—storeyed Basantapur Tower in Kathmandu Durbar Square, Nepal (2017—2022) ("Aid Project in Nepal" short for the project) completed in 2017, the Restoration Project of the Ta Keo Temple of Angkor, Cambodia (2012—2019) ("Aid Project in Cambodia") completed in 2018, and the Conservation and Restoration Project of Historical Cultural Site of Khwarazm of Uzbekistan (2017—2019) ("Aid Project in Uzbekistan") completed in 2019.

Refining and collecting the achievements of these three projects into a volume can firstly summarize and review the foreign aid work done so far, generate data files of foreign aid cultural heritage conservation and restoration projects for future reference, and promote the CACH's foundation building and academic development in the field of international cooperation for cultural heritage conservation; secondly, this volume enable us to look ahead, summarize the experience and make long—term planning in this key development period of the cause of foreign aid in cultural heritage conservation under the "new era", tell China's stories based on "cultural heritage", help strengthen the cultural foundations of the Belt and Road Initiative and Asian Collaboration Initiative for Cultural Heritage Conservation, better comply with the situations at home and abroad, and serve the state's overall diplomatic situation.

These three foreign aid cultural heritage conservation cooperation projects are chosen as representatives because they are significantly different in terms of neighborhood diplomatic relations, social and religious backgrounds of the regions where they are located, cultural heritage characteristics, project nature, etc., being highly representative and typical. At the same time, these three projects are all related to World Cultural Heritage sites and thus have certain commonalities in terms of the Outstanding Universal Value recognition and conservation management of heritage.

First of all, from the perspective view of neighborhood diplomacy, the Aid Project in Uzbekistan involved important bilateral relations between China and an important Central Asian country, the Aid Project in Cambodia continuously implemented under the framework of the international action to conserve Angkor carried out by UNESCO was a representative multilateral cultural heritage conservation action, while the Aid Project in Nepal is an international aid action in the post-earthquake reconstraction of Nepal and therefore also tends to involve multilateral relations.

Secondly, from the perspective view of geographical location and social and religious backgrounds, the three projects belong to different regions and countries in Asia and have different status in their countries. Among them, the Nine-storeyed Basantapur Tower is in Kathmandu, the capital of Nepal in South Asia; Ta Keo temple-mountain of Angkor is in Siem Reap, an important ancient city in Cambodia in Southeast Asia; Khiva Ancient City of Khwarazm is a desert oasis in the western end of Uzbekistan in Central Asia. In terms of religious background, the architecture of the royal palace in Kathmandu is strongly influenced by Nepalese Buddhism and Hinduism, the temple-mountain of Angkor is a realistic symbol of the nirvana where Hindu gods are located, and while the madrasah and mosque in Khiva Ancient City are the most typical types of religious architecture in Islam.

Thirdly, from the perspective view of the nature of cultural heritage conservation projects, the Aid Project in Nepal is a post-earthquake cultural heritage rescue and restoration project in Nepal, the Aid Project in Cambodia was part of a decades-long international cooperative conservation action for a World Cultural Heritage site, while the Aid Project in Uzbekistan was the first comprehensive conservation and improvement project of World Heritage historical towns aided by China in Central Asia. The architectural structures of the restoration objects of these three projects are separately brick-wood, stone, and brick masonry, which are representative from the perspective of restoration project technology. Specifically, the Nine-storeyed Basantapur Tower in Kathmandu Durbar Square, Nepal is a typical brick-wood royal palace building during the Malla Dynasty of Nepal, which is based on the wood structure, Ta Keo Temple is a representative stone-structured state temple-mountain of Angkor, Cambodia, while the Amir Tura Madrasah and Khasahmurad Mosque in Khiva City are brick-masonry domed Islamic buildings that are most widely distributed in Central Asia.

According to the characteristics of these three projects, the CACH staffed corresponding professional technicians and separately set up project teams that carried out comprehensive and scientific restoration work, taking into full account the differences, complexity and long-term nature of foreign aid cultural heritage conservation cooperation projects. This volume includes the achievements of these three typical foreign aid projects, comprehensively and systematically introduces project backgrounds, ideas and methods and implementation processes, and focuses on summarizing the innovation highlights of each restoration project and technical difficulties encountered and corresponding solution strategies therefor. Through coMParison of the effects before and after the restoration projects and by including publicity and coverage of the projects by Chinese and foreign media, this volume further expounds on a series of social benefits generated from the implementation of the foreign aid cultural heritage conservation and restoration projects in promoting local sustainable development and the exchanges and cooperation on cultural heritage conservation between China and foreign countries.

1.Restoration project of Nine-storyed Basantapur tower in Kathmandu Durbar Square, Nepal

Nepal was hit by a severe earthquake in 2015, and many groups of important buildings involved in the Kathmandu Valley World Heritage were seriously damaged. The Chinese government undertook the task to aid Nepal with post-earthquake cultural heritage rescue, restoration and conservation of the severely damaged Nine-storeyed Basantapur Tower. For this typical post-disaster reconstruction aid project, it's necessary to first sort out the post-earthquake iMPact assessment of the cultural heritage building with a scientific attitude and understand the overall arrangements and principles of Nepal's post-earthquake reconstruction work, so as to determine the technical route and project steps for the post-earthquake cleanup, protection and restoration of the Nine-storeyed Basantapur Tower. As a landmark traditional building in Kathmandu, the Nine-storeyed Basantapur Tower has a unique and representative structural system and is highly recognizable and influential in Nepal. As the Nine-storeyed Basantapur Tower is the result of the accumulation of alterations and additions from various historical periods, and the main structure is a combination of two separate structures, the square Nine-storeyed Basantapur Tower, and the Lohan Chowk courtyard and its upper corner tower, the appearance and structure of the building are extremely complex, plus the severe damage to many positions of the building in the earthquake and the various types and characteristics of damage, leading to the extremely high technical difficulty of the restoration project. It was a major task for the Chinese team to maximize the preservation and restoration of the building's pre-earthquake cultural heritage information while meeting the structural safety and post-earthquake reinforcement requirements of the building. Therefore, the research on the historical data of Nepalese buildings and the survey of the current situation of the Nine-storeyed Basantapur Tower became the necessary basic work.

As the restoration project of the Nine-storeyed Basantapur Tower is the first cultural heritage restoration project implemented by China in Nepal, and before the project, Chinese scholars only understood the architectural style and decoration of Nepalese architecture and lacked systematic research on the structural characteristics of Nepalese buildings, especially religious architecture, the CACH team systematically analyzed and researched the architectural form, structure, decoration and religious implications of temples and palaces in Nepal in the early stage, and has run the analysis and research ideas through the restoration and conservation process. The Nine-storeyed Basantapur Tower has multiple values as an important part of the Kathmandu Valley World Cultural Heritage. As a typical residential palace building in the form of a tower during the Malla Dynasty of Nepal, it became the political and religious center of the country and also served as a place for administration, daily living, and royal religious ceremonies after the expansion during the Shah Dynasty. Such compound functions of the building reflected the theocratic social system of Nepal from one side and also ensured a complete material carrier of the Kathmandu Valley complex that reflects the historical development and changes of the royal palaces of Nepal, providing a high social value. The Nine-storeyed Basantapur Tower is a collection of typical features of Nepalese architecture, such as the courtyard structure of traditional Newar residential architecture, the functional layout of a royal palace, and the multi-storey, wide-eave façade of a religious tower, with unique and complex architectural structure and form. The exquisite and intricate wood carvings on the doors, windows and major components of the building express the traditional Nepalese wood carving techniques and the religious significance of the building to the fullest extent and are of great artistic and technical value. These values need to be preserved and continued to the greatest extent in the post-disaster rescue, restoration and conservation project.

The survey and study of the Nine-storeyed Basantapur Tower included the recognition of the Outstanding Universal Value of the Nine-storeyed Basantapur Tower, the digging into the architectural form and origin and social and religious backgrounds, the identification of the construction techniques and historical repairs, and the classification and sorting of the post-earthquake disaster records. The scientific preparation of the overall restoration plan of the Nine-storeyed Basantapur Tower and the selection and determination of the restoration measures were also based on the detailed and scientific survey and study in the early stage. The restoration measures for the Nine-storeyed Basantapur Tower were determined as: to use mainly local traditional techniques to restore the damaged building parts and preserve and use the original building components as far as possible to maximize the preservation of all information on the Nine-storeyed Basantapur Tower and its surroundings. The technicians of the CACH project team communicated in depth and worked with local craftsmen, local conservation experts, and international counterparts involved in heritage conservation in Nepal to eventually develop a comprehensive post-earthquake restoration technical plan based on local traditional Nepalese techniques, which improves and reinforces the structural integrity of the original building and appropriately uses new materials and technologies to enhance the seismic capacity of key nodes of the building.

Through detailed field survey and precise measurement, the project team for the Nine-storeyed Basantapur Tower recorded and analyzed the original building components and practices by conducting a series of procedures such as sorting, numbering, classifying, repairing, reinforcing, and trial assembling of the collapsed old building components, and by studying the religion and social order and visiting local craftsmen, they figured out the original location and appearance of the collapsed old components as far as possible. Old components that can continue to be used as assessed by local skilled Nepalese craftsmen hired by the team have been conducted necessary repair and utilization, which provides a physical basis and operational guarantee for the authenticity and integrity of the restoration of the Nine-storeyed Basantapur Tower.

To push the post-earthquake economic development of Nepal as soon as possible and promote the recovery of tourism in Kathmandu, the Nepalese side proposed that the post-earthquake reconstruction work in Kathmandu should open the city with the construction in progress as far as possible, which raised new requirements for the construction organization of the Tower project. Under this circumstance, the project team has optimized the overall construction organization and layout and opened a second construction site on a vacant lot of the National Museum of Nepal far away from the Nine-storeyed Basantapur Tower to ensure the timely cleaning and storage of the fallen building components, and the repair and pre-assembly of the collapsed original components in sync with the on-site restoration of the Nine-storeyed Basantapur Tower, which has increased the project efficiency. At the same time, the team has adjusted the project pace: avoid key construction nodes during the rainy season according to the law of alternating dry and rainy seasons in the Kathmandu Valley, so as to avoid affecting the construction period and ensure the orderly proceeding of the restoration of the Nine-storeyed Basantapur Tower.

The seismic reinforcement and repair design of the Nine-storeyed Basantapur Tower is also a highlight of the project vestoration design. According to the structure of the Nine-storeyed Basantapur Tower with a flat roof and dense rafters and the material characteristic of hardwood as the main material, the CACH project team has added concealed wire ropes at the connection nodes of components to strengthen the vertical soft restraint between components. A comprehensive post-earthquake restoration measure of "overall reinforcement" and "soft connection" has been used to achieve the goal of minimal intervention. The restoration project of the Nine-storeyed Basantapur Tower has not only restored an important cultural heritage site of Nepal but also improved the conservation and restoration techniques of Chinese cultural heritage conservation workers for the special wood structure system by cooperating with local craftsmen and experts and trained a group of domestic and foreign technicians for cultural heritage conservation.

Once a royal palace, the Nine-storeyed Basantapur Tower complex has important status in the hearts of the Nepalese people, and giving it to the Chinese for restoration showed great trust of the Nepalese government in China's technical strength in cultural heritage conservation as well as the great expectations of the Nepalese people. The expectations turned into a heavy responsibility on the shoulders of Chinese workers engaged in cultural heritage conservation. During the project implementation, the Chinese team of the CACH has taken on the responsibility and communicated closely and worked sincerely with the Nepalese side to re-present the Nine-storeyed Basantapur Tower, a landmark building of Kathmandu, with the "unity of form and spirit", which has greatly contributed to the world heritage conservation of the Kathmandu Valley in Nepal. It is strong support for the conservation and sustainable development of Nepal's cultural heritage as well as a fulfillment of China's commitment to the international community as a big country of world heritage when it joined the World Heritage Convention, and a contribution to the conservation of the common heritage of all mankind, as President Bhandari of Nepal said, "The Nine-storeyed Basantapur Tower restoration project combines the ancient religious art of Nepal with the modern restoration techniques of China and adopts conservative repair of the cultural heritage, which is worth learning from."

The year 2020 marked the fifth anniversary of the Nepal earthquake, and the project was scheduled to complete the restoration of the main building for the Nepal Tourism Year 2020, welcome more tourists and help revitalize Nepal's post-earthquake tourism, however, the outbreak of the COVID-19 pandemic brought a crisis to the restoration work. In the face of this common enemy of all mankind, the leaders of China and Nepal at all levels have given attention and support to the restoration project of the Nine–storeyed Basantapur Tower, which ensures the safe and orderly proceeding of the project site. The National Cultural Heritage Administration and the Agency for International Economic Cooperation, Ministry of Commerce have been highly concerned about the safety of foreign aid workers on the front line in Nepal and the progress of the project and have guided the deployment of the pandemic prevention and control work program on site. The Chinese Ambassador to Nepal has been concerned about the health of Chinese and Nepalese staff and has been on the site many times to inspect the pandemic prevention work arrangements. The restoration project team of the Nine–storeyed Basantapur Tower has remained on the front line during the pandemic, actively organizing high–quality restoration as far as conditions permit. Guided by the concept of building a community with a shared future for mankind, the Chinese and Nepalese people have once again joined hands and supported each other to stand firm against the pandemic and continue their friendship in the restoration project of the Nine–storeyed Basantapur Tower.

2.Restoration Project of the Ta Keo Temple of Angkor, Cambodia

In 2007, after the successful completion of the Chinese Government Aid Conservation and Restoration Project of the Chau Say Tevoda of Angkor, Cambodia (Phase I), the Chinese and Cambodian governments selected Ta Keo Temple as Phase II of the aid to Cambodia with Angkor conservation projects through joint consultation. Located in the northern part of Siem Reap, the capital of Siem Reap Province in northwestern Cambodia, Ta Keo Temple is one of the most majestic and distinctive temple–mountains in Angkor and has been attracting the attention of scholars all over the world because of its unique historical, artistic and scientific values.

Angkor was inscribed in the UNESCO World Heritage List in 1992. The Royal Government of Cambodia and UNESCO launched the "International Action for Safeguarding Angkor" in 1993 to rescue and preserve the outstanding cultural heritage that have survived the effects of the natural environment for a thousand years and the ravages of war for years. Under the coordination of UNESCO, conservation teams and academic institutions from more than ten countries, including China, jointly started the "International Action for safeguarding Angkor". The Angkor research and conservation projects have become a platform for international exchanges and a window for cultural heritage conservation experts from different countries to showcase their respective conservation concepts and techniques. As China's second project of aid to Cambodia with Angkor conservation, the Ta Keo Temple project played a connecting and key role. The successfully completed project practiced the conservation concepts and methods of the Chinese aid project team in Cambodia and accumulated a wealth of experience in project management, construction technology, personnel training, archives development, international exchanges, and foreign publicity for the third phase of the Chinese government's aid to Cambodia, the Restoration Project of the Royal Palace.

Before the restoration work, Chinese and Cambodian Safeguarding of Angkor(CCSA) conducted in-depth investigation and research on the architectural historical layout, form, disease, damage condition and causes, conservation materials, etc. of Ta Keo Temple; in particular, it accumulated rich and highly pertinent construction experience to ensure the scientific conduct of the project. The restoration project of Ta Keo Temple strictly adhered to the spirit of the Angkor Charter and the World Heritage Convention and highlighted the principle of minimum intervention in the implementation process to maximize the protection of the architectural authenticity of Ta Keo Temple. The restoration project maintained the original form, structure, materials and workmanship of the historical site and showed differences in the coordination of old and new components. Furthermore, the project reflected the concept of authenticity and integrity in the attention given to the safety of the cultural heritage. Besides completing the established specific maintenance tasks, the project team also added reversible safety protection facilities to ensure the safety of visitors and cultural relics. With a large number of scattered stones in Ta Keo temple-mountain, CCSA returned the scattered components to their original positions strictly using the original building method, spent much time and energy looking for and matching the original stone components, and also used the original technique and practice for the new complementary components, so as to maximize the protection of the authenticity and integrity of Ta Keo Temple.

Under the framework of the overall restoration plan of Ta Keo temple-mountain, CCSA gave priority to the restoration of the base, long halls, tower gates, depositaries, and other ancillary buildings, and, after accumulating rich construction experience, finally conducted rescue of the Five Towers which were the most difficult to restore but are the most iconic, in conjunction with years of study and practice. The Five Towers rescue project was the one carried out by CCSA in Ta Keo Temple of Cambodia at the latest stage, which was difficult and had a tight schedule. Due to the huge size of building components of the Five Towers and their location on the towering base of the temple-mountain, the restoration was difficult, and as there were temporary reinforcement and support measures in place, experts had recommended maintaining the status quo for the time being. However, after a detailed survey, CCSA considered that the Five Towers in Ta Keo temple-mountain had safety hazards that tended to develop. Representing a big country with a great sense of responsibility, CCSA eventually completed all the restoration tasks, including the Five Towers, with good quality and quantity after full preparations, thorough planning, and careful implementation. CCSA was praised and affirmed by the International Coordinating Committee for the Safeguarding and Development of the Historic Site of Angkor (ICC—Angkor) for the successful implementation of the Ta Keo Temple project, and the team enriched its talent pool as well as engineering technology and experience in international exchange and cooperation during the project implementation.

In addition to the complete cultural heritage conservation, the conservation project of Ta Keo Temple of Angkor has strengthened the exchange and promotion of cultural heritage conservation technology between China and Cambodia and promoted academic research and conservation work related to Angkor civilization. During the restoration project of Ta Keo Temple, China and Cambodia continued to carry out Angkor—related scientific research, academic exchanges and training of Cambodian personnel. The Research Center of Chinese Government Team for Safeguarding Angkor was built in the office area of the APSARA after repeated consultation and communication between China and Cambodia. The research center mainly focuses on the overall objective and research direction of the comprehensive conservation research project of Ta Keo Temple and carries out in—depth research on the history, planning layout, architectural form, decorative art, and other aspects of Ta Keo. And it has gradually set up a scientific, efficient and innovative academic team and scientific research support platform on the site of Ta Keo Temple. In the future, depending on the research center, China and Cambodia will continue to further strengthen academic exchanges and cooperative research with academic institutions and research units of other countries and strive to build the research center into a high—level academic research base for research on Angkor conservation.

To better cooperate with the overall tourism management planning of Cambodia APSARA for Angkor and publicize and introduce the work and research results of the Chinese aid team in Angkor, the project team reached an agreement with the APSARA to build the Chinese Center for Conserving Angkor on the northwest side of Ta Keo Temple. The said center is used to publicize and display the research content completed in the early stage and the final restoration results of the project. The overall architecture of the center uses the traditional Cambodian form and also incorporates Chinese ancient architectural features to overall become harmonious with the Angkor environment. The Chinese Center for Conserving Angkor provides a stage for the Chinese aid team to present itself to the world and helps fully display the results of more than twenty years of Chinese aid work in Cambodia to the public.

"The International Action for Safeguarding Angkor" was large-scale international cooperation on cultural heritage where the Chinese government formally got involved for the first time. As one of the important platforms for China's international cooperation and exchange in the field of cultural heritage conservation, this "International Action for Safeguarding Angkor" is like an international university for cultural heritage conservation and research, where, upholding the basic principles and concepts of world cultural heritage conservation, experts and scholars of different cultures and professional backgrounds from teams of different countries learn, exchange, and inspire each other and have gradually developed cultural heritage conservation academic system and research results with Angkor characteristics and international vision. Cultivated in the restoration project of Ta Keo Temple, CCSA continued to learn and exchange and summarize the experience and gradually became mature. They have gained the recognition and trust of Cambodian and international counterparts and showcased the concepts, traditional techniques and technical levels of China's cultural heritage conservation in this high-level international arena.

3. Conservation and Restoration Project of Historical Cultural heritage of Khwarazm of Uzbekistan

President Xi Jinping visited four Central Asian countries and proposed the important initiative of building the Silk Road Economic Belt in September 2013. To implement the Belt and Road Initiative, the Chinese and Uzbek governments agreed on the Chinese Government Aid Conservation and Restoration Project of Historical Cultural heritage of Khwarazm of Uzbekistan in April 2015, which would be centrally implemented in Itchan Kala, the inner town of Khiva Ancient City. Located on the alluvial plain of the ancient delta of the Amu Darya River in western Uzbekistan, Khiva Ancient City of Khwarazm is one of the most important ancient cities of the Amu Darya River basin. Khiva Ancient City began ongoing trade and commerce in the 4th century and became the capital of the Khanate of Khiva at the end of the 16th century. It was one of the most important Silk Road towns of the Central Asian hub in history together with Samarkand and Bukhara, with high visibility and influence.

In June 2016 in Tashkent, President Xi Jinping met with the representatives of Chinese cultural heritage workers involved in cultural heritage conservation and joint archaeology in Uzbekistan. The conservation and restoration project of Khiva Ancient City has been steadily implemented since 2017. In March 2020, President Shavkat Mirziyoyev of Uzbekistan inspected this cultural heritage conservation and restoration project aided by the Chinese government and spoke highly of the restoration work done by the Chinese side. The project has now successfully passed the internal completion acceptance by the Chinese side.

In the restoration project, specific support research was conducted on the world heritage town of Khiva Ancient City starting from the site selection, including research on the geographical environment, historical and cultural backgrounds and urban and architectural characteristics of Khiva Ancient City. As a typical representative of the historical towns in Central Asia, Khiva Ancient City conformed to the law of urban development in Central Asia, i.e., "shift from the core of the original settlement into an urban fortress (urban core), with a walled town outside the fortress (the inner town) and a further area outside the town as a suburb for traders and travelers or craftsmen (the outer town)."

The ancient city is overall divided into Itchan Kala (the inner town) and Dishan-Kala (the outer town), and the restoration project is in the inner town with concentrated historical buildings. Itchan Kala is 650 meters long from south to north and 400 meters wide from east to west, with an area of about 26 hectares. Transformed from the original military citadel of the ancient city located in the northwest corner of the inner town, the core of the inner town has over 50 ancient cultural heritage buildings and over 200 dwellings, with various buildings well distributed along walls and urban axis of Khiva Ancient City, witnessing the development of Islamic architecture from the 14th to the 19th century. The inner town has two main roads, one from east to west, and one from south to north, connecting four gates of the town, and the military core of the city is at the western end of the east-west axis of the inner town. The most important large public buildings in the inner town are located along the east-west trunk road and form an important axis of the ancient city, while many madrasahs and small mosques are concentrated along the south-north road of the ancient city. The objects of this restoration project, Amir Tura Madrasah (with a floor area of about 3,000 m^2) and Khasahmurad mosques (with a floor area of about 188 m^2), are representative Islamic public buildings along the south-north axis of the inner town. The restoration project did not limit the scope of restoration to the buildings but extended it to cover the two cultural relics buildings as well as the overall north gate area of the south-north trunk road and surrounding dwellings. After the completion of the restoration project, the north gate area will become another distinctive display area of the ancient city and strengthen the south-north axis of the ancient city so that it will form the main display architecture of the ancient city together with the east-west main axis and protect and display the historical appearance of Khiva Ancient City more completely.

The two cultural heritage buildings, Amir Tura Madrasah and Khasahmurad mosque, are representative Islamic public buildings along the north–south axis of the inner town. Built by Amir Tura, son of Muhammad Rahimkhan I, in 1870, Amir Tura Madrasah faces west, with an overall plane layout of two homocentric squares enclosing a central courtyard space, which is a typical form of Islamic madrasahs. Built in the late 18th century, the main building of Khasahmurad Masjid faces north, and the masjid mainly consists of a prayer hall and a minaret, which is a typical form of small masjids in Khiva Ancient City.

During the restoration project, through a comprehensive and detailed "diagnosis" of the objects, the project team identified diseases of the two buildings including deformation and cracking of the walls and roofs, many cracks in the overall structures, mottling and falling off of plastered parts, and uneven settlement of the building foundations. The diseases of the madrasah were relatively serious and had developed rapidly, requiring intervention measures as soon as possible. After survey and analysis, the main cause of uneven settlement of the building foundation of the madrasah was water damage, including the combined action of groundwater, surface water, and capillary water. Therefore, the project team focused on local reinforcement of the parts of the building foundation with continuous and substantial settlement, took a prudent attitude of continuous monitoring of other parts of the foundation with local slight settlement without too much engineering intervention, paid attention to ventilation and drying measures for the building foundation during the construction process, and used traditional methods to reduce the adverse effects of the capillary action of groundwater on the building.

Besides the restoration of the above madrasah and mosque cultural relics buildings, the conservation and restoration project of Khiva Ancient City also improved the overall environmental quality of the north gate area through measures such as the interpretation of cultural heritage buildings, the improvement of dwellings in the ancient city, the upgrading of facilities on the south–north trunk road, the renovation of the north gate and the city wall, and the landscape shaping of the square of the ancient city, making the north gate become a new main entrance of Khiva Ancient City to tourists.

Regarding the environmental display and improvement part of the project, road pavement design was conducted to connect key cultural relics buildings on the south–north trunk road of the ancient city. Focusing on the use of Islamic architectural geometry pattern, the pavement design was completed through local clay brick paving methods and modulus changes, with simple design elements and consistent techniques. The square design emphasized the creation of an overall sense of soothing and flat form among the dense dwellings. To thoroughly solve the problems of rotten building foundations due to poor drainage and inconvenient travel of residents, the drainage system was reorganized overall.

The drainage strategy of "site zoning and road sectioning" was adopted according to the topography and the current situation, and the original drainage method of combining seepage wells with surface water evaporation and groundwater runoff as well as the original road gradients of Khiva Ancient City were used, to reduce site changes and difficulties in later maintenance.

With an in-depth understanding of the Outstanding Universal Value of Khiva Ancient City as a World Cultural Heritage, the project team explored the concept and methodology of "minimal intervention" and "preventive conservation" in the conservation and restoration, organically combined the authenticity and integrity protection of the world heritage historic town, the restoration of historic buildings, and the living environment improvement of the heritage site, and integrated the restoration project into another important heritage interpretation node of the ancient city according to the overall historical layout of Khiva Ancient City, to promote Khiva Ancient City to develop into a quality World Cultural Heritage.

Adhering to the concept of win-win cooperation, the project team actively fulfilled the common international responsibility of cultural heritage conservation during its stay in Uzbekistan and strove to train the skills of local workers, boost livelihood economy and promote cultural exchanges between the two countries. The team actively communicated with the government of Khiva City about the ancient city conservation and development plan and its needs, hired local craftsmen and skilled workers, and arranged daily construction work according to local living and working habits. It effectively promoted local employment and gained the support and recognition of the residents of the ancient city.

At the same time, the project team organized domestic experts to go to the site from time to time and consulted with them about relevant conservation and restoration work. The team focused on learning and researching the traditional techniques for the conservation and repair of cultural heritage buildings in Central Asia, helped organize professional training for conservation technicians in Uzbekistan, and strengthened academic exchanges and practical cooperation between China and Uzbekistan. The Training Course for Senior Personnel in Asian Cultural Heritage Conservation and Management was held in September 2018 in China to enhance the technical level of local professionals through international cultural heritage cooperation projects.

The successful implementation of the Chinese government aid conservation and restoration project of Khiva Ancient City of Khwarazm of Uzbekistan won high praise from Uzbek society and international experts. Mayor XXX of Khiva expressed his gratitude to China for the conservation and restoration project in Khiva Ancient City and said that the project injected new vitality into the local tourism development and opened a new era of exchange and cooperation between Chinese and Uzbek cultural relics conservation workers. In the meantime with the scientific implementation of the conservation and restoration project of Khiva Ancient City, the Chinese side also focused on deepening cultural heritage conservation exchanges with Uzbekistan and Central Asia. In November 2018, China and Uzbekistan jointly held the International Seminar on Belt and Road Cultural heritage Conservation Technologies – International Exchange Meeting on the Conservation and Utilization of Khiva Ancient City in Tashkent, which enhanced international exchange and cooperation on cultural relics between China and countries and regions along the Belt and Road.

In May 2019, in his keynote speech at the Opening Ceremony of the Conference on Dialogue of Asian Civilizations, President Xi Jinping put forward, "China is ready to work with other countries to protect Asian cultural heritage and better preserve and sustain our civilizations." The implementation of the Asian Collaboration Initiative for Cultural Heritage Conservation is an effective measure for building a community with a shared future for mankind, participating in Belt and Road cooperation and promoting neighborhood diplomacy as proposed by President Xi Jinping.

International cooperation in foreign cultural heritage conservation and restoration is a kind of cooperation where cultures respect, dialog with and uphold the beauty of each other, and such cooperation helps human beings meet challenges together, build a community with a shared future for mankind and promote the sustainable development of human society. Through international cooperation and cultural exchange, China understands the experience of other countries in cultural heritage conservation, improves its level of cultural relics conservation, participates more actively in international cooperation in cultural heritage conservation management, and plays an increasingly important role.

Foreign aid cultural heritage conservation and restoration projects of international cooperation are forward-looking, comprehensive, complex, and long-term projects, require improving cultural heritage conservation concepts and innovating conservation and restoration technologies, and need to consider the political, social and cultural backgrounds of the project implementation sites, being a significant and challenging new area of cultural heritage conservation. In the future, the Chinese Academy of Cultural Heritage will uphold the spirit of active exploration, pioneering, and facing up to responsibility of generations of workers engaged in foreign aid cultural heritage conservation, adhere to "people-oriented", sincerely understand the society and culture of other countries, truly understand cultural diversity, carry forward China's traditional cultural heritage conservation and restoration concepts and techniques, and at the same time, comprehensively innovate the scientific research field of China's international cooperation in cultural heritage conservation. We will try to apply new high-tech means and expand the forms of exchange and cooperation in foreign aid cultural relics conservation projects of international cooperation and strive to make more fruitful new achievements in foreign aid cultural relics conservation. We have always regarded the cause of international cooperation in foreign cultural heritage conservation as a major historical mission of promoting exchanges and mutual learning among civilizations, and we are actively participating in the great process of "building a community with a shared future for mankind" with a high sense of honor and responsibility.

This collection is compiled as a tribute to the 100th anniversary of the founding of the Communist Party of China!

Editorial Board of Chinese Academy of Cultural Heritage
30th May, 2021

一带一路经济走廊及其途经城市分布地势图

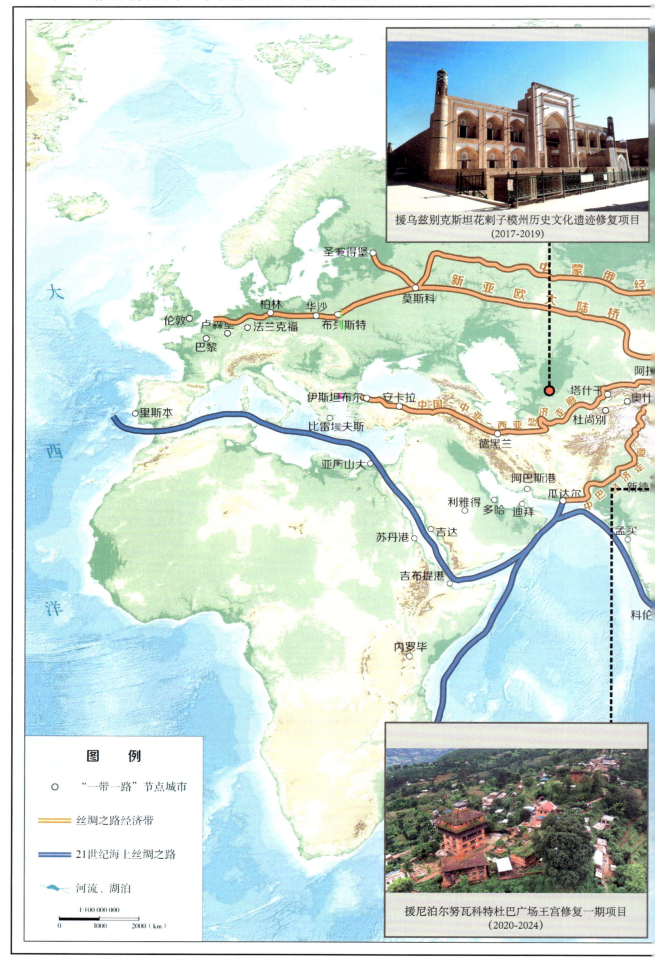

援乌兹别克斯坦花剌子模州历史文化遗迹修复项目
(2017-2019)

援尼泊尔努瓦科特杜巴广场王宫修复一期项目
(2020-2024)

图 例

○ "一带一路"节点城市

━━ 丝绸之路经济带

━━ 21世纪海上丝绸之路

━━ 河流、湖泊

1:100 000 000

0   1000   2000（km）

圣彼得堡

柏林   华沙   莫斯科   新亚欧大陆桥   中蒙俄经

伦敦   卢森堡   法兰克福   布列斯特

巴黎

伊斯坦布尔   安卡拉   中国—中亚—西亚经济走廊   塔什干   奥什

里斯本   比雷埃夫斯   德黑兰   杜尚别

亚历山大

利雅得   多哈   阿巴斯港   瓜达尔   新德

苏丹港   吉达   迪拜   孟买

吉布提港   科伦

内罗毕

大

西

洋

阿拉

审图号：GS(2016)1764号

高程/（m）   >6000   6000   5000   4000   3000   2000   1000   5

洋

伊尔库茨克

布拉戈维申斯克
（海兰泡）

乌兰巴托

哈巴罗夫斯克
（伯力）

鲁木齐

符拉迪沃斯托克
（海参崴）

北京

釜山

西安
新亚欧大陆桥

上海

福州

达卡

昆明
河内
南宁

曼德勒

万象

曼谷
中南半岛经济走廊

吉隆坡

关丹
新加坡

雅加达

达尔文

悉尼

中国援助柬埔寨吴哥古迹保护（一期）周萨神庙保护修复工程(1997-2008)

中国援助柬埔寨吴哥古迹保护（二期）茶胶寺保护修复工程(2011-2018)

中国援助柬埔寨吴哥古迹王宫遗址保护修复项目
(2019-2030)

援尼泊尔加德满都杜巴广场九层神庙修复项目
(2017-2022)

-200 -1000 -2000 -3000 -4000 -5000 -6000 -7000 <-7000

国家测绘地理信息局 监制

01

援尼泊尔加德满都杜
巴广场九层神庙修复
项目深化设计

项目勘察、设计、施工总承担单位：中国文化遗产研究院
项目管理单位：河北省古代建筑保护研究所
项目实施期限：2017—2022

Project General Contractor: Chinese Academy of Cultural Heritage
Project Management: Hebei Ancient Architecture Protection Institute
Project Implementation Period：2017—2022

援尼泊尔加德满都杜巴广场九层神庙修复项目深化设计[①]

项目摘要：

2015 年 4 月 25 日，尼泊尔发生了 8.1 级强烈地震，地震对世界文化遗产加德满都杜巴广场九层神庙及附属建筑造成严重破坏。2016 年 1 月中尼两国政府换文，中国政府同意承担援尼泊尔加德满都杜巴广场九层神庙修复项目。2017 年 4 月，中国文化遗产研究院承担本项目（EPC）工程总承包任务，包括建设内容的深化设计和施工。2017 年 5 月，我院组织专业技术人员赴现场，对文物本体现状残损、建筑标高、结构加固、塌落部位拼装整理、东南角塔落架维修、九层塔及东北角塔复原等工程内容进行了深入勘察，2017 年 8 月形成了文物本体保护修缮工程深化设计方案。

加德满都杜巴广场九层神庙包含四层方形罗汉庭院（Lohan Chowk）及其四角的塔楼寺庙，是寺庙佛塔建筑形式的居住宫殿。该建筑群占地面积约 1340 平方米，建筑面积约 5600 平方米。由于九层神庙建筑是各个历史时期不断改建、加建积累叠加的结果，主体结构也是由方形的九层塔和带有上部南塔的回形罗汉庭院两个独立的结构体组合而成，因此建筑外观形式和结构都极为复杂。

在前期勘察阶段，项目组运用各类勘察、分析手段和技术方法进行了全面的现场踏勘、场地测绘、地质勘察、遗产本体现场实测及病害残损调查等，同时结合尼泊尔王宫建筑的形制研究，全面掌握了九层神庙的主体结构特性和现状特征，并从该建筑震后残损的表征梳理进一步研究建筑地震损伤机理，创新木结构交接处的节点加固设计，科学实施了九层神庙的保护修复工程，并具有一定的区域推广性。

[①] 该项目获 2017 年中国文化遗产研究院优秀文物保护工程项目一等奖。

Restoration project of Nine-storyed Basantapur tower in Kathmandu Durbar Square, Nepal [①]

Abstract:

On April 25, 2015, a strong earthquake of magnitude 8.1 occurred in Nepal. The earthquake caused severe damages to the World Cultural Heritage of Nine-storyed Basantapur tower and the annex buildings of Durbar Square in Kathmandu. In January 2016, the Chinese and Nepalese governments signed the exchange of notes on the Chinese aid of the Restoration project of Nine-storyed Basantapur tower in Kathmandu Durbar Square, Nepal. In April 2017, Chinese Academy of Cultural Heritage(CACH) undertook the general contracting tasks of this project (EPC), including the survey, design and restoration of all the contents. In May 2017, CACH organized professional and technical work team to conduct an in-depth investigation of the damages and the hazard of cultural heritage, including the structural reinforcement, the assembly and arrangement of the collapsed parts, the maintenance of the southeast corner tower, the restoration of the nine-story tower and the northeast corner tower , etc. , In August 2017, a deepening design plan for the restoration of Nine-storyed Basantapur tower was formed.

The Nine-storyed Basantapur tower in Kathmandu Durbar Square is composed of a four-story square Lohan Chowk (Lohan Chowk) and its four-corner tower temple. It is a residential palace in the form of a temple stupa. The building complex covers an area of about 1,340 square meters and a building area of about 5,600 square meters. It is a typical Nepalese traditional brick-wood structure. As the Nine-storyed Basantapur tower temple building is the result of the accumulation of continuous renovation and addition in various historical periods, the main structure is also composed of two independent structures, the square nine-story tower and the rectangular-ambulatory-plane Lohan Chowk. Therefore, the appearance and structure of the building are both extremely complicated.

In the early investigation stage, the project team used various analysis methods and technical methods to conduct a comprehensive site survey, mapping, disease and damage surveys and geological survey of the group of building. At the same time, combined with the study of the shape of the Nepalese Royal Palace, the project team has fully acquired the main structure characteristics and current features of the nine-story temple, and further studied the earthquake damage mechanism of the building from the characterization of the post-earthquake damage of the building. the project team also innovated the reinforcement design of the connection node at the junction of the wooden structure, and scientifically implemented the protection and restoration project of the Nine-storyed Basantapur tower in Kathmandu Durbar Square.

[①] The project won the first prize of the Excellent Cultural Heritage Protection Project of Chinese Academy of Cultural Heritage in 2017.

图 1-1 地震前九层神庙罗汉庭院

1. 项目背景及前期研究

　　4 月 25 日，尼泊尔廓尔喀发生 8.1 级强烈地震灾害，造成重大人员伤亡和财产损失，包括"加德满都谷地"世界文化遗产在内的众多文物古迹也遭受严重破坏。尼泊尔加德满都杜巴广场九层神庙及附属建筑（也称巴桑塔普尔宫院，BasantpurTower）（图 1-1）是世界文化遗产"加德满都谷地"的重要组成部分，也在地震中受到了严重的破坏，随后中国政府承担了援尼泊尔加德满都杜巴广场九层神庙修复项目①。

　　加德满都杜巴广场九层神庙包含四层方形罗汉庭院及其四角的塔楼寺庙，是寺庙佛塔建筑形式的居住宫殿。这组建筑占地面积 1300 平方米，建筑面积约 5600 平方米，为典型的尼泊尔马拉时期传统砖木结构王宫建筑，建筑构件上雕刻众多精美木雕，具有极高的艺术价值，是加德满都杜巴广场的标志性建筑之一。联合国教科文组织也高度重视加德满都及九层神庙的震后修复工作（图 1-2）。

　　2017 年 5 月，中国文化遗产研究院组建九层神庙项目组（以下简称项目组）赴现场，（图 1-3、4）在前期修复设计方案基础上，依据尼方批复意见及尼泊尔震后规划，对现场进行深入勘察，补充细化了文物本体现状残损、建筑标高、结构加固、塌落部位拼装整理、东南角塔落架维修、九层塔及东北角塔复原等内容，并于 2017 年 8 月形成了九层神庙本体保护修缮工程深化设计方案。

---

① 中华人民共和国政府和尼泊尔政府于 2015 年 7 月 23 日签订的《中华人民共和国商务部和尼泊尔财政部关于地震灾后重建援助项目规划的谅解备忘录》，2015 年 11 月，受国家文物局委托，中国文化遗产研究院编制了《尼泊尔加德满都杜巴广场九层神庙修复项目可行性研究报告》。2016 年 1 月中尼两国政府换文，中国政府承担援尼泊尔加德满都杜巴广场九层神庙修复项目。2016 年 11 月，受中华人民共和国商务部国际经济合作局委托，河北省古代建筑保护研究所承担了《援尼泊尔加德满都杜巴广场九层神庙修复项目设计方案》。2017 年 4 月，中华人民共和国商务部经采购将本项目（EPC）工程总承包任务交由我院承担。根据总承包合同规定，我院承担项目全部建设内容的勘察设计（包括专业考察、补充勘测、深化设计、施工图设计等）和施工。

1.1. 背景环境

1.1.1. 地理环境

尼泊尔是一个内陆国家,版图扁平,位于喜马拉雅山脉中段南麓。北面与我国西藏毗邻,东南、西、南与印度接壤。其东西长 885 公里,南北宽大约 145~248 公里。总面积 147181 平方公里,人口约 2800 万人。加德满都是尼泊尔首都,位于加德满都谷地,海拔 1370 米,四面环山。面积 50.67 平方公里,人口 41 万。

尼泊尔位于全球著名的地震带——地中海 – 喜马拉雅地震带上,历史上强震多发。1900 年以来,共发生 8 次大地震,对加德满都影响较大的地震有两次,分别是 1934 年发生 8.1 级地震和 2015 年 4 月 25 日发生 8.1 级地震,加德满都杜巴广场九层神庙建筑群在两次地震中均遭受重创。

图 1-2 2016 年,联合国教科文组织总干事博科娃
(Irina Bokova)视察九层神庙震后情况

图 1-3 尼泊尔经商处参赞与参加九层神庙修复项目的中方主要成员

图 1-4 九层神庙修复项目中尼双方参与人员

1.1.2. 自然气候

尼泊尔属于季风性气候，分为雨季（4—9 月）和旱季（10 月—次年 4 月）。旱季（冬季）雨量极少，平均降雨量 155 毫米，平均最高温度 22.3°，平均最低温度 5.6°。雨季（夏季）雨量丰沛，平均降雨量 1485 毫米，平均最高温度 29°，平均最低温度 17.2°。四、五月气候闷热，最高温常达到摄氏 36°，雨季高峰在六月底到九月底，常有暴雨，瞬时雨量很大。

1.1.3. 区位特点

杜巴广场九层神庙位于加德满都古城中心的加德满都杜巴广场东入口处，南部为广场与居民商业区，东、北、西部为世界文化遗产核心区古建筑，西侧毗邻 NasalChowk 庭院（老皇宫），北侧为 MoolChowk 庭院，东侧为 Lawa 广场（图 1-5）。

图 1-5 加德满都杜巴广场
九层神庙总平面图

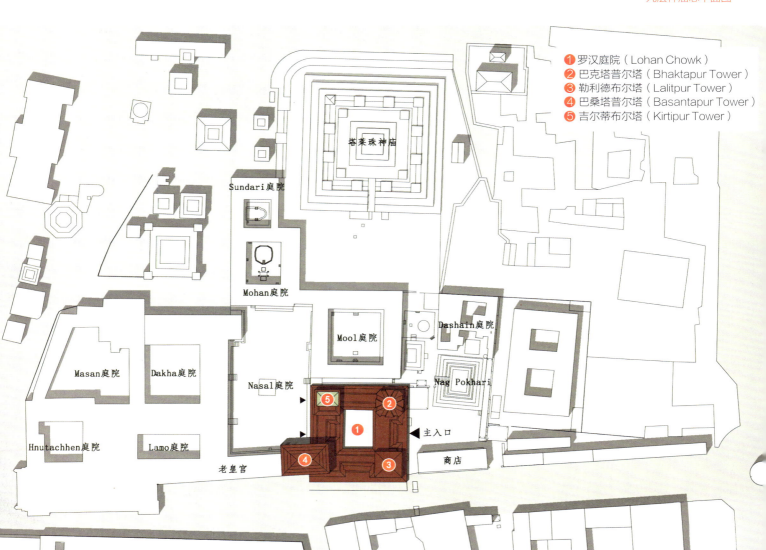

① 罗汉庭院（Lohan Chowk）
② 巴克塔普尔塔（Bhaktapur Tower）
③ 勒利德布尔塔（Lalitpur Tower）
④ 巴桑塔普尔塔（Basantapur Tower）
⑤ 吉尔蒂布尔塔（Kirtipur Tower）

加德满都谷地位于尼泊尔中东部，是尼泊尔的核心区。世界文化遗产加德满都谷地包括加德满都、帕坦和巴德岗杜巴广场在内的遗址及建筑群（图 1-6）。帕坦位于加德满都城以南 5 公里处，约建于公元 298 年，是尼泊尔最古老的城市，也是古代加德满都谷地的商业中心。巴德岗又名"巴克塔普尔"，位于加德满都以东约 12 公里处，始建于公元 389 年，公元 13 世纪，玛拉王朝在这里定都，直到 1768 年，这里都是尼泊尔的政治文化中心，也是中世纪尼泊尔艺术和建筑的发源地。加德满都始建于公元 732 年，历史上曾经是皇家首都与宗教中心（图 1-7、8）。

图 1-6 世界文化遗产—加德满都谷地遗产构成分布图

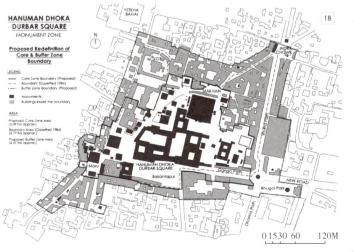

① 资料来源：ICOMOS-1448-en/a.http://whc.unesco.org/en/list/121/documents/a

图 1-7 加德满都杜巴广场区划图①

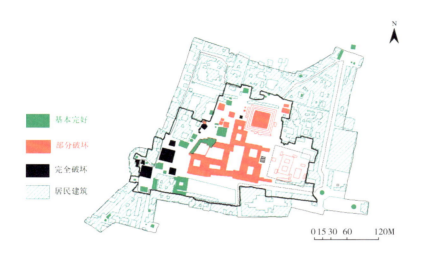

基本完好
部分破坏
完全破坏
居民建筑

0 15 30 60 120M

图1-8 加德满都杜巴广场文化
遗产震害分布图

1.2. 遗产价值及历史沿革

1.2.1. 突出普遍价值

尼泊尔目前有四处世界自然与文化遗产，萨加玛塔国家公园（1979年公布）和皇家奇特万国家公园（1984年公布）是世界自然遗产；加德满都谷地（1979年公布）（图1-9）和兰毗尼·释迦牟尼诞生地（1997年公布）是世界文化遗产。加德满都谷地是喜马拉雅山脚下的一个山谷，面积约为475平方千米。作为世界文化遗产，"尼泊尔加德满都谷地建筑群是该地区印度教和佛教共存融合的一类独特传统文明的杰出见证。城市建筑群和皇家宫殿所包含的宫殿、寺庙建筑和城市结构是尼泊尔皇家宫殿历史发展变迁的杰出例子。同时建立在多个地区交界处的尼泊尔历史遗迹展示了尼泊尔文明在受到复杂的文明交流影响下所形成的独特宗教元素。"①。

图1-9 加德满都谷地世界文化
遗产标识碑

---

① 资料来源：ICOMOS—1448—en/AdvisoryBodyEvaluation.http://whc.unesco.org/en/list/121/documents/

世界遗产"加德满都谷地"包括分布在山谷中的七组遗产地，分别为哈努曼多卡宫（Hanuman Dhoka）、帕坦（Patan）和巴德岗（Bhaktapur）三个杜巴广场建筑群，斯瓦扬布市（Swayambhu）和博德纳市（Bauddhanath）的佛塔以及帕舒帕蒂（Pashupati）和昌古纳拉扬（Changu Narayan）的印度教寺庙建筑群。这处遗产组成部分所构成的加德满都谷地建筑群在文化和宗教方面对当地以及整个区域都具有重大的意义。其中，九层神庙所在的哈努曼多卡杜巴广场（加德满都杜巴广场）是"加德满都谷地"的重要遗产组成部分，是当地传统建筑风格的典型代表，符合联合国教科文组织世界文化遗产标准Ⅲ、Ⅳ和Ⅵ。三个杜巴广场及其宫殿、寺庙和公共空间等体现了它们作为宗教中心的重要性。构成了历史上加德满都谷地皇家城市的核心和宗教中心。至今这些区域仍然是当代城市日常生活的中心和重要宗教场所。社区的重大仪式和宗教活动在这些地区具有独特的生命力。

山谷中的多民族居民被称为纽瓦尔（Newar）人，他们融合了周边地区的宗教和社会文化影响，特别是印度教和佛教在此地融合，创造了独特的城市社会结构与民族宗教信仰，并由此发展出了具有代表性的纽瓦尔的建筑风格和高度发达的建造技艺。这七组遗产地的建筑大多采用木结构建造，烧砖泥浆围合；屋顶上覆盖着重叠的陶瓦，通常用镀金的黄铜装饰；窗户、门道和屋顶斜撑都有精美的装饰性雕刻（加德满都曾是世界上最先进的砖材、木材和青铜的应用地之一）。

1.2.2. 历史沿革

据建筑物墙上刻写的碑文记载，加德满都杜巴广场九层神庙最早是由沙阿王朝[1]的普利特维·纳拉扬·沙阿（Prithvi Narayan Shah）在夺取马拉王朝政权后下令建造的，并将建造九层神庙这一历史事迹雕刻在石碑上，嵌入罗汉庭院南墙入口门西侧和九层神庙北入口门楣上方。1768年9月，廓尔喀人（Gurkhas）在沙阿的领导下，于因陀罗节进军加德满都。1768至1769年，加德满都河谷的主要城市勒利德布尔（Lalitpur）和巴克塔普尔（Bhaktapur）相继失守，沙阿王朝统一了河谷。

沙阿王朝统治期间，他将加德满都杜巴广场（哈努曼多卡宫）作为王宫，并在原有基础上建立了九层神庙的西南角塔——九层的巴桑塔普尔塔。1768年至1896年，这里一直是沙阿国王的王座所在地[2]，沙阿王朝的统治者们选择住在九层神庙。之后沙阿之子普拉塔普·辛格也对建筑进行了一些改建。

---

① 尼泊尔是佛教的发源地。从公元前6世纪起，尼泊尔境内出现基拉特（公元前6世纪到公元4世纪）、李查维（4世纪到13世纪）、玛拉（13世纪到1768年）等王朝。1768年，廓尔喀王普里特维·纳拉扬·沙阿建立沙阿王朝。
② 1774年，普利特维病重，次年逝于努瓦科特。

图 1-10 地震前的九层神庙

　　九层神庙的建筑历史非常复杂，建筑所经历的变化也非常多，建筑的很多组成部分分别是不同时期建造的。巴桑塔普尔塔最下面几层的建筑要早于整组建筑，因为在两处建筑相连的地方有几处房梁和窗户被覆盖（图 1-10）。而其他塔楼的一些高层部分推测是由普拉塔普·辛格后期下令补建的。

1.2.3. 历次保护维修

　　1974 年，在联合国教科文组织专家的监管下，九层神庙及附属建筑曾经实施了建筑修复工程[①]。修复工程分为三个阶段，第一阶段维修工程于 1974 年 12 月底完成，包括罗汉庭院建筑群的维修与修复，西北角塔屋顶拆卸安装。第二阶段维修工程开工于 1975 年 9 月，包括东南角塔的纠偏工程、东北角塔以及位于两塔之间的罗汉庭院东侧部分的维修工程。第三阶段是对罗汉庭院相关建筑的全面维修、修缮与复建。维修后的罗汉庭院改作博物馆使用，并向公众开放。

　　1978 年 JohnSanday 编写的《尼泊尔建筑修复》中提到一些九层神庙维修使用的方法和材料。由于九层塔倾斜较大，当时对屋顶进行了结构性维修；东南角塔倾斜 15 度，对其进行了纠偏，拆卸重新安装，在砌墙时使用了水泥梁和粘合剂代替木质结构；木构架的连接部分采用了角钢和螺栓进行结构补强。在维修过程中发现九层神庙外墙的传统砖（telia 砖）即用油浸制过的红陶砖。

[①] 工程主要受到了日本资助，也包括英国、法国、意大利、尼泊尔社会援助以及皇宫经费补贴。

2010 年，尼泊尔文化旅游与民航部考古局对九层神庙西南角塔现存状况进行较为详细的勘察，针对勘察结果提出了近期维修建议及远期维修计划，包括：治理屋顶漏雨、更换糟朽木构架和补配缺失的木构件、裂缝处墙体局部拆砌、八层中间墙体更换为木梁柱形式，七层、八层和九层墙体建议安装木筋。远期维修建议包括对九层神庙进行详细与深入的研究，重点在于其结构形式与构造做法；另外建议详细地测量、绘制图纸，为进一步维修做准备。在 2015 年地震之前进行了四层和五层的地面铺墁维修工作。可以说，这些前期的结构加固补强及修缮工作一定程度上提高了九层神庙建筑本身的抗震性能。

2015 年 4·25 廓尔喀地震后，尼泊尔考古局对杜巴广场九层神庙采取了抢救性措施，对地震后坍塌、损坏的构件进行了清理和收集工作，并对文物建筑损毁部位进行了临时支顶和遮盖。2015 年 10 月尼泊尔考古局编写了《关于世界遗产地历史遗存建筑物的受损评估报告》，报告描述了加德满都谷地世界遗产地的历史遗迹区地震损坏情况，并就历史遗存的修复和改造提出了一些原则性的建议。

1.3 建筑形制研究

加德满都谷地的宫殿主要有玛拉王朝时期的典型纽瓦尔建筑风格和十九世纪晚期罗纳时期的仿欧式建筑风格，两种风格[①]的宫殿完全不一样，但却在加德满都谷地和谐的并置。其中纽瓦尔建筑风格的宫殿与纽瓦尔民居有很多相似之处。

---

① 直到今天，马拉王朝的宫殿作为国家纪念馆保存完好，但罗纳宫殿部分荒废，部分改造成饭店、办公室或者是教育机构。

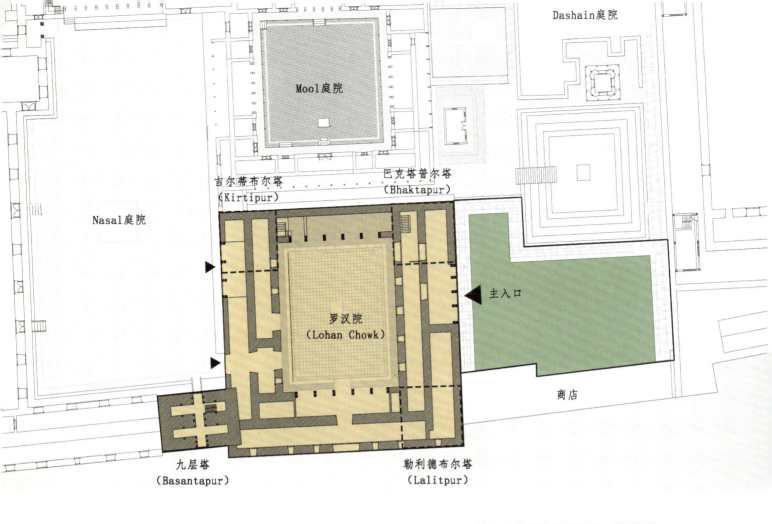

Dashain庭院

Mool庭院

吉尔蒂布尔塔
(Kirtipur)

巴克塔普尔塔
(Bhaktapur)

Nasal庭院

罗汉院
(Lohan Chowk)

主入口

商店

九层塔
(Basantapur)

勒利德布尔塔
(Lalitpur)

图 1-11 九层神庙及其周边一层平面图

1.3.1. 平面布局

　　九层神庙建筑群是纽瓦尔宫廷建筑中最宏伟的典范，包含罗汉庭院（LohanChowk）及其上层的四角塔。四角的塔楼分别是两层的勒利塔布尔塔（VilasMandir 或 LalitpurTower，东南角塔）、两层的巴克塔普尔塔（Lakshmivilas 或 BhakrapurTower，东北角塔）、一层的坎蒂普尔塔（BanglaMandir 或 KirtipurTower，西北角塔）和九层的巴桑塔普尔塔（Nautale 或 BasantapurTower，西南角塔即九层塔）。九层神庙建筑这种四方庭院的平面布局参考了古老的纽瓦尔传统民居建筑。（图 1-11）

　　传统纽瓦尔民居建筑的基本形式是由各自独立的三层民居建筑[①]围合组合的方形的院落（Chowk），组成院子四周的四个建筑是各自分离、独立的单体。这种可追溯到玛拉王朝时期的独立方形院落可能就是后来纽瓦尔宫殿院落的原型。此后，庙宇和宫殿院落聚集演变成为杜巴广场建筑群。九层

[①] 房子的第一层可用作谷仓、马厩、工作室或者贮藏室，中间一层一般都是主人卧室，最顶层既可以用作工作，也可以用作娱乐场所。

神庙院落宫殿的建筑形式也遵循了这一纽瓦尔建筑基本平面布局方式。位于加德满都古城中心的哈奴曼多卡宫殿建筑群以各种合院形式进行组合，建筑立面则结合了尼泊尔多层屋顶的寺庙建筑形式。

九层神庙南部为广场与居民商业区，西侧毗邻纳萨庭院（NasalChowk，即老皇宫），北侧为穆尔庭院（MoolChowk），东侧为罗恩（Lawn）广场。与传统欧洲宫殿独立且规模宏大的建筑形式不同，尼泊尔宫殿较少大尺度建筑，在城市中所占的位置也并无特别之处。哈奴曼多卡皇宫的入口位于建筑的一个角落，且宫殿前并没有完整开阔的殿前广场空间，宫殿的内院空间也并不完全是轴线对称的（图1-12）。

图1-12 九层神庙震后航拍照片

图 1-13 东北角塔北立面历史测绘图
（1978 年绘）[2]

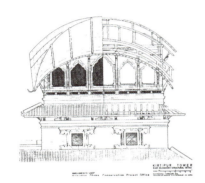

图 1-14 西北角塔东立面建筑及结构
历史测绘图（1974 年绘制）[3]

图 1-15 东南角塔西立面历史测绘图
（1976 年绘制）[3]

1.3.2. 建筑特征

（1）罗汉庭院

九层神庙的罗汉庭院接近正方形，南北向约 35 米，东西向约 37 米，平面呈"回"字形，四层平顶砖木结构，在一层南侧、东侧、西侧三面分别设入口，联通庭院内外。建筑一层南北方向有柱廊，二、三层为墙体，西侧与北侧有典型纽瓦尔框架的出挑木质大窗，窗框上嵌满装饰性木雕。建筑层高较矮，柱顶高度只有约 2.4 米，空间狭小，建筑每层室内面积 470~485 平方米。王宫设计使用的计量单位应为古代印度传统的哈特（Hat）[1]，并以 7.5Hat（约 3 米）为模数进行建造。

罗汉宫东、南、西三面通廊各设内纵墙一道，北面通廊仅设南北两道外侧纵墙，未设内纵墙。四面通廊纵墙各通过其端部塔楼相互连接，总体上形成四面"抄手"的筒中筒回形结构。这一具有相对较强核心内筒的建筑结构布局在总体上对建筑抗震具有积极的作用。

在庭院建筑西南角和东北角设楼梯通往上层。罗汉庭院的四面屋顶由斜撑（Struts）支撑，斜撑上雕满了各种印度教或佛教神明的肖像。虽然九层神庙王宫建于马拉王朝与沙阿王朝更迭时期，但整体建筑依然延续了纽瓦尔的艺术工艺和建筑技艺。

（2）角塔

九层神庙罗汉庭院建筑四层之上的四角分别为四座角塔，通过屋顶平台相连。除九层塔外，其他三个分别以加德满都河谷三个主要城镇，也是沙阿王朝征服的三个城市命名，以显示沙阿王朝的强大。

其中，巴德岗角塔位于罗汉庭院五层楼面东北角，双层，五层平面呈方形（图 1-13），六层平面呈八角形，屋顶为

---

① 所谓哈特即成人手臂肘部到中指指尖的长度，约 40 厘米。7.5Hat 约为 3 米。
② 图片来源：尼泊尔考古局提供。
③ 资料来源：John Sanay. Building conservation in Nepal [M]. United Nations Educational Scientific and Cultural Organization, Paris, 1978.

八角攒尖瓦顶；下部结构为砖墙木柱，上部全木构，外围柱间安装木窗。西北角塔平面为方形，双层，拥有造型独特的弧形铜质屋顶，类似于翻转的船体或乌龟的甲壳，具有"孟加拉"风格，所以也称孟加拉塔（图1–14），屋顶造型与印度的斋普尔及其周边地区的屋顶造型相似，推测整体设计风格也受到印度"莫卧儿"王朝风格的影响。

东南角塔（图1–15）位于庭院五层楼面东南角，平面方形，是双层的，八角攒尖顶建筑；下层砖墙木柱，上层为木构，外围柱间安装木窗，屋顶木构架为梁上置三圈立柱，在内圈立柱间置木枋，枋上置梁，梁上置中柱，形成攒尖结构。

九层塔位于院落的西南角，是一栋独立建筑，塔台基不高，塔身九层，这与尼泊尔大多数佛塔建在高台基上有所不同。塔体一部分伸入罗汉庭院西侧外墙内，是加德满都杜巴广场的标志性建筑。

九层塔平面呈长方形，砖木结构，墙体为木框架间砌筑砖墙。一层北侧辟门进入塔内，室内用墙体分成南北两部分，隔墙中部辟门连通，每层在北侧置木楼梯通往各层；二层东侧、西侧墙上设门，与罗汉庭院和老皇宫二层连通；四层、六层、九层墙外出挑木质回廊，七层四周设木构瓦顶披檐，披檐用斜撑支撑，斜撑雕饰精美。屋顶为四阿瓦顶。墙体外出挑的木质回廊及斜撑支撑的巨大屋檐是该建筑造型的一大特点。

1.3.3 建筑宗教内涵

作为印度通往中国的陆上必经之地，加德满都谷地的城市与聚落在恒河平原和西藏文化的长期影响下，建造了大量印度教与佛教建筑。"印度教、佛教、万物有灵信仰和密教的共存与融合是加德满都谷地独一无二的特征"。受印度文化的影响，曼陀罗（mandala）的布局理念贯穿了整个纽瓦丽建筑，不仅奠定了建筑的平面布局，也影响了面向四面八方的斜撑——这一纽瓦丽建筑最独特构件的造型与分布。斜撑作为九层神庙建筑群最精美的木构件之一，是在马拉王朝的宗教信仰背景下探索九层神庙建筑群宗教内涵的一把钥匙。雕刻在罗汉庭院Lohan chok三层斜撑上的八佛母、伽内塞与跋罗婆组成一个面向四面八方的守护环，以凶恶的一面对抗恶魔，以慈悲的一面守卫王室家族，体现出密教与纽瓦丽传统在加德满都谷地融合而形成的独特文化面貌。

自1960年代开始，随着大量学者对尼泊尔不断地深入考察，针对纽瓦丽建筑的研究逐渐系统化，如今研究方向与方法涉及人类学、历史学、考古学、碑铭学、建筑学、宗教艺术等多个领域，奠定了人们对尼泊尔文化遗产的认知基础。美国学者Mary Shepherd Slusser在加德满都谷地保护基金会（Kathmandu Valley Preservation Trust）对谷地古建筑木构件做碳十四测年研究的基础上，梳理了不同时期纽瓦丽建筑的代表性斜撑，分析了背后的宗教内涵与艺术风格流变；追溯尼泊尔斜撑上的主题与图案元素的来源，探讨了古印度文明对加德满都谷地建筑的影响。Purusottam Dangol 对尼泊尔寺庙的建筑元素进行了分类研究，以昌古纳拉扬寺庙为例，分析了斜撑的表达的内容与宗教意义。

各国学者在研究尼泊尔纽瓦丽建筑时，都不约而同地把斜撑当作一个重要研究对象。纽瓦丽建筑的斜撑综合了三方面的因素，分别是建筑结构上支撑披檐的作用，宗教理念上面向四面八方的守护作用，以及艺术上纽瓦丽传统木刻工艺与马拉风格的呈现。

（1）斜撑类型

斜撑在纽瓦丽语中被称为"tunãh"，尼泊尔语写作"tudāla"，通常由坚硬的娑罗木雕刻而成，约呈45度斜角支撑屋檐。作为建筑中不可或缺的元素，斜撑有力地支撑了披檐，从整个建筑结构上起到分担重力、稳定屋檐的作用。

纽瓦丽建筑的斜撑分为两种类型，一种是位于四角支撑转角屋檐的角撑，一种是寺庙的人物造型四面斜撑。支撑转角屋檐的斜撑一般比较长，雕刻有神兽；四面斜撑刻有神像。四面神像斜撑可分为两类：宗教人物和半宗教人物。每一支斜撑基本上可以分为三段，上段、中段和下段，中段占据版面较大，一般根据中段雕刻的造像判别斜撑表达的内容。（图 1-16、17）

在九层神庙建筑群巴桑塔普尔塔顶层，出现了早期建筑斜撑的"娑罗班吉卡"（Salabhanjika）[①]造型（图 1-18），撑上的神祇呈现出多头多手的密教特征，这一时期对八佛母（Ashta-matrikas）和跋婆罗（Bhairava）的崇拜在整个加德满都谷地盛行。

无论四面的斜撑雕刻神像如何变迁，支撑披檐四角的角撑始终稳定地呈 Kusalah 造型（图 1-19）。Kusalah 是古印度文明中的神兽，集不同强攻击性动物的特征为一身，拥有羊角、狮身、羽翼，有时还有鸟喙，被赋予强大的守护力量。九层神庙建筑群的角撑均为 Kusalah 造型，根据屋檐大小角撑的尺寸不一。

（2）罗汉庭院内院三层斜撑解析

马拉王朝是尼泊尔历史上文化艺术最活跃的时代，九层神庙建筑群主体部分虽然建于

---

① 目前发现的最早的斜撑可追溯到 7 世纪，早期建筑斜撑均为"娑罗班吉卡"造型。"娑罗班吉卡"指折断娑罗树枝的女人，通常表现形式为一位身姿婀娜的的女性站在娑罗树下，一只手持树枝，一条腿支撑着身体，另一条腿交叉，体态婀娜呈"S"形曲线。娑罗班吉卡造型的斜撑主导了加德满都谷地长达 6 个世纪，直到 1294 年，来自巴内帕的王子捐赠了湿婆神林伽并为此修建了 Indresavara 和 mahadeva 两座寺庙，斜撑中才第一次出现了包括跋罗婆（Bhairava）在内的其他神祇。

图 1-16 巴德岗 Chuma Ganesh Diocchen 斜撑（左）

图 1-17 加德满都白度母寺斜撑（右）

沙阿王朝，但是整个建筑仍然延续了马拉晚期的建筑语言，体现了佛教与印度教密教化的宗教特征。

罗汉庭院院呈长方形，三层挑檐斜撑共 28 个，包括东西方向各 8 个，南北方向各 4 个，四角角撑共 4 个。这些斜撑雕刻的内容包括八佛母、跋罗婆、伽内塞，角撑均为 Kusalah。整个九层神庙建筑群中拥有内容包括乐舞组合、蜥蜴、孔雀等多种题材的大量斜撑，这里选取罗汉庭院院内三层斜撑作为研究对象，以"回字形"院落内层的斜撑环绕院落中心形成闭环，更能体现建筑在布局上的宗教理念。

在萨克提派的影响下，无论是婆罗门教还是佛教都

图 1-18 巴桑塔普尔塔顶层雕刻的婆罗班吉卡造型

图 1-19 加德满都 Chusya Baha 中的 Kusalah 角撑

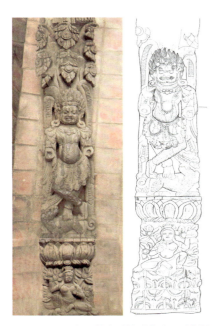

图 1-20 九层神庙建筑群的跋罗婆斜撑

图 1-21 Lohan Chowk 院内的伽内塞

把女神的地位提到最高。马拉王朝时代，人们认为加德满都谷地中的城市被一系列女神保护，这组女神被称为"八佛母"（The Eight mothers，Ashta-matrikas，梵语：मातृका，mātṛkā）。每一位女神都有她专属的坐骑以及她独特的艺术表现形式。自公元 3—4 世纪起，八佛母在加德满都谷地开始流传，逐步成为谷地的文化特征。八佛母的体貌特征通常为 4 只或者更多手，手持花瓶和念珠、矛和雷电等，作"赐福与保护"手势。

跋罗婆（Bhairava，梵文：भैर），字面意思为"恐怖的或悲惨的"，也译为培胪、陪缚罗、派拉瓦等，是婆罗门教三大主神湿婆神的恐怖相，象征着力量与愤怒，同时也意味着强大的保护力。跋罗婆也是藏传佛教中最重要的护法，仍然延续了"守护"的概念（图 1-20）。在加德满都谷地的信仰中，每一位女神对应一个跋罗婆。罗汉庭院的女神与跋罗婆组合形成了中心向的曼陀罗[①]。作为守护神，每一个佛母对应一个方向，在概念上形成一个能量场，从八个不同方向保护着罗汉庭院。

伽内塞（Ganesa）又称为"象头神"，是婆罗门教三大主神湿婆神的儿子，其造型特征为人身、象头及一根象牙。他在婆罗门教中象征智慧、打破障碍和圆满，马拉王朝时期对伽内塞的崇拜十分流行（图 1-21）。作为佛教护法的毗那夜迦[②]与跋罗婆、八佛母排列有序地被雕刻在罗汉庭院三层斜撑上，形成一个闭合的保护屏障。这些神祇因其恐怖的破坏力而被赋予强大的保护力量。狰狞恐怖的一面对着八方恶魔，慈悲和善的一面守卫王室家族（表 1-1）（图 1-22）。

① 曼陀罗起源于古印度，它的梵文皮拼写是 mandala，词根 "manda" 有 "本质" 和 "根本" 的意思，后缀 "La" 意味着 "包含" "所包含" 的意思，因此曼陀罗的意思是包含着宇宙的本体者。曼陀罗图常常用于建筑的平面布局，是宗教思想、人间和宇宙关系的物质化呈现。
② 严耀中在论证中国的伽内塞与毗那夜迦时认为："毗那夜迦来于印度的加内塞原型属于婆罗门教，在佛教将众多的婆罗门教神祇收列为善神的保护神时，'象神王' 亦不例外，也成了藏传佛教里具 '善师之相' 的 '六挐' 之一，所以在汉译佛经里就基本上见不到它的原名。密教在印度兴起后，才有了作为恶神的毗那夜迦，但主要出现在汉传密教里，具有障碍神和鬼王的两种身份"。

表 1-1 九层神庙罗汉庭院斜撑

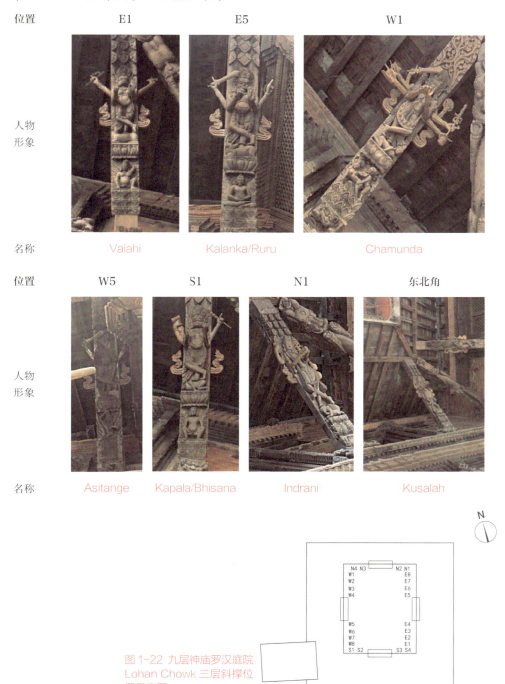

位置	E1	E5	W1
人物形象			
名称	Vaiahi	Kalanka/Ruru	Chamunda

位置	W5	S1	N1	东北角
人物形象				
名称	Asitange	Kapala/Bhisana	Indrani	Kusalah

图 1-22 九层神庙罗汉庭院
Lohan Chowk 三层斜撑位
置示意图

理解九层神庙建筑群装饰系统的含义离不开王室的宗教信仰。随着佛教与印度教与密教在加德满都谷地的不断融合，八佛母、跋罗婆与毗那夜迦形成了一套守护神系统，广泛使用在寺庙和王宫建筑中。马拉王朝将杜尔伽女神的化身塔莱珠女神视为国王的守护神，塔莱珠女神庙是加德满都杜巴广场上最大的寺庙。大量杜尔伽女神、迦梨女神、跋罗婆等血腥恐怖的形象使谷地的艺术面貌神秘而诡谲。

（3）九层神庙建筑群的装饰系统映射出王朝更迭的时代精神

今天我们所看到的加德满都呈现出层次丰富、混乱而有序的面貌，宗教建筑与城市生活不分彼此，宫殿、广场、印度教和佛教寺庙、佛塔等建筑融入城市肌理，成为尼泊尔人日常生活的一部分。

九层神庙 Lohan Chowk 平面布局为长方形，与常见的正方形曼陀罗不同，更具一层密教特色。斜撑上的这些神祇被赋予对应空间方位的属性，虽然不同建筑中每一个佛母对应的方位并不总是一样，但是在曼陀罗概念中，他们的神力辐射向四面八方，抵抗不同方向的恶魔入侵。Asta-matrika，Asta-Bhairava 和伽内塞被雕刻在哈奴曼多卡宫 Lohan chowk 院三层斜撑上，形成一个闭合的保护环。以残暴凶恶的面貌面向八方恶魔，以慈悲和善的一面守卫王室家族。

始建于马拉王朝晚期的王宫在沙阿时期被大规模扩建，最终形成了今天的九层神庙建筑群。九层神庙建筑群的装饰系统映射出王朝更迭的时代精神，具有承上启下的特殊地位。马拉王朝在基拉特王朝、李查维王朝延续下来的基础上不断受印度密教文化影响，达到纽瓦丽艺术的顶峰。来自郭尔喀地区的沙阿国王在扩建哈奴曼多卡宫时依然遵循马拉王朝晚期的宗教理念，但是沙阿王朝追求"雄伟"与"新奇"的时代精神，使哈奴曼多卡宫成为三座杜巴广场王宫中建筑尺度最大的王宫，同时融入了莫卧尔风格特征。八佛母、跋罗婆与伽内塞的组合在这之后逐渐式微，于 1908 年修建的 GuddiDarbar 王宫是新古典主义建筑。随着尼泊尔成为英国殖民地，欧式建筑开始大量出现在加德满都，尼泊尔自此从中世纪以来积淀深厚的纽瓦丽传统走向现代化。

1.4. 建筑结构体系及构件研究

1.4.1. 多层砖木结构纵墙承重体系

九层神庙建筑的结构总体上属砖木混合结构纵墙承重体系。木质楼板，外加木构披檐，是尼泊尔玛拉王朝时期典型建筑结构的延续。建筑主体可分为两组独立的结构体系，分别为九层塔方形结构体和罗汉庭院及其上部三个角楼构成的回形结构。两部分结构相邻的墙体仅实现各自建筑上的承重、维护与遮蔽功能，无结构性连接。

罗汉庭院纽瓦尔建筑的主体结构主要是由柱子、带木框架的墙与上部雀替（托木）或双层雀替、梁、楞木进行连接，发展成为一个建筑结构框架系统（图1-23）。在大多数情况下，框架两端支撑与建筑厚砖墙中的木框架结构相连，形成一个整体。楼面在梁柱体系上并列满铺楞木，上置楼面板及饰面陶砖，形成"平顶密椽"楼屋面形式。主体结构为墙体承重，楼板荷载通过楞木传到砖墙上。其中各层也有局部采用木框架承重，如北侧通廊四层南侧及其一层内侧、东侧通廊四层及其一层外侧、南侧通廊四层外侧及其一层内侧、西侧通廊四层内侧，但总体上仍属较为典型的多层砖木结构纵墙承重体系，罗汉宫院东北、东南、西北三个角楼首层为砖木混合结构，顶层皆为木结构。

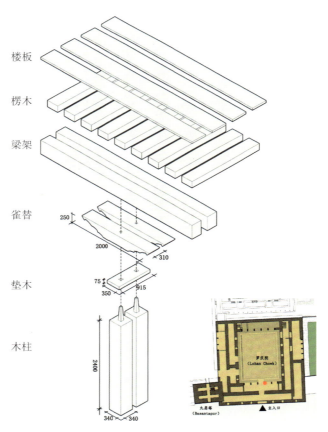

楼板
楞木
梁架
雀替
垫木
木柱

250
2000
310
75
350
915
2400
340
340

罗汉院
(Lohan Chowk)

九层塔
(Basantapur)
▲ 主入口

图1-23 九层神庙罗汉院南侧入口处梁、柱、楼板体系

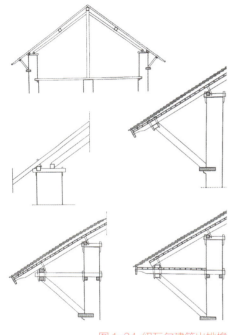

图1-24 纽瓦尔建筑出挑檐口的典型支撑体系

图1-25 建筑斜撑

这种建筑结构体系从竖向荷载传递路径来看，结构大部分荷载由底层木柱、砖墙承重，柱子与柱础由木梁或石基制成，并用木楔固定在上面。各层荷载通过木楼板与其下的木托梁（楞木）将楼面荷载传递到砖墙或局部木构架上。从水平荷载传递路径来看，楼层荷载除楼板自重及少量展览活荷载以外，地震或风产生的水平荷载最终均由砖墙承担。

墙体是纽瓦尔建筑的主要承重元素，为了防止雨水的侵入与渗透，建筑墙体通常非常厚（50~100厘米），且分层设置，是典型的包砌做法。外层墙面的面砖为当地特有的红砖（Telia），但此类砖只用来饰面，起到墙体承重作用的是墙体内层粗糙的黏土砖或烧结砖以及内部填充的砂浆、碎石等。九层神庙外层用（120毫米厚）条砖灰浆（黄土或红土）十字错缝黄泥顺砌，每隔3~5块砖设一丁砖拉结，内层墙芯为条砖灰浆（黄土）松散砌筑。由于分层墙体构造比较松散，容易导致内外墙体分离以及外层墙体鼓闪。同时普通黏土砖或烧结砖承载力并不理想，尤其在水的长期作用下，以黄土为主要材料的灰浆极易受潮失效，对墙体承重造成不利影响。一层、二层为木质腰檐；三层、四层周围设木构瓦顶披檐。

因此，出于结构抗震的考虑，纽瓦尔建筑厚重的墙体内部通常增加木质立体框架支撑，内外砖墙砌筑于框架上，框架内用碎砖填砌。墙体每层用两道水平木腰线增强墙体整体性，木腰线下设丁头木筋，外侧丁头木做人物、花卉、动物图案雕饰，建筑地面通过沿着墙体的圈梁位置加置一层贯穿墙体的楔板，地板是用简单的板条建造的，也有一些板条会伸入墙体与水平框架连接，来增加建筑墙体和楼板的连接，增强建筑的整体性。

1.4.2. 多层披檐坡屋顶屋架体系

屋顶体系是纽瓦尔建筑最为突出的建筑元素。尼泊尔宽大且出挑深远的坡屋顶与建筑立面上的多层披檐一起构成了独特的纽瓦尔塔庙建筑风格。在功能上，出挑的屋顶则是保护建筑墙体及其他砖、木构件免受季风带来的持续降雨和强烈的阳光照射带来的侵害。大跨度的坡屋顶屋面下为檩条支撑结构，屋面外铺经过清理的泥背。尼泊尔的传统做法是将"泥或者灰浆内不应有任何植物生长，并按照传统做法从表面土壤5英寸以下挖出。土壤应该在铺上屋面之前进行蒸煮消毒，并在泥土还湿润的时候将传统的小瓦做到灰浆泥背中。"传统的瓦面尺寸长度在20~25厘米不等，平均宽10厘米，屋檐和斜脊上堆叠特殊的瓦片，角部的瓦片通常带有装饰。瓦片通常直接松散地铺在屋面板上，角部瓦片钉入斜脊的椽子中，用来固定垂直堆叠瓦片的两端。

九层神庙四座塔庙建筑屋顶分别为四面攒尖顶、四阿顶和八角攒尖顶，内部的屋顶是依靠中心攒尖立柱和屋架体系进行支撑（图1-24），屋架下部是结构墙体中的柱子。出挑深远的屋檐靠其下部外椽与支撑在下层墙体框架上的斜撑形成支撑体系。

因为纽瓦尔建筑独特的屋顶体系，因此"斜撑（stuts）"这一用来将屋顶重量传导至墙体的建筑构件成为纽瓦尔建筑的最大特色之一。尼泊尔多数王宫建筑以及几乎所有宗教建筑中都有斜撑（图1-25、26）。斜撑均为木质构件，并雕刻

图1-26 九层神庙角部斜撑

图1-27 九层神庙罗汉院木雕大窗（2007年摄）

图1-28 九层神庙罗汉院木雕窗

有代表性的神像，这也与中国古建筑最早的屋顶支撑系统以及后来的斗拱作用相似。斜撑支撑檐枋，楼板楞木伸出墙外支撑承椽枋，椽子用木销固定在檐枋和承椽枋上，椽子与遮椽板刻榫连接，椽子上铺望板、油毡、防滑条、泥背，干摆扣瓦。斜撑雕饰内容各不相同，雕刻精美。

1.4.3. 建筑构件及连接节点

九层神庙罗汉院庭院内台明用红条砖包砌，四周青条石压面，庭院外西侧台明用青条石包砌。建筑地面一层土基层夯实后，在沙土垫层上铺红方砖；二层、三层楼面为楞木上铺木楼板，上夯黄泥地面；四层、五层楞木上铺木楼板，黄泥垫层上铺红条砖。建筑在一层、三层、四层使用排柱，柱为方形，上部做细致雕刻，柱头安装替木，其上为承重梁，构件间用榫卯连接。

特征鲜明、装饰丰富的大窗和门赋予了纽瓦尔建筑令人惊叹的细节和变幻多样的光影效果。宫殿、房屋和庙宇的墙壁通过大量的雕花窗户、屏风壁龛和门道，变得充满变幻富有视觉效果（图1-27、28）。九层神庙建筑的门窗雕饰复杂、精致。其中，窗可分悬窗、可开启窗、固定窗、固定悬窗四类，悬窗主要位于庭院内外二、三层墙体中间部位，固定悬窗位于九层塔的四层、六层、九层回廊外侧。门窗框与墙体框架及木腰线交接处刻榫锚固。九层神庙罗汉院的二层和三层内、外立面的各个朝向墙体均布设了较大面积的木雕门窗。且为满足墙体承重的需要，有意采取了自下往上开窗面积由小及大、逐步扩大的策略，譬如北立面墙体，底层未设窗洞、二层仅在东侧回廊北端外墙开设两个窗洞、三层墙体正常开窗、四层开窗面积进一步扩大，使承担竖向荷载最大的底层窗间墙墙体，得以采用较大截面，而上部楼层窗间墙宽度逐步减小甚至勉强承载，有的楼面荷载甚至直接通过较大开窗的竖框向下传递荷载。

尼泊尔的砖木建筑中框架结构的木材以当地娑罗木为主，材质较硬，具有较强的防腐性能。各塔楼屋架为松木，木构件间连接主要通过斜嵌槽（刻榫）和木销钉交叉锁定完成。由于使用斜嵌槽，木构件通常需要较宽的交接面，且牺牲了交接部位木料的高度，削弱了连接部位的强度。木销钉主要约束节点处的水平位移，但对于垂直位移和水平扭转的约束相对较弱。

图 2-1 地震前的九层神庙九层塔（Basantapur Tower）

2. 现状残损详细勘察分析

2.1. 勘察手段

　　由于九层神庙修复是中国在尼泊尔实施的第一个文物保护修复项目（图 2-1），此前我们对尼泊尔建筑了解较少，且九层神庙建筑群震损严重。项目组在前期搜集掌握了大量相关建筑资料的基础上，采取了多种手段对建筑病害进行全面、准确的勘测。

　　九层神庙作为历史上曾进行多次加建和改建的王宫建筑，本身建筑结构叠加情况复杂，又因是地震损伤，建筑震损表征典型且程度较为严重。罗汉庭院南侧三层、四层墙体向南严重倾斜；东南角塔六层整体向西南倾斜；东北角塔六层完全塌落；九层塔建筑七层以上完全塌落。九层神庙整体墙体局部坍塌和外鼓，多处出现裂缝；庭院排水堵塞严重。

2.1.1. 地质岩土工程勘察

　　项目组采用钻探、高密度地震映像法、瞬态面波法等技术手段，结合区域地质与水文地质调查及资料收集，开展九层神庙建筑的地基土勘察和文物建筑基础形式勘查（图 2-2），全面获取基本资料和数据，分析加德满都地震地质病害成因和机理，为修复方案设计提供治理依据和建议。

2.1.2. 建筑本体现状测绘及残损勘察

　　项目组通过历史资料搜集、排水管道调查、手工测绘、揭露勘察、旧构件整理等全面的前期工作，初步了解和研究了尼泊尔的历史和九层神庙的结构、做法、传统工艺、材料等特点。

同时，由于九层神庙建筑体量大、体型复杂，建筑立面及雕刻极为丰富，项目组在手工现状实测的同时，运用地形图测量、三维扫描、无人机拍摄、全景拍摄等多种测绘方式和技术，力争做到精确测量和信息数据的全面记录，对塌毁建筑的构件进行分类、整理和图像数据研究，为修复提供依据（图2-2）。

2.1.3. 建筑结构检测评估

由于尼泊尔建筑自身具有独特的结构体系，项目组通过结构现状勘测、结构有限元模型计算分析、结构裂缝分析评定、结构缺陷分析以及砖强度、砂浆强度、木构件含水率、砖化学成分、砂浆化学成分的检测分析等工作，对九层神庙进行全面的检测鉴定，查清病害、隐患和病因，对其安全性和可靠性做出客观的评估。对于存在严重安全隐患的建筑部位提出应急处理对策，为九层神庙建筑群的维修加固技术和编制保护设计方案提供科学的依据。

2.2. 罗汉庭院（Lohan Chowk）

2.2.1. 建筑残损概述

罗汉庭院为砖木结构，清水砖墙。经勘察该建筑先后经历了不同时期的修缮，局部做法发生变化。建筑震损较为严重。震后屋面瓦件局部碎裂，披檐大面积塌落，局部长草。庭院西侧墙体外鼓、变形严重；南侧墙体三、四层向南倾斜，最大倾斜360mm；东侧墙体外鼓、局部坍塌；北侧四层墙体局部外鼓；大部分墙体墙砖酥碱松动，砌筑灰浆粉化流失严重。室内墙面、地面后期改动较大，部分墙面后期水泥砂浆抹面，改变了原有做法。一层西廊地面后期铺设红机砖，南廊地面现为素土地面，东廊地面后期抬升；二、三层室内地面后期铺设复合木地板，改变原有做法；装修歪闪变形，开启不变，局部糟朽、拔榫；西南角木楼梯缺失（图2-3至图2-11）。

图2-2 现场进行地震映像勘探、地震波监测、无人机倾斜摄影、建筑室内地坪水准抄平

图 2-3 九层神庙罗汉庭院（Lohan Chowk）震后正摄影像图

①罗汉庭院西外立面

②罗汉庭院南外立面

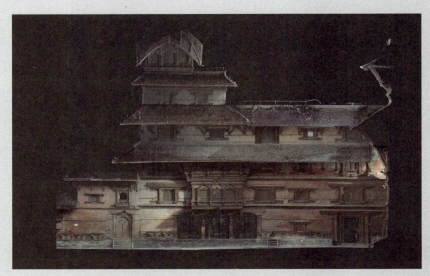

③罗汉庭院北外立面

④罗汉庭院东外立面

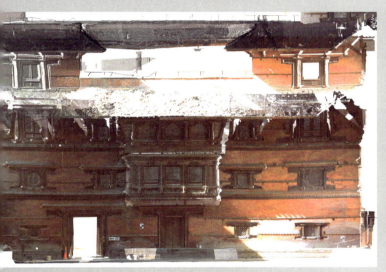

⑤罗汉庭院西内立面

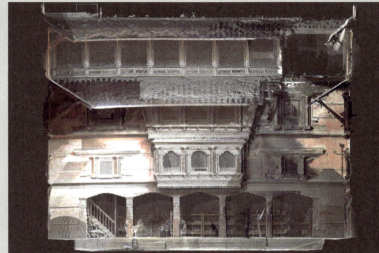

⑥罗汉庭院北内立面

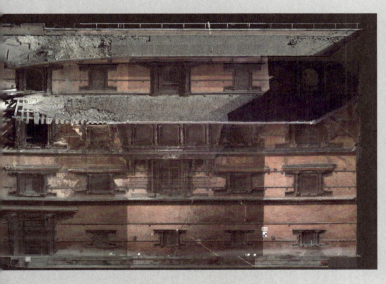

⑦罗汉庭院东内立面

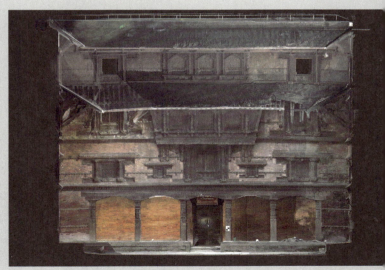

⑧罗汉庭院南内立面

2.2.2 罗汉庭院（Lohan Chowk）一层残损

表 2-1 罗汉庭院（Lohan Chowk）一层残损勘察表

序号	建筑部位	基本做法	残损情况
1	楼面	（1）平顶密椽，木椽规格110mm×100mm； （2）木楼板厚30mm。	（1）椽子糟朽10%，约70根； （2）木椽拔榫10根； （3）木楼板糟朽10%； （4）木楼板后期更换为三合板，面积约87m²； （5）木构件表面污染严重。
2	木构架	（1）排柱，柱为方形，上部做细致雕刻，柱头安装替木，其上为承重梁，构件间用榫卯连接，柱径320mm~370mm；木梁规格为320mm×360mm。	（1）木柱开裂2根，缝宽约15mm； （2）木柱柱根糟朽2根； （3）木构架局部松动、拔榫； （4）木构件表面污染严重。
3	墙体、墙面	（1）红条砖十字错缝黄泥砌筑，以顺砖为主，偶用丁砖，墙内碎砖填砌；砖规格195（200）×115（125）×55mm； （2）砌筑灰浆为黄泥； （3）室内墙面抹灰为黄泥掺稻壳抹面，外压白灰浆； （4）木雕叠涩檐； （5）每层用两道水平木腰线，木腰线下设丁头木筋，外侧做人物、花卉、动物图案雕饰；木腰线与门窗框交接处刻榫锚固； （6）木腰线规格：100×120mm；丁头木规格：130×120mm。	（1）卫生间内墙面后期贴瓷砖，面积约96m²； （2）墙面后期水泥砂浆抹面，面积约436m²； （3）墙面潮湿、反碱、砌筑灰浆粉化流失严重，面积约516m²，墙砖酥碱10%； （4）回廊院内东侧墙外鼓80mm，面积约11m²； （5）门洞D-1-08及D-1-11后部墙砖松散，均为后期砌筑，面积约25m²； （6）回廊后加隔断墙3处，约3.6m³；南廊东西两侧后期封堵，约2.4m³； （7）回廊院外东侧墙体南段局部鼓闪、坍塌，面积约30m²； （8）回廊院外南侧墙体鼓闪，面积约58m²； （9）回廊院外东侧内廊墙体局部墙砖酥碱、松动，面积约10m²； （10）回廊院外西北角墙体外鼓100mm，面积约5m²； （11）回廊院外西侧墙体外鼓，面积约40m²； （12）门洞D-1-07内侧墙体外鼓，面积约5m²； （13）木腰线缺失10m；糟朽26m。

（续表）

序号	建筑部位	基本做法	残损情况
4	装修	（1）双扇木板门，槛框雕刻精美，材质为娑罗木； （2）窗可开启窗、固定窗，木窗外侧装饰构件雕刻精美。材质为娑罗木； （3）楼梯为木楼梯。	（1）所有装修歪闪变形，开启不变，局部糟朽、拔榫；艺术构件局部雕饰残缺； （2）南侧大门门扇缺失，现为木板封堵，面积4.6m²； （3）西南角木楼梯缺失； （4）东侧下槛后期因地面抬升，改变原有形制； （5）回廊院东侧门扇后期封堵，面积约5m²； （6）门扇歪闪变形严重，共2扇； （7）木构件表面污染严重。
5	台基、地面	（1）南门和西门入口处为青石地面，其余为黄泥上铺30 mm厚沙土垫层，上铺红陶砖，砖规格150×150×30mm； （2）台明用红条砖包砌，四周青条石压面，石压面规格230×160mm。	（1）回廊东侧室内地面后期抬升，地面返潮严重，面积约38m²； （2）南侧回廊室内现为素土地面，地砖缺失，面积约36m²；中部门厅地面后铺木地板，面积约13m²； （3）回廊院内西侧廊室内地面后期改为红机砖地面，改变原有做法，面积约15m²； （4）青条石压面砌筑灰浆流失，后期水泥勾缝，局部残缺，面积约13m²。
6	油饰	（1）木构架均无油饰。	（1）木椽后期油饰，面积约590m²。

图 2-4 罗汉庭院（Lohan Chowk）一层残损照片

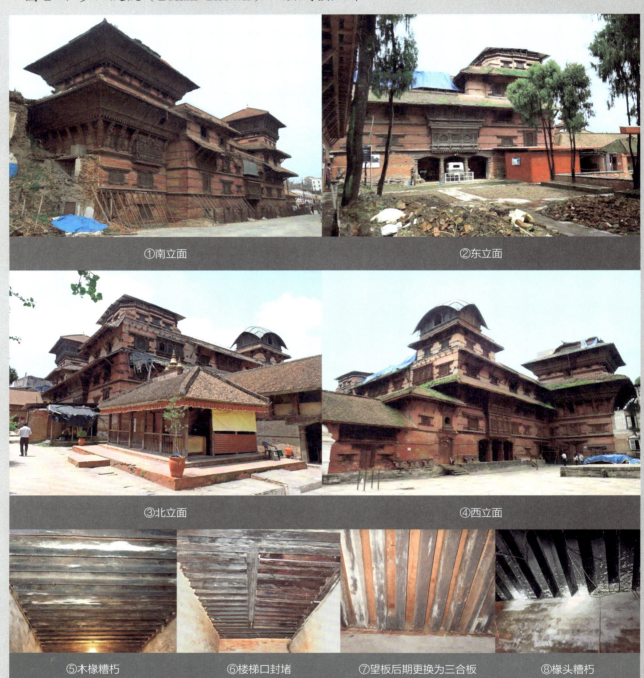

①南立面　　　　　　　　　　　　　　　　②东立面

③北立面　　　　　　　　　　　　　　　　④西立面

⑤木椽糟朽　　　⑥楼梯口封堵　　　⑦望板后期更换为三合板　　　⑧椽头糟朽

⑨ 木椽后期油饰　　⑩ 墙砖酥碱、松动，抹灰脱落　　⑪ 砌筑灰浆粉化流失严重

⑫ 墙面后期水泥砂浆抹面　　⑬ 抹灰脱落，墙面反碱　　⑭ 砌筑灰浆流失严重

⑮ 墙体局部破损　　⑯ 墙体变形，局部外鼓　　⑰ 内墙面后贴瓷砖

⑱ 下槛后期改造，改变原形制　　⑲ 室内后改红机砖地面　　⑳ 室内杂物堆积，地面为土地面

2.2.3 罗汉庭院（Lohan Chowk）二层残损

表 2-2 罗汉庭院（Lohan Chowk）二层残损勘察表

序号	建筑部位	基本做法	残损情况
1	楼面	（1）木椽尺寸为：110×170mm （2）木楼板厚 30mm。	（1）椽子糟朽 40 根，椽子拔榫 10 根，木楼板糟朽 60 ㎡。
2	墙体、墙面	（1）外墙面：红条砖十字错缝黄泥砌筑，以顺砖为主，偶用丁砖，每层用两道水平木腰线，木腰线下设丁头木筋，木腰线外面做雕饰；木腰线与门窗框交接处刻榫锚固； （2）砖规格 195（200）×115（125）×55mm； （3）木腰线高 110mm、宽 150mm，木筋高 120mm、宽 90mm； （4）室内墙面抹灰为黄泥掺稻壳抹面，外压白灰浆。	（1）内墙面后期水泥砂浆抹面，面积约 570 ㎡； （2）墙面潮湿、反碱、砌筑灰浆粉化流失严重，面积约 570 ㎡； （3）院内西南角墙体开裂； （4）室内后加隔断墙，约 1.2m²。
3	装修	（1）窗分类：悬窗、可开启窗、固定窗。木窗外侧装饰构件雕刻精美，材质为娑罗木。	（1）所有装修歪闪变形，开启不变，局部糟朽、拔榫，艺术构件局部雕饰残缺； （2）木窗歪闪变形，开启不变，局部糟朽、拔榫 28 扇 289 ㎡，其中 4 扇砖封堵 1m²，11 扇展柜封堵 86 ㎡； （3）木门歪闪变形，开启不变，局部糟朽、拔榫 11 扇 53 ㎡； （4）西北角木楼梯外闪变形，东北角、西南角木楼梯缺失。
4	地面	（1）室内地面：厚度 60~70mm，做法：30~40mm 厚黄泥层，上铺墁红陶砖。红陶砖规格：150×150×30mm。	（1）地面垫层出现裂缝、局部粉化。 （2）后期铺装复合木地板，现状松动、翘起、缺失，面积约 599 ㎡；
5	油饰	（1）木构架均无油饰。	（1）木椽后期油饰，面积约 898 ㎡。

图 2-5 罗汉庭院（Lohan Chowk）二层残损照片

①木椽后期黑色涂料油饰　②木椽拔榫　③西南角墙体开裂

④后期抹灰　⑤墙体开裂　⑥后期砖封堵

⑦木窗变形　⑧木门后期油饰　⑨窗后期展柜封堵　⑩地面后期复合木地板

2.2.4 罗汉庭院（Lohan Chowk）三层残损

表 2-3 罗汉庭院（Lohan Chowk）三层残损勘察表

序号	建筑部位	基本做法	残损情况
1	楼面、披檐	（1）室内屋面为平顶密椽做法，椽子尺寸：110×170mm；木楼板厚30mm；黄泥垫层厚30~40mm，红陶砖规格：150×150×30mm； （2）披檐做法：斜撑支撑挑檐枋，其上承托椽子木，椽子木前端用木销固定在挑檐枋上，尾部搭在承椽枋上，并用铁销固定，椽子上铺望板、油毡、防滑条、泥背，干摆连锁红陶瓦。椽头用封檐板，以榫头连接； （3）披檐椽子尺寸：110×110mm；望板厚30mm，泥背厚30~40mm；防滑条尺寸60×50mm；封檐板尺寸130×50mm； （4）披檐瓦件尺寸210×95×18mm和230×110×18mm两种；脊瓦120×130×20mm。	（1）椽子糟朽15%； （2）木椽拔榫85根； （3）木楼板糟朽30%，面积约240㎡； （4）回廊院外侧披檐泥背和油毡失效210㎡、瓦件缺失、碎裂60㎡；披檐塌落170㎡，挑檐枋、椽子、封檐板缺失； （5）回廊院内侧披檐泥背和油毡失效120㎡、瓦件缺失、碎裂60㎡；披檐塌落50㎡，挑檐枋、椽子、封檐板缺失； （6）斜撑缺失9根； （7）木构件表面污染严重。
2	木构架	（1）排柱，柱为方形，上部做细致雕刻，柱头安装替木，其上为承重梁，构件间用榫卯连接，柱径275mm； （2）承重梁规格：230×250mm；托木规格：230×1000mm。	（1）回廊南侧木构架整体南倾，最大倾斜360mm； （2）木构架局部松动、拔榫； （3）木构件表面污染严重。
3	墙体、墙面	（1）红条砖十字错缝黄泥砌筑，以顺砖为主，偶用丁砖，墙芯黄泥碎砖填砌；砖规格195（200）×115（125）×55mm； （2）砌筑灰浆为黄泥； （3）室内墙面抹灰为黄泥掺稻壳抹面，外压白灰浆； （4）每层用两道水平木腰线，木腰线下设丁头木筋，外侧做人物、花卉、动物图案雕饰；木腰线与门窗框交接处刻榫锚固； （5）木腰线规格：100×120mm；丁头木规格：130×120mm。	（1）南侧回廊墙体整体倾斜严重，最大360mm； （2）内墙面后期水泥砂浆抹面、墙面潮湿、反碱、砌筑灰浆粉化流失严重，面积约935㎡；墙砖酥碱10%； （3）院内西南角墙体松散、开裂、沉降变形严重，缝宽约80mm； （4）南侧回廊室内后加墙体，约4.5m³；室内后加木隔断墙，约2.2m³。
4	装修	（1）双扇木门，槛框雕刻精美，材质为娑罗木； （2）窗分悬窗、可开启窗、固定窗、固定悬窗四类，雕刻精美，材质为娑罗木； （3）楼梯为木楼梯。	（1）所有装修歪闪变形，开启不便，局部糟朽、拔榫；艺术构件局部雕饰残缺；门扇缺失1扇； （2）周圈木窗后期封堵25扇； （3）南侧悬窗塌落； （4）西南角木楼梯缺失； （5）木构件表面污染严重。
5	地面	（1）地面厚度60~70mm、做法：30~40mm厚黄泥层上铺墁红陶砖； （2）红陶砖规格：150×150×30mm。	（1）室内地面后期铺设复合木地板，面积约599㎡。
6	油饰	（1）木构架均无油饰；	（1）木椽后期油饰，面积约1350㎡。

图 2-6 罗汉庭院（Lohan Chowk）三层残损照片

① 木椽后期油饰

② 钢筋混凝土梁

③ 木椽拔榫严重

④ 木椽拔榫

⑤ 楼梯缺失，楼梯口痕迹

⑥ 木构架糟朽

⑦ 屋面漏雨，墙体抹灰返潮

⑧ 屋面漏雨，墙体抹灰返潮

⑨ 墙体开裂

⑩ 墙体后期水泥砂浆抹面

⑪ 南侧回廊整体南倾

⑫ 南侧回廊整体南倾

⑬ 西南角墙体开裂严重

⑭ 室内杂物堆积，地面为土地面

⑮ 地面开裂

⑯ 室内后期铺设复合木地板，松动、缺失

2.2.5 罗汉庭院（Lohan Chowk）四层残损

表 2-4 罗汉庭院（Lohan Chowk）四层残损勘察表

序号	建筑部位	基本做法	残损情况
1	屋面、披檐	（1）室内屋面为平顶密椽做法，椽子尺寸：110×170mm；望板厚 30mm；黄泥垫层厚 30~40mm，室内为一层红陶砖，室外为二层红陶砖。规格：150×150×30mm； （2）披檐做法：斜撑支撑挑檐枋，其上承托椽子木，椽子木前端用木销固定在挑檐枋上，尾部搭在承椽枋上，并用铁销固定，椽子上铺望板、油毡、防滑条、泥背，干摆连锁红陶瓦。椽头用封檐板，以榫头连接； （3）椽子尺寸：110×170mm；望板厚 30mm，泥背厚 40~50mm；防滑条尺寸 60×50mm；封檐板尺寸 130×50mm； （4）瓦件尺寸 210×95×18mm 和 230×110×18mm 两种；脊瓦 120×130×20mm。	（1）屋面红陶砖为双层做法，局部碎裂 10%；南侧角部屋面塌陷 60 ㎡； （2）外侧披檐泥背和油毡失效 200 ㎡，瓦件缺失、碎裂 90 ㎡，披檐塌落 80 ㎡； （3）内侧披檐泥背和油毡失效 70 ㎡，瓦件缺失、碎裂 80 ㎡，披檐塌落 60 ㎡； （4）院内椽子塌落 90 根，外院椽子塌落 147 根，室内椽子糟朽 70 根，木椽拔榫 15 根，斜撑塌落 28 根；封檐板 140m； （5）望板糟朽 200 ㎡。
2	木结构	（1）木柱为方形，上部做雕饰，柱上置替木，上安承重梁。材质为当地硬木； （2）柱子规格 310×310mm，柱高 2170mm； （3）木梁尺寸：320×365mm；托木尺寸：2020×320×290； （4）木椽尺寸：110×170mm。	（1）南侧回廊整体南倾，最大倾斜 360mm； （2）1975 年地震后，将原有木梁改为混凝土梁，共 7 根。现状 1 根混凝土梁断裂，6 根混凝土梁不符合结构强度要求； （3）南侧木梁拔榫 160mm；柱子倾斜； （4）柱头劈裂一根； （5）斜撑局部雕饰残缺； （6）木构件污染严重。
3	墙体、墙面	（1）外墙面：红条砖十字错缝黄泥砌筑，以顺砖为主，偶用丁砖，每层用两道水平木腰线，木腰线下设丁头木筋，木腰线为素面，木腰线与门窗框交接处刻榫锚固； （2）砖规格 195（200）×115（125）×55mm； （3）木腰线高 110mm、宽 150mm，木筋高 120mm、宽 90mm； （4）室内墙面抹灰为黄泥掺稻壳抹面，外压白灰浆； （5）女儿墙红条砖十字错缝黄泥砌筑，以顺砖为主，偶用丁砖，砖规格 195（200）×115（125）×55mm； （6）墙冒青石压顶尺寸：430×100mm。	（1）南侧回廊墙体整体南倾，局部开裂，最大倾斜 360mm；院内西南角墙体松散、开裂、沉陷、变形严重，最大沉降 200mm；墙体 27.4 ㎡ ×0.62m（厚）； （2）内墙面后期水泥砂浆抹面，墙面大面积潮湿、反碱，面积约 442 ㎡； （3）室内后加隔断墙，约 1.3m³； （4）北侧墙体开裂、外闪严重 32.3 ㎡ ×620m（厚）； （5）南侧女儿墙西段，外闪塌落 0.3m³。
4	装修	（1）窗分类：悬窗、可开启窗、固定窗。木窗外侧装饰构件雕刻精美，材质为娑罗木。	（1）所有装修歪闪变形，开启不便，局部糟朽、拔榫；艺术构件局部雕饰残缺； （2）木窗歪闪变形，开启不便，局部糟朽、拔榫 32 扇 176 ㎡，回廊固定窗局部缺失 2 扇 8 ㎡； （3）木门歪闪变形，开启不便，局部糟朽、拔榫 8 扇 38 ㎡，门封堵 2 扇 11 ㎡； （4）西北角木楼梯外闪变形，东北角、西南角木楼梯缺失。
5	地面	（1）室内、外地面：厚度 60~70mm，做法：30~40mm 厚黄泥层，上铺墁红陶砖；室外地面两层红陶砖。红陶砖规格：150×150×30mm。	（1）室内地面：红陶砖局部碎裂 30 ㎡；南侧地面塌陷 30 ㎡； （2）室外廊道地面：地面厚度 180~230mm；30mm 木楼板、25mm 水泥砂浆垫层、50mm 红条砖、塑料布、50mm 水泥砂浆垫层；红陶砖局部碎裂 20 ㎡； （3）廊道台明水泥抹面 15 ㎡。
6	油饰	（1）木构架均无油饰。	（1）木椽后期油饰，面积约 310 ㎡。
7	排水	（1）石作排水口。	（1）出水口淤堵。

图 2-7 罗汉庭院（Lohan Chowk）四层残损照片

① 木梁拔榫　　② 混凝土梁断裂　　③ 木椽拔榫

④ 东南角墙体开裂、外闪　　⑤ 东南角墙体开裂、外闪　　⑥ 北墙砖挤压外闪

⑦ 北墙砖挤压外闪　　⑧ 红陶砖酥碱　　⑨ 披檐塌落

2.2.6 罗汉庭院（Lohan Chowk）五层残损

表 2-5 罗汉庭院（Lohan Chowk）五层残损勘察表

序号	建筑部位	基本做法	残损情况
1	墙体	（1）女儿墙红条砖十字错缝黄泥砌筑，以顺砖为主，偶用丁砖，砖规格195（200）×115（125）×55mm； （2）墙冒青石压顶尺寸：430×100mm。	（1）北侧内院女儿墙坍塌2.8m³，外院女儿墙水泥砂浆墙帽外贴石片3.2㎡； （2）南侧回廊墙体倾斜严重；南侧内院女儿墙东段后期砌筑时未按原位置砌筑3.3m³，外院水泥砂浆墙帽，外贴石片7.5㎡； （3）西侧内院女儿墙局部坍塌1.3m³。
2	排水	（1）石质出水嘴共9个。	（1）出水口淤堵，出水嘴断裂1个。

图 2-8 罗汉庭院（Lohan Chowk）五层残损照片

① 女儿墙塌落，地面长草　② 地面及女儿墙塌陷　③ 红陶砖局部碎裂

④ 女儿墙开裂　⑤ 披檐塌落，瓦件碎裂、缺失　⑥ 披檐塌落，瓦件碎裂、缺失

⑦ 瓦件碎裂、屋面长草　⑧ 油毡失效，出水口缺失　⑨ 披檐塌落，瓦件碎裂、缺失，油毡失效

2.2.7 勘察图纸

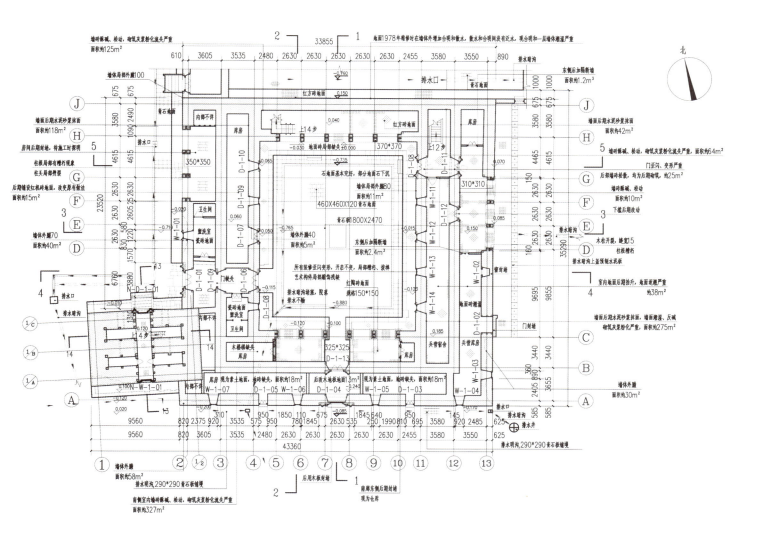

图 2-9 罗汉庭院（Lohan Chowk）一层平面残损勘察图

现状说明：

1. 庭院西侧墙体变形严重，南侧墙体外闪，东侧墙体外鼓、局部坍塌；

2. 室内墙面后期改动较大，庭院南廊现为水泥砂浆抹面；庭院西廊部分改为卫生间，
墙面后贴瓷砖；大部分墙体墙砖酥碱、松动，砌筑灰浆粉化流失严重；

3. 大部分装修歪闪变形，开启不变，局部糟朽、拔榫；西南角木楼梯缺失；

4. 回廊院室内地砖局部碎裂，部分后期更换，改变原形制；南廊兵营地面后期抬升。

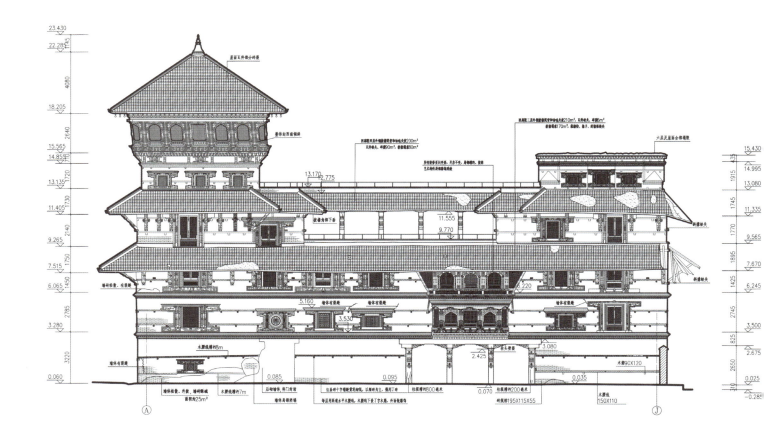

图 2-10 罗汉庭院（Lohan Chowk）东立面残损勘察图

现状说明：

1. 披檐局部塌落，变形严重，瓦件松散、碎裂局部缺失，大面积长草；椽子糟朽、拔榫、塌落，望板糟朽局部后期改为三合板；

2. 庭院南侧三、四层整体向南倾斜，一层局部塌毁、外鼓；庭院东侧一层局部坍塌，局部外鼓；庭院西侧墙体局部外鼓；

3. 室内墙面后期水泥砂浆抹面；部分改为卫生间，墙面后贴瓷砖；

4. 木装修外闪变形；

5. 排水沟淤堵，排水不畅。

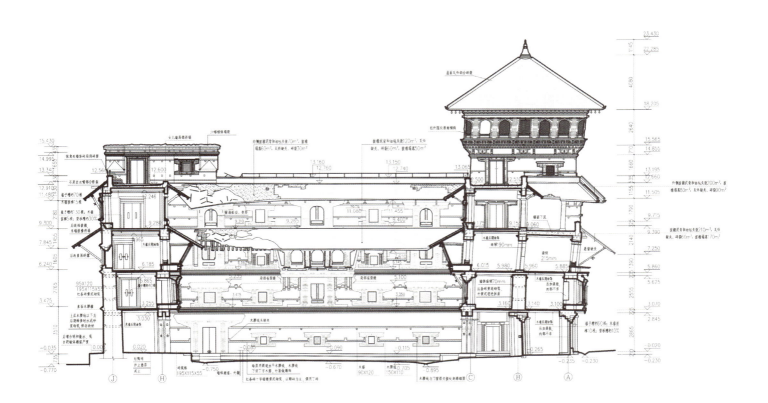

图 2-11 罗汉庭院（Lohan Chowk）剖面残损勘察图

现状说明：
1. 披檐局部塌落，变形严重，瓦件松散、碎裂局部缺失，大面积长草；
2. 椽子糟朽、拔榫、塌落，望板糟朽局部后期改为三合板；
3. 南墙向南倾斜，四层北墙向南倾斜，一层东墙局部坍塌，回廊院东侧墙体及东墙局部
外鼓；庭院西廊部分改为卫生间，墙面后贴瓷砖，墙面后期水泥砂浆抹面；
4. 木装修外闪变形；
5. 排水系统不畅，导致排水口淤堵。

2.3. 九层塔（Basantapur）

2.3.1. 建筑残损概述

九层塔为砖木结构，清水砖墙。经勘察该建筑先后经历了不同时期的加建和改建，结构整体性较差。建筑震损严重，七至九层全部塌毁；一层北侧墙体外闪 150mm，南侧墙体局部塌毁；建筑整体轻度向南倾斜，现状基本稳定；装修歪闪变形、开启不便，局部缺失、地面后期改造，改变原有做法（图 2-12 至图 12-14）。

表 2-6 建筑残损勘察表

序号	建筑部位	基本做法	残损情况
1	屋面	（1）屋面为四角攒尖顶，屋顶正脊上设须弥座，须弥座上置三座铜鎏金宝顶； （2）椽子上铺望板、油毡、防滑条、泥背、干摆连锁红陶瓦。椽头用封檐板，以榫头连接； （3）瓦件尺寸 210×95×18mm 和 230×110×18mm 两种；脊瓦 120×130×20mm；	（1）屋面全部塌毁。
2	楼面、披檐	（1）室内楼面平顶密椽，木椽规格 110mm×100mm；望板厚 30mm；灰背厚 30~40mm，红陶砖规格：150×150×30mm； （2）披檐做法：斜撑支撑挑檐枋，其上承托椽子木，椽子木前端用木销固定在挑檐枋上，尾部搭在承椽枋上，并用铁销固定，椽子上铺望板、油毡、防滑条、泥背、干摆扣瓦。椽头用封檐板，以榫头连接； （3）披檐椽子尺寸：110×110mm；望板厚 30mm，泥背厚 30~40mm；防滑条尺寸 60×50mm；封檐板尺寸 130×50mm； （4）披檐瓦件尺寸 210×95×18mm 和 230×110×18mm 两种；脊瓦 120×130×20mm。	（1）室内木椽糟朽约 320 根；楼板糟朽 20%，面积约 48 ㎡； （2）披檐椽子糟朽约 20%，望板糟朽约 20%，面积约 63 ㎡； （3）四层、六层披檐均存在沉降变形现象，瓦件缺失 80%，泥背和油毡失效 390 ㎡； （4）七层以上楼面及披檐全部塌落。
3	木构架	（1）排柱，柱为方形，柱头安装替木，其上为承重梁，构件间用榫卯连接，柱径 190mm。	（1）木构架局部松动、拔榫； （2）七层以上木构件全部塌落。

序号	建筑部位	基本做法	残损情况
4	墙体、墙面	（1）红条砖十字错缝黄泥砌筑，以顺砖为主，偶用丁砖，墙内碎砖填砌；砖规格195（200）×115（125）×55mm； （2）砌筑灰浆为黄泥； （3）室内墙面抹灰为黄泥掺稻壳抹面，外压白灰浆； （4）每层用两道水平木腰线，木腰线下设丁头木筋，外侧做人物、花卉、动物图案雕饰；木腰线与门窗框交接处刻榫锚固； （5）木腰线规格：100×120mm；丁头木规格：130×120mm； （6）木雕叠涩檐。	（1）外墙面：一层南墙外鼓15㎡，坍塌12㎡，墙芯裸露，墙体内部木柱朽烂；北侧一层西端墙体腰檐部位外闪150mm；室内西段内隔墙北侧中部外鼓约7㎡；室内二层西墙ND-2-01门北侧墙外鼓20mm，与门框脱开20mm，面积约5㎡；四层西北角西侧墙木腰线以上外鼓30mm，和柱脱开20mm，面积约7㎡；西北和东南角下部外鼓30mm；六层西墙北侧门洞处南段墙外鼓3㎡；东墙北侧门洞处南段墙局部坍塌，面积约6㎡；六层南侧墙下部外鼓40mm，面积约6㎡；北侧墙体下部外鼓40mm，面积约6㎡；六层夹层东北角墙体外鼓，面积约8㎡； （2）木窗歪闪变形，开启不便，局部糟朽、拔榫32扇176㎡，回廊固定窗局部缺失2扇8㎡；内墙面：一层南侧墙面后贴瓷砖，面积约40㎡；二至三层南侧内墙面后抹白灰；四层南侧内墙面后抹白灰，面积约165㎡；其余为砖墙面； （3）七层以上墙体全部塌落。
5	装修	（1）双扇木门，槛框雕刻精美，材质为娑罗木； （2）窗分悬窗、可开启窗、固定窗，雕刻精美，材质为娑罗木； （3）楼梯为木楼梯；	（1）所有装修歪闪变形，开启不便，局部糟朽、拔榫；艺术构件局部雕饰残缺； （2）一至六层内侧木板窗后期更换1扇，缺失6扇； （3）七层散落构件统计：斜撑缺失10件，存10件均有残缺；窗拼接1组悬窗和1个固定窗窗框芯屉全部缺失。悬窗上小斜撑共8件，其中4件破损；悬窗下小斜撑共24件，仅存12件均有残缺，缺失12件。室内柱存18根，大部分榫卯破损；墙柱50%能使用； （4）八层散落构件统计：斜撑存15件均有残缺，缺失9件；窗拼接1个固定窗窗框；墙柱50%能使用； （5）九层散落构件统计：斜撑存17件均有残缺，7件缺失；回廊固定窗34个全部缺失；室内柱存8根，大部分榫卯破损；缺8根，墙柱50%能使用。各层楼板楞木及顶部木构架无雕饰，因条件限制无法辨别和详细统计数量，暂按50%能使用； （6）一至五层楼梯及扶手基本完好，六层楼梯上部踏步部分塌陷，栏杆扶手断裂，七至九层坍塌后，楼梯和扶手缺失。
6	地面	（1）泥土上铺30mm厚沙土垫层，上铺红方砖；砖规格150×150×30mm。	（1）一层中部过道为红陶砖地面，南侧后改瓷砖地面，面积约8㎡；北侧为土地面，面积约8㎡； （2）二层北侧西端NW-2-03处地面下沉，木梁折断； （3）三层南侧后改复合木板条地面，面积约18㎡； （4）四层北侧及回廊地面红陶砖局部砖缺失，面积约10㎡； （5）五层北侧地面后期维修时，未扫缝处理，面积约40㎡； （6）六层室内地面局部碎裂6㎡，回廊地面磨损严重，面积约25㎡； （7）七层以上地面全部塌毁，保留地面砖3㎡，上堆积坍塌构件。
7	油饰	（1）木构架均无油饰。	（1）木椽后期油饰，面积约252㎡。

图 2-12 九层塔（Basantapur）残损照片

①北立面　　②南立面　　③七至九层全部塌毁　　④木椽后期油饰

⑤三层木椽拔榫　　⑥木椽后期油饰　　⑦木椽局部糟朽　　⑧披檐瓦件大部分缺失，局部长草

⑨一层北侧墙体倾斜严重　　⑩一层南侧墙体局部坍塌　　⑪墙体局部外鼓　　⑫门扇扭曲、变形

⑬木板窗为后期更换　　⑭南侧悬窗塌落、缺失　　⑮墙体开裂，室内后贴瓷砖墙面　　⑯西侧木梁折断

2.3.2. 勘察图纸

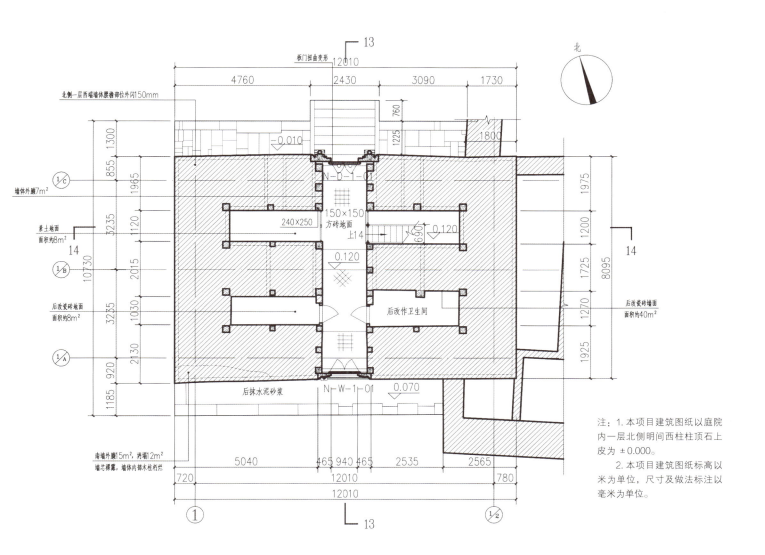

图 2-13 九层塔（Basantapur）一层平面现状勘察图

现状说明：

1. 受地震影响，现状七至九层全部塌毁；
2. 披檐局部沉降、瓦件缺失严重；
3. 墙体局部外鼓，一层南侧墙体局部塌毁；
4. 地面后期改造，改变原有做法；
5. 装修歪闪变形、开启不变，局部缺失。

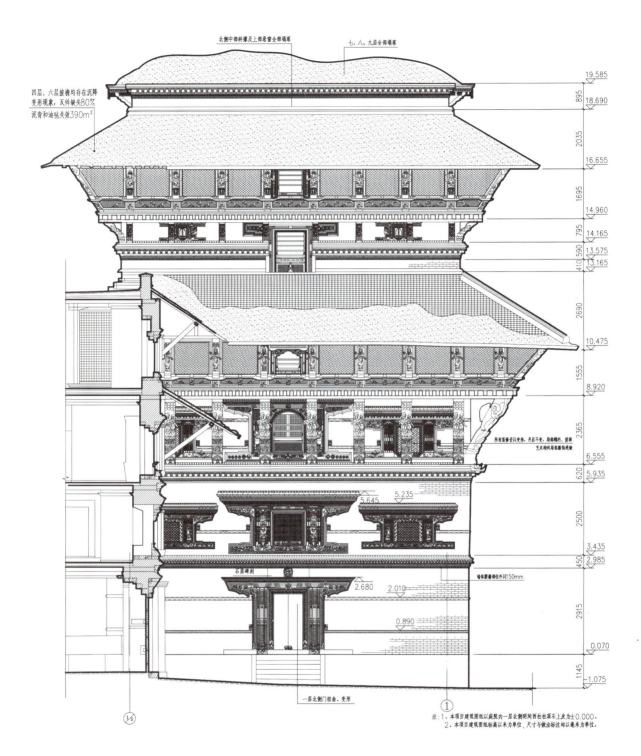

图 2-14 九层塔（Basantapur）北立面现状勘察图

现状说明：

1. 受地震影响，现状七至九层全部塌毁；

2. 披檐局部沉降、瓦件缺失严重；

3. 墙体局部外鼓，一层南侧墙体局部塌毁；

4. 地面后期改造，改变原有做法；

5. 装修歪闪变形、开启不变，局部缺失。

2.4. 西北角塔（Kirtipur）

2.4.1. 建筑残损概述

西北角塔为砖木结构，墙体为红条砖，木屋架结构为木质。建筑屋顶为铜质弧形，具有印度莫卧儿风格，震损较为严重。屋架及檩条等木构件糟朽现象普遍，铜制屋面漏雨。外墙面条砖开裂、外闪，黄泥粉化流失严重。室内地面有横向裂缝并鼓起；装修歪闪变形、开启不便；部分腰线变形；建筑出水口淤堵（图2-15至图2-17）。

表2-7 建筑残损勘察表

序号	建筑部位	基本做法	残损情况
1	屋面、披檐	（1）屋面为铜制屋面，椽子上铺望板； （2）六层室内屋面为平顶密椽做法，木椽尺寸：110×170mm；木楼板厚30mm； （3）披檐做法：斜撑支撑挑檐枋，其上承托椽子木，椽子木前端用木销固定在挑檐枋上，尾部搭在承椽枋上，并用铁销固定，椽子上铺望板、油毡、防滑条、泥背，干摆连锁红陶瓦。椽头用封檐板，以榫头连接； （4）椽子尺寸：110×170；望板厚30mm，泥背厚40~50mm；防滑条尺寸60×50mm；封檐板尺寸130×50mm； （5）瓦件尺寸210×95×18mm和230×110×18mm两种；脊瓦120×130×20mm； （6）五层室内屋面为平顶密椽做法，椽子尺寸：110×170mm；望板厚30mm；黄泥垫层厚30~40mm；二层红陶砖，规格：150×150×30mm。	（1）铜制屋面锈蚀、氧化、变色； （2）墙体与披檐屋面瓦连接处水泥砂浆修补，开裂、脱节18m； （3）木椽糟朽20根。
2	木屋架	（1）由弧形屋架组成； （2）柱子规格：五层190×190mm，六层130×145mm双排。	（1）木屋架基本稳定； （2）二楼柱头缺失3个； （3）斜撑局部雕饰残缺； （4）木构件污染严重。
3	墙体、墙面	（1）外墙面：红条砖十字错缝黄泥砌筑，以顺砖为主，偶用丁砖，每层用两道水平木腰线，木腰线下设丁头木筋，木腰线外面做素面；木腰线与门窗框交接处刻榫锚固； （2）砖规格195（200）×115（125）×55mm； （3）木腰线高110mm、宽150mm，木筋高120mm、宽90mm； （4）内墙面：红条砖黄泥砌筑，外黄泥抹面。	（1）五层墙体开裂、外闪、渗水严重； （2）六层周圈墙体局部开裂； （3）六层周圈抹水砖松动、砌筑灰浆流失25m、砖脱落2m。

序号	建筑部位	基本做法	残损情况
4	装修	（1）窗为可开启木窗和固定木窗。木窗外侧装饰构件雕刻精美，材质为娑罗木。	（1）所有装修歪闪变形，开启不便，局部糟朽、拔榫；艺术构件局部雕饰残缺； （2）窗走闪20扇、变形严重，开启不便37㎡； （3）门缺失两扇5㎡，门框走闪、变形严重； （4）周圈木作脱榫、变形9㎡，部分构件缺失。
5	地面、楼面	（1）室内地面：厚度60~70mm，做法：30~40厚黄泥层，上铺墁红陶砖。红陶砖规格：150×150×30mm。	（1）地面开裂10~15mm，楼梯处向上鼓起； （2）室内椽子糟朽15根，楼板糟朽5㎡。
6	油饰	（1）木构架均无油饰。	（1）木椽有水渍123㎡； （2）门窗木构件污染严重92㎡。
7	排水	（1）六层平台设两个石质排水口。	（1）六层杂草丛生，排水不畅，屋面漏雨； （2）出水口堵塞。

图 2-15 西北角塔（Kirtipur）残损照片

① 西北角塔东立面　　② 西北角塔南立面　　③ 地面开裂

④ 二层地面杂草丛生，出水口淤堵　　⑤ 地面开裂　　⑥ 台阶由于地震脱落

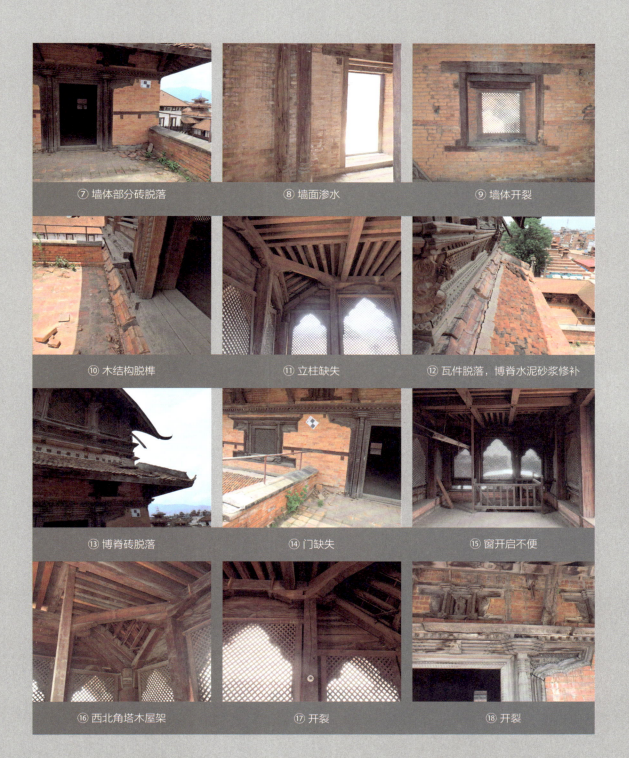

⑦ 墙体部分砖脱落　　⑧ 墙面渗水　　⑨ 墙体开裂

⑩ 木结构脱榫　　⑪ 立柱缺失　　⑫ 瓦件脱落，博脊水泥砂浆修补

⑬ 博脊砖脱落　　⑭ 门缺失　　⑮ 窗开启不便

⑯ 西北角塔木屋架　　⑰ 开裂　　⑱ 开裂

2.4.2. 勘察图纸

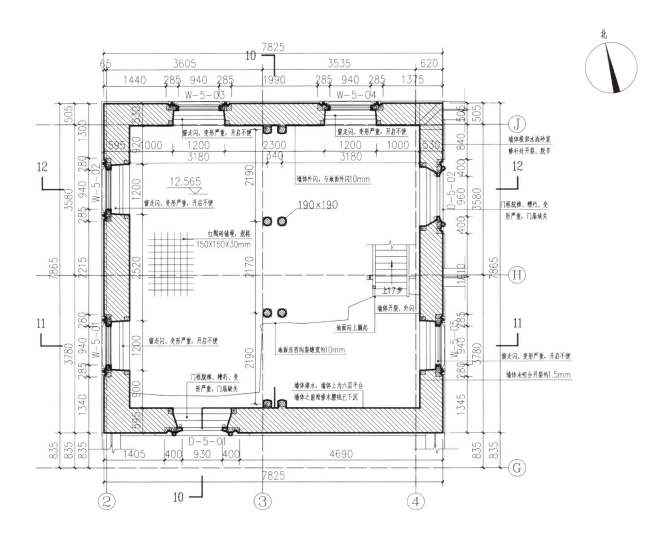

图 2-16 西北角塔（Kirtipur）五层平面残损勘察图

现状说明：

1. 承托 Kirtipur 塔的四层墙体开裂外闪；
2. 地面开裂 10-15mm，楼梯处向上鼓起；
3. 墙体开裂、外闪、渗水严重；
4. 窗走闪、变形严重，开启不便；门缺失，门框走闪、变形严重。

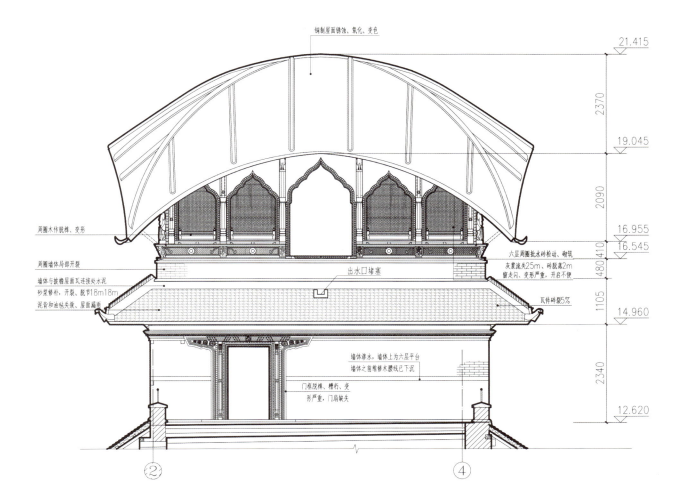

铜制屋面锈蚀、氧化、变色

21.415

2370

19.045

2090

周圈木作脱榫、变形

16.955

16.545

六层周圈批水砖松动、砌筑
灰浆流失25m、砖脱落2m
窗走闪、变形严重，开启不便

480 410

周圈墙体局部开裂

出水口堵塞

墙体与披檐屋面瓦连接处水泥
砂浆修补、开裂、脱节18m18m
泥背和油毡失效、屋面漏雨

瓦件碎裂5%

1105

14.960

墙体渗水，墙体上为六层平台
墙体之前维修木墨线已下沉

门框脱榫、槽朽、变
形严重，门扇缺失

2340

12.620

② ④

图 2-17 西北角塔（Kirtipur）南立面残损勘察图

现状说明：
1. 承托 Kirtipur 塔的四层墙体开裂外闪；
2. 铜制屋面锈蚀、氧化、变色；背和油毡失效、屋面漏雨；瓦件脱落、
碎裂；周圈批水砖松动、砌筑灰浆流失 25m、砖脱落 2m；
3. 墙体开裂、外闪、渗水严重；
4. 窗走闪、变形严重，开启不便；门缺失，门框走闪、变形严重；
周圈木作脱榫、变形，构件缺失。

2.5. 东北角塔（Bhaktapur）

2.5.1. 建筑残损概述

东北角塔为砖木结构，红条砖，木屋架。建筑震损严重，六层及以上结构全部塌落，震后使用瓦楞铁临时防护；外墙墙体开裂、外闪，黄泥粉化流失严重；柱头在六层处全部折断；装修歪闪变形、开启不便；部分腰线变形（图 2-18 至图 2-20）。

表 2-8 建筑残损勘察表

序号	建筑部位	基本做法	残损情况
1	屋面	（1）八角屋面，椽子上铺望板、油毡、防滑条、泥背、干摆连锁红陶瓦。椽头用封檐板，以榫头连接； （2）椽子尺寸：110×170mm；望板厚 30mm，泥背厚 40~50mm；防滑条尺寸 60×50mm；封檐板尺寸 130×50mm； （3）瓦件尺寸 210×95×18mm 和 230×110×18mm 两种；脊瓦 120×130×20mm。	（1）由于地震六层以上及屋面塌落。
2	木结构	（1）八角木屋架； （2）五层为双排八角柱，其中一排为通柱，通向六层，上部做雕饰，柱上置替木，上安承重梁。材质为当地硬木； （3）柱子规格 150×150mm，190×190mm； （4）木梁尺寸：320×365mm；托木尺寸：1450×150×160mm； （5）木椽尺寸：110×170mm。	（1）由于地震木屋架塌落； （2）五层 4 根通柱在六层处全部折断，其余 4 根开裂； （3）六层 4 根木柱缺失； （4）六层窗上斜撑塌落 48 件，缺失 20 件，局部残缺 28 根； （5）六层窗下斜撑塌落 48 件，缺失 19 件，局部残缺 29 根； （6）木楼梯外闪变形； （7）木构件污染严重。
3	墙体、墙面	（1）外墙面：红条砖十字错缝黄泥砌筑，以顺砖为主，偶用丁砖，每层用两道水平木腰线，木腰线下设丁头木筋，木腰线外面做素面；木腰线与门窗框交接处刻榫锚固； （2）砖规格 195（200）×115（125）×55mm； （3）木腰线高 110mm、宽 150mm，木筋高 120mm、宽 90mm； （4）内墙面：红条砖黄泥砌筑。	（1）墙面后期水泥砂浆修补 54 ㎡； （2）五层墙体开裂、外闪，抹角处墙体砖局部碎裂 0.3 ㎡； （3）由于地震六层墙体塌落； （4）上用瓦楞铁做临时防护。
4	装修	（1）窗为可开启木窗和固定木窗。木窗外侧装饰构件雕刻精美，材质为娑罗木。	（1）所有装修歪闪变形，开启不便，局部糟朽、拔榫；艺术构件局部雕饰残缺； （2）窗走闪 7 扇、变形严重，开启不便 18.2 ㎡； （3）门开启不便两扇 5 ㎡，门框走闪、变形严重； （4）由于地震六层窗全部塌落； （5）木板门塌落 2 扇，可开启的窗 16 扇，上部高窗 3 扇；木板门破损 2 扇，窗残损 10 扇； （6）木楼梯外闪、变形，木楼梯扶手缺失。
5	地面、楼面	（1）室内地面：厚度 60~70mm，做法：30~40mm 厚黄泥层，上铺墁红陶砖。红陶砖规格：150×150×30mm； （2）五层楼面为平顶密椽做法，木椽尺寸：110×170mm；木楼板厚 30mm。	（1）五层红陶砖局部地面开裂，现状做法为楞木、木楼板、黄泥垫层、红条砖、水泥砂浆垫层、红方砖； （2）六层部分红陶砖碎裂； （3）木椽糟朽 20 根，并有水渍。

图 2-18 东北角塔（Bhaktapur）残损照片

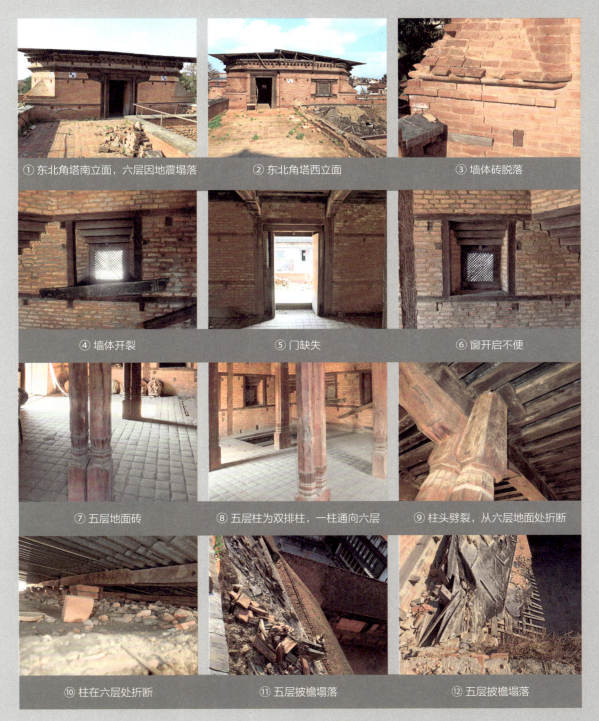

① 东北角塔南立面，六层因地震塌落　　② 东北角塔西立面　　③ 墙体砖脱落

④ 墙体开裂　　⑤ 门缺失　　⑥ 窗开启不便

⑦ 五层地面砖　　⑧ 五层柱为双排柱，一柱通向六层　　⑨ 柱头劈裂，从六层地面处折断

⑩ 柱在六层处折断　　⑪ 五层披檐塌落　　⑫ 五层披檐塌落

2.5.3. 勘察图纸

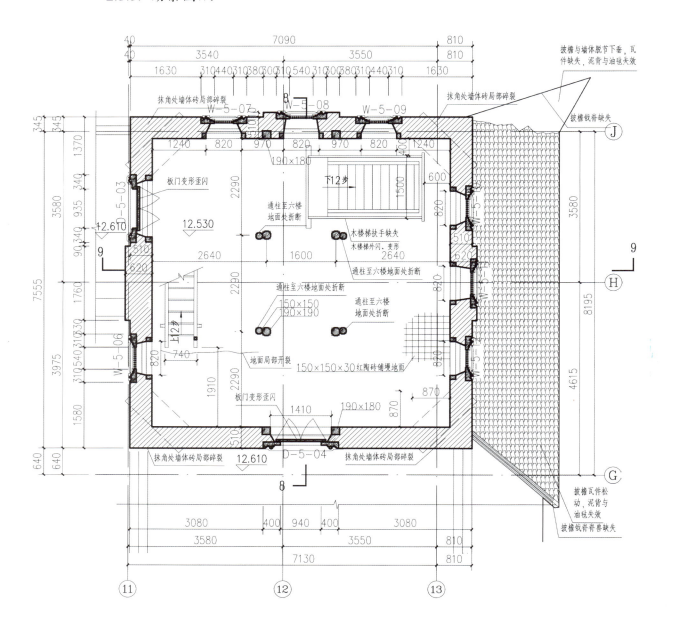

图 2-19 东北角塔（Bhaktapur）五层平面残损勘察图

现状说明

1. 地面砖局部开裂；

2. 墙体开裂、外闪；

3. 窗走闪、变形严重，开启不便；门缺失，门框走闪、
变形严重；周圈木作脱榫、变形；

4. 六层以上塌落。

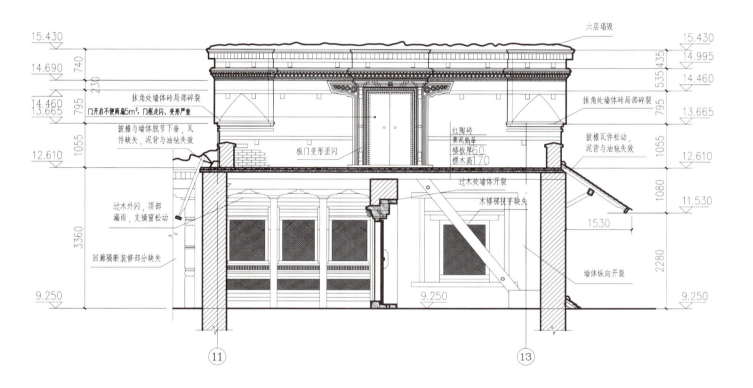

图 2-20 东北角塔（Bhaktapur）南立面残损勘察图

现状说明

1. 墙体开裂、外闪；

2. 窗走闪、变形严重，开启不便；门缺失，门框走闪、
变形严重；周圈木作脱榫、变形；

3. 六层以上塌落。

2.6. 东南角塔（Lalitpur）

2.6.1. 建筑残损概述

该建筑六层以上木结构整体向西南方向倾斜，最大倾斜量为 170mm，震损较为严重。六层周圈木柱柱根榫卯及柱头上部全部折断，部分梁枋榫头折断，木窗部分变形、掉落；地面断裂（图 2-21 至图 2-23）。

表 2-9 建筑残损勘察表

序号	建筑部位	基本做法	残损情况
1	屋面	（1）瓦顶为四角攒尖，小型连锁红陶瓦，顶部置一铜鎏金宝顶； （2）椽子尺寸：110×110mm；望板厚 30mm，泥背厚 40~50mm；防滑条尺寸 60×50mm；封檐板尺寸 130×50mm； （3）瓦件尺寸 210×95×18mm 和 230×110×18mm 两种；脊瓦 120×130×20mm； （4）周圈墙体出挑木，其上置斜撑，支撑屋面檐部挑檐枋等檐部构件。	（1）屋面瓦件松散、碎裂 10%，缺失 5%；椽子糟朽 60 根；望板糟朽 45 ㎡。
2	楼面	（1）五层室内楼面平顶密椽，木椽规格 110mm×100mm；木楼板厚 30mm；灰背厚 30~40mm，红陶砖规格：150×150×30mm； （2）六层室内楼面平顶密椽，木椽规格 110×100mm；木楼板厚 30mm。	（1）五层椽子糟朽 25 根； （2）六层椽子糟朽 16 根；楼板糟朽 20 ㎡。
3	木构架	（1）柱为方形，柱头安装托木，其上为承重梁，构件间用榫卯连接，柱径 150mm；托木规格：800×150mm； （2）每层用两道水平木腰线，木腰线下设丁头木筋，外侧做人物、花卉、动物图案雕饰；木腰线与门窗框交接处刻榫锚固； （3）木腰线规格：100×120mm；丁头木规格：130×120mm。	（1）顶部屋架基本完好； （2）六层以上向西南倾斜严重，最大倾斜量为 170mm，木构架局部松动、拔榫；外圈木柱柱根榫头及柱身上部折断，共 24 根；周圈穿枋榫头折断 30 根； （3）五层木柱开裂 1 根；柱头劈裂 1 根； （4）木构件表面污染严重。
4	墙体、墙面	（1）红条砖十字错缝黄泥砌筑，以顺砖为主，偶用丁砖，墙内碎砖填砌；砖规格 195（200）×115（125）×55mm； （2）砌筑灰浆为黄泥； （3）木雕叠涩檐。	（1）1978 年落架维修时，墙体砌筑采用水泥砂浆，改变原有材料做法，面积约 51 ㎡；墙砖酥碱 5%。
5	装修	（1）双扇木门，槛框雕刻精美，材质为娑罗木； （2）窗为固定窗和平开窗，雕刻精美，材质为娑罗木； （3）楼梯为木楼梯。	（1）五层装修歪闪变形，开启不便，局部糟朽、拔榫；艺术构件局部雕饰残缺； （2）六层以上向西南倾斜严重，最大倾斜量为 160mm，窗扇均歪闪变形，掉落 9 扇； （3）木楼梯歪闪变形，局部糟朽。 （4）木构件表面污染严重；
6	地面	（1）泥土上铺 30mm 厚沙土垫层，上铺红方砖，砖规格 150×150×30mm。	（1）五层地面垫层出现裂缝 2 处； （2）六层地面地砖碎裂 5%，总面积 70 ㎡。

图 2-21 东南角塔（Lalitpur）残损照片

① 东南立面　　② 西北立面　　③ 墙体砖脱落

④ 六层以上向西南方向倾斜　　⑤ 六层周圈木柱上部折断　　⑥ 木椽表面脏污、局部糟朽

⑦ 木椽局部糟朽、榫卯脱落　　⑧ 屋架内鸟类粪便堆积、蜘蛛网遍布　　⑨ 墙体砌筑灰浆流失

⑩ 装修歪闪变形、局部掉落　　⑪ 窗扇掉落　　⑫ 地砖局部碎裂、地面断裂

2.6.2. 勘察图纸

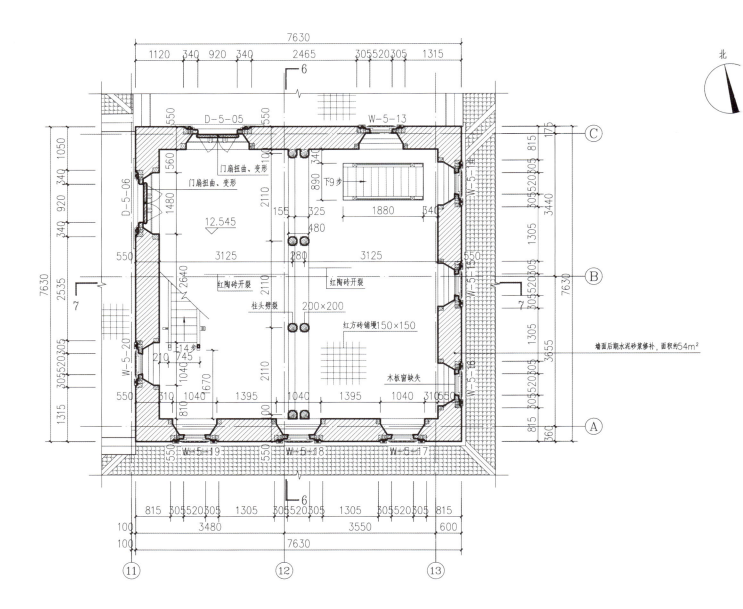

图 2-22 东南角塔（Lalitpur）五层平面残损勘察图

现状说明：

1. 五层木柱开裂 1 根；柱头劈裂 1 根；
2. 墙面后期水泥砂浆修补，面积约 54m²；
3. 装修歪闪变形，开启不变，局部糟朽、拔榫；
4. 地面垫层出现裂缝 2 处。

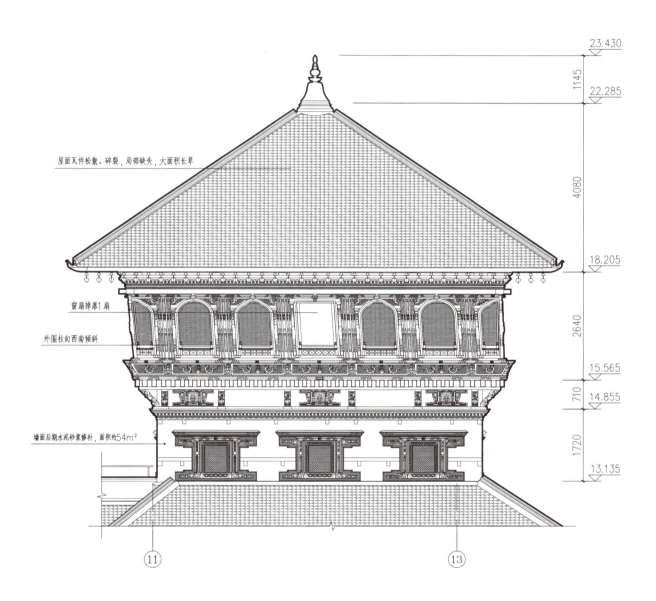

图 2-23 东南角塔（Lalitpur）南立面残损勘察图

现状说明：
1.六层以上向西南倾斜严重，最大倾斜量为 160mm，屋
面瓦件松散、碎裂，局部缺失，大面积长草；
2.窗扇扭曲、走闪严重，不能开启；
3.墙面后期水泥砂浆修补，面积约 54m²。

2.7. 内院场地

2.7.1. 建筑残损概述

罗汉庭院院落西南角排水沟淤堵，排水不畅；场地石地面基本完好，局部下沉，散水砖局部碎裂、缺失（图 2-24、25）。

表 2-10 建筑残损勘察表

序号	建筑部位	基本做法	残损情况
1	地面	（1）院落内地面为青石铺装，规格 460×460×120mm。	（1）回廊院内石地面基本完好，部分地面石下沉，面积约 6 ㎡。
2	排水	（1）庭院内周圈为排水明沟，排水口设于西南角，通过排水暗沟将雨水排至院外西南角处；排水沟为青石板铺设，规格为 290×290mm； （2）建筑外围排水为排水明沟，与现市政排水管道相连； （3）院外东侧及北侧台明外为散水，红陶砖铺装，红陶砖规格 150×150×30mm。	（1）院内排水暗沟管道淤堵，排水不畅； （2）南侧院外排水沟淤堵，排水不畅，雨水下渗，对基础不利；东侧排水暗沟现为水泥盖板，疑为后期改建，现状淤堵，排水不畅；北侧台明外为散水，无排水设施； （3）散水砖碎裂 20%，缺失 50%，面积约 130 ㎡。

图 2-24 内院残损照片

① 庭院内排水　　②排水沟淤堵　　③排水不畅，雨水下渗，对基础不利　　④西南角排水口

2.7.2. 勘察图纸

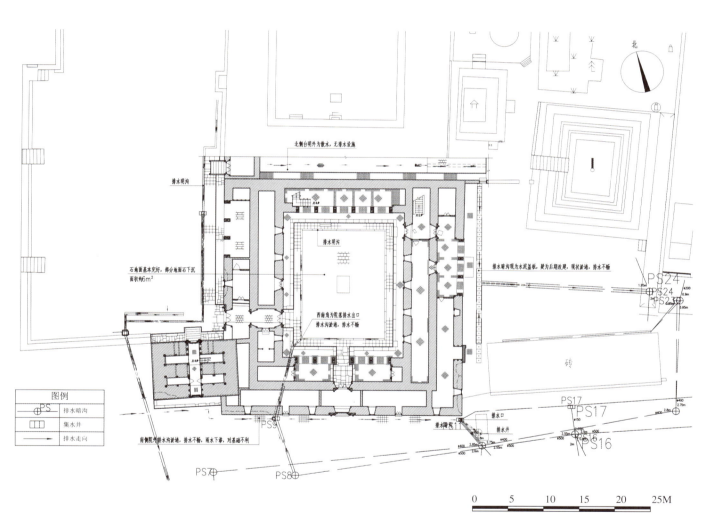

图 2-25 周边环境及排水设施平面图

现状说明：
院落排水暗沟淤堵，排水不畅；场地石地面基本完好，局部下沉。

图 3-1 九层神庙东南角塔震后整体倾斜

3. 勘察评估结论及损伤机理分析

3.1. 震后残损主要类型

经勘察，加德满都杜巴广场在地震中遭受破坏的文化遗产建筑大多数分布在广场东侧的皇宫庭院周围，建筑破坏类型包括建筑整体倾斜、木柱滑移和斜木撑掉落等木结构破坏失效、砖墙变形裂缝、建筑承重砌体墙局部砌体层状剥落等几类主要残损。

3.1.1. 整体倾斜

地震后，杜巴广场部分砖木遗产建筑发生了比较明显的整体倾斜。由于加德满都谷地的地质由松软的沉积物构成，部分建筑的地基没有经过处理与加固，砖木结构易受基础不均匀沉降的影响，导致在强烈地震作用下结构发生倾斜（图3-1、2）。

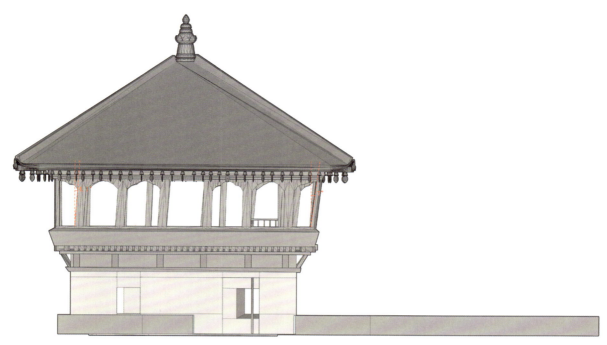

图 3-2 东南角塔整体倾斜模拟模型

3.1.2. 木构架塌落

如前文介绍，尼泊尔塔庙建筑的一个显著特点就是宽大的屋檐，屋檐的重量主要由斜撑承担。斜撑下端支撑在突出于墙面的木枋上，上端卡到挑檐枋下皮，斜撑上下端与相邻构件的连接不固结。平时斜撑受静力作用，一旦遭遇强震，各构件在强烈地震下的位移幅值较大，导致斜撑坠落或椽木滑脱，斜撑发生位移、脱榫，披檐随之塌落（图 3-3）。

3.1.3. 变形裂缝

建筑砖墙最常见的地震破坏现象为墙体受到剪切破坏而出现斜裂缝。由于九层神庙结构窗开洞面积较大，在地震作用下，产生窗间墙斜裂缝和窗间梁斜裂缝。同时，由于九层神庙与相邻建筑之间的抗震缝间距过小，相邻两侧墙体在地震时发生相互碰撞，导致墙体破坏。

图 3-3 木质构件塌落

九层塔北侧底层墙体外表层大面积外闪变形，向下坐塌达10厘米以上，同时导致西侧与其相接的建筑东端墙体及屋面均严重破坏；东南角塔东侧底层墙体、西北角塔西北角西侧底层墙体外表层大面积外闪变形达10厘米以上，上部楼层反应加大，致使第四层挑檐局部塌落并砸坏下部与其相连的古印度神庙屋顶，同时由于结构上下刚度突变、顶层鞭梢效应等不利影响，西北角塔第五层东侧与北侧墙体破坏较为严重（图 3-4）。

图 3-4 建筑墙体裂缝

图 3-5 建筑墙体分层剥离

3.1.4. 墙体剥离

砖墙的层状剥离是尼泊尔砖木建筑比较独有的一类病害。九层神庙的墙体为砖木结构，由砖墙和木构架组成，分层砌筑，各层之间的连接较弱，整体性较差。由于砖墙是建筑主要的抗侧力和承重构件，因此即使在自身重力荷载的长期作用下，多数墙体已发生普遍的自然老化裂缝破坏。在强烈的地震破坏中，墙体的分层剥离破坏更为严重，对建筑结构产生极大的影响（图 3-5）。

3.2. 主要勘察结论

3.2.1. 地质勘察结论

在建筑周边进行的勘察得到的地基土承载力虽不满足建筑对持力层承载力的要求，但由于地基土已历经近 300 年的压密固结，其承载力已有大幅提高，地基土与建筑上覆荷载已达成一个相对平衡的状态，在没有外界因素扰动的条件下（如地震、建筑周边积水浸泡地基基础），建筑基础相对稳定[1]。

现有建筑呈现的不同程度破坏，与建筑特有的结构形式、建筑布局、地基土的不均匀性及建筑周边排水条件有关。建筑南侧特别是九层神庙东南侧地势低洼，地质条件差，也正是建筑变形破坏最严重的区域。

---

[1] 根据《建筑变形测量规范》JGJ8—2016 关于判定建筑是否沉降稳定的说明："对沉降是否达到稳定状态，本规范采用最后 100d 的最大沉降速率是否小于 0.01mm/d~0.04mm/d 作为判断标准。"据此可判断建筑基础处于稳定状态。

3.2.2. 基础沉降变形评估结论

由于九层神庙建筑局部震损较为严重，项目组仅对于尚未坍塌且现场条件允许的部分建筑结构进行了变形测量。其中根据对罗汉庭院四个外立面进行的变形测量，沉降变形最大点位于南立面，西侧最低。[1] 其原因初步判断为南侧墙体鼓闪变形大（最大 360mm），造成局部沉降变形。罗汉庭院四个内立面沉降变形最大点位于庭院内西侧墙体中部，最大变形 210mm，由于现状已基本稳定，考虑为墙体的陈旧性变形。

通过对东南角塔、东北角塔以及九层塔进行的基础沉降变形测量数据分析[2]（图 3-6），九层神庙角塔多表现为东北角高，西南角低，东北角塔和九层塔上部结构均已塌落，东南角塔上部结构大幅度倾斜，故在建筑构件重新安装前，均应适当调整角塔基础标高，以利于修复后建筑结构的稳定。

3.2.3. 主要建筑材料

尼泊尔因地制宜的传统建筑材料造就了纽瓦丽建筑独特的结构体系和建筑装饰特征。尼泊尔的木构建筑主要材料为当地的娑罗树。尼泊尔南部的德赖平原是一个肥沃的冲积平原地带，富含娑罗树森林。娑罗树是一种高质量的木材，树木很高，可以长到 30 米高，有很宽的横截面，适宜用于柱、支柱、横梁等结构构件的施工，也适宜制作门窗、格栅、模具等，且木料坚固耐用。树脂还可以用来保护暴露在露天环境中的木质结构和建筑构件。娑罗木由于强度高和较好的耐腐蚀性，常用于建造建筑外立面的部分且不需要特殊保护处理措施。其他类型的木材，较软和中等质量的用于建筑内部构件以及家具的制作。

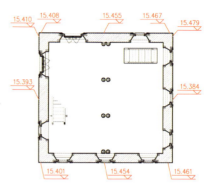
东南角塔（五层平面标高）

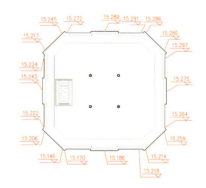
东北角塔（五层平面标高）

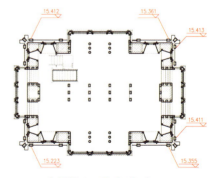
九层塔（五层平面标高）

图 3-6 各角塔五层平面（与罗汉院交界层）标高

---

① 罗汉庭院南外立面西侧低、东侧高，最大变形量为 14cm；东外立面南侧低、北侧高，最大变形量为 13cm；北外立面东侧高、西侧低，变形量为 6~12cm；西外立面北侧高、南侧低，变形量约 6~13cm。
② 东南角塔基础最高点位于东北角，最低点位于西南角，高差 80mm；东北角塔基础最高点位于东北角，最低点位于西南角，高差 130mm；九层塔基础最高点位于东北角，最低点位于西南角，高差 80mm。

尼泊尔建筑墙面通常使用红陶砖饰面（图3-7），除了镶嵌在清水砖墙内的装饰砖外，还有一些用于铺设人行道的普通砖。这些砖通常是正方形、三角形或长方形，并以不同的模式铺设（图3-8）。普通砖大多用于古道的人行道、修道院、宫殿或普通的住宅庭院里。路边的雨水排水沟也是用这些较普通的砖制成的。

图3-7 尼泊尔建筑红陶砖饰面及建筑腰线装饰

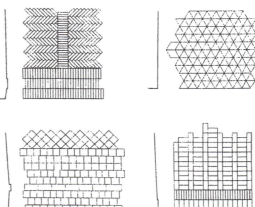

图3-8 传统建筑地面铺装方式

表3-1 九层神庙建筑材料及做法调查表

部位	原做法	后期维修（1975年）
地面	一层为土地面。	砂垫层上铺红方砖
	二、三层木楼板上夯筑土地面	木楼板、塑料布、水泥砂浆垫层，上铺复合木地板条
	四、五层木楼板、土垫层、红条砖	木楼板、水泥砂浆垫层、红条砖、塑料布、水泥砂浆垫层、红方砖
墙体	5~6顺砖一丁砖十字错缝黄泥砌筑，一至四层墙体大部分为原做法黄泥砌筑。	五层女儿墙改成红砂灰砌筑，还有部分墙体用水泥砂浆砌筑。
内墙抹灰	黄泥掺稻壳抹面，外压浆。	四层改成水泥砂浆打底，外白灰照面。
披檐及屋面	不详	望板上铺两层油毡、钉防滑木条、泥背、铺瓦
木构件间连接	刻榫或木销、暗销连接	刻榫或木销、暗销连接
木材	波罗木、松木	波罗木、松木

经检测砖强度，外包砖强度15.1~31.1MPa，内墙芯砖强度14.9~20.3MPa。干燥状态下砌筑材料强度，土0.5MPa，红砂灰3.0~5.5MPa。

3.3. 结构震害损伤机理分析

3.3.1. 工程场地条件不利

九层神庙所处的加德满都市中心属加德满都河谷冲积平原，其工程场地条件与墨西哥城类似，软土沉积层深厚，相当于中国建筑抗震设计规范里面规定的Ⅲ类场地土，场地特征周期约0.5秒（1.9Hz）。2015廓尔喀8.1级大地震震中距离市中心约80公里，强地震动短周期成分较快，衰减后长周期成分占主导地位。场地对于长周期地震动放大效应，引起市中心体型较高的建筑结构产生类共振效。这成为九层神庙建筑群中三座上部楼层以木结构为主的塔楼完全垮塌（西南九层塔、东北角塔）或严重倾斜变形（东南角塔）的主要环境诱因（图3-9、10）。

尽管场地条件对抗震不利，但总体上该九层神庙建筑群未发现因地基基础不均匀沉降引起的上部结构破坏。

图 3-9 九层塔上部结构倒塌，与毗邻建筑交接处严重坍塌

3.3.2. 结构体系不良

3.3.2.1. 建筑群自身结构体系整体性较弱

九层神庙建筑由带有角塔的四层罗汉院与九层塔两个不同时期建造的独立结构体系组成，自身结构整体性较弱。两部分结构体靠的连接仅限于两侧连廊与九层塔在四个楼层标高上的木质楼板之柔性连接，实现建筑功能上的连通。两部分建筑的墙体无结构性连接，且回廊外墙体与九层塔外墙交界处无墙体收边构造及明显约束构造。两部分结构体因高度、平面布置不同而导致二者振动特性存在较大差异，尤其是与九层塔相连的南侧和西侧走廊，因其结构特性差异，两部分的地震反应变形存在明显差异，致使二者连接区域破坏严重。

除此以外，尼泊尔建筑的逐层收分的套筒式砖木结构也在一定程度上削弱了建筑的整体抗震性能。尼泊尔王宫建筑层间束腰收分，墙体截面由下向上逐渐递减，且顶层墙体一般直接落于下层木楼板上，与下层墙体断开，导致竖向荷载传递路径不连续，下层墙体偏心受压，削弱了建筑墙体的整体性和承载力。如九层塔六层及以下全部为砖墙承重，结构上第七层与第六层的竖向承载构件之间缺少必要的连续性，与其下部各层相比，第七层墙体截面减少近50%，结构荷载由以砖墙承重为主转换为砖墙与木构架混合承重，存在明显的抗侧刚度突变（图3-11）。

图3-10 震后九层塔六~九层塔体完全塌落

图3-11 墙体上下层连接节点薄弱

3.3.2.2. 与周边建筑相互作用破坏

九层神庙西北角塔北侧与始建于十五—十六世纪的印度神庙墙体相接，西南角塔西侧与始建于 1903 年的总理府建筑墙体相接，东南角塔底部与东侧一层建筑局部相接。由于与相邻建筑高度、体型差别很大，导致地震时结构震动变形反应差异，相互挤压、拉扯，致使西南九层塔南侧底层墙体局部垮塌，垮塌面积涉及角部底层整个开间。

九层塔北侧底层墙体外表层大面积外闪变形并向下坐塌也达 10cm 以上，同时导致与其相接的总理府东端墙体及屋面均严重破坏；东南角塔东侧底层墙体、西北角塔西北角西侧底层墙体外表层大面积外闪变形达 10cm 以上，上部楼层反应加大，致使第四层挑檐局部塌落并砸坏下部与其相连的古印度神庙屋顶，同时由于结构上下刚度突变、顶层鞭梢效应等不利影响，西北角塔第五层东侧与北侧墙体破坏较重。

3.3.3. 抗震构造不利（建筑结构缺陷）

3.3.3.1. 墙体

如上文所讲，九层神庙建筑结构主要为墙体承重，且该建筑群所有承重墙体截面均为双表砌层夹内芯砌筑体的"三明治"包砌形式（图 3-12）。墙体外表砌层多为顺砖，较少与墙芯拉结丁砖。地震时，分层设置的墙体表面极易发生空鼓、外闪变形破坏，从而导致墙体大面积分层剥离（图 3-13）。

墙体砌筑传统灰浆为黄泥，现场取样检测发现其强度很低，靠近墙体外表的灰缝砂浆由于长期受潮、碱蚀、风化等自然老化作用，用手指即可轻易捏碎，致使墙体整体强度及抗剪强度低。即使在重力本身荷载的长期作用下，多数墙体已发生普遍的自然老化裂缝破坏。

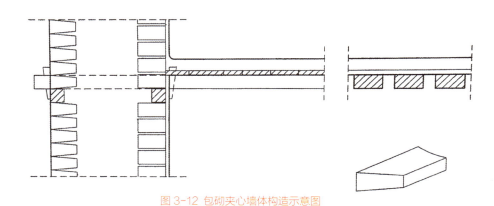

图 3-12 包砌夹心墙体构造示意图

图 3-13 墙体分层剥离

3.3.3.2. 门窗洞口

　　九层神庙墙体窗洞设置严重削弱了墙体竖向承载截面，进而降低了建筑结构承载力。因立面形式和宗教信仰追求，建筑所有朝向外面的墙体均布设较大面积的木雕门窗，且为满足墙体承重的需要，有意采取了自下往上开窗面积由小及大、逐步扩大的策略。譬如九层塔北立面墙体（图 3-14），底层未设窗洞、二层仅在东侧回廊北端外墙开设两个窗洞，三层墙体正常开窗、四层开窗面积进一步扩大，使承担竖向荷载最大的底层窗间墙墙体，得以采用较大截面，而上部楼层窗间墙宽度逐步减小甚至勉强承载，有的楼面荷载甚至直接通过较大开窗的竖框向下传递荷载；但也正因为外立面墙体开窗面积过大，导致墙体竖向荷载传递路径遭到明显削弱，同时由于窗间墙两侧窗体在窗上方墙体重力荷载作用下严重变形，导致几乎所有窗间墙都有不同程度的破坏，此次地震进一步加剧破坏程度。

　　上部楼层荷载包括三、四层外挑檐斜撑荷载以及墙体自身荷载竖向传递路径混乱，致使长期重力荷载作用下窗体框架蠕变下垂变形，进一步引致几乎所有窗洞角部墙体普遍出现裂缝，地震作用进一步引致沿窗洞角部向外扩展的典型斜

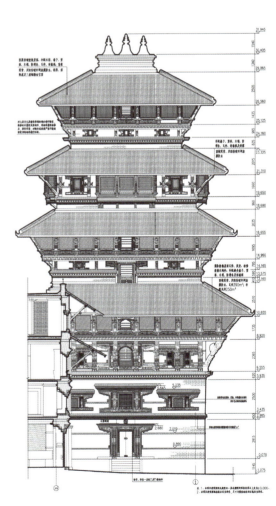

图 3-14 九层塔北立面

裂缝。由于建筑门窗的开洞面积一般较大，且洞口角部如同一个楔子，形成一个锐角，导致门窗角部容易形成应力集中，产生剪切斜裂缝。同时，墙体受自重和水平地震作用力，加上砖墙的抗拉强度较低，墙体易沿洞口角部形成阶梯形斜裂缝（图3-15、16）。

3.3.3.3. 披檐

尼泊尔塔庙的一个显著特点就是宽大的屋檐，屋檐上的厚重泥背、瓦片等增加了砖木结构自重，地震作用也随之增大，进一步加大了建筑倒塌的风险。木质披檐通过木销钉固定于挑檐枋。细木销钉是木柱与梁及础石之间的连接方式，在强烈地震中可能发生剪切破坏。木柱的破坏原因是木柱上下端的细木销钉横截面积小且应力集中，不能抵抗过大的水平剪力，柱础间的过量滑移和梁柱节点处的相对错动使得木柱歪斜，丧失承担上部荷载的能力。此外，木楼板中的内外托梁板通过销钉固定，木梁直接插入砖墙中，搁置长度不足，且与楼板周边锚固不够，强烈地震作用下，木梁拔榫。

图3-15 建筑墙体裂缝

图3-16 窗框老化变形

3.3.3.4. 木腰线

在承重的砖墙墙体外表面每层设置了两道雕花木腰线（截面约 150mm×150mm），其下部间距约 2.0 米沿墙体厚度方向设置丁头木（截面约 120mm×120mm），将内外表层木腰线固定，使木腰线既在建筑外表上起到装饰性的作用（图 3-17），又在结构上起到圈梁的作用。木腰线分割了过长、过高墙体，并增强墙体外表层与墙体内芯之间的粘结强度。实际上木质构件与砖砌体之间的连接主要是靠二者之间的接触摩擦力而非砌筑砂浆粘结力，这种设计增强了墙体内木质之间的连接，使与墙体连接的木质构件之间形成一个工作框架，但由于木质构件与砖砌体之间的粘结力很差，使得木质框架实际上分割了墙体，在一定程度上也削弱了墙体的整体性。

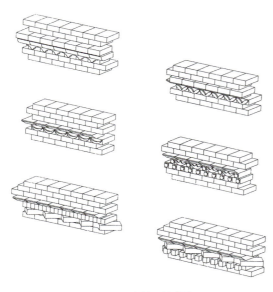

图 3-17 建筑腰线装饰

装饰性木质腰线虽然在一定程度上起到了加强墙体整体性的作用，但由于木质腰线构件在长期压力荷载作用下，容易发生与材料蠕变伴生的压缩变形，容易引发墙体表层产生竖向变形，地震空间振动作用耦合下，平面内剪切与平面外失稳交互作用，更易导致墙体发生耦合破坏。

3.3.4. 年久失修维护欠佳

虽然 1970 年代九层神庙进行大修，但其墙体砌筑红砖、砂浆以及木质构件材料多已老化，墙体填充物的粘结强度较低，多处墙体、木结构构件出现受潮碱酥、蠕变变形、松动等破坏现象。2015 年地震发生时，在重力荷载、竖向位移、水平位移、扭转位移及地震动荷载相互耦合共同作用下，这些老旧破坏变形进一步扩展加剧，致局部墙体本已发生砌筑材料老化失效处空鼓外闪、塌落，或多处木构件变形、装饰构件松动掉落。由于多次维修，造成新老砖墙交错混杂，墙体的材料、结构强度不均衡，削弱了原结构的整体性，造成局部补强部位震损较其他部位更为严重。

4. 文物本体修复工程深化设计方案

4.1. 工程范围

九层神庙文物本体修复工程内容包括九层塔、罗汉庭院及其上部三个角楼建筑的整体震后加固与修复。建筑占地面积 1300 平方米，建筑面积约 5600 平方米。

4.2. 方案依据

1.《国际古迹遗址保护和修复宪章》（1964 年）

2.《保护世界文化和自然遗产公约》（1972 年）

3.《奈良真实性文件》（1994）

4.《北京文件——关于东亚地区文物建筑保护与修复》（2007 年）

6.《尼泊尔震后遗迹的保存与重建基本指南——2072》（公元 2017 年）

7.《尼泊尔震后古迹的保存和重建手册——2073》（公元 2017 年）

8. 根据《援尼泊尔加德满都杜巴广场九层神庙修复项目可行性考察会谈纪要》确定本项目参照中国相关规范和标准，主要包括

（1）《中国文物古迹保护准则》（2015）

（2）《岩土工程勘察规范——GB50021—2001》

（3）《古建筑木结构维护与加固技术规范——GB/T50165—2020》

（4）《古建筑砖石结构维修与加固技术规范——GB/T39056—2020》

（5）《建筑变形测量规范——JGJ8—2016》

（6）《建筑抗震鉴定标准——GB50023—2009》

（7）其他相关批复等文件。

4.3. 修复原则

九层神庙建筑的修复坚持最小干预的原则，坚持世界文化遗产保护的真实性、完整性原则。修复设计尊重当地的传统做法和工艺，按照"原形制、原材料、原工艺、原结构"，最大限度地保留重要历史信息。修复理念以受损建筑的现状整修为主，消除安全隐患，修复

塌毁部分、修补、修复残损部位及构件，对局部结构薄弱部位适当加固补强。根据地基基础稳定性评估结论，九层神庙建筑地基基础基本稳定，故本次修缮不对基础进行扰动，仅对建筑周边散水及排水进行清理、疏通，恢复院落排水功能。本次保护修复工作充分考虑建筑今后使用功能，做到保护修复与合理利用的有机结合。

出于建筑结构加固补强的目的，在局部隐蔽部位采用新材料和新技术。其应用是建立在尼方相关部门认可的基础上，并通过工程试验证实对文物长期保存必要且无害后方能采用。

4.4. 工程性质

本次修复工程性质属于震后修复与加固。

鉴于罗汉庭院南侧墙体及木构架受地震影响，三、四层整体向南外闪严重，故本方案拟对其进行落架维修；鉴于东南角塔整体严重倾斜，故本方案拟对其进行整体纠偏与局部落架。参照震前照片及相关研究资料，同时参考 2010 年的历史勘察图纸，对东北角塔第六层及两个九层塔（西南角塔）巴桑塔布尔塔第七、八、九层进行震后塌落的修复。为保护九层神庙建筑群所实施的防雷工程、消防工程、安防工程在满足其技术条件下，尽量降低对建筑本体和风貌的影响。

4.5. 设计方案

4.5.1. 方案综述

罗汉庭院一至三层地面以现状整修为主，四层地面局部揭墁，五层地面揭取后重新铺墁。三、四层南侧墙体拆卸后重新砌筑；一层局部坍塌和外鼓的墙体，局部拆砌，原砌筑材料为黄泥，考虑当地比较潮湿，黄泥遇水强度降低，参照帕坦和巴德岗文物建筑修缮的方法，及《尼泊尔震后古迹的保存和重建手册—2073》，砌筑材料采用红砂灰；结合变形墙体拆砌，墙内增设结构木柱及梁，适当提高强度；墙体裂缝宽度大于 10 毫米的，局部择砌，裂缝宽度小于 10 毫米的，用红砂灰勾缝。斜撑局部修补和补配。补配缺失的门窗，拆安归位松动变形的门窗。对西北塔楼的楼梯进行检修，根据使用要求，拟恢复东北角和西南角楼梯。披檐瓦面揭取后重新铺墁，参照帕坦和巴德岗文物建筑修缮的方法，在望板上增加防水层。

东南角塔五层地面现状整修，六层地面揭取重新铺墁。因六层木构架倾斜严重，拟将木构架进行整体纠偏，并在局部落架后重新安装，再结合重点部位采取加固措施；拆安归位门窗；揭取重做屋面。

东北角塔五层地面现状整修，六层地面揭取重新铺墁。修复六层坍塌木构架，参照震前照片和《尼泊尔建筑修复》一书，同时参考 2010 年的历史图纸，结合现存木构件，按原形制、原做法、用原材料补配缺失构件并修复，尽量使用原构件。在原状修复基础上，考虑对建筑薄弱部位进行加固补强，尽量用在隐蔽部位。

西北角塔五、六层地面以现状整修为主；补配缺失的斜撑；补配五层缺失的板门，六层窗拆安、归位；其他检修、加固木构件。

九层塔地基基础基本稳定，不予扰动。一至五层地面现状整修，六层地面局部揭墁，七层以上按原做法铺墁（木楼板上铺黄泥垫层、铺红陶砖）修复地面。局部拆砌北侧一层倾斜的墙体和南侧一层坍塌墙体。拆安归位一至六层门窗，补配七层以上门窗；检修一至六层楼梯，七层以上楼梯按六层式样补配。现状整修一至六层木构架。七层至九层木构架的修复参照震前照片和《尼泊尔建筑修复》一书，同时参考 2010 年绘制的该塔图纸，结合现存木构件，进行修复。维修时尽量使用原构件，将构件检修后，原位安装；缺失的按原形制、原做法、用原材料补配。

疏通庭院内西南角排水暗沟，保持院内排水畅通。考虑到降低南侧建筑外广场地面难度较大，故维持现状，清理、疏通排水沟；东侧建筑外院落地面降低 300 毫米，避免倒灌现象发生；东侧建筑外重新铺墁散水，改建东侧建筑外排水暗沟，将雨水排入南侧城市污水管网；北侧台明外重新铺墁散水，通过暗沟将雨水排入东侧排水暗沟，最终排入南侧城市污水管网。

4.5.2. 建筑标高调整

根据前期勘察阶段对建筑内外立面墙体标高测量，结合建筑结构变形综合分析，罗汉院变形较大部位为外墙及内墙西南角部位，在罗汉庭院三、四层落架维修时调整标高。

根据对东南角塔、东北角塔和九层塔标高分析，三座角塔均在西南角部位存在沉降现象（8~10mm），在塌落建筑恢复前，应对建筑标高进一步核实，探明沉降原因，并对沉降较大部位适当进行调整。

4.5.3. 墙体局部加固方案

九层神庙建筑竖向承重墙体厚度普遍可达 1.2 米，墙体内外表层砌筑厚度各仅约 150mm，内芯厚度可达 900mm 以上，具备在墙体内加设内置圈梁与木构造柱的可操作性。梁可在各层木拉件底部设置，木构造柱可在纵横墙交接处设置，一般截面不超过 300mm×300mm，各层圈梁与木构造柱相互连接，形成整体框架，此做法也符合尼方《尼泊尔震后古迹保存与重建基本指南—2072 年》的要求。

对于缺少拉结的"三明治"包砌坍塌墙体，在砌筑时应按照尼方技术规范，采用增加丁砖或用不锈钢捆绑的方式，重新砌筑。对于墙面空鼓的墙体，仅对外墙面进行局部拆砌，砌筑时可适当增加表面墙体与内部结构的拉结，拉结材料拟选用不锈钢材质，直径 4mm。

4.5.4. 南侧回廊加固方案

对于存在结构缺陷、歪闪严重的罗汉庭院南侧回廊，为增强局部整体性能，拟参照《尼泊尔震后古迹保存与重建手册—2073》，在建筑恢复时，在地面隐蔽部位采取双层木楼板45° 交叉斜铺的方式，以加强楼屋盖的整体性和减小刚度变形。另外，于墙体内椽子尾部增加木销，增加与墙体的整体性，并适当增加木椽根部木销数量。

拆除罗汉庭院四层西南角部四根钢筋混凝土梁，采用原传统做法恢复木梁。对于西北角塔五层南墙下加设的两根钢筋混凝土托墙梁及东南角塔五层北墙下加设的两根钢筋混凝土托墙梁，根据现场检测情况，对整体墙体影响轻微，且拆除更换困难大，建议保留。但托墙梁实施时未与墙作搭接处理，局部有压裂八字裂缝，方案拟采用包钢做法加固托墙梁，托墙梁与砖墙搭接处补充设置梁下木梁垫。

4.5.5. 塌毁构件的甄别、整理、试拼装

1. 现状描述

在廓尔喀地震中，九层神庙建筑塌落部位产生了大量散落木构件，因此，对于建筑散落构件的收集、存储、甄别、分类整理以及重新拼装成为尼泊尔震后文化遗产保护修复的一个重点与难点。由于震后建筑构件散落在加德满都杜巴广场各处，工程量较难统计，中间多次搬运容易导致分类混乱，急需分类整理。

2. 整理思路

图 4-1 散落木构件整理思路

3. 具体措施

对于九层神庙中九层塔塌毁的七至九层及东北角楼塌毁的顶层，经项目组修复前充分

与尼方沟通，收集塌毁部位相关历史文献、图纸、照片等资料，并邀请专家及尼方工匠对现场散落构件仔细甄别，争取最大限度将现存构件的具体部位及残存数量进行统计分析，为下一步设计工作提供第一手资料。

为不干扰九层神庙现场施工，项目组在尼泊尔国家博物馆院内专门开辟散落构件存储、修补和预拼装场地，搭建施工工棚集中作业。在现场勘察测绘数据的基础上，将现存构件在施工工棚进行试安装，凡能满足结构安全使用的构件，争取按原位恢复并作为缺失构件补配的参考依据，最大限度地恢复九层神庙震前的历史风貌。

4.6. 工程做法

4.6.1. 工程做法说明

1. 地面

地面的传统做法有两种：其一，木楼板上铺黄泥，厚约40mm，其上铺墁红陶砖，红陶砖规格150×150×30mm，此做法基本用于各层室内地面；其二，木楼板上黄泥砌筑双层红陶砖，黄泥厚度及红陶砖规格同单层做法，此做法基本用于各层露天地面的铺墁。回廊二、三层后期改为展室，地面改为复合木地板，水泥砂浆砌筑，改变了原有材料、形制。本方案拟将复合木地板、水泥砂浆层揭除，恢复传统红陶砖地面。

鉴于铺墁红陶砖时所使用的黄泥层受潮极易粉化，故重新铺墁红陶砖时，选用现在尼泊尔文物建筑修缮使用的以及《尼泊尔震后古迹保存与重建手册—2073》中推荐的红砂灰，配比为白灰膏：红砖面：沙子=1：1：2。

2. 木构件

（1）木梁、枋

木梁、枋常见有开裂、腐朽等残损现象，方案分别采用下列方法处理：

1. 木梁、枋劈裂：当构件开裂10mm以下（属于自然干裂），不影响结构安全且裂纹现状稳定的，不对其进行干预；当构件开裂在10~30mm时，应用旧木条嵌补严实，并用胶粘牢；当构件裂缝宽度超过30mm，裂纹长不超过构件长度的1/2，深不超过构件宽度的1/4时，用旧木条嵌补严实，并用胶粘牢，再加铁箍2～3道以防止其继续开裂；当构件裂缝的长度和深度超过上述限值，若其承载能力能够满足受力要求，仍采用上述办法进行修整。若其承载能力不能够满足受力要求，则选用同材质木材，重新加工安装。

2. 木梁、枋糟朽：当木梁、枋上皮糟朽深度不超过自身1/5时，可将糟朽部分剔除干净，经防腐处理后，用干燥木材依原制修补整齐，并用耐水性胶粘剂粘接，然后用铁钉钉牢；当木梁、枋糟朽深度小于 20mm 时，仅将糟朽部分砍尽不再钉补；当木梁、枋严重糟朽，其承载力不能满足使用要求时，则须按原形制更换构件。更换时，宜选用与原构件相同树种的干燥木材，并预先做好防腐处理。

（2）柱子

柱子常见有柱子开裂、柱根腐朽等残损现象，可分别采用下列方式处理：

1. **柱子开裂**：当构件开裂 10mm 以下（属于自然干裂），不影响结构安全且裂纹现状稳定的，不对其进行干预；当构件开裂在 10~30mm 时，应用旧木条嵌补严实，并用胶粘牢；当构件裂缝宽度超过 30mm，裂纹长不超过构件长度的 1/2，深不超过构件宽度的 1/4 时，用旧木条嵌补严实，并用胶粘牢，再加铁箍 2~3 道以防止其继续开裂；当构件裂缝的长度和深度超过上述限值，若其承载能力能够满足受力要求，仍采用上述办法进行修整。若其承载能力不能够满足受力要求，则选用同材质木材，重新加工安装。

2. **柱根腐朽**：当柱根表面糟朽深度在 30mm 以内时，应用锯、扁铲等工具将糟朽的表皮刻剔干净，然后按剔凿深度、长度及柱子周长，制作出包镶料；当柱根表面糟朽深度在 30~60mm 时，应用锯、扁铲等工具将糟朽的表皮刻剔干净，然后按剔凿深度、长度及柱子周长，制作出包镶料，抱在柱心外围，使之与柱子外径一样，平整浑圆，然后用铁箍将包镶部分缠箍结实；当柱根糟朽深度在 60mm 以外时，应将柱子糟朽部分截掉，方法一接在一起的柱料各刻去直径的 1/2 作为搭接部分，搭接长度一般为柱径的 1~1.5 倍，端头做半榫，用销子加以固定；方法二用抄手榫墩接，即将柱子截面按十字线锯作四瓣，各剔法对角两瓣，然后对角插在一起，用销子加以固定。

（3）橡子

橡子常见有橡子断裂、橡头糟朽等残损现象，可分别采用下列方式处理：

橡子断裂长度不超过橡子本身 1/3 时，可以截除糟朽橡子，通过使用新的木材进行补配，并用不锈钢板 4mm 和 4 个螺栓 Φ12 固定。

（4）楼板、望板

依原规格更换糟朽严重的望板，板厚 30mm。所有望板均做防虫、防腐处理。望板上增加双组份玻纤网涂膜防水层。

（5）装修

对于现存变形、开启不便的木门窗进行现状整修；对于塌落、缺失的木门窗及雕刻艺术构件，在整理、拼装后，同材质补配缺失构件，修补、加固残缺构件；对于残缺的雕饰构件，聘请当地工匠，同材质、同形制进行补配。

庭院二、三层在前期陈设布展时，将大部分的窗洞进行封堵，工程实施中，将全部封堵窗子的材料拆除，对窗子逐一排查，据实进行修补。

（6）斜撑

如上文建筑形制中对于屋架结构及构件的分析，九层神庙建筑檐口周圈设置大量斜撑用于承托上部深远的出檐，且斜撑表面雕刻精美、多为佛教题材。2015年地震后，大量斜撑塌落，局部缺失。

据项目组走访的尼泊尔工匠介绍，鉴于斜撑表面雕刻为佛教题材，其布设位置、次序反映了宗教理念。故构件拼装聘请尼泊尔工匠按照当地工艺及宗教习俗，对散落的斜撑构件仔细甄别、选位，据此统计出缺失、残损构件的具体部位，确定补配、修补的具体数量。

对于残损的斜撑，修补加固后将继续使用；对于有较大残缺的斜撑，在尼泊尔专家配合下，共同确定其纹饰图案后，同材质加工制作；对于经分析、判断，最终无法确定其具体图案的，采取同材质木料，重新制作安装。

3. 墙体、墙面

（1）墙体

对于局部坍塌的墙体，将按照原做法原材料进行重新补砌；对于开裂墙体，当缝宽小于20mm时，红砂灰勾缝处理，当缝宽大于20mm时，可考虑局部拆砌；对于砌筑灰浆流失、粉化严重的墙体，剔除风化灰浆后红砂灰勾缝；对于后期维修时，使用水泥砂浆砌筑的角塔等墙体，剔除表面水泥砂浆后，使用红砂灰勾缝。

补砌的红砖沿用尼泊尔当地红陶砖，规格为195（200）×120（125）×55mm，红砂灰配比为白灰膏：红砖面：沙子 =1：1：2。

（2）墙面

铲除墙面后期加抹的水泥砂浆，检查墙面，剔凿挖补酥碱条砖，打点墙面；鉴于罗汉庭院一层卫生间上下水对建筑基础影响较大，建议改造，拆除墙面瓷砖，恢复原有历史格局。

4. 屋面

揭除屋面、披檐瓦件、泥背；检修木构件，重做双组份玻纤网涂膜防水层、泥背及瓦件。瓦的规格分别为屋面瓦 230×110×18mm，脊瓦 120×130×20mm。

鉴于铺墁屋面、披檐红平瓦时所使用的黄泥层受潮极易粉化，故重新铺墁红平瓦时，建议黄泥灰背中增加白灰，以增加粘接黏度。

5. 油饰

经对当地传统建筑进行考证，尼泊尔传统建筑无油饰做法。

4.6.2. 工程统一要求

设计方案中无法全面勘查到位的建筑隐蔽部位，将在保护修复工程实施过程中。随着工程不断推进，随时对方案进行补充、调整或完善。

在维修过程中，如有新的残损现象，将根据实际情况作好详细记录，并在专业技术人员的指导下，遵照文物维修的原则处理。对新发现的相关题记以及工程技术做法，如有新的发现应立即停工并做进一步详细勘察。

维修中不得随意更改材料和相关的工程做法，确需更换的大木构件应在隐蔽部位注明更换的日期。

工程建筑维修过程中，木构件解体前需分层绘制编号图，拆落的木构件应依据编号图纸所示，加号牌，分类码放。

4.6.3. 主要维修材料要求

1. **主材木材**：鉴于现有大木构架为松木，故考虑本次维修涉及的修配用材使用原材质。装修一律选用娑罗木。所有木料均选用干燥材，大木含水率＜20%，方木和装修用料含水率＜15%。修缮完成后应对木构件进行清洗、除尘。

2. **木材防虫防腐处理**：所有木料均需进行防虫防腐处理。防腐材料选用新型木材防腐剂 ACQ，该药剂主要化学成分为烷基铜铵化合物[1]。防腐处理主要采取浸泡处理、涂刷两种方式。浸泡处理时 ACQ 中活性成分的质量数为 2%~4%，处理时间视木材树种、大小及含水率等因素而定。处理后的木材还需经过干燥处理后再使用。涂刷方式主要用于椽望补配完成后，涂刷四遍 ACQ 防腐剂。

3. **砖**：采用尼泊尔当地传统红砖，规格为 195（200）×120（125）×55mm，外包砖尽量用旧砖，外露面要进行加工处理，砌筑完成后，与现有墙面颜色、观感协调一致。根据取样不同部位，9 个砖样品，检测砖的抗压强度在 14.9~31.1MPa 之间，要求外包砖抗压强

---

① 防腐剂 ACQ 不含砷、铬、砒霜等有毒化学物质，对环境无不良影响，且不会对人畜鱼及植物造成危害。在新制定的国家标准 GB50206—2002《木结构工程施工质量验收规范》中也已将 ACQ 列入处理使用环境 HJI 和 HJII 级的锯材、胶合板和结构复合材用的防腐剂。

度不应低于 17.0MPa，衬里砖的抗压强度不应低于 15.0MPa。

4. 铁箍：木结构用铁箍加固时，铁箍的大小按所在部位的尺寸及受力情况而定，一般情况下铁箍宽 50mm，厚 3 ～ 4mm，长按实际需要。铁箍可用螺栓锚固或用手工制的大头方钉钉入梁内，使用时表面刷防锈漆。

5. 白灰：白灰应选用优质生石灰块熟化。

4.6.4. 其他措施

工程实施前，应对塌落部分及存在安全隐患的部位搭设保护棚，范围包括：罗汉庭院南侧三、四层和东南角塔六层、东北角塔第六层及九层塔七、八、九层。

4.7. 单体建筑各部位修复方案做法表

4.7.1. 院落场地做法

1. 院落地面做法

（1）局部揭除下沉地面石，调整地坪、夯打三七灰土垫层（一步）后重新铺墁，油灰勾缝；

（2）对所有地面进行检修，清除石缝间杂草、灰尘，重新油灰勾缝。

2. 院落排水做法

（1）排水沟清淤。疏通、整修西南角排水暗沟，防止积水；施工中按照已探明的市政管网布线及标高情况进行合理衔接，并与建筑周边排水沟进行衔接，并找好沟底排水坡度；

（2）疏通南侧院外排水沟，调整建筑外泛水，将雨水排入市政污水管网；

（3）东侧墙体外揭墁铺墁散水宽 2m，更换碎裂红陶砖，补配缺失红陶砖，找好泛水；疏通东侧建筑外排水暗沟，将雨水排入南侧城市污水管网；拆除现有水泥盖板，更换石质沟盖板；

（4）揭墁北侧台明外散水，宽 800mm，更换碎裂红陶砖，补配缺失红陶砖，找好泛水；东段增设排水暗沟，与东侧排水沟相连接，排水沟浆砌片石做法，宽 300mm，深 500mm，长 8m；

（5）东侧建筑外院落地面降低 300mm，避免倒灌现象发生，地面面积约 600 ㎡。

表 4-1 建筑各部位修复做法表

建筑	修复方案概述	屋面做法	楼面、披檐做法	木构架做法
罗汉庭院	南侧回廊落架维修，拆砌南侧墙体，归安木构架，墙体内部增设立柱及木梁等构件；拆砌回廊东西两侧空鼓、变形的墙体；铲除墙面水泥砂浆及瓷砖，检查内墙面，挖补酥碱墙砖，打点墙面，重新灰浆勾缝；揭除后期铺设的复合木地板及红机砖地面，按原形制补配红陶砖地面；整修所有木装修，更换、补配糟朽、缺失木构件；修补艺术构件残缺雕饰；参照西北角恢复西南角木楼梯。	本方案拟对屋面缺失木椽及瓦件进行更换、补配，揭除披檐瓦件、铲除泥背，检修木构件后，重做双组份玻纤网涂膜防水，钉防滑条，重做泥背，重新瓦瓦。	（1）更换糟朽椽子，补配折断木销；（2）归安木椽，补配折断木销；（3）更换糟朽木楼板；（4）拆除三合板，补配木楼板；（5）所有木构件清洗除尘。	（1）嵌补木柱裂缝；（2）墩接、镶补柱根；（3）整修木构架，加固节点；（4）所有木构件清洗除尘；（5）所有木构件均需做AC材料防虫防腐及防火处理。
九层塔（Basantapur）	九层塔七至九层全部塌毁。本方案拟参照历史图纸及资料照片，整理、修补散落构件，恢复九层塔七至九层；一至六层现状整修，重做披檐屋面，补配缺失瓦件；外鼓墙体局部拆砌，重砌坍塌墙体，更换墙内糟朽木柱；墙面、地面恢复传统做法，整修所有木装修，清洗除尘。	按原形制重做屋面，补配木枋、椽子、望板、木销、防滑条、瓦件、封椽板；重做泥背、双组份玻纤网涂膜防水、戗脊、须弥座及三座铜鎏金宝顶。	（1）更换室内糟朽木椽及木楼板；（2）更换披檐糟朽木椽及望板；（3）揭除披檐屋面瓦件、泥背，检修披檐木构件，补配缺失椽子、望板、木销、防滑条及封椽板；重做泥背、双组份玻纤网涂膜防水、瓦件；补配瓦件；（4）按原形制重做七层以上楼面，补配椽子、木楼板、木销、泥背及红陶砖，按原形制重做七层以上披檐，补配椽子、望板、木销、防滑条、瓦件、封椽板及斜撑，重做泥背、双组份玻纤网涂膜防水。	（1）整修木构架，加固节点（2）七层以上修补、归安现木构件；施工中，对现有散构件拼装，恢复木构架，依形制补配七层以上缺失木构件；（3）所有木构件清洗除尘；（4）所有木构件均需做AC材料防虫防腐及防火处理。

墙体、墙面做法	装修做法	台基、地面做法	油饰做法
1）鉴于卫生间上下水对建筑基础影响较大，议改造，拆除墙面瓷砖，恢复原有历史格局； 2）铲除水泥砂浆抹面，更换酥碱墙砖10%，点墙面，重新勾缝； 3）更换酥碱墙砖，重新勾缝； 4）拆砌回廊院内东侧外鼓墙体； 5）拆砌门洞 D-1-08 及 D-1-11 后部后砌砖墙； 6）拆除后加隔断墙； 7）拆砌回廊院外东侧南段鼓闪、坍塌墙体； 8）回廊院外南侧墙体局部拆砌； 9）拆砌回廊院外东侧内廊墙体； 10）施工中局部揭露检查，根据实际情况采取浆或拆砌措施； 11）拆砌回廊院外西侧外鼓墙体； 12）拆砌门洞 D-1-07 内侧外鼓墙体； 13）补配缺失木腰线；更换糟朽木腰线。	（1）整修所有木装修，更换、补配糟朽、缺失木构件；修补艺术构件残缺雕饰； （2）拆除木板，参照 D-1-13 恢复木门； （3）参照西北角恢复西南角木楼梯； （4）按原形制恢复下槛； （5）拆除后砌墙体； （6）拆安变形严重门扇； （7）所有木构件清洗除尘。	（1）降低地坪，夯打三七灰土一步，重新红陶砖铺墁； （2）素土地面夯打三七灰土垫层一步，按原形制补配红陶砖地面；揭除木地板，按原形制补配红陶砖地面； （3）揭除红机砖地面，夯打三七灰土垫层一步，按原形制补配红陶砖地面； （4）清除水泥砂浆，修补残缺青条石，重新油灰勾缝。	清除油饰。
1）局部拆砌坍塌、外鼓墙体，更换墙体内部朽木柱，在砌筑墙体时可适当增加木筋宽度和筋间横向连接构件；室内二层西墙 ND-2-01 北侧外鼓墙体现状保留； 2）铲除一层南侧瓷砖墙面，恢复原有历史格局；除二至三层南侧内墙面白灰；铲除四层南侧内面白灰，打点墙面，灰浆勾缝； 3）按原做法重砌七层以上墙体。	（1）整修所有木装修，更换、补配糟朽木构件； （2）依原形制恢复木窗； （3）七层以上修补、归安现存木装修；依原形制补配缺失斜撑、木窗、木门等木装修； （4）整修一至六层木楼梯；按原形制恢复七层以上木楼梯。	（1）揭除瓷砖地面，夯打三七灰土一步，按原形制铺墁红陶砖地面；素土地面夯打三七灰土垫层一步，按原形制补配红陶砖地面； （2）二层地面局部揭取北侧西端坍塌部位，剔凿墙体用钢板加固折断的木梁，重新铺墁红陶砖； （3）揭除复合木条地面，夯打三七灰土一步，铺墁红陶砖，恢复原有做法； （4）补配四层北侧及回廊地面缺失红陶砖； （5）五层地面整修扫缝； （6）修补六层室内地面，更换碎裂地砖；揭取回廊地砖，重新用红陶砖铺墁； （7）七层地面揭取重新铺墁；八层、九层地面按六层回廊地面做法，木楼板上铺黄泥垫层，再铺墁红陶砖。	清除油饰。

（续表）

建筑	修复方案概述	屋面做法	楼面、披檐做法	木构架做法
西北角塔（Kirtipur）	西北角塔清洗铜制屋面，揭除披檐检查木构件后重做披檐，重做屋面，增加防水层；检查墙体，打点墙面，修补墙体裂缝；整修所有木结构；修补地面红陶砖。	（1）清洗铜制屋面； （2）更换糟朽木椽。	揭除内侧披檐瓦件、铲除泥背，检修木构件后，重做双组份玻纤网涂膜防水，钉防滑条，重做泥背；重新瓦瓦，补配碎裂、缺失瓦件；墙体与披檐屋面瓦连接处18m。	（1）补配二楼缺失柱头； （2）补配残缺斜撑雕饰； （3）木构件清洗、除尘。
东北角塔（Bhaktapur）	东北角塔恢复塌落屋面、墙体及木结构。根据塌落构件对东北角塔进行拼装，缺失构件进行补配，破损构件进行修补；修补未塌落木构件、墙体、地面。	（1）恢复屋面瓦件、木椽及望板。		（1）施工中，对现有散落构件拼装，恢复木构架，补配缺失构件； （2）补配通柱，用木条镶补裂缝； （3）补配木柱； （4）恢复窗上层斜撑，补配缺失斜撑，修补残缺斜撑； （5）恢复窗下层斜撑，补配缺失斜撑，修补残缺斜撑； （6）整修木楼梯； （7）清理除尘污染严重木构件。
东南角塔（Lalitpur）	东南角塔六层以上为木结构，地震导致整体向西南方向歪闪，最大倾斜量为170mm，险情严重。本方案拟对六层以上整体纠偏，局部落架维修。拆安归位木构架，局部节点适当加固补强，对残损木构件进行修补、加固，补配缺失、糟朽严重木构件；五层现状整修。	（1）六层以上落架维修，拆卸屋面，更换碎裂瓦件，更换糟朽木椽及望板。	（1）结合落架大修工程，更换五层糟朽椽子，补配折断木销； （2）拆安六层椽子，更换糟朽木椽及楼板，补配折断木销。	（1）六层屋架拆安归位； （2）六层木构架落架维修，检修柱根榫头，根据实际情况，采取加固措施。 （3）嵌补木柱裂缝，铁箍加固； （4）所有木构件清洗除尘； （5）所有木构件均需做ACO材料防虫防腐及防火处理。
院落、场地	本方案拟调整地坪，对场地下沉地面石重新铺墁；排水沟清淤、疏通、整修西南角排水暗沟，防止积水。	——	——	——

墙体、墙面做法	装修做法	台基、地面做法	油饰做法
1）检查墙体，打点修补； 2）开裂墙体勾缝处理； 3）重新砌筑批水砖，补配缺失批水砖。	（1）整修所有木装修，更换、补配糟朽、缺失木构件； （2）整修变形窗 20 扇； （3）补配缺失门两扇，整修走闪门框； （4）整修周圈木作。	（1）地面用红砂灰修补地面裂缝； （2）更换糟朽椽子 15 根，更换糟朽楼板 5 ㎡。 （3）重新揭墁六层地面，重做地面防水。	（1）木椽有水渍 123 ㎡； （2）门窗油饰脱落 92 ㎡。
1）剔除五层墙体表面水泥砂浆勾缝，采用传统灰浆重新勾缝； 2）拆砌局部碎裂墙体； 3）依传统做法恢复六层墙体。	（1）整修所有木装修，更换、补配糟朽、缺失木构件； （2）整修变形窗 7 扇； （3）补配缺失门 2 扇，整修走闪门框； （4）恢复六层木装修； （5）恢复木板门、可开启窗、上部高窗，修补破损木板门、木窗； （6）整修木楼梯，补配楼梯扶手。	（1）五层地面用红砂灰修补地面裂缝； （2）揭墁六层地面红陶砖，补配碎裂红陶砖。 （3）更换糟朽木椽。	
1）剔除五层墙体表面水泥砂浆勾缝，采用传统灰浆重新勾缝； 2）拆砌柱头间墙体，传统灰浆重新砌筑；	（1）整修所有木装修，更换、补配糟朽木构件； （2）六层以上落架维修，拆安装修，补配缺失窗扇； （3）整修木楼梯； （4）所有木构件清洗除尘；	（1）红砂灰修补地面裂缝； （2）揭除地面红陶砖，更换碎裂地砖，传统灰浆重新铺墁。	

4.8. 设计图纸

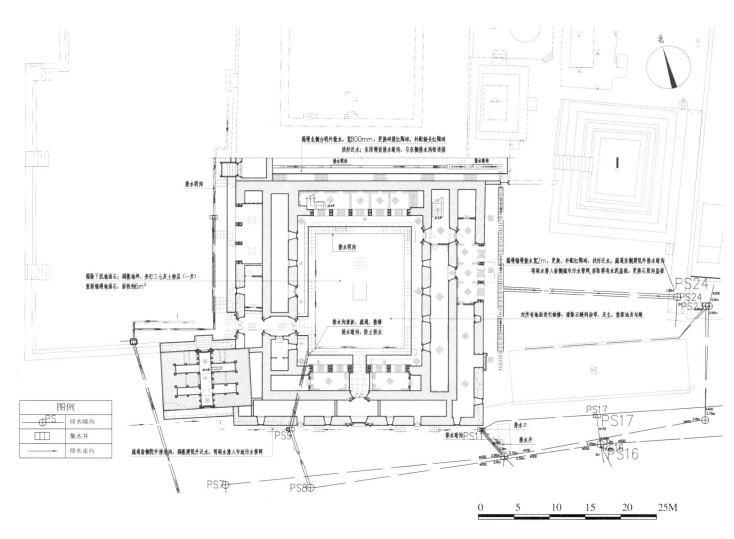

图 4-2 罗汉庭院（Lohan Chowk）周边环境及排水设施平面修复设计图

设计说明：
排水沟清淤，疏通、整修西南角排水暗沟，防止积水；揭除下沉地面石；
调整地坪、夯打三七灰土垫层（一步），重新铺墁地面石；对所有
地面进行检修，清除石缝间杂草、灰尘，重新油灰勾缝。

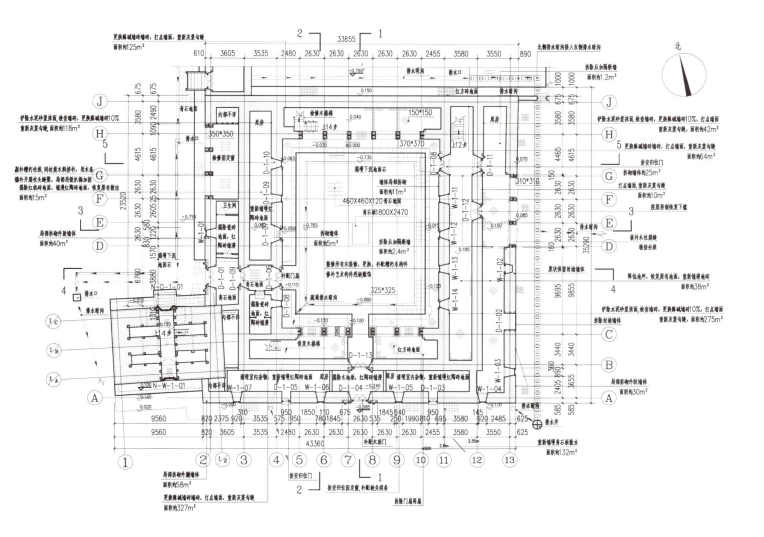

图 4-3 罗汉庭院（Lohan Chowk）一层平面修复设计图

现状说明：

1. 拆砌庭院西侧、南侧、东侧外鼓、变形的墙体，墙体内增设木柱及木梁；

2. 铲除水泥砂浆抹面及瓷砖墙面，更换酥碱墙砖10%，打点墙面，重新勾缝；

3. 整修所有木装修，更换、补配糟朽、缺失木构件；参照西北角恢复西南角木楼梯；

4. 揭除回廊院室内后改地砖，恢复南廊兵营地面地坪，补配红陶砖，重新铺墁，恢复原有做法。

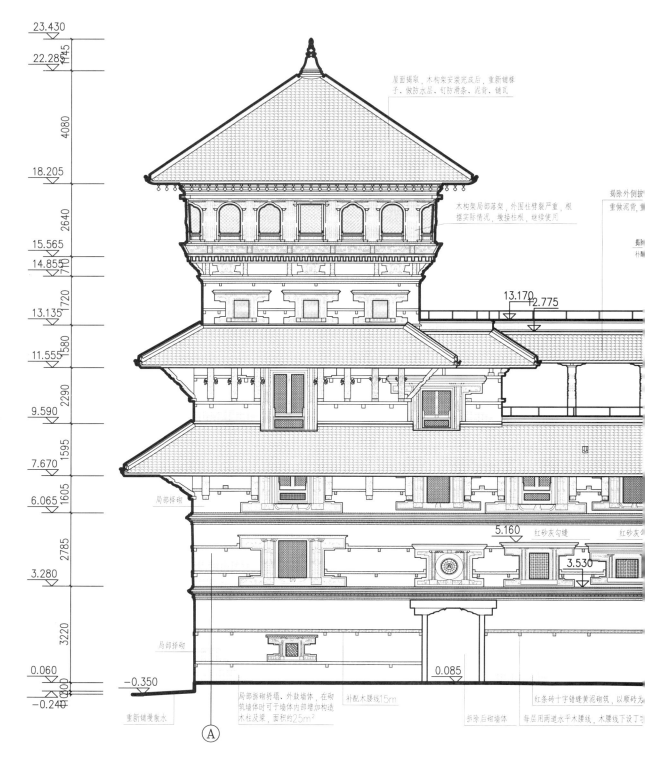

设计说明：

1. 揭除回廊院披檐屋面瓦件、泥背；检修木构件，更换、补配糟朽、缺失木构件，重做泥背、双组份玻纤网涂膜防水及瓦件，补配碎裂瓦件；更换、补配椽子及望板；

2. 南侧回廊落架维修，拆砌南侧墙体，归安木构架，墙体内部增设立柱及木梁等构件；拆砌回廊东西两侧空鼓、变形的墙体；

3. 铲除墙面水泥砂浆及瓷砖，检查内墙面，挖补酥碱墙砖，打点墙面，重新灰浆勾缝；

4. 整修所有木装修，更换、补配糟朽、缺失木构件，修补艺术构件残缺雕饰；

5. 排水沟清淤，疏通、整修西南角排水暗沟，防止积水。

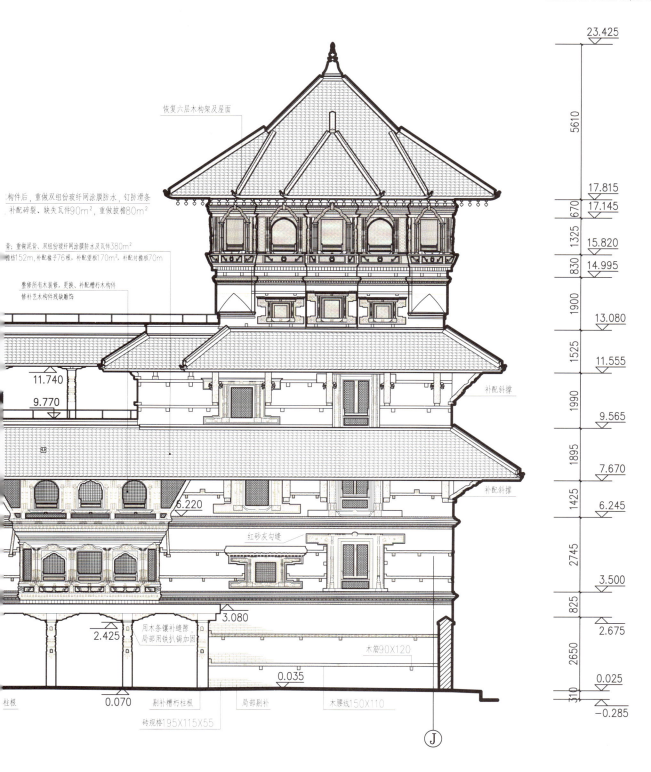

恢复六层木构架及屋面

…构件后，重做双组份玻纤网涂膜防水，钉防滑条
补配碎裂、缺失瓦件90m²，重做披檐80m²

…背：重做泥背、双组份玻纤网涂膜防水及瓦件380m²
…椽枋152m，补配椽子76根，补配望板170m²，补配封檐板70m

整修所有木装修，更换、补配糟朽木构件
修补艺术构件残缺雕饰

补配斜撑

补配斜撑

红砂灰勾缝

用木条镶补缝隙，
局部用铁扒锔加固

木筋90X120

木腰线150X110

柱根

剔补糟朽柱根

局部剔补

砖规格195X115X55

23.425

5610

17.815

670

17.145

1325

15.820

830

14.995

1900

13.080

1525

11.555

1990

9.565

1895

7.670

1425

6.245

2745

3.500

825

2.675

2650

0.025

310

-0.285

11.740

9.770

6.220

3.080

2.425

0.070

0.035

J

图 4-4 罗汉庭院（Lohan Chowk）东立面修复设计图

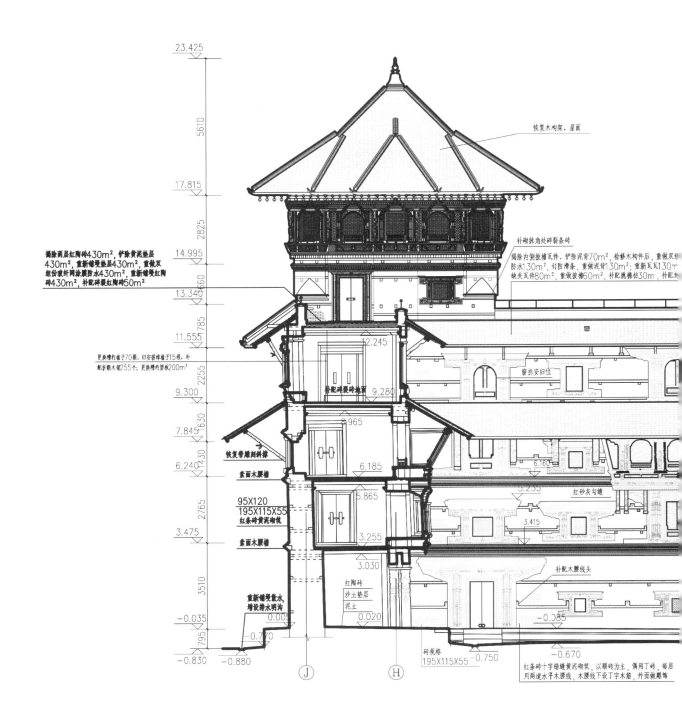

设计说明：
1.揭除回廊院外侧披檐屋面瓦件、泥背；重做泥背、双组份玻纤网涂膜防水及瓦件；
补配缺失、碎裂瓦件，补配挑檐枋，补配椽子，补配望板，补配封檐板；
2.更换糟朽椽子，补配木销，归安接椽，补配木销，更换木楼板；
3.揭除五层两层红陶砖，铲除黄泥垫层，重新铺墁垫层，重做双组份玻纤网涂膜防水，
重新铺墁红陶砖，补配碎裂红陶。

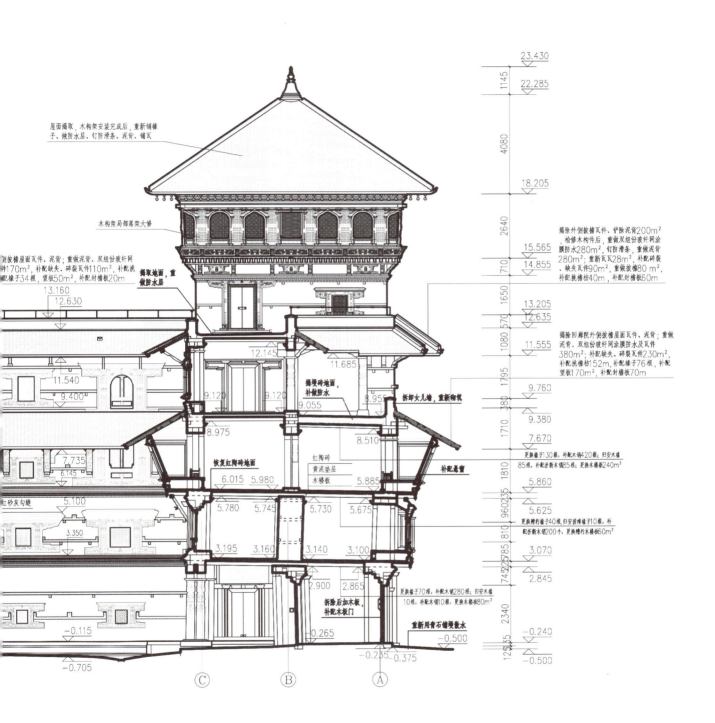

图 4-5 罗汉庭院（Lohan Chowk）1-1 剖面修复设计图

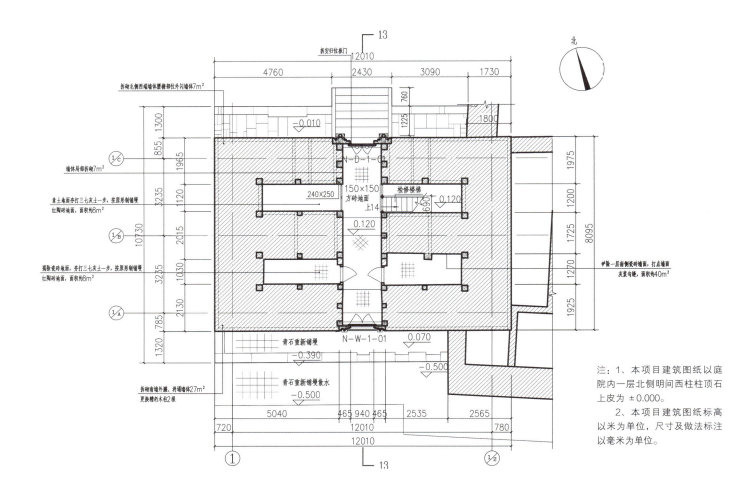

图 4-6 九层塔（Basantapur）一层平面修复设计图

设计说明：
1. 依原形制恢复七至九层屋面、披檐、木构架、墙体、地面及装修；施工中，对现有
散落构件拼装，恢复木构架，依原形制补配七层以上缺失木构件；
2. 揭除披檐屋面瓦件、泥背，检修披檐木构件，补配缺失椽子、望板、木销、防滑条、
瓦件及封椽板；重做泥背、双组份玻纤网涂膜防水、瓦件；
3. 根据实际情况墙体局部拆砌；
4. 揭除后改地面，夯打三七灰土一步，按原形制铺墁红陶砖地面；
5. 整修所有木装修，更换、补配糟朽木构件；修补艺术构件残缺雕饰。

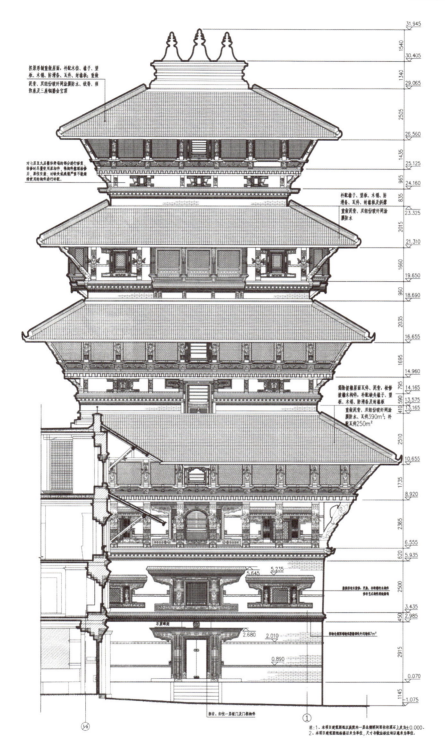

设计说明：
1. 依原形制恢复七至九层屋面、披檐、木构架、墙体、地面及装修；施工中，对现有散落构件拼装，恢复木构架，依原形制补配七层以上缺失木构件；
2. 揭除披檐屋面瓦件、泥背，检修披檐木构件，补配缺失椽子、望板、木销、防滑条、瓦件及封椽板；重做泥背、双组份玻纤网涂膜防水、瓦件；
3. 根据实际情况墙体局部拆砌；
4. 揭除后改地面，夯打三七灰土一步，按原形制铺墁红陶砖地面；
5. 整修所有木装修，更换、补配糟朽木构件；修补艺术构件残缺雕饰。

图 4-7 九层塔（Basantapur）北立面修复设计图

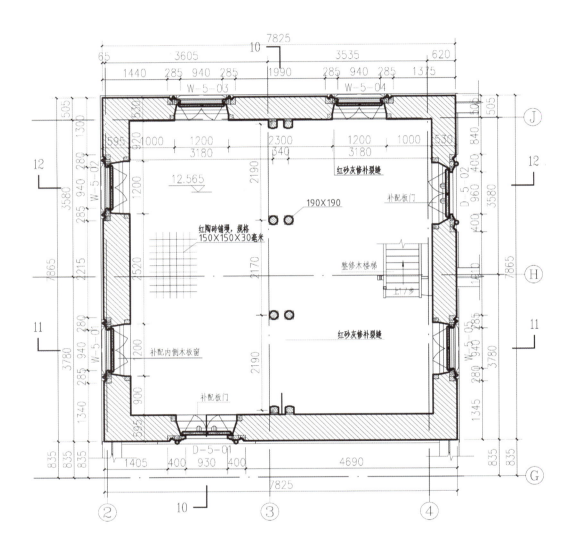

图 4-8 西北角塔（Kirtipur）五层平面修复设计图

设计说明：
1. 地面用红砂灰修补地面裂缝；
2. 检查墙体，打点修补 48m²；开裂墙体勾缝 10m；重新砌筑批
水砖 25m，补配批水砖 2m；
3. 整修变形窗 20 扇 37m²；补配缺失门 2 扇 5m²；整修走闪门框；
整修周圈木作 9m²。

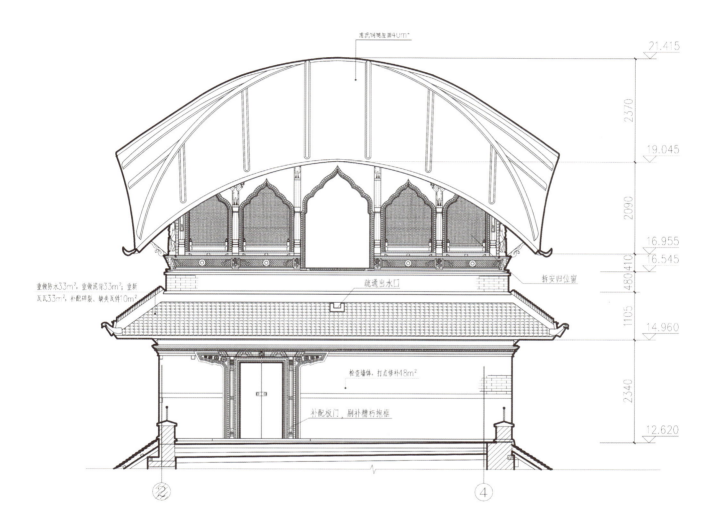

图 4-9 西北角塔（Kirtipur）南立面修复设计图

设计说明：

1. 清洗铜制屋面 40 ㎡；揭除内侧披檐瓦件、铲除泥背 33 ㎡，重做双组份玻纤网涂膜防水 33 ㎡，
重新瓦瓦 33 ㎡，补配碎裂、缺失瓦件 10 ㎡；重做博脊与瓦连接处 18m；

2. 检查墙体，打点修补 48 ㎡；开裂墙体勾缝 10m，重新砌筑批水砖 25m，补配批水砖 2m；

3. 整修变形窗 20 扇 37 ㎡；补配缺失门 2 扇 5 ㎡；整修走闪门框；整修周圈木作 9 ㎡。

4. 木构件清洗、除尘；

5. 地面用红砂灰修补地面裂缝。

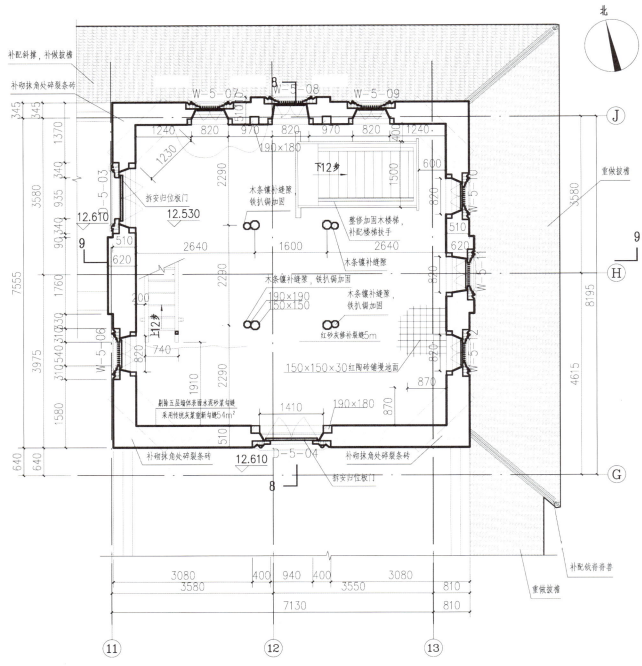

图 4-10 东北角塔（Bhaktapur）五层平面修复设计图

设计说明：
1. 屋面瓦件、木椽及望板的面积及数量，待木构件拼装后具体测算；
2. 恢复木构架；补配通柱；恢复木柱；恢复窗上层斜撑，补配缺失斜撑，修补残缺斜撑；
恢复窗下层斜撑，补配缺失斜撑，修补残缺斜撑；
3. 剔除五层墙体表面水泥砂浆勾缝，采用传统灰浆重新勾缝 54㎡，修补开裂墙体 0.3㎡；恢复六层墙体；
4. 整修变形窗 7 扇 18.2㎡；补配缺失门 2 扇 5㎡，整修走闪门框；恢复六层木装修；恢复木板门 2 扇，
可开启窗 16 扇，上部高窗 3 扇，修补破损木板门 2 扇，木窗 10 扇；
5. 修补五层开裂地面 5m，重新铺墁六层地面。

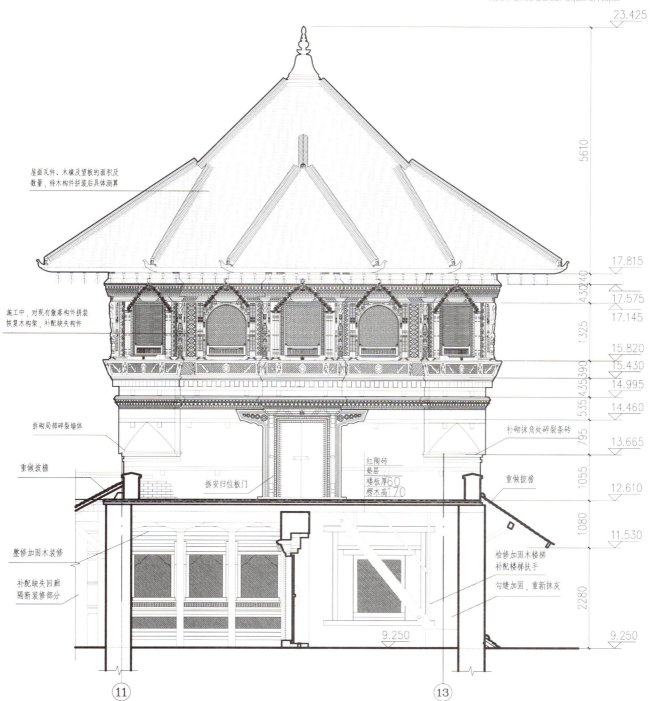

图 4-11 东北角塔（Bhaktapur）南立面修复设计图

设计说明：
1. 屋面瓦件、木椽及望板的面积及数量，待木构件拼装后具体测算；
2. 恢复木构架；补配通柱；恢复木柱；恢复窗上层斜撑，补配缺失斜撑，修补残缺斜撑；
恢复窗下层斜撑，补配缺失斜撑，修补残缺斜撑；
3. 剔除五层墙体表面水泥砂浆勾缝，采用传统灰浆重新勾缝54㎡，修补开裂墙体0.3㎡；恢复六层墙体；
4. 整修变形窗7扇18.2㎡；补配缺失门2扇5㎡，整修走闪门框；恢复六层木装修；恢复木板门2扇，
可开启窗16扇，上部高窗3扇，修补破损木板门2扇，木窗10扇；
5. 修补五层开裂地面5m，重新铺墁六层地面。

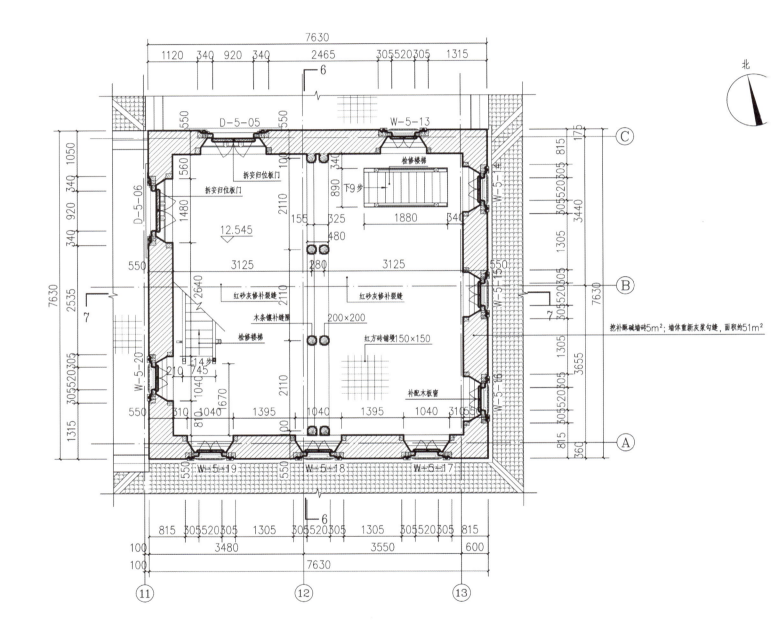

图 4-12 东南角塔（Lalitpur）五层平面修复设计图

设计说明：

1. 嵌补木柱裂缝 2 根；

2. 剔除五层墙体表面水泥砂浆勾缝，采用传统灰浆重新勾缝、打点墙面 54m²；

3. 整修门扇 2 扇，面积约 20m²；窗扇 8 扇，面积约 10m²；更换、补配糟朽木构件；

4. 红砂灰修补地面裂缝 2 处。

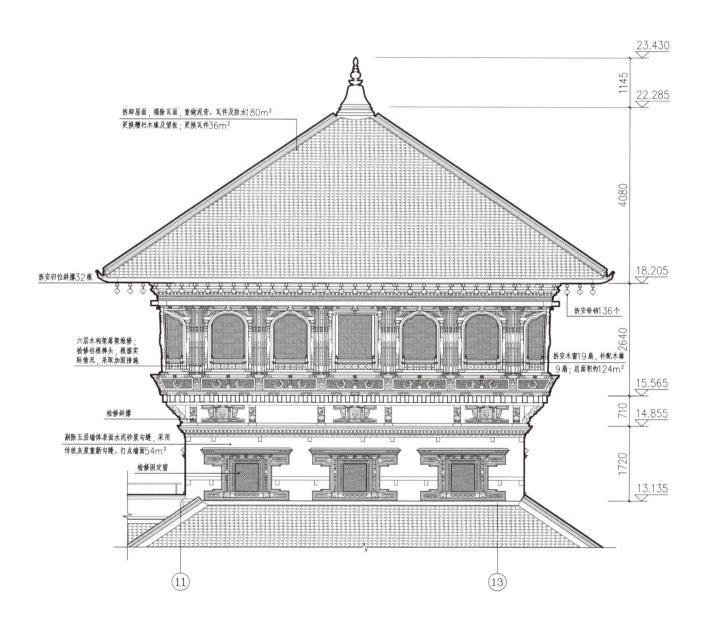

图 4-13 东南角塔（Lalitpur）南立面修复设计图

设计说明：
1. 拆安宝顶，揭除瓦面 180m²；重做泥背瓦件及防水 180m²；更换瓦件 36m²；
2. 拆安木窗 19 扇，补配木椽 9 扇；总面积约 124m²；
3. 剔除五层墙体表面水泥砂浆勾缝，采用传统灰浆重新勾缝、打点墙面 54m²。

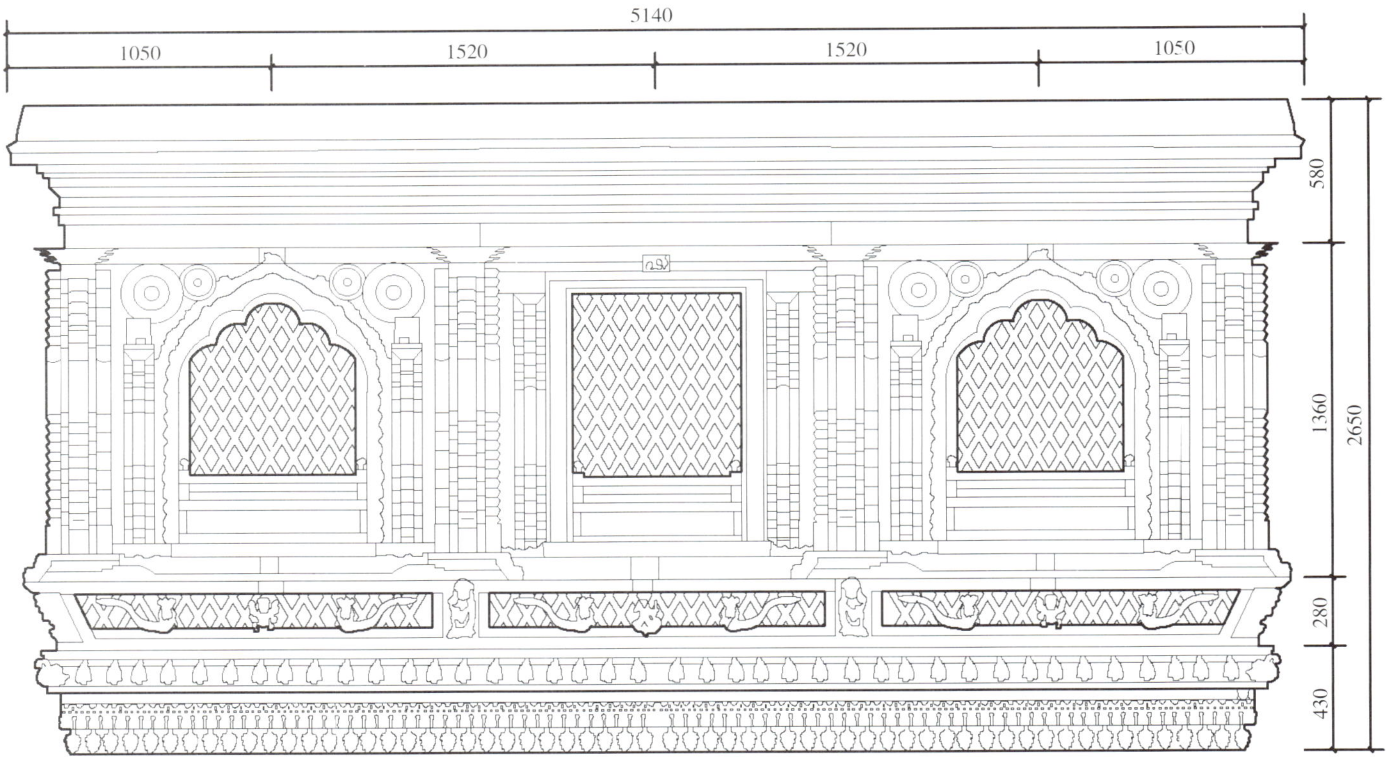

① 5140
1050 1520 1520 1050
580
1360
2650
280
430

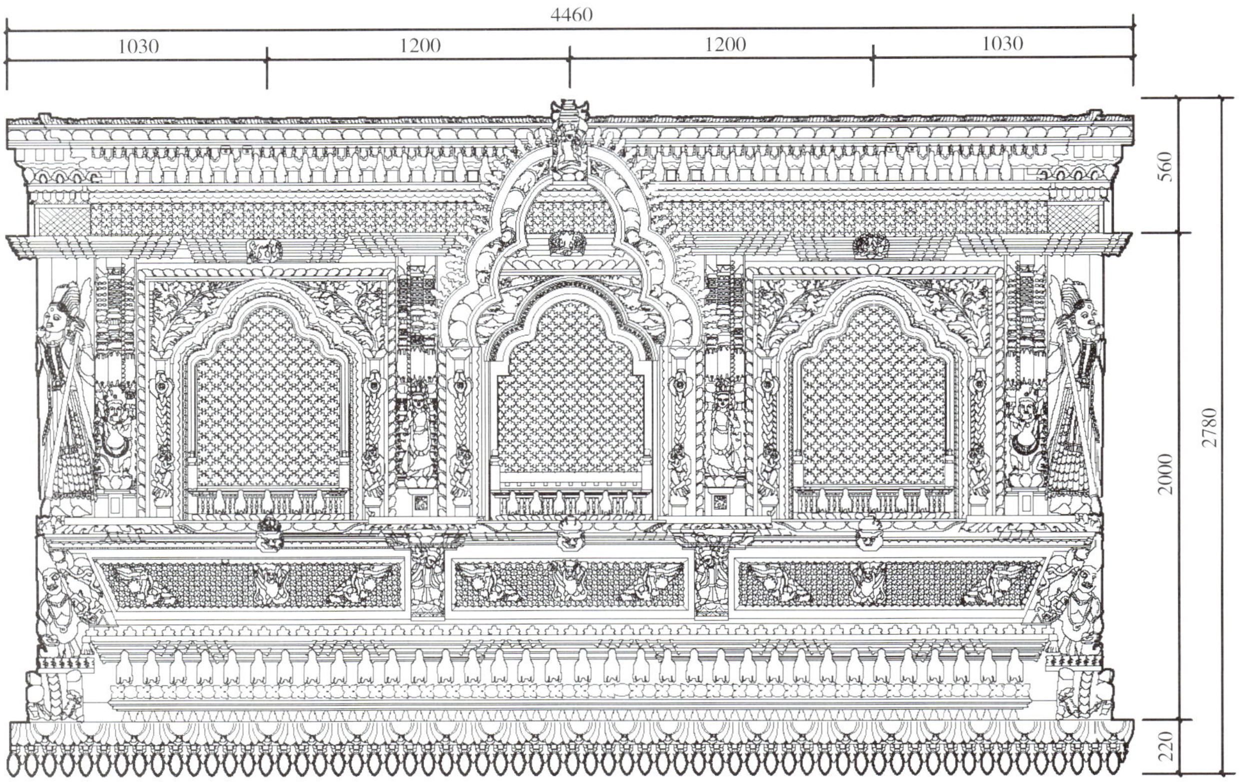

② 4460
1030 1200 1200 1030
560
2000
2780
220

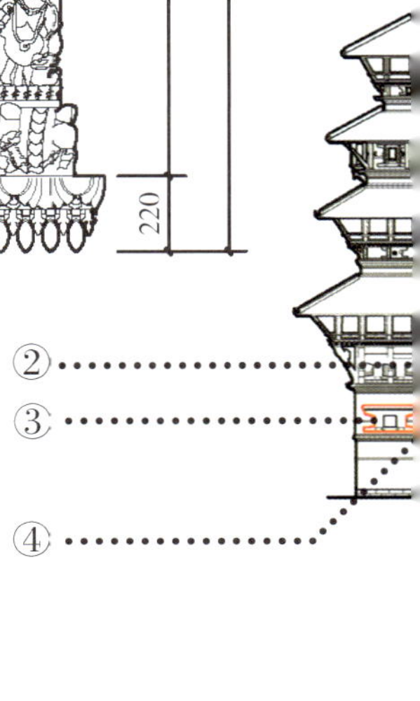

图 4-14 罗汉庭院（Lohan Chowk）南立面二层及九层塔南立面一、二、三层门窗大样

②

③

④

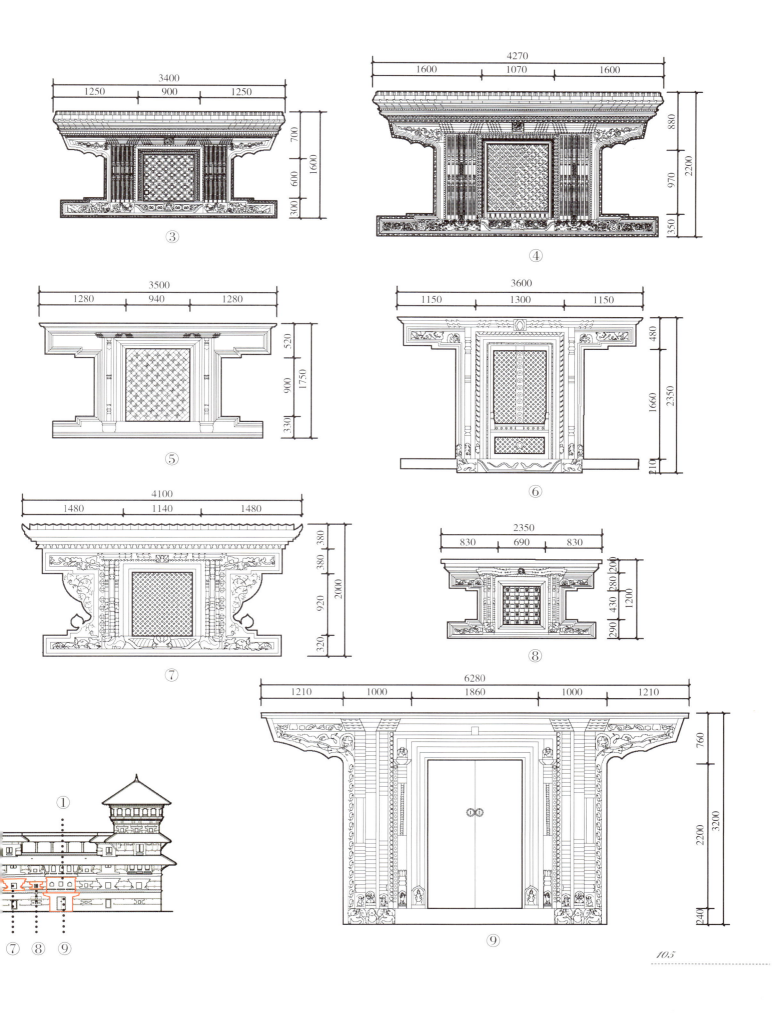

③

④

⑤

⑥

⑦

⑧

⑨

① ⑦ ⑧ ⑨

5. 工程设计难点对策及实施效果

5.1. 工程实施难点及应对措施

5.1.1. 因地制宜的施工组织计划

九层神庙所在的加德满都杜巴广场位于加德满都市商业中心区域，也是著名旅游景点。因此，修复项目的施工场地紧张，施工运输受限需要二次搬运，且夜间不能施工。尼方提出九层神庙震后修复工程"边施工边开放"的要求更是对项目施工组织提出了很高的要求（图5-1）。

在此情况下，项目在整体施工组织布局上进行了优化设计，设计重点包括：一、雨季的施工组织和进度计划，二、关于九层神庙施工期间的水、电及运输道路组织安排，三、为震后建筑构件清理、收集及预拼装开辟第二施工现场。

图 5-1 边施工边开放的九层神庙修复现场（上：2019.5，下：2020.3）

图 5-2 在 2020 年 4 月雨季前修复完成的东北角塔金顶（上）
图 5-3 修复后的九层塔（中）与东南角塔（下）屋顶

图 5-4 2018 年，文化与旅游部部长雒树刚、中国驻尼泊尔大使于红在九层神庙修复现场听取项目情况汇报

尼泊尔当地雨季集中，长达 6 个月（每年 4 月至 9 月），期间经常有强暴雨，瞬时雨量很大，对施工影响较大。项目组在施工组织设计中将重点工作计划尽量在旱季集中推进，并将关键性的工程施工节点错开雨季，避免影响工期。并在雨季做好项目地的棚护、屋面防水、地面排水、防雷等重点防护措施，保证了九层神庙修复工程的如期开展（图 5-2、3）。

关于施工用水、用电及运输道路，项目组也克服了现场困难，顺利推进项目实施。现场有市政给水管线，但污水排水和雨水排水均需自现场地下管道接往市政管网。项目组在施工前期便已完成此部分实施工作，并与尼方协调共同制定合理方案，以避免施工时的场地排水失当。原当地停电较多，尤其冬季（10 月—次年 3 月），因此项目组在施工中适当考虑停电对工期的影响，提前做好应急预案。九层神庙周边有市政道路，但为石路面，不宜通过重载车辆，因此钢管、木材等现场主要建筑材料主要依靠人工进行二次搬运。项目组充分考虑了这个情况，预留了充分的时间和场地。

为在实施中落实修复设计的"尽量使用震后清理的原有构件的原则"，体现九层神庙震后修复的真实性，项目组在距离九层神庙 2.5km 的尼泊尔国家博物馆闲置用地设置了第

图 5-5 稳步推进的九层神庙修复工程

二施工准备场地。这不仅解决了大量震后建筑构件的存储、安置和筛选利用，同时为震后受损构件的修补和局部建筑结构的预拼装提供了便利。第二场地的工作与九层神庙现场修复工作同步开展，大大地提高了工程时效（图5-4、5）。

5.1.2. 震后加固关键节点设计

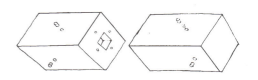

九层神庙平顶密椽的构造特征使得建筑承重构件之间的连接方式以约束水平和扭转方向的变形为主，对于竖向位移的约束相对较弱，影响了建筑结构的整体性，因此地震中很多木构件或建筑部位整体塌落。据此，九层神庙的抗震加固修复设计利用九层神庙娑罗木属硬木的材料特性，在构件连接节点增设隐蔽钢丝绳加强结构竖向的软性约束（图5-6）。因金属绳索体积较小，能隐藏于构件内部，也不影响构件外观。"整体补强＋软性连接"的震后修复措施体现了最小干预原则，符合中尼双方相关保护规范和要求，得到了尼泊尔文物管理机构和震后重建机构的肯定。"用局部加固的方式改善了建筑整体抗震的问题"。

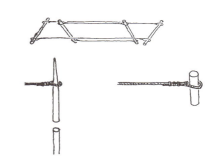

5.2. 充分利用震后散落构件

高质量地修复九层神庙地震中塌毁的建筑信息是九层神庙震后修复项目的一项重要内容，因此，最大限度地利用旧构件是实施修复塌毁建筑的最重要工序之一。项目通过对塌毁建筑旧构件的整理、编号、分类、试组装、修补、加固等一系列程序，为保证九层神庙修复的真实性和完整性提供了实物保障（图5-7至图5-10）。

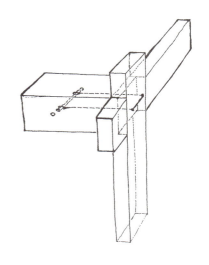

图 5-6 柔性连接穿孔方式示意图

图 5-7 东北角塔构件分解图[①]

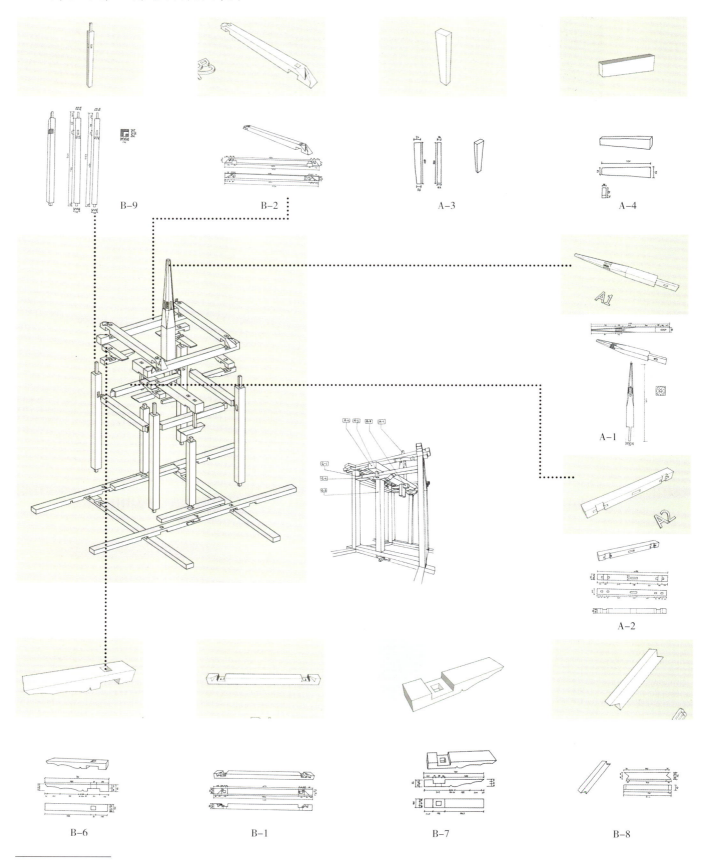

B-9   B-2   A-3   A-4

A1

A-1

A2

A-2

B-6   B-1   B-7   B-8

① 手绘图纸均为茹义松绘制，模型由赵燕鹏制作。

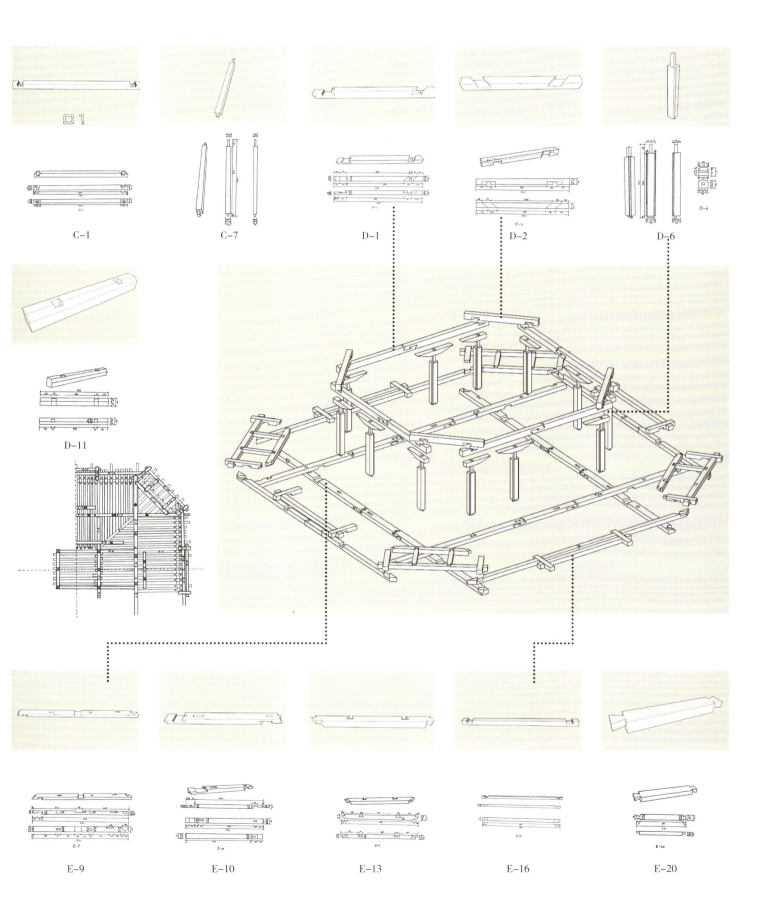

C–1

C–7

D–1

D–2

D–6

D–11

E–9

E–10

E–13

E–16

E–20

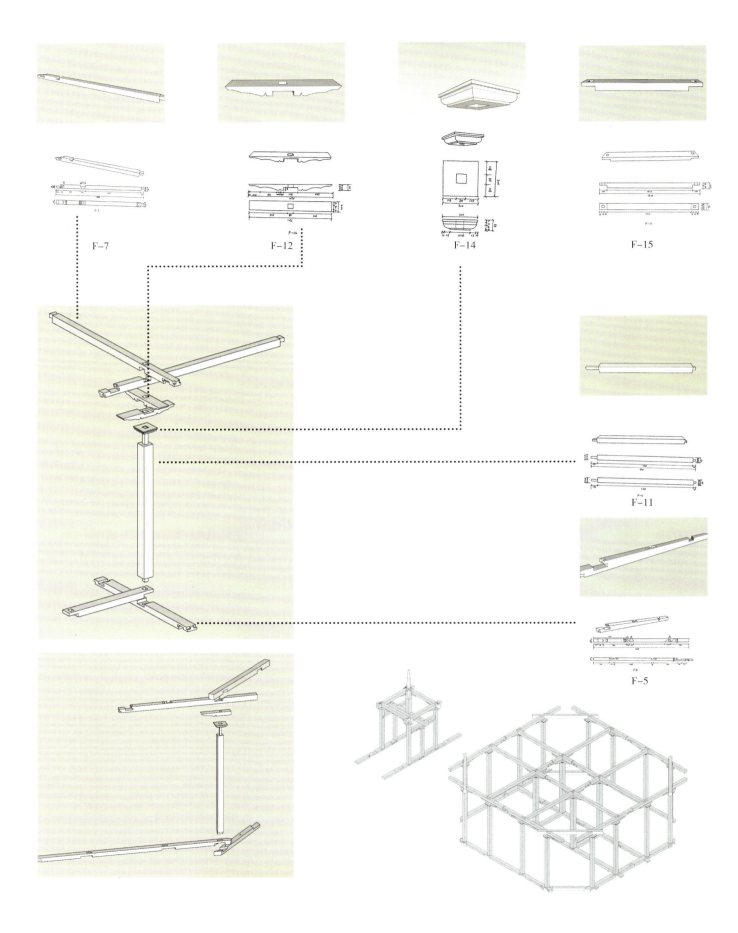

F-7

F-12

F-14

F-15

F-11

F-5

图 5-8 东北角塔预拼装现场

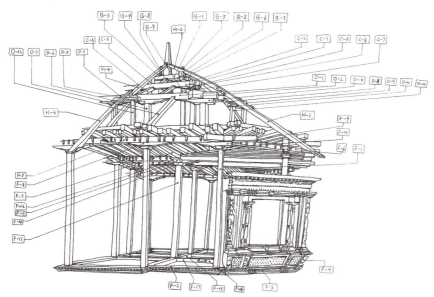

图 5-9 东北角塔结构手绘图

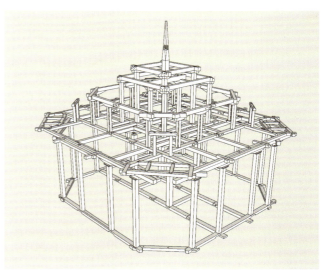

图 5-10 东北角塔结构模型

5.2.1. 开辟散落构件预拼装场地

震后，九层神庙散落的构件由尼泊尔国家负责清理、收集，原分别集中码放在九层神庙建筑周边。限于现场用地紧张等各种原因，各类散落构件混乱码放，对于缺失、残损构件数量无法确认、统计。对散落木构件进行清理、甄别及再利用，确认具体工程量，将直接影响项目修复效果及施工进度组织安排。该项工作的实施需要足够大的作业面来摊放构件，且耗时较长。另外由于尼泊尔 4—9 月为雨季，散落构件码放在九层神庙院内，外罩简易防雨布，存在较大安全隐患。因此，出于对木构件的安全及便于拼装操作的考虑，项目组提出在九层神庙建筑之外另辟地点搭设散落构件预拼装料场工棚。（图 5-11）料场工棚选址在尼泊尔国家博物馆院内，将散落构件集中管理，既便于施工，又能消除安全隐患。被收集整理的老构件经过修补后重新装配到修复后的九层神庙建筑上，新老构件的组合利用最大程度地反映了建筑地震前后的遗产信息（图 5-12）。

5.2.2. 合理进行场地设计

料场工棚的场地设计首先需要满足能够存放散落木构件及对塌毁木构架进行预拼装的功能性需求。东北角塔（已塌毁的经 5 层）平面尺寸为 8.5m×8.5m，高约 6.8m；九层塔（已塌毁的 6~9 层）平面尺寸为 12.5m×9.4m，每层高约 3m。工棚的设计在场地允许的范围内尽可能满足这些结构预拼装的空间需求。

同时，为了尽量减小工料棚对周边环境的影响，保证环境协调统一，工料棚高度在保证木构架组装需求前提下降到最低，且不超过博物馆建筑高度，工料棚屋面形制及颜色参照博物馆建筑屋面做法。

工棚建设场地最大限度地利用尼泊尔国家博物馆的闲置场地，平面设计为"L"形料场在保证工棚质量前提下，因地制宜，尽量采用当地现有材料，构件尺寸选择及节点焊接能够保证工棚的安全性。工棚为钢结构，人字屋架，屋面采用 0.8mm 厚彩色镀锌压形钢板。屋面坡度为 3~8°。工棚东西长 34.7m，南北宽 29.3m，面积 840 ㎡。屋脊总高约 9.3m，檐口高 8.3m。工棚内搭设活动板房三处，宽 3m，长度不等，板房高 2.5~2.8m，墙体为彩钢板，总面积约 150 ㎡。

鉴于工棚至西北侧大门地面高差为 0.86m，为方便构件运输，需铺设运输坡道，工棚西侧与正对运输坡道处设门一道，作为构件运输的主要通道，工棚东侧设门一道，主要为人员出入通道。工棚外围周圈其余部位设金属网状护栏围合。

图 5-11 工棚内新构件制作、原有构
件的存储、修补及预拼装利用

图 5-12 新制构件与老构件组合利用

图 5-13 扣件式钢管脚手
架外架（上图）、内架（下图）

5.2.3. 最大程度降低场地影响

预拼装场地位于博物馆北侧庭院内的闲置场地，其西侧、北侧、东侧有院墙围合为独立空间，与博物馆公共开放区域隔绝，建筑材料、构件运输由西北侧大门进出，与参观游客入口分开，对博物馆的正常开放基本无影响。

博物馆檐口高度约 11.5m，料场场地工棚搭设高度最高约 9.3m，工棚高度在保证木构架组装需求前提下降到最低，对博物馆影响较小。考虑博物馆周边环境及建筑形式，料场场地工棚屋面采用彩钢板坡屋面，屋面形式及颜色与博物馆相协调，对博物馆影响较小。

5.3. 内外勾连防护施工脚手架设计

由于九层神庙震后险情危重，针对九层神庙建筑群"核心筒"的合院空间特点与残损状况，项目组设计了罗汉庭院内院与建筑外圈分别搭设内、外脚手架（图 5-13），再将内外架相互勾连形成整体的防护施工脚手架网架，用于施工的同时兼顾部分建筑部位的排险防护功能。

脚手架整体采用扣件式内外满堂钢管脚手架，考虑到施工周期及当地气候特点，脚手架钢管壁厚不低于 3mm。脚手架立柱步距 1.5m 左右，跨距 1.7m 左右（图 5-14、15），施工中根据现场情况据实调整。鉴于九层神庙周边场地狭小，为保证脚手架施工期间的安全及稳定性，施工中主要选取上部受力部位，增加内外脚手架之间的连接。脚手架搭设时，钢管端头靠近文物建筑一侧如需与建筑构件连接，应采取必要的保护措施。

由于九层神庙修复项目工期为五年，考虑到尼泊尔雨季气候特点，为避免施工中由于大量雨水对建筑造成二次伤害，在罗汉庭院及角塔的塌毁部位搭设遮雨棚。瓦楞铁遮雨棚架设于建筑内外脚手架上部，厚 8mm，以脚手架为支撑，并以脚手架所用同类钢管为骨架，钢管以脚手架扣件固定。

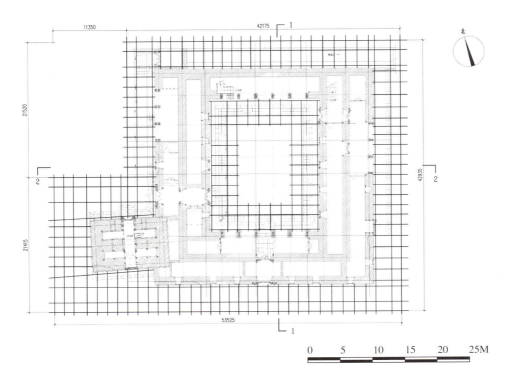

图 5-14 脚手架内外架搭设平面示意图

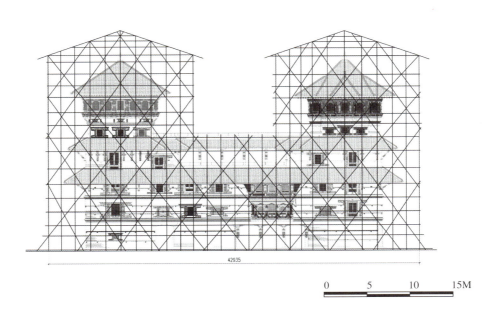

图 5-15 脚手架东立面示意图

图 5-16 修复后的西北角塔

5.4. 修复前后效果对比

九层神庙建筑群有大量的木构件，地震发生后，被震落的木构件有数万个，修复难度极大。工作组给每个木构件标号，然后再根据历史资料、建筑规制来重新组装，使得物归原位。其中很多缺失的构件需要请尼泊尔工匠重新雕刻，一个手掌大小的构件往往也需要近一周的时间。

尽管困难多、工艺复杂，得益于中尼专家精诚合作，九层神庙的修复工作顺利高效。在扎实的研究基础上，中国工作组与尼方工匠通力合作，通过前期对九层神庙震落旧构件的尽力搜集、分类甄别与准确判断，施工阶段充分保留并利用了这些老构件，在保证修复建筑结构安全的同时最大程度上保留了原有建筑信息，将九层神庙这一加德满都地标性建筑"形神兼备"地重新呈现出来。项目组充分发挥尼泊尔本地雕刻师的技艺优势，同时结合中国工程师的文物修复理念、经验与宏观思维科技手段，九层神庙震后修复项目极大地改善了加德满都杜巴广场核心区域的震后风貌，提振了当地震后修复的影响力，中国文物修复的理念和做法也得到了多方肯定（图5-16至图5-22）。

图 5-17 罗汉庭院（Lohan Chowk）
修复后（上）与修复前（下）

图 5-18 九层塔（Basantapur 塔）
修复中（上）与修复前（下）

图 5-19 西北角塔（Kirtipur 塔）
修复后（上）与修复前（下）

图 5-20 东北角塔（Bhaktapur 塔）外院
修复后（上）与修复前（下）

图 5-21 东北角塔（Bhaktapur 塔）内院
修复后（上）与修复前（下）

图 5-22 东南角塔（Lalitpur 塔）
修复后（上）与修复前（下）

6. 国际合作与交流

6.1. 地震灾害同担当[①]

2015 年 4 月尼泊尔地震后，根据中国国家文物局专家实地调研形成的《中国政府援助尼泊尔文物修复建议的报告》，九层神庙保护修复项目被列为中国政府援助尼泊尔震后重建重点项目之一，这是我国在尼泊尔开展的首个大规模文物援外项目（图 6-1）。

2017 年 8 月 15 日，中共中央政治局委员、国务院副总理汪洋和尼泊尔政府副总理兼外长马哈拉共同出席中国政府援助尼泊尔震后加德满都杜巴广场九层神庙保护修复工程开工仪式。时任中国驻尼泊尔大使于红、国家文物局副局长宋新潮以及随团访问的外交部、国家发展改革委、商务部、国务院研究室等领导陪同出席（图 6-2）。

图 6-1 2016 年，国家文物局局长刘玉珠赴尼泊尔九层神庙现场视察修复工作

图 6-2 2017 年，国家文物局副局长宋新潮，中国文化遗产研究院副院长唐炜赴尼泊尔九层神庙现场

① 引自国家文物局网站报道"汪洋副总理出席中国政府援助尼泊尔震后加德满都杜巴广场九层神庙保护修复工程开工仪式"，http://wwdc.sach.gov.cn/art/2017/8/15/art_722_143208.html，文字稍作修改。

图6-3 2019年，商务部国际经济合作事务局副局长曾花城赴九层神庙修复项目现场检查

开工仪式在九层神庙工程现场举行，汪洋副总理与马哈拉副总理为开工铜牌揭幕，商务部副部长俞建华，尼泊尔政府文化、旅游与民航部部长德夫分别代表两国政府致辞，双方均重申中尼携手发展传统友谊，共同保护世界文化遗产的意愿和决心。

开工仪式前，汪洋副总理在看望中国文物保护工作者时指出，九层神庙地处加德满都世界文化遗产的核心区，是尼泊尔震后文化遗产保护修复的"国际竞技场"，修复工作不是简单的境外工程，事关国家形象，希望中国文物保护团队精心施工，确保工程质量，展现新时代中国文物保护的理念、水平和技术，树立"靠得住"的中国文物保护品牌。汪洋副总理要求，商务部、国家文物局切实履职，做好跟踪管理；项目实施单位要注意工程推进与学术研究并重，通过项目实施与参与保护工作的当地专业人员互学互鉴，通过文物保护向尼泊尔政府和人民传递尊重和友谊。

开工仪式后，宋新潮主持召集先期赴尼的故宫博物院、清华大学、中国文化遗产研究院等各方专家参加的现场会，就下阶段保护修复工作规程、管理模式、技术路径、实施步骤、困难预估等进行专题研究，对下一步修复工作提出建议和要求。

6.2. 真诚合作民心通

九层神庙修复项目实施期间，在驻尼使馆、商务部国际经济合作事务局的帮助与协调下（图6-3），中国项目组充分与尼泊尔及各国参与加德满都地区历史建筑修复的专家进行讨论，外方专家对九层神庙的修复工程表达出了极大关注。对于九层神庙的修复后效果是"带病延年"还是"焕然一新"，各方专家在项目伊始也有各自的意见。在国家文物局的指导下（图6-4），中国项目组通过反复的沟通与论证，尽最大可能与各方专家交流意见，讨论各种方案的可能性。最终，各方达成一致，希望能够通过对九层神庙的修复展现这一建筑的历史变迁，促进尼泊尔传统建造技术的传承。同时在修复过程中希望各方专家密切合作，相互交流，共同促进对尼泊尔这一重要世界遗产项目的保护（图6-5）。

在九层神庙修复的融合碰撞过程中，中尼双方的配合越来越默契，彼此间互相欣赏之处也越来越多。中方文物保护技术人员发现，尼泊尔工匠拥有过硬的传统技术，经验丰富；尼泊尔工匠渐渐觉得修复文物保留其"原汁原味"也很好，甚至特意从别的地方找来不少同规格的旧瓦用于修复工作。38岁的九层神庙修复木工班长沙卡亚从小就跟着父亲做木工雕刻，参与了尼泊尔很多寺庙的修建。他告诉中国工作组斜撑是尼泊尔古建筑的一大特色，有结构和装饰作用。斜撑上雕刻着的女神、怪兽、动物等，其尺寸、大小、位置都不相同且很有讲究，修复也要按照原有规则，才是真正的原汁原味。尼泊尔的雕刻工匠遵从师承制从小练习雕刻技艺，每人面前摆放了大大小小、粗细不等的几十把刻刀，每种刻刀的使用手法也不尽相同。一个巴掌大小的龙木雕，需要一位工匠雕至少七八天。

加德满都河谷是尼泊尔最早的世界遗产，是尼泊尔文化的精髓，也是尼泊尔旅游的最重要的目的地之一。2015年地震之后世界遗产委员会曾数次表达了希望通过将加德满都河谷列入濒危遗产名录，使国际社会加强对这处世界遗产保护的关注，并给予更多的资金和技术支持。尼泊尔则强烈地表达了作为缔约国有能力保护好这处遗产的信心。在项目实施过程中，中尼双方文物保护同行不断深入交流文化遗产保护观念、技术与实施经验，既是对尼泊尔文化遗产保护和可持续发展的有力支持，也是履行中国作为一个世界遗产大国在加入"世界遗产公约"时对国际社会的承诺，是对保护全人类共同的财产做出的贡献。

图6-4 2019年6月，国家文物局副局长胡冰赴尼泊尔九层神庙现场考察项目进展情况

图6-5 中国文化遗产研究院院长柴晓明赴九层神庙现场检查项目进展情况

图 6-6 2019 年 4 月，奥利总理视察援尼泊尔加德满都杜巴广场九层神庙修复项目现场

6.3. 中尼友谊硕果丰

九层神庙修复中国工作组严谨务实的工作作风受到尼方各界的高度赞扬。尼泊尔总理奥利曾在 2019 年视察九层神庙修复现场，高度肯定了整体修复工程，感谢中国政府和人民为尼泊尔震后文化遗产保护和修复作出的贡献（图 6-6）。尼泊尔文化、旅游和民航部九层神庙博物馆馆长阿茹娜在 2019 年接受人民日报的采访时说："中方团队技术精湛，进度也快，我们非常满意。中国工匠的高超技艺让我们重获希望。""九层神庙是尼泊尔重要的旅游创收景点，修复完成后，来参观的游客预计将增加 20%。看着修复一天天推进，周边的老百姓都很高兴。感谢中国专家帮我们修复心中的圣地，中国的真诚帮助让我们感动。"

"尼泊尔人民看在眼里，暖在心里。"尼泊尔文化、旅游和民航部考古局执行局长高塔姆非常满意工程的进度和效果，将九层神庙修复工程视为"外国援尼项目的里程碑"，他强调："尼中这一项目合作是值得向全世界宣介的典范。"他认为"这不仅是尼中友好的见证，也是今后尼泊尔与外方合作项目的典范。习近平主席在访问尼泊尔时提出了很多促进两国人文交往的措施，让我们深受鼓舞。我相信来尼泊尔的中国游客会越来越多，我们期待着修复工作早日完成，更好地提升尼泊尔旅游业品质。"（图 6-7 至图 6-13）

2020 年 2 月 8 日，驻尼泊尔大使侯艳琪陪同尼泊尔总统班达里视察中国政府援尼泊尔加德满都杜巴中学重建项目和杜巴广场九层神庙修复项目，听取项目进展情况汇报，了解现场管理工作，推动援尼项目实施。班达里总统对中国帮助尼方实施灾后重建的两个项目给予了高度评价，他表示"九层神庙项目将尼泊尔古老宗教艺术与中国现代修复技术相结合，对文物采取保护性的修缮，值得学习。"

图 6-8 故宫博物院李永革高级工程师指导现场修复工作

图 6-7 中国文化遗产研究院许言副院长、工程所乔云飞所长在九层神庙现场进行前期勘察

图 6-9 中国文化遗产研究院袁毓杰高级工程师与现场技术负责人周建国讨论修复技术细节

图 6-10 勘察技术工作人员在现场进行勘察工作

图 6-11 故宫博物院李季研究员、河南省文物局副局长孙英民研究员指导现场修复工作

图 6-12 中、尼工作人员在现场进行修复工作

图 6-13 尼泊尔雕刻工匠
修复九层神庙建筑构件
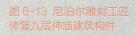

图6-14 2020年2月，驻尼泊尔大使侯艳琪（中）考察九层神庙修复项目。驻守尼泊尔项目现场的中国文化遗产研究院副院长、九层神庙项目总负责人许言（左），河北省古代建筑保护研究所高级工程师、九层神庙管理组组长次立新（右）陪同考察。

6.4. 疫情之下共坚守

尼泊尔考古局表示九层神庙建筑群曾是王宫，在尼泊尔人民心中的地位举足轻重，把它交给中国人修复是尼泊尔政府对中国文物保护技术力量的极大信任，也满载着尼泊尔人民的深切期望。这份期望，也化作中国文物保护工作者肩头沉甸甸的责任。2020年是尼泊尔大地震五周年，项目按计划本应是完成九层神庙主体建筑修复，为2020尼泊尔旅游年迎接更多游客参观做好准备，助力尼泊尔震后旅游业的振兴。然而突如其来的新冠肺炎疫情给修复工作带来了危机。

疫情下，中尼双方各级领导对九层神庙修复项目给予的关注与支持，保证了项目现场安全、有序推进。国家文物局和商务部经济事务合作局高度关心奋战在尼泊尔一线的援外同志们的安全与项目进展情况，指导现场部署疫情防控工作方案。中国驻尼泊尔大使心系中尼工作人员健康，多次赴现场视察防疫工作安排（图6-14）。

中国文化遗产研究院作为九层神庙项目的总承担单位，项目负责人自2020年春节前就一直坚守在九层神庙现场，疫情期间也一如既往地坚守在第一线。项目组在尼泊尔疫情尚未爆发之际，在保证安全防疫的前提下，积极组织高质量的修复工作。根据尼泊尔气候特征把握施工节奏，赶在2020年雨季前完成了九层塔瓦顶、屋面的修复和金顶的安装工作，并安全疏散了工人，既保障文物建筑在雨季的安全，也极大地降低了疫情暴发给项目组人员造成的风险。九层神庙项目组说："就像医务工作者在抗疫期间逆行奔赴前线一样，我们这些驻守尼泊尔的'文物医生'在特殊时期也要恪尽职守。"

图 6-15 项目部现场向尼泊尔工人分发口罩

疫情期间，文研院根据国家文物局指示精神和商务部国际经济合作事务局工作要求，部署疫情防控工作方案，建立疫情信息报送联络机制，严格现场人员和休假回国人员管理，做好国外人员所需药品购置等后勤保障工作。现场项目组在驻尼使馆统一领导下，依据方案和应急预案开展现场防控工作，做好场地及人员消毒工作、及时向现场中方人员和尼泊尔当地工人分发防疫物资、每日于工人进场工作前测量体温、每日向国内汇报项目组人员健康情况，力求最大限度保障人员生命健康安全，确保项目有序实施（图 6-15、16、18）。

在尼泊尔值守了两年的项目管理单位河北省古代建筑保护研究所副所长次立新在 2020 年春节也依然值守在尼泊尔项目部。次工说"九层神庙修复项目对我们而言既是挑战也是责任所在，容不得一丝马虎，只有坚持严谨审慎的态度才能给尼泊尔人交一份满意的答卷。"（图 6-17）

2020 年是中尼建交 65 周年，虽然年初逢新冠疫情肆虐全球，但中尼两国人民在九层神庙项目中再次携手并肩，相互支持，共同抗疫。在加德满都杜巴广场，有尼泊尔市民自发举行燃灯仪式为中国祈福，有中国的文物工作者坚守现场为尼泊尔修复文物。中尼两国人民疫情之下共同坚守，患难见真情，友谊世代存。

图 6-16 疫情下的施工现场

图 6-17 2020 年疫情驻守期间，中国文化遗产研究院许言副院
长、河北省古建研究院次立新副所长与尼泊尔考古局局长会谈

图 6-18 施工现场的中尼人民共同防疫

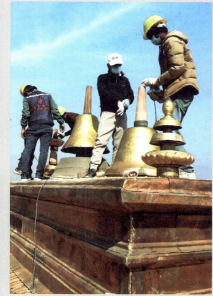

图 6-19 疫情下九层神庙现场保证各方安全，有序
推进工程实施，施工现场的中尼人民共同防疫

主要参考文献

[1]Niels Gutschow.*Architecture Of The Newars*[M]. Serindia Publications, Chicago, 2001.

[2]John Sanay. *Building Conservation in Nepal*[M].United Nations Educational Scientific and Cultural Organization, Paris, 1978.

[3]Wolfgang Korn. *The Traditional Architecture of the Kathmandu Valley*[M]. Ratna Pustak Bbandar, Kathmandu, 2014.

[4]Catterina Bonapaceand and Valerio Sestini. *Traditional Materialsand Construction Technologies used in the Kathmandu Valley*[M] United Nations Educational Scientific and Cultural Organization, Paris, 2003.

[5]Michael Hutt. *A Guide to the Art&Architecture of the Kathmandu Valley*[M].Adroit Publishers, 2009.

[6] 李卷强 .2015 年尼泊尔加德满都谷地世界文化遗产震害特征与机制 [D]. 兰州大学 ,2019.

[7] 刘婷 . 从尼泊尔地震中的多方应急反应看风险社会下的文化遗产保护 [J]. 西南民族大学学报（人文社科版）,2018,39（10）： 8—15.

[8] 李建平 . 多元文化影响下藏地前弘期佛教建筑研究 [D]. 安徽建筑大学 ,2015.

[9] 王加鑫 . 加德满都谷地传统建筑探究 [D]. 南京工业大学 ,2015.

[10] 潘毅 , 王晓玥 , 许浒 , 谢丹 . 脉冲型地震动作用下尼泊尔砖木遗产建筑易损性分析 [J]. 西南交通大学学报 ,2017,52（06）： 1156—1163.

[11] 王忠凯 . 尼泊尔 Ms8.1 级地震民居震害调查与自建 RC 框架的抗震能力分析 [D]. 西南交通大学 ,2017.

[12] 舒婷 . 尼泊尔传统建筑的地域性探析 [J]. 住区 ,2016（05）：146—151.

[13] 张曦 . 尼泊尔古建筑艺术初探 [J]. 南亚研究 ,1991（04）：59—66+4.

[14] 藤冈通夫，波多野纯，后藤久太郎，曹希曾 . 尼泊尔古王宫建筑 [J]. 世界建筑 ,1984（05）：78—80.

[15] 邵继中，胡振宇 . 尼泊尔加德满都杜巴广场建筑之美学特征及哲学精神研究 [J]. 中外建筑 ,2015
（10）：84—88.

[16] 张建勋，孙荣芬 . 尼泊尔加德满都杜巴广场九层神庙建筑群建筑结构探析 [J]. 古建园林技术 ,2018
（02）：23—30.

[17] 汤移平 . 尼泊尔加德满都王宫建筑及其宗教内蕴研究 [J]. 遗产与保护研究 ,2017,2（02）：73—81.

[18] 周晶，李天 . 尼泊尔建筑艺术对藏传佛教建筑的影响 [J]. 青海民族学院学报 ,2009,35（01）：30—34.

[19] 潘毅，谢丹，袁双，王晓玥 . 尼泊尔文化遗产建筑震害特征及加固对策——以尼泊尔 Ms8.1 级地
震中 3 个杜巴广场为例 [J]. 哈尔滨工业大学学报 ,2016,48（12）：172—182.

[20] 燕峰羚 . 探究尼泊尔宗教建筑的装饰艺术 [J]. 山西建筑 ,2019,45（19）：149—151+196.

[23]Ancient monument preservation act 2013 1956

[24]Ancient monuments preservation rules 2046 1989

（本文中未注明出处的图纸、图片均为项目成果，为作者自绘或拍摄）

（本章执笔：王晶、袁毓杰、袁濛茜、徐琳琳、苑凯莉、贾宁）

02

中国政府援助柬埔寨
茶胶寺修复项目

项目勘察、设计、施工总承担单位：中国文化遗产研究院
项目实施期限：2009—2018

General Contractor: Chinese Academy of Cultural Heritage
Project Implementation Period：2009—2018

中国政府援助柬埔寨茶胶寺修复项目①

项目摘要：

2007 年，在圆满完成中国政府援助柬埔寨吴哥古迹保护（一期）周萨神庙保护修复工程后，中国政府选定茶胶寺作为援助柬埔寨吴哥古迹保护工程的二期项目。茶胶寺位于柬埔寨西北部暹粒省首府暹粒市的北部，是著名的吴哥古迹中最为雄伟且具有鲜明特色的庙山建筑之一。茶胶寺修复项目是一个兼具建筑学、历史学、考古学、地质学、材料学、结构科学、岩土科学和保护科学等多种学科的综合性世界文化遗产修复项目。

项目组通过对庙山建筑、神道、散水、壕沟、南北池遗迹的考古调查与勘探，获得了诸多重要考古发现，为修复项目提供了较为详实的考古依据。在进行考古工作的同时，深入了解庙山建筑的形制构造特征，对茶胶寺建筑历史格局、形制、病害、残损状况与成因及保护材料等，开展了深入分析和研究；以充分的研究支撑和丰富的现场考古成果为基础，指导修复工作的科学实施。

在茶胶寺庙山建筑整体修复计划框架下，项目组优先对茶胶寺基台及长厅、塔门、藏经阁等附属建筑开展修复工作，在积累了丰富的施工经验后，结合多年的学习、实践，最后对修复难度最大但最具有标识性的庙山五塔开展修复工作。因庙山五塔建筑构件体量巨大，并且位于高耸的庙山台基之上，修复难度较大，且已有临时加固、支护措施，因此从表面上来看五塔建筑似乎可以在短时间内维持现状。但项目组经过详细勘察认为茶胶寺庙山五塔建筑稳定性确实存在安全隐患，且有发展的趋势。本着负责任、有担当的大国精神，项目组充分准备，周密计划，精心实施，最终保质保量地完成了包括庙山五塔在内的全部修复任务。

---

① 该项目获 2018 年中国文化遗产研究院优秀文物保护工程项目特等奖。

Restoration project of the Ta Keo temple of Angkor, Cambodia [1]

Abstract:

In 2007, the Chinese government selected Ta Keo temple as the second phase of the Angkor historic site protection project in Cambodia after the successful completion of the Chau Say Tevoda protection and restoration project of Angkor historic site protection (phase I) assisted by the Chinese government. Ta Keo temple is located in the north of Siem Reap, the capital of Siem Reap Province in the northwest of Cambodia. It is one of the most magnificent and distinctive temple buildings in the famous Angkor historic sites. The restoration project of Ta Keo temple is a comprehensive world cultural heritage restoration project with multiple disciplines including architecture, history, archaeology, geology, materials science, structural science, geotechnical science and conservation science.

Through the archaeological investigation and exploration of temple-mountain,Phlov chol, moat, and the remains of the north and South pools, the project team has obtained many important archaeological discoveries, which provide a more detailed archaeological basis for the restoration project. At the same time of archaeological work, we have a deep understanding of the shape and structural characteristics of temple-mountain. We have carried out in-depth analysis and esearch on the historical pattern, shape, disease, damage, causes and protection materials of Ta Keo temple architecture. Based on sufficient research support and abundant archaeological results, we have guided the scientific implementation of the restoration work.

Under the framework of the overall restoration plan of Ta Keo temple mountain building, the project team gave priority to the restoration of Ta Keo temple abutment, long hall, tower gate, library and other ancillary buildings. After accumulating rich construction experience and years of study and practice, the project team finally carried out the restoration of the most difficult but most iconic five pagodas of temple-mountain. Some experts have suggested that the restoration of temple-mountain five pagodas should not be carried out temporarily because of the huge volume of building components and the difficulty of restoration, as well as the temporary reinforcement and support measures. After detailed investigation, the project team thinks that there are hidden dangers in the fifth tower of Ta Keo temple, and the hidden dangers have a trend of development. In the spirit of being a responsible and responsible country, the project team made full preparations, made careful plans and implemented them carefully, and finally completed all the restoration tasks including the five pagodas of temple-mountain with quality and quantity guaranteed.

---

[1] The project won the Special Contribution Award of the Excellent Cultural Heritage Protection Project of Chinese Academy of Cultural Heritage in 2018.

图 1-1 2010 年 11 月 27 日，中国文化部部长蔡武（前左）和柬埔寨副首相索安（前右）共同主持茶胶寺工程开工典礼

1. 茶胶寺修复项目总体规划

1.1. 联合国教科文组织吴哥古迹国际保护行动

作为东南亚地区最重要的古代史迹之一，举世闻名的吴哥古迹（Angkor）是公元九世纪至十五世纪古代高棉帝国繁盛时期的城市与寺庙建筑遗迹。作为吴哥王朝的都城，以吴哥通王城（Angkor Thom）与吴哥寺（Angkor Wat）为代表的四十余组建筑组群及其数百座单体建筑遗构，散布在柬埔寨北部暹粒省大约四百余平方公里的热带丛林之中。

1991 年 9 月，柬埔寨国王诺罗敦·西哈努克发出正式请求，呼吁联合国教科文组织保护吴哥古迹。随后，联合国教科文组织总干事费德里科·马约尔响应柬埔寨国王呼吁，与国际社会一起正式启动拯救吴哥古迹行动，揭开了保护这一卓越历史古迹群的国际行动的序幕。

1992 年，吴哥古迹被列入《世界遗产名录》；同年，由于其遗址本体与环境的破坏情况十分严重，又被列入世界濒危文化遗产名录。

1993 年 10 月在东京召开的第一次吴哥国际会议，赢得了国际社会多个成员国对保护吴哥古迹的支持，并决定成立联合国教科文吴哥古迹保护协调委员会（ICC-Angkor）。吴哥古迹的保护与管理工作自始至终是在联合国教科文组织协调下的国际性援助行动，发展至今，已形成了一种特有的吴哥古迹国际援助保护模式，被称为"吴哥模式"。这种保护与管理世界文化遗产的做法，是国际社会共同推动世界文化遗产研究与保护工作的集中体现。世界许多国家的政府和国际组织先后派出专家和安排资金参与了这项国际行动。除我国以外，参与吴哥古迹保护修复与研究的国家涉及法国、印度、日本、美国、德国、意大利、英国、澳大利亚、瑞士、印尼、捷克、匈牙利等。各自开展的修复工作主要包括：法国修复保护癫王台、豆蔻寺、巴芳寺等；日本修复保护巴扬寺、斑黛喀蒂寺、十二塔庙、吴哥寺西神道、北藏经阁等；意大利修复保护比粒寺；德国修复保护神牛寺和吴哥寺雕刻；美国修复保护圣剑寺和塔逊寺；瑞士修复保护女王宫；印度修复保护塔布隆寺等等。

　　已经完成的中国政府援助柬埔寨吴哥古迹周萨神庙（Chau Say Tevoda）保护工程，是中国政府首次大规模参与的吴哥古迹国际保护项目。茶胶寺项目作为周萨神庙项目之后援柬吴哥古迹保护工程第二个项目，有着承上启下的关键作用（图1-1）。

图1-2 修复前的茶胶寺

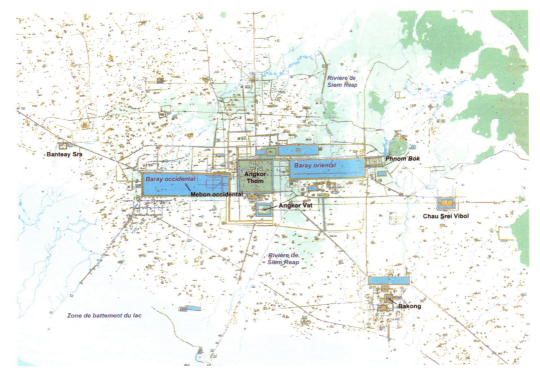

图1-3 吴哥古迹遗址分布图

1.2. 项目概况

茶胶寺是吴哥遗址中最为雄伟且具有典型特征的庙山建筑之一，代表了公元十世纪末至十一世纪初吴哥庙山建筑发展的一个历史节点（图1-2）。在吴哥古迹的众多寺庙中，茶胶寺（Ta Keo temple）是其中价值较高，保存较为完整的著名庙山史迹之一（图1-3）。位于柬埔寨西北部暹粒省首府暹粒市的北部，南距暹粒市约10公里，中心地理坐标东经103°52′，北纬13°26′，海拔高程约20m。地处吴哥通王城胜利门外东约一公里处，西距暹粒河约500m，南侧和西侧紧临公路，东侧以神道与东池相接，东南与位于吴哥通王城东的塔布隆寺（Ta Prohm）、班迪克黛寺（Banteay Kdei）等著名寺院遥相呼应（图1-4）。

茶胶寺现存遗址占地面积约46000平方米，主体建筑占地面积13100平方米。茶胶寺保护修复工程包括建筑本体修复工程、石刻保护专项工程及考古研究专项工程三个部分。建筑本体修复工程包括茶胶寺庙山须弥台、围墙、回廊、塔门、角楼、长厅、藏经阁及庙山五塔在内的27处单体建筑的维修工作。石刻保护专项工程涉及对须弥台砂岩雕刻区域约692.9㎡范围内所有开裂、脱落及空鼓的岩体进行加固保护。考古专项研究建立在已有田野考古调查、建筑测绘、建筑研究以及地质雷达探测工作的基础上，主要针对项目范围内的庙院神道、四周壕沟、东侧水池、码头、桥涵等遗迹进行考古学调查（图1-5）。

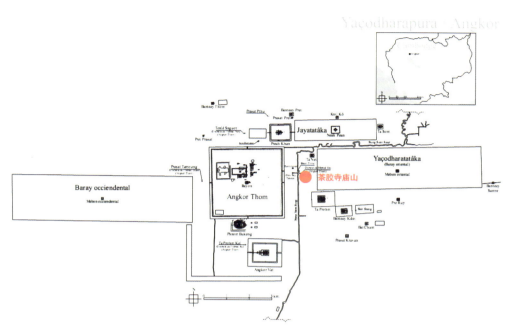

图 1-4 茶胶寺遗址地理位置图

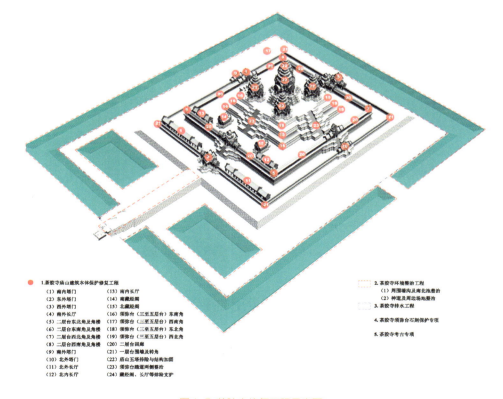

● 1.茶胶寺庙山建筑本体保护修复工程

(1) 南内塔门   (13) 南内长厅
(2) 东外塔门   (14) 南藏经阁
(3) 西外塔门   (15) 北藏经阁
(4) 南外长厅   (16) 须弥台（三至五层台）东南角
(5) 二层台东北角及角楼   (17) 须弥台（三至五层台）西南角
(6) 二层台东南角及角楼   (18) 须弥台（三至五层台）东北角
(7) 二层台西北角及角楼   (19) 须弥台（三至五层台）西北角
(8) 二层台西南角及角楼   (20) 二层台回廊
(9) 南外塔门   (21) 一层台围墙及转角
(10) 北外塔门   (22) 庙山五塔排险与结构加固
(11) 北内长厅   (23) 须弥台踏道两侧整治
(12) 北内长厅   (24) 藏经阁、长厅等排险支护

2. 茶胶寺环境整治工程
(1) 周围壕沟及南北池整治
(2) 神道及周边场地整治

3. 茶胶寺排水工程

4. 茶胶寺须弥露台石刻保护专项

5. 茶胶寺考古专项

图 1-5 茶胶寺修复工程示意图

1.2.1. 总体目标

茶胶寺保护与修复项目实施的首要目的是通过多学科的科学研究与保护修复，对茶胶寺存在的各类问题进行分析处理，加固坍圮、修补残缺、恢复原有格局，增强古迹防护自然灾害的能力，从而使这一伟大的建筑古迹消除各种威胁，得到科学、完善的保存与保护。依托前期科学、详细的考古发掘和研究工作，排除安全险情，整体保存建构筑物特征及石刻艺术价值。通过补配归安缺失及散落的构件和材料，使茶胶寺建筑形制达到相对完善的程度，提升其真实性和完整性，进一步揭示和宣传吴哥古迹茶胶寺文化内涵和整体价值。同时深化遗产保护理念及方法，推动当地文化遗产保护合作发展并加强对外交流，使茶胶寺修复项目成为优质的文化遗产合作修复工程项目典范。发挥我国文化遗产对外援助保护修复在对外宣传、世界遗产保护等领域的引领作用。

1.2.2. 工程特点

1. 茶胶寺修复工程涉及建筑学、历史学、考古学、地质学、材料学、结构工程、保护科学等多个领域，在修复过程中需以综合性、多学科研究为依托，科学制定保护修复技术方案，加强学科交叉、密切联系，扩展科学研究的深度和广度。

2. 茶胶寺的基础以下部位在勘察过程中无法揭露，不能在勘察设计阶段完全掌握建筑隐蔽部位的病害状况和实施的工程量，同时无法掌握坍塌构件的确认结果。鉴于工程的特殊性，需要在施工过程中不断掌握未知情况，并在对古建筑深入认识过程中，及时调整工程方案，以达到最佳修复效果。

3. 由于当地高温多雨，工程实施过程中，需要做好防高温、防雨措施。土方、基础工程施工应尽量避开雨期，如果无法避开雨季，要做好防雨措施，做好雨期施工的各项措施是确保工程质量的关键。

4. 施工场地狭小，同时在施工场区周围布满多年生高大树木，大型工程机具的使用极为困难，施工场区的布置也非常局促。因此，要尽量利用好有限的场地，而又不能造成施工、堆料、场内通道、临时建筑之间互相影响。

5. 在施工过程中，茶胶寺局部区域仍将对游客开放。要根据工程的进度，调整施工场地与参观场地区域，严格划清和隔离参观通道，并制定严格的措施保证游客的安全。

6. 培训柬方工程技术人员将作为茶胶寺保护工程的重点工作之一，培训工作将在工程实施过程中同步进行，培训包括两个方面：一方面要培训柬方的保护工程技术人员和研究人员；另一方面要培训当地的技术工人，在施工中培训他们石材加工与雕刻、构件安装和其他施工技术。

1.3. 周密的项目分期计划

茶胶寺保护与修复工程共计 2431 项，从 2011 年至 2017 年，分 7 年完成。

表 1-1 工程项目分年度计划总表

序号	工程名称	建筑面积㎡	所属阶段	实施年度计划
1	考古普探	4000	第一阶段：前期考古发掘及附属建筑修复	2011.11—2013.03
2	考古重点勘探	900		
3	考古发掘	600		
4	南内塔门	145		
5	二层台西南角及角楼	75		
6	二层台东南角及角楼	75		
7	二层台西北角及角楼	75		
8	二层台东北角及角楼	75		
9	东外塔门	170		
10	须弥台东南转角	102	第二阶段：须弥台及附属建筑修复	2013.03—2014.03
11	须弥台西南转角	102		
12	须弥台东北转角	102		
13	须弥台西北转角	102		
14	须弥台踏道整修			
15	北藏经阁	75		
16	南藏经阁	75		
17	南内长厅	76	第三阶段：须弥台、附属建筑及石刻保护修复	2014.03—2015.11
18	北内长厅	76		
19	二层台回廊	740		
20	一层台围墙及转角	576m（长）		
21	南外长厅	236		
22	北外长厅	236		

（续表）

序号	工程名称	建筑面积m²	所属阶段	实施年度计划
23	北外塔门	70		
24	南外塔门	70		2015.11—2016.12
25	西外塔门	170		
26	石刻修复	120		
27	中央主塔	385		
28	西北角塔	145		
29	西南角塔	145	第四阶段：庙山五塔修复	2017.1—2017.12
30	东北角塔	145		
31	东南角塔	145		

根据总体计划方案内容，项目组确定了分阶段的修复施工内容及计划：

第一阶段：前期考古发掘及附属建筑修复

茶胶寺保护修复工程第一阶段将率先开展包括考古普探、考古重点勘探、考古发掘在内的前期考古研究工作，为其后的保护修复工作提供充分的考古依据。保护修复内容主要包括南内塔门、东外塔门、二层台东北角及角楼、二层台西南角及角楼、二层台西北角及角楼、二层台东南角及角楼等6个项目。以上六处普遍存在坍塌、歪闪、构件破损、部分构件遗失等病害，危及到结构安全。

第二阶段：须弥台及附属建筑修复

茶胶寺保护修复工程第二阶段包括南藏经阁、北藏经阁、须弥台东北角、须弥台西北角、须弥台东南角、须弥台西南角等6个修复项目，六处建筑本体结构均存在坍塌、歪闪、构件破损等病害。

第三阶段：须弥台、附属建筑及石刻保护修复

茶胶寺保护修复工程第三阶段将开展包括南内长厅、北内长厅、二层台回廊、南外长厅、北外长厅、一层台围墙及转角、北外塔门、南外塔门、西外塔门修复、须弥台踏道整修、庙山五塔排险与结构加固，藏经阁、长厅排险支护等共计12项修复工程。待大部分主体建筑修复工作完成后开展石刻保护修复工作。

第四阶段：庙山五塔修复

茶胶寺保护修复工程第四阶段修复主要对象为庙山顶部的中央主塔和位于东北、东南、西北、西南四角的四座角塔，此外还对五塔所在的第五层基台散水破损进行整理改造。

根据修复方案，项目组对以上四个阶段的共计 27 处单体建筑开展修复工作，对建筑局部变形移位部分进行解体、调整及重新归安，结构塌落、缺失部分进行寻配、补配。并对整体建筑基台和台阶砌石进行修补和规整（图 1-6）。

图 1-6 茶胶寺建筑本体各阶段保护维修施工点分布图

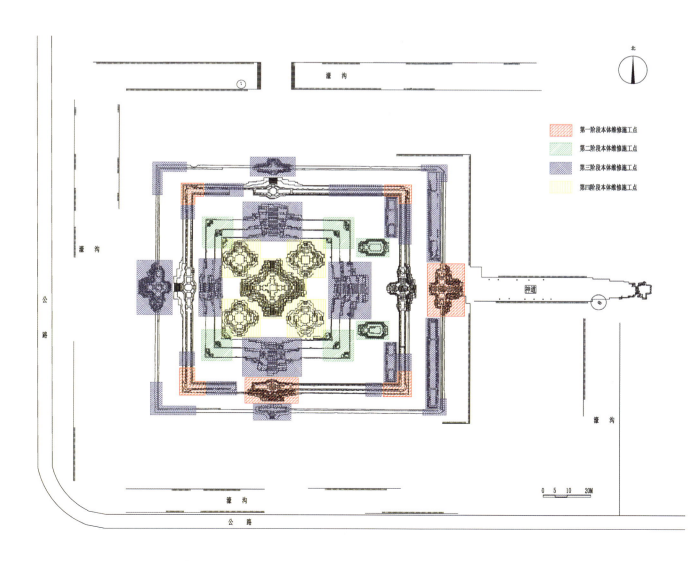

2. 茶胶寺历史研究

2.1. 价值评估

吴哥遗址于 1992 年被世界遗产委员会以濒危遗产的形式列入《世界遗产名录》。它入选的理由有如下四条：

标准（i）：吴哥建筑群代表公元 9 世纪到 14 世纪的完整高棉艺术，还包括众多毫无争议的艺术杰作；

标准（ii）：吴哥发展历史展示着高棉艺术影响的博大精深，遍及东南亚大部，在其独特的演进中起着关键作用；

标准（iii）：公元 9 世纪到 14 世纪的高棉帝国疆域包括东南亚大部，影响了该地区的政治和文化发展。该文明的所有遗存体现了其丰富的砖石结构宗教遗产的特征；

标准（iv）：高棉建筑很大程度上由印度次大陆建筑风格演化而来，很快形成了自己的独有特点，有些是独立发展，有些吸纳了邻近的文化传统，其结果形成了东方艺术和建筑中的独特艺术风格。

从以上入选理由可以清楚地看出吴哥遗址具有重要的历史价值、艺术价值和科学价值。而茶胶寺作为吴哥遗址中的重要代表建筑之一，其价值也是无可替代的。

2.1.1. 历史价值

茶胶寺遗址建筑上雕刻有多处碑铭，碑铭研究为构建历史真相，揭示当时政治、宗教及社会生活提供了可能，具有重要意义。

2.1.2. 艺术价值

茶胶寺是吴哥古迹中按照印度教须弥山的意象选址、设计和建造的一座重要庙山建筑遗迹。作为国家寺庙的庙山巨构，茶胶寺依然延续着吴哥王朝开创之初建造巴肯寺的形制特征与工艺传统。但在整个古代高棉建筑史中，茶胶寺的经营与建设又处于庙山建筑形制的转型时期，其建筑形制与总体布局都发生了重要的转变。

首先，塔门在茶胶寺呈现出新的建筑样式，不仅与须弥台结合在一起，而且结合塔殿的形象形成了假层，空间跨度变小，塔门不再是通过性空间，而演变成为供奉祭祀神像之所，是构成庙山建筑的重要祭祀空间之一。

其次，茶胶寺出现了十字等臂平面的塔殿，改变了早期寺庙中方形平面、单独入口的塔殿建筑形象，进一步丰富了吴哥建筑的设计技巧与造型语汇，这也是茶胶寺独特风格的重点所在。十字等臂的塔殿丰富了寺庙核心建筑的形式语汇和发展了艺术形象。

再次，茶胶寺首次出现了回廊建筑，回廊的出现更加凸显了庙山建筑的象征意义，同时规整了寺庙的整体布局，强调了组群的整体性。纵观庙山建筑发展呈现出以下变化趋势：其一，回廊取代了围墙，成为平面及立面构图中的重要因素，回廊的出现不仅在建筑形式上，而且在功能上取代了围墙和长厅。其二，长厅建筑逐渐走向消亡，茶胶寺之后很少出现有长厅建筑。在茶胶寺之后的建筑中，无论庙山建筑还是其他平地寺庙，回廊都得到了大规模的运用，典型的例子有巴普昂寺、吴哥窟寺、巴扬寺、塔布隆寺等等，一改前期简单、笨拙、朴素的回廊建筑形式，由于技术的进步，回廊出现了多种新的形式。以装饰细节风格来看，茶胶寺属于吴哥艺术中的南北仓风格建筑。而茶胶寺建筑未完成状态又赋予了建筑新的特征，形成独特的建筑风格。

2.1.3. 科学价值

茶胶寺属于未完成的工程，其构造特征与施工方法痕迹，对研究吴哥建筑的施工技术与流程具有重要的学术价值。茶胶寺建筑构件未雕、粗凿、细刻及精雕的不同状况同时出现，展示了茶胶寺的建造顺序：先采用榫卯结构砌筑石块，搭出建筑外形轮廓，然后对其进行雕饰，最终完成装饰繁复的建筑外貌。

茶胶寺作为吴哥古迹遗存中最为雄伟的庙山建筑之一，建造运用了多种建筑材料：砂岩、角砾岩、砖、瓦、木、铁（用于石质构件的连接）。通过对这些建筑材料、构造特征与施工方法的分析与研究，或可廓清公元10世纪末期高棉建筑技术的基本情况，对于吴哥建筑艺术和技术具有极其显著的学术价值。

2.2. 茶胶寺保护研究简史

自19世纪60年代开始，随着法国在印度支那地区殖民体系的建立与扩张，柬埔寨及其吴哥古迹更全面、更深入地为西方社会所知，在此期间著名的探险家和旅行者包括：杜达特德·拉格雷（Ernest Doudart de Lagrée）、鲁内特·德·拉云魁尔（Étienne Lunet de Lajonquière），以及埃廷内·艾莫涅尔（Étienne Aymonier）等。这些学者对于吴哥古迹赓续不辍的学术研究与修复实践，奠定了吴哥古迹保护的根基，并一直影响至今。

早在1863年，以法国政府驻柬埔寨代表杜达特德·拉格雷（Doudart de Lagrée）为代表的湄公河考察团通过对吴哥地区多年的考察，陆续绘制了吴哥地区主要遗迹分布图，并编辑出版了《印度支那探险之旅》（Voyage d'exploration en Indochine）考察报告。同年，杜达特德·拉格雷在其绘制的地图上标出了茶胶寺的位置，成为近代以来关于茶胶寺最早的记录。1873 年，费朗西斯·加内尔（Francis. Garnier）在《印度支那探险之旅》报告中对茶胶寺进行了简单的描述。

1880 年，湄公河考察团成员德拉蓬特（L. Delaporte）发表了湄公河考察团系列考察报告之一，即《柬埔寨之旅：高棉的建筑》（Voyage au Cambodge- L'Architecture khmère），在此报告中首次发表了第一张茶胶寺总平面图（图 2-1），平面图由湄公河考察团的测量员拉特（Ratte）于 1873 年绘制完成。1883 年，莫拉（J. Moura）编纂出版了《柬埔寨王国》一书（Le Royaume de Cambodge），书中包含了对茶胶寺的实地测量结果，较之前所发表的资料对茶胶寺进行了更加全面的描述并对茶胶寺的名称 "Ta Keo" 的来源做了推断。此外，他注意到了茶胶寺东西轴线存在偏移现象。1890 年，卢森·费内日奥（Lucien Fournereau）和雅克·波日彻（Jacques Porcher）出版了《柬埔寨北部地区高棉古迹艺术与历史的研究》（Les Ruines d'Angkor, étude artistique et historique sur les monuments kmers du Cambodge siamois），书中引述了莫拉之前的研究和观点，但未对所引用的数据资料的错误进行任何更正和说明。1904 年艾莫涅尔（E. Aymonier）在对茶胶寺的碑铭进行研究的过程中，重新绘制了一张较为简略的平面示意图（图 2-2）。1911 年，拉云魁尔（E. Lunet de Lajonquière）在其编著的《柬埔寨古迹名录》（Inventaire descriptif des monuments du Cambodge）中收录了茶胶寺，并将其编号定为 533 号，新增茶胶寺平面和剖面图各一张（图 2-3），因当时茶胶寺尚处于密林荫翳之中，加之调查测量条件所限，所以对其形制描述并不十分准确。1920 年，德拉蓬特在《柬埔寨古迹名录》所提供的茶胶寺平面图的基础上，再次结合拉特绘制的平面图（图 2-4），对茶胶寺的平面图进行了较大的修改和更正，并另附了一张根据 Ratte 和 Loedrich 的报告所作的复原立面图（图 2-7）。1920 年，法国远东学院正式明确提出建设"吴哥考古遗址公园"，并成立了吴哥古迹保护处（Conservation des monuments d'Angkor），在亨利·马绍尔（H.Marchal）的具体指导下，吴哥古迹保护处与建筑师巴特尔（C·Batteur）合作，着手对吴哥地区的寺庙进行系统清理，此次清理工作持续到 1923 年底。在对茶胶寺进行清理时，清理了覆盖于庙山建筑上的大量积土，并对散落石构件进行了整理。1927 年，帕蒙蒂埃（H·Parmentier）亦对茶胶寺进行了一次较小范围的测绘与记录，但其最终的调查报告未正式发表，现存大量草图及手稿（图 2-5）。

1934 年科瑞尔·雷慕沙（Gilberte de Coral Remusat）、格罗布维（V·Goloubew）和赛

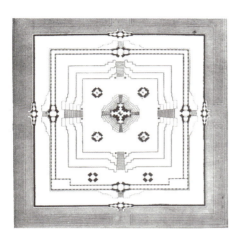

图 2-1 L. Delaporte，1880 年

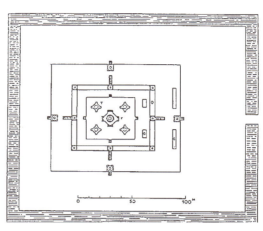

图 2-2 E. Aymonier，1904 年

图 2-3 Lunet de Lajonquière，1911 年

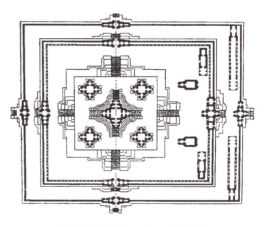

图 2-4 L. Delaporte，1920 年

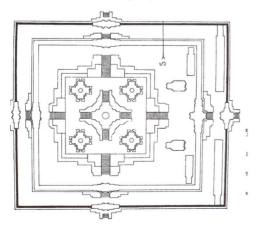

图 2-5 H Marchal，约 19 世纪 20 年代

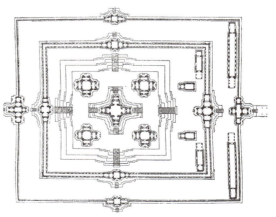

图 2-6 Maurice Glaize，1952 年

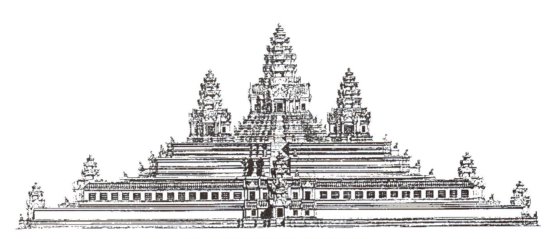

图 2-7 早期关于茶胶寺的复原立面图
（图片来源：法国远东学院）

代斯（G·Coed è s）对茶胶寺进行了断代研究，基本上确定了茶胶寺的建造年代。1952 年，赛代斯继续研究了茶胶寺的 8 段碑文，并将其全文译为法文。

20 世纪四五十年代，莫瑞斯·格莱兹（Maurice Glaize）和马绍尔在其各自的论著中都简要介绍了茶胶寺，并将 Ratte 的平面图重绘，保留了东西向轴线的偏移，改正了一层平台附属建筑的位置（图 2-6、7）。

受时任法国远东学院院长简·费里奥扎（J·Filliozat）和小格罗斯利埃（B·P·Groslier）委托，雅克·杜马西（Jacques Dumarçay）先后于 1967 年、1969 年两次对茶胶寺进行测绘。1970 年他出版了茶胶寺的调查报告《茶胶寺：寺庙的建筑研究》（Ta K è v：é tude Architecturale du Temple），对茶胶寺进行了准确而详细描述，并配有大量实测图。这是到目前为止对茶胶寺进行的一项最为完善的实测记录工作。

自 20 世纪 90 年代，柬埔寨内战结束伊始，在联合国教科文组织的帮助下，包括中国在内的十几个国家及国际组织共同参与到了吴哥古迹的保护研究工作中。在中国政府援柬吴哥古迹保护工作队对茶胶寺进行保护修复之前，柬埔寨政府也曾组织力量对茶胶寺进行了部分清理和保护工作，他们在二层基台转角坍塌所形成的空隙处砌筑砖结构，以支撑上部的角楼，局部还用木结构斜撑对倾斜墙体和松散的结构进行支撑。这些工作，对缓解茶胶寺的进一步损坏起到了积极作用。

2.3. 茶胶寺庙山建筑形制特征研究[①]

2.3.1. 整体布局及建筑风格特征

2.3.1.1. 建筑遗迹总体布局特征

根据考古调查与研究推测，茶胶寺庙山建筑本体很有可能处于一组规模庞大的建筑组群的中心。这组建筑组群一直延伸到东池的西岸，毗邻东池的石构平台遗迹位于茶胶寺东西轴线之上，并由两边列有界石的神道连接至茶胶寺的庙山主体建筑。

茶胶寺是吴哥古迹中按照印度教须弥山的意象选址、设计和建造的一座重要庙山建筑遗迹，其平面布局按照中心对称和轴线对称相结合的方式组织。作为国家寺庙的庙山巨构，茶胶寺依然延续着吴哥王朝开创之初建造巴肯寺的形制特征与工艺传统，其完全以砂岩构筑庙山中央五塔的做法，以及主塔四面皆出抱厦与回廊平面格局的出现，开创吴哥时代风气之先的建筑形制（图 2-8）。

茶胶寺庙山建筑四周有石砌护岸的方形壕沟环绕，断面为梯形，底部较窄，北侧壕沟中央设有通道；东塔门外建有神道连接一座十字形平台，东侧环壕之内神道南北两侧对称设置两水池，水池为南北稍长的矩形平面，池岸也有石材砌护。

茶胶寺各层基台设计有排水坡度，每面角部有排水孔，雨水汇集后从排水口排往下层基台，再汇集排出庙山建筑后，最终排向庙山四周场地之中。庙山四周场地为无组织排水，雨季时雨水大多汇流至四面环壕内。

一层基台东西 122m，南北 106m，基台高 2.2m，基台为角砾岩挡土墙内填砂土夯实。基台上四周围墙环绕，围墙以角砾岩石干摆砌筑，上置屋面石，高约 3m。围墙中四面沿中轴开门，称为外塔门；其中东西二门形式为十字塔殿，宽五间，进深一间，中间和最外两间开门；南北二门形制较小，仅开中门，进深较浅。门殿下基台凸出为须弥座形式。有踏步通向地面。东面墙内沿中轴对称布置南北二长厅，长厅各长 27m，进深一间 3.5m，为砂岩梁柱结构。基台上铺砌角砾岩石地面。

二层基台建于一层基台之上的中央，东西长 95.50m，南北宽 88.96m，其角砾岩砌筑的挡墙为须弥座式样，高约 6m，内为砂土夯实。基台上四周回廊，回廊的四角皆设角楼，四

[①] 该章节节选自温玉清博士所著《茶胶寺庙山建筑研究》。温玉清博士是茶胶寺项目主要参与者之一，在吴哥古迹和茶胶寺保护研究中倾注了极大心血，2014 年 6 月，温玉清博士不幸因病逝世。

面回廊中央为门殿，四门均面阔五间，进深一间。其中东、西塔门各设三门。内门处下部基台座突出成须弥台式样。东塔门内两侧南北对称设置藏经阁一座。廊内侧沿轴线对称各有内长厅建筑一座。二层基台地面与一层基台同样铺砌角砾岩地面。

二层基台上部中央为三层须弥台基台，基台外包砂岩石，层层收进；三层须弥台总高约 11.35m，平面近似正方形，最下层基座约 60m×58m。每层收进约 2~3m。基台座每面正中设踏步连接上下。基台顶层四角各有体量相同的砂岩砌筑的塔殿一座，矗立在边长 15m，高 1.6m 的正方形双层基座上，中央主塔，又名中央圣殿，其平面呈十字形建于高约 6m 的五层砂岩基座之上。中央主塔砌石墙体厚达 2m，正方形边长约为 4.5m，四面皆出抱厦，从最底层基座地面至原塔顶高约 23m。

2.3.1.2. 整体建筑风格特征

庙山建筑是古代高棉人的山岳崇拜、生殖崇拜和信奉印度教的宗教观念相结合的产物。一般认为庙山建筑是印度神话中神山须弥山在人间的摹写，其顶部塔殿供奉着湿婆的化身——林伽。在古代高棉本土的"神王合一"观念中，庙山建筑又是神权和王权结合的地方。因此，一座庙山建筑的建造与经营，是信仰模式与王权政治的集中体现。而作为国家寺庙，其供奉的对象是湿婆和国王联合的化身，湿婆赋予国王在人间进行统治的王权，国王正是依靠建立庙山建筑来彰显天赋神权（图 2-8）。

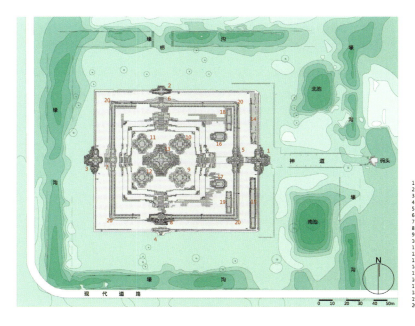

1	东外塔门
2	北外塔门
3	西外塔门
4	南外塔门
5	东内塔门
6	北内塔门
7	西内塔门
8	南内塔门
9	东南塔
10	东北塔
11	西北塔
12	西南塔
13	中央主塔
14	北外长厅
15	北内长厅
16	北藏经阁
17	南藏经阁
18	北内长厅
19	南内长厅
20	角楼

图 2-8 茶胶寺遗址单体建筑平面分布图

庙山建筑组群的形制布局有其固定的组成元素：逐层收进的须弥台、高耸的塔殿、围绕须弥台四周的回廊及建筑外围的水池及壕沟。这些元素按照曼陀罗的空间形式以中心对称的布局模式进行布置。茶胶寺建筑组成中完整地包含了这些元素，各类元素具有不同的象征意义：须弥台象征着须弥山——印度神话中的神山，高耸的塔殿象征着湿婆居住的地方，围绕的回廊是环绕世界的山脉，壕沟则是宽阔海洋的象征，当人们穿过象征海洋的壕沟的时候，心灵得到净化，以更加虔诚的心情迎接神的启示，进而完整地构筑起印度神话中神仙世界在人间的真实写照。

在古代高棉建筑史中，茶胶寺的经营与建设正处于庙山建筑形制的转型时期，其建筑形制与总体布局都发生了重要的转变，具体表现为：

1. 塔门在茶胶寺呈现出新的建筑样式，不仅与须弥座式基台结合在一起，而且结合塔殿的形象形成了假层，空间跨度变小，塔门不再仅是通过性空间，而演变成为供奉祭祀神像之所，是构成庙山建筑的重要祭祀空间之一。

2. 茶胶寺出现的十字等臂平面塔殿，改变了早期寺庙中方形平面、单独入口的塔殿建筑形象，进一步丰富了吴哥建筑的设计技巧与造型，这也是茶胶寺独特风格的重点所在。十字等臂的塔殿丰富了寺庙核心建筑的形式，发展了艺术形象。

3. 茶胶寺建筑回廊的出现更加凸显了庙山建筑的象征意义，同时规整了寺庙的整体布局，强调了组群的整体性。纵观庙山建筑的发展呈现出这样的变化趋势：回廊取代围墙，成为平面及立面构图中的重要因素。长厅建筑逐渐走向消亡，茶胶寺之后的建筑很少出现长厅。回廊的出现不仅在建筑形式上，而且在功能上取代了围墙和长厅。

4. 在茶胶寺之后的建筑中，无论庙山建筑还是其他平地寺庙，回廊都得到了大规模的运用，典型的例子有巴普昂寺、吴哥窟寺、巴扬寺、塔布隆寺等。并一改前期简单、笨拙、朴素的回廊建筑形式，随着技术的进步，回廊也出现了多种新的形式。

5. 依据装饰细节风格，茶胶寺属于吴哥艺术中的南北仓风格建筑。而茶胶寺建筑未完成状态又赋予了建筑新的特征，形成独特的建筑风格。

2.3.1.3. 茶胶寺建造选材特征

作为一种主要的建筑材料，砂岩石材在吴哥时代的寺庙建筑中曾被广泛使用；而角砾岩历来是高棉寺庙建筑的基础用材，大量用于池基、围墙、道路和桥梁，庙山基台内部挡土墙也多以角砾岩砌筑。角砾岩的硬度较低，岩石内部孔隙率决定了其强度特征。茶胶寺庙山大批量运用砂岩石材作为主要建筑材料，体现出吴哥时代在采石技术、材料运输、石作工艺等方面的长足进步。大约80%的建筑部分皆以砂岩石材砌筑并构成庙山建筑的主体部分，而由角砾岩砌筑的第一、二层基台则为辅助部分，主要是为增加须弥台及中央主塔的地坪标高，并以此烘托彰显出"神之居所"——须弥山的高峻挺拔与神圣庄严，茶胶寺建造所用建筑材料分布特征见表2-1。

表2-1 茶胶寺庙山建筑材料分布简表

材料名称	建筑位置	所占比例（体积）
长石砂岩	塔门、长厅建筑、藏经阁、回廊、围墙、角楼、须弥台	58%
硬砂岩	中央五塔	20%
角砾岩	第一层基台、第二层基台及其院落地面的铺砌	20%
砖	塔门、藏经阁及回廊的屋顶部分	2%

2.3.2. 典型单体建筑形制特征

2.3.2.1 塔殿

茶胶寺庙山五塔五座塔殿皆为四面出抱厦的十字形平面形式（图2-9），中央塔殿较四角塔殿在抱厦和主厅间多出一个过厅。五座塔殿的建造并没有全部完成，建筑只是基本完成了结构砌体并粗略凿出外形，几乎没有任何的线脚与雕刻。另外，四座角塔的西门，东北、西北角塔的北门，西北、东南角塔的南门皆施以红色角砾岩砌石封闭，由此亦可推测茶胶寺庙山五塔的形制及建造过程在历史上可能曾经发生过某些改变。

塔殿从外观上看自下而上可分为塔基、塔身、假层、塔顶及塔刹五个部分。中央主塔与四座角塔的塔基形制差别显著。中央主塔的塔基立面则可划分为三段，体量庞大且构造复杂，角塔的塔基立面可以划分为两段。此外，中央主塔东立面的塔基与踏道顶部之间隔有一个小的阶梯平台，而在其南立面与北立面上，塔基则与踏道直接相连。塔身又可分为基座（散水）、塔身、檐口三部分，而依其平面位置的差异又可以分为中厅、过厅和抱厦等。塔身及其檐口部分皆以尺寸不等的砂岩石块砌筑，砌石之间未施以粘接材料，水平分缝的贯穿位置略有差异，而竖向分缝则无甚规律可循。假层坐落于中厅的檐部之上，其平面呈逐级向内收分缩进的方形。假层的形制与塔身主体相类似，四面皆辟为假门，假门的两侧设有壁柱，其上部施以门楣及山花。塔顶即为五塔的中厅、过厅及抱厦之上的屋盖部分，其构造皆施以叠涩拱逐级向内收进，五塔现存的塔顶部分残损甚多。由于残损严重或未完成的缘故，王塔的塔刹也已不存，但在须弥台顶部地面仍发现有类似塔刹残件的石构件数块。

2.3.2.2. 塔门

茶胶寺、八座塔门根据平面构成、门道数目、山花排布等不同情况可以分为Ⅰ型（东

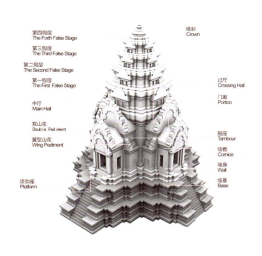

图 2-9 中央塔殿建筑组成及构件定名

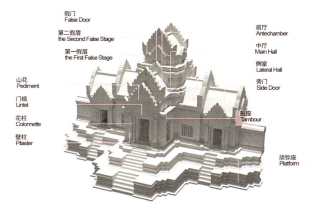

图 2-10 塔门建筑组成及构件定名

塔外门和西外塔门）、Ⅱ型（南外塔门和北外塔门）、Ⅲ型（东内塔门）、Ⅳ型（南内塔门和北内塔门）、Ⅴ型（西内塔门）等五种类型；若以塔门整体平面布局形式划分，则可将其分为"一"字形、"丁"字形、"十"字形等三种形式。其中，塔门的平面布局皆可分为五种基本空间单元：主厅、内侧室、外侧室、过厅、抱厦，这些空间单元进行组合而构成形制各异的塔门。建造塔门的建筑材料主要以砂岩为主，另外还应包括局部用于砌筑塔门屋顶的红砖、塔门基座内部填充的角砾岩以及制作门扇或室内装修的木材等（图 2-10）。

作为进出庙山的通道，各座塔门亦构成重要的祭祀空间，其主厅内部通常奉祀林伽或神像。八座塔门之中，东侧塔门坐落于庙山正面，地位显赫且等级最高，因而建筑形制亦最为复杂。虽然各塔门的等级形式并非对称一致，但整体而言，外塔门的体量皆大于内塔门。例如，东外塔门（Ⅰ型）为十字形平面，面阔五间为 14.93 米，进深为 9.09 米，前后各出抱厦一间，中厅与南北两间内侧室相连，内侧室的两侧则为南北外侧室各一。而东内塔门（Ⅲ型）仅在其内侧出抱厦一间，其外侧仅以双层山花叠置取代抱厦；至于南北两侧的塔门，Ⅳ型的内塔门正面皆施以双层山花叠置，而外塔门（Ⅱ型）的正面山花则为单层山花。由此可见，内塔门的规制等级似乎略高于外塔门。

构成各座塔门的核心是主厅及其上部空间，逐层收进方形平面的假层直接砌筑于中厅四周墙体之上，主厅入口门楣施以两层叠涩拱支撑。由于叠涩拱的外侧被门楣所遮挡，根据现存榫孔推测叠涩拱内侧原应为木板覆盖。另根据主厅入口门洞抱框表面残存的榫孔痕迹，亦可推测塔门原先应设有木制门扇。塔门的抱厦、内侧室及外侧室的作用虽为次要，但也皆施以叠涩拱顶覆盖。内侧室的叠涩拱并未直接坐落于墙体之上，而是由从墙体檐口收进的鼓座承托。外侧室山墙则以壁柱支撑其上部的山花及假门，其内侧以花柱及粗凿门楣作为装饰。

茶胶寺塔门形制或许是在其原有的十字形平面木构寺门基础上，将主室中央的屋顶部分以逐级收进的"假层"从而构成塔殿的立面形象，这种形制可能是茶胶寺庙山建筑的创制之一，而至茶胶寺庙山之后巴方寺的塔门，塔殿的形象则更为典型完整，逐层收进的塔身完全以莲花宝顶作为收束。

2.3.2.3. 藏经阁

藏经阁位于茶胶寺庙山第二层基台（庙山内院）东侧，沿庙山东西向轴线南北两侧对称设置，按其位置分别称其为南藏经阁与北藏经阁。从整体风格来看，两座藏经阁形制相同且保存状况类似，其空间布局、使用功能及创建年代等大致相同。

藏经阁平面略呈"凸"字形，其整体布局自西至东依次分为抱厦、主室、门头三部分（图2-11）；自下至上则可划分为基座、墙体、拱顶、顶窗及屋盖五部分。以北藏经阁为例，其基座东西向长度为12.5米，南北向长度为7.91米，其最高点至第二层基台为6.48米；抱厦东西向长度为1.53米，南北向长度为1.89米；主室东西向长度4.91米，南北向长度3.01米，

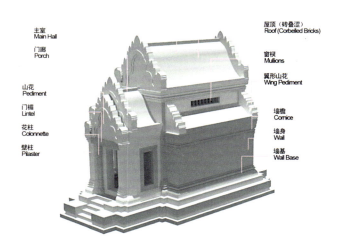

主室 Main Hall
门廊 Porch
山花 Pediment
门楣 Lintel
花柱 Colonnette
壁柱 Pilaster

屋顶（砖叠涩）Roof (Corbelled Bricks)
窗棂 Mullions
翼形山花 Wing Pediment
墙檐 Cornice
墙身 Wall
墙基 Wall Base

图2-11 藏经阁建筑组成及构件定名

残高约 5 米。

藏经阁基座以砂岩石材砌筑，可大致分为三层，尺度逐层向内收进。基座之西侧以五级台阶与抱厦的西入口相接。藏经阁西侧抱厦是进出藏经阁的唯一通道，其面阔进深皆为一间且尺度远逊于主室。主室南北两侧墙体顶部分别设有两层檐口，底部檐口为半筒拱形的曲线屋面，上层檐口之基座矗立于一层拱顶之上，在其正中皆辟为横向高窗，窗框之间设以 9 根雕饰线脚的圆柱形窗棂，现上部的各级山花及顶层屋盖部分皆已不存。

藏经阁东侧门头外侧实为假门雕饰，其立面线脚与雕饰仅是初具雏形，其上的门楣及各级山花皆已不存，仅余部分花柱残迹；东门头内壁凿有一个平整的壁龛，其边缘以三叶拱状雕饰与两条带有两条平条线脚镶边的"S"形线交汇，平条线脚并未超过壁龛之厚度。

另外，藏经阁主室入口门框上残存有可供安装双扇门的凹槽，门框之上砌为两层的斜撑拱顶，拱顶内部未设安装横向支撑的凹槽。抱厦内门两侧施以两根花柱支撑装饰性门楣。抱厦南、北侧窗框之上的檐口雕饰包括：两条平条线脚镶边的板条，凹圆线，逐层凸出的两条平条线脚，"S"形线，逐层凸出的两条平条线脚，扁平束腰等。抱厦的西侧入口并未预留供安装门扇的凹槽。抱厦及主室的地面皆以砂岩石块铺砌，抱厦地面标高略低于主室。

2.3.2.4. 长厅

茶胶寺的四座长厅分别位于第一层基台（外长厅）与第二层基台（内长厅）的东北角及东南角。南北长厅皆沿庙山东西轴线对称布局，由门廊、主厅、后室三部分组成（图 2-12），后室的高度相比门廊和主厅略低。长厅屋顶覆盖由屋架支撑的瓦，屋架由两根 45° 倾斜的骨架

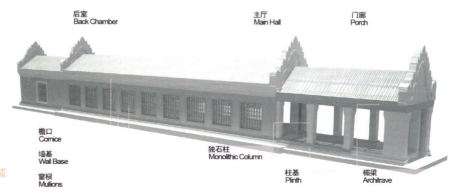

图 2-12 长厅建筑组成
及构件定名

后室 Back Chamber　主厅 Main Hall　门廊 Porch
檐口 Cornice
墙基 Wall Base
窗棂 Mullions
独石柱 Monolithic Column
柱基 Plinth
楣梁 Architrave

构成。主厅两侧开窗，窗框为单层砂岩结构，四边为八字形斜交，有榫槽相互插接。窗框内安装圆柱形雕饰窗棂 7 根，皆为整块砂岩雕刻而成，窗棂两端有榫头（窗框上有榫槽）并有复杂的分层线脚装饰。

外长厅的南北通进深约为 27 米。通过抱厦向东塔门敞开。门廊进深三间，三面开敞。抱厦正门两侧皆立有八边形花柱一对，花柱上刻有浅浮雕纹饰；花柱及门框石支顶上部厚重的门楣，门楣之上立有山花。各柱头皆无雕刻，柱础仅以砂岩条石相连并刻有线脚。主厅东西两侧各设 9 扇明窗连续排列构成一个长方形空间。各间窗框上是雕有线脚的墙檐，墙檐上部的结构均已塌落。主厅正门框两侧设有壁柱，门框上方的门楣及山花皆无雕饰。后室进深及面阔皆为一间，与中厅连接入口处设有门框，未设花柱；两侧墙中央各辟有明窗 1 扇，7 根窗棂形制与主厅相近但尺寸更小。主厅屋架曾由八个落在窗侧柱上的桁架支撑。门廊、后室的屋顶则只落在两个桁架上。

内长厅建筑布局与外长厅大致相同。南北通进深约为 17 米。抱厦面阔一间，进深两间，三面开敞。主厅入口设有壁柱及门框，门框上方门楣素面无雕刻。主厅墙壁施以单层砂岩石块砌筑，墙身分墙基、墙身和檐部三段，墙壁中央辟为明窗一扇。窗框上有带线脚雕刻的檐部。檐口上部已基本全部塌落，惟有后室入口墙壁之上残存的山花较为完整。山花由三层砂岩石块堆砌组合而成，其表面的雕刻仅为粗略的轮廓并未完成。后室入口设有抱框且不设壁柱，西侧墙中央也辟为明窗一扇，形制与主厅窗相近但尺寸更小。

2.3.2.5. 回廊

回廊坐落于庙山第二层基台之上且环绕其四周，回廊内侧朝向庙山内院敞开，各面均不设进出回廊的专门通道或路径。回廊东西两侧分为 26 间，东西内塔门的南北两侧分别设有 13 间；回廊南北两侧分为 29 间，南北内塔门之东侧为 19 间、西侧为 10 间。

回廊在朝向庙山外院一侧的开间辟为假窗，每窗均施以 7 根圆柱形雕饰窗棂。若以外立面计，假窗的开间数目与其朝向庙山内院一侧并不相同，东立面与西立面在相应内塔门的南、北两侧皆分为 15 间，南立面与北立面在相应的内塔门东侧分为 21 间，西侧则分为 12 间。回廊的窗框构件，施以八字形插榫进行拼接，或可看出这种连接方式来自木结构技术的源流。回廊的四个转角处分别设置角楼一座，形制较为特殊，从中尚可看出早期砖砌塔殿样式的源流，各座角楼的残损甚为严重，目前仅存大致轮廓及其残迹。

回廊的构造方式与长厅多有相似之处，依其立面可以分为基座、墙身、屋顶等三部分。因回廊平面相对简洁，故基座仅由规格不一的角砾岩石块砌筑堆叠而成；墙身则可以分为墙基、墙体、窗及檐口等四部分，檐口之上的端头瓦仍有少量存放于原位，是研究回廊形制源流与变迁弥足珍贵的实物遗存。由于回廊的屋顶部分皆已不存，其形制究竟是砖砌叠涩（西外塔门与西北侧回廊交接处的檐口之上残存少量红砖遗迹），还是砂岩叠涩拱尚且无法进行准确辨别。

2.3.2.6. 装饰

（1）花柱

花柱不仅具有结构上的作用，支撑上部门楣；也是高棉建筑的重要装饰部件，花柱形式的演变成为建筑风格判断的重要指标。茶胶寺花柱多数仅仅进行了线脚的雕刻，而后期的纹样雕刻在工程停止的同时也停止了。在雕刻较为完整的花柱中，如图 2-12 的装饰主题的大量涌现，这种被称为"花萼"（stem with leaves）的装饰纹样（图 2-13），所描绘的是一种由植物花瓣和缠枝卷叶（foliage）组合而成花萼状的装饰性图案，多见于花柱和山花的雕饰。这种花萼式样的装饰纹样"也许在公元九世纪初的高棉雕塑艺术中即已初露端倪，但其形式尚较为粗糙模糊以至于难以确认。此后，类似的装饰纹样却一度沉寂消失，然而在大约沉寂了近半个世纪之后，这种以花萼为主题的装饰纹样却突然回归于女王宫异彩纷呈的雕刻之中且随处可见。因此断定茶胶寺始建年代可能大致介于女王宫之后，皇宫塔门之前。

（2）山花

茶胶寺保存完整的山花主要集中在塔门（图 2-14）。由于塔门山花的设置具有很大灵活性，与其他结构的交接情况亦不相同，因而出现了诸多类型的山花，山花尺度的不同则又进一步导致其装饰内容的变化。由于山花结构的不稳定性，

图 2-13 茶胶寺"花萼"纹样

图 2-14 茶胶寺塔门山花

大多已经塌落，通过现场调查情况来看，塔门山花多由三至四层砂岩砌石雕刻组合而成。山花底层砌石厚度较大，两端边缘部分雕刻蛇神那伽（Naga），蛇神顶端略凸出部分以承托山花第二层砌石，其厚度与第一层相近，边缘则为卷叶蔓草雕饰。山花顶层多以茎叶雕饰且高度较高，也最易坍塌损毁。在寺庙范围内，也发现了很多山花的散落构件。山花的装饰构件也是判断建筑风格的主要指标。

2.3.2.7. 雕像

茶胶寺的雕像大部分保管在如吴哥保护中心、暹粒博物馆等处，现场可见的仅有二层基台上的 Nandi 和一些神像基座散块。

根据考古清理时所拍摄的老照片来看，发现于茶胶寺范围内的雕像年代历经前吴哥时期（pre-ankorian），巴肯风格时期（Bakheng style），贡开风格（Koh Ker style），吴哥窟风格（AngkorWat Style），一直到巴戎风格（Bayon style）。

3. 茶胶寺及周边考古调查与研究 [①]

茶胶寺建筑整体与环境，尤其是建筑组群修复设计需建立在对各类建筑单体进行复原研究的工作框架之下。因此，茶胶寺建筑群各组成部分及环境复原研究是考古工作的基本目的。为满足茶胶寺庙山建筑修复设计对考古资料的技术需求，茶胶寺考古工作内容主要包括以下几个方面：

一是全面考古调查。通过对茶胶寺庙山建筑及其周边附属设施的田野考古调查，包括对现存碑铭拓制和石雕刻分类统计，较为全面地描述寺庙遗产构成、保存现状和保护问题。

二是重点考古勘探。以茶胶寺壕沟、水池、散水堤坡和庙山基础等整个寺庙建筑纟群及周边区域为勘探对象，逐一选择重点区域钻探，了解地下堆积和埋藏情况。

三是区域考古发掘。吴哥古迹寺庙大多是以深度为中轴线的对称布局结构，因此对茶胶寺的考古发掘主要选择神道以南的庙山主体建筑东南区域，分别对神道、南池、壕沟、散水、排水孔道等组织单元进行局部发掘和集中清理揭露。另外，北桥及北壕沟东段作为揭示路桥和壕沟转角结构的地段，额外选择两处地点布方发掘。

---

① 该章节节选自：柬埔寨金边皇家艺术大学，柬埔寨吴哥古迹保护与发展管理局，中国政府援助吴哥古迹保护工作队，中国文化遗产研究院，编著. 柬埔寨吴哥古迹茶胶寺考古报告 [M]. 北京：文物出版社，2015

图 3-1 2013 年，国家文物局副局长童明康现场视察茶胶寺考古修复工作

在前期调研、勘察的基础上，从吴哥古迹的整体调研入手，由茶胶寺周边的全面勘查深入到茶胶寺调查与发掘的考古工作思路。采取田野踏查、考古勘探、发掘保护、探地雷达探测、科技检测等相结合的工作方法，以期达到为茶胶寺保护修复工程设计提供考古基础支撑和深入研究的工作目标（图 3-1）。

3.1. 既往考古研究工作

柬埔寨是东南亚考古学的一个关键地区，其考古工作已有一百多年历史，早期的考古调查工作大部分都是由法国人主持开展的（图 3-2）。虽然茶胶寺最早由谁发现已不得而知，但茶胶寺的再发现、考古清理发掘与测绘研究时至今日已有 150 余年的历史。1922—1923 年 H. 马绍尔指导清理发掘了包括东神道、南北池、壕沟等遗迹在内的茶胶寺建筑群遗址，此次清理出了大量的土，并对散落石构件进行了整齐的码放，基本理清了茶胶寺的建筑概貌。1923 年 H. 马绍尔和 G. 特维鲁调查了茶胶寺东南塔殿遗址，该塔殿与茶胶寺庙山建筑的塔殿很相似。1929 年 H. 马绍尔在清理茶胶寺时发现茶胶寺东遗址、茶胶寺东北二号遗址，1936 年又发现了茶胶寺东北三号遗址。

关于茶胶寺及其周边遗址既往考古工作成果主要有，雅克·杜马西以庙山建筑为主的研究，G. 克戴斯等对茶胶寺东内门和东外门残存古高棉文碑刻铭文所作的辨认与调查研究。根据法国远东学院保存的考古日志、月报、年报及大量考古现场照片来看，20 世纪 20 年代，法国远东学院将茶胶寺二层台基上覆盖的泥土、碎砖、杂树全部清理，将散落石构件暂时进行了安置，并对周围环境及庙山建筑内局部基址进行了考古清理发掘，这些资料在《茶胶寺：寺庙的建筑研究》等著作中已有所公布。以上有关茶胶寺及其周边遗址的既往考古工作，除了雅克·杜马西以庙山建筑为主整理出版的研究成果外，其他正式的公开出版物中仅简单提到部分遗址。所以，有必要以茶胶寺庙山建筑为中心，开展对包括其周边遗址在内的古建筑群的详细调查、勘探和发掘，采集地表遗物，整理资料，助力修复工作开展。

图 3-2 二十世纪初法国进行茶胶寺考古发掘旧影（图片来源：法国远东学院）

3.2. 茶胶寺考古调查工作

茶胶寺建筑群及其周边田野考古调查工作，围绕修缮工程初步确定了包括北壕沟桥涵在内的五处主要遗迹作为考古勘探与发掘对象。在庙山一层平台、北池东北角、北门外东侧、北桥涵北侧、北门外西侧、庙山建筑内等区域地表采集标本 114 件，包括陶器、釉陶器、瓦、瓷片、石雕像、建筑构件及金属残器等。另外，在茶胶寺北外塔门外西侧 100 平方米范围内进行了区域系统遗物采集和分类统计分析，了解到该区域地表散见遗物中，绝大多数为建筑雕刻废弃的石料碎片，其次为本地陶器和中国及越南瓷器残片。在茶胶寺一层台和二层台的回廊窗框、长厅、四座外塔门框以及南北藏经阁等建筑表面，或浅或深刻有多处图像，即线刻画，调查发现共 20 处。时代不能明确判断，推测从寺庙建造和废弃之后直至近现代的作品都有，内容包括人物、动物、火焰、几何图案等，大多为随意之作，也反映了茶胶寺未完工的性质和使用及废弃后的保护管理状态。这些考古调查工作成果不仅推动了对茶胶寺建筑历史、寺院结构布局和建筑群遗址丰富内涵的深入研究，也为保护修复设计方案提供了较为翔实的考古依据。

图 3-3 考古工作组成员开展勘探工作 　　　　　　图 3-4 考古工作组成员选定发掘区域

3.3. 茶胶寺考古勘探工作

　　为进一步选择重点区域清理发掘奠定基础，在茶胶寺考古调查工作结束后，选定庙山建筑一层台、二层台、三层台以及散水、神道、壕沟等需要深入勘探的区域进行钻探，开展考古勘探工作。了解茶胶寺周边地层性质、遗址分布范围和地下埋藏堆积状况（图 3-3）。

　　考古勘探工作根据茶胶寺建筑群的遗产构成特点、现场保存场地的基本条件以及保护修复工程技术要求，在遗址环壕以内共选择布置 22 个勘探点，大部分都取得了较全面的地层堆积数据和信息。主要采用探铲竖直钻探布设的成排探孔的手段，对所钻探的每个探孔依土质土色和包含物的不同划分地层，对多个探孔构成的每处钻探点综合划分地层并推测埋藏遗迹，从而综合把握建筑群相关组成部分的埋藏状况，并为局部考古解剖和发掘提供基础资料。结合考古钻探发现庙山主体建筑一层台外围基础为角砾岩石板砌筑，且仅为凸出台基底部的一层，高度与散水表层持平，普遍被砂土覆盖。庙山外东南角散水的铺砌结构并非从外围墙基下向外四周平铺一层，而是从里向外存在宽窄收分和高低分布的台阶。东南角散水拐向南面向西侧延伸后，并非现有地表可见的 8 米多长度，而是继续向西分布，推测绕庙山外围地坪的散水为一周。

　　此外，勘探发现茶胶寺庙山主体建筑的地基与基础建筑形制存在一定区别，具体为：第一层须弥座基础坐落于由天然和人工回填组成的地基土之上，须弥座外部四周石墙由红色角砾岩块石砌筑，内部充填细中砂，顶面铺砌 1~2 层红色角砾岩条石，同时内部夯筑的细中砂层作为第三层须弥座的地基；第二层和第三层须弥座基础结构与第一层须弥座基础结构类似，但第三层须弥座石砌墙体材料除角砾岩块石外，墙体外侧包砌一层砂岩块石。

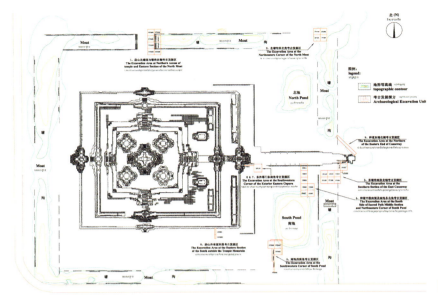

图 3-5 考古发掘探方平面布设图

3.4. 茶胶寺考古发掘工作

根据茶胶寺保护修复工程的方案设计需求，在对茶胶寺进行地面考古调查的基础上，结合探地雷达对茶胶寺基础物探的结果，通过普通钻探和重点区域的勘探，选择北桥、壕沟东北角、南池、散水、神道、壕沟东南段、庙山一层台外围基础等 8 处为重点发掘区域（图 3-4、5）。

茶胶寺考古发掘按象限分区，主要采用 5 米 ×5 米探方发掘法，并在局部兼用 1 米或 2 米宽度的探沟开展清理发掘。实际发掘面积共计 753.65 平方米，清理发现了神道、壕沟石砌筑护岸等重要遗迹，采集了大量陶瓷器、石雕及其他遗物标本，对茶胶寺建筑群北桥遗址等组成部分的布局结构及地下埋藏状况有了较为全面的把握和认识，为保护修复方案设计和展示利用规划提供了较为翔实的考古数据和实物依据。

3.4.1. 庙山一层台外围基础发掘

项目组在茶胶寺庙山一层台外南面东段布设南北长 8 米、东西宽 1 米的探沟。从发掘结果来看，南、北两段暴露出完全不同的两类遗迹现象，分别属于角砾岩石板砌筑的庙山台基基础和散水台阶（图 3-6）。从这两类石构造遗迹的布局结构和所处位置分析，在距北部角砾岩石台阶 3.4 米的南侧砌筑角砾岩石台阶数级，中间未发现任何铺砌结构，仅为砂土夹杂瓦片填充，起不到稳固庙山基础的作用，与庙山基础石板结构不连续，也形不成连续的散水构造。因此，所谓散水的石台阶遗构究竟属于庙山主体建筑的散水设施，亦或隐含当初设计建造的其他理念，这一点不得而知。

庙山主体建筑南面东段基础解剖清理发现砂土层之上错缝平砌两层角砾岩石台阶而成，其上则为出露地表的砌筑呈须弥座式的角砾岩石板台基外墙体。基础最下层角砾岩石板外端面不规整，各石板凹凸不齐，露出部分较宽。从第三层包含大量角砾岩碎粒分析，最下层基础石板外端不规整应是长期受雨水侵蚀而形成的残损。

本次发掘揭示了庙山基础与南侧散水的分布范围和结构关系，结合地表残存状态和1923年吴哥古迹保护中心清理发掘所暴露的散水上部4级台阶，探明庙山南面东段的外围散水自东南拐角向西分布，与东神道南侧台阶和庙山东面南段散水台阶连为一体，亦呈台阶状。已解剖露出6级角砾岩石台阶，经钻探下部仍存在角砾岩石台阶，但南部地表生长有较密集的大树，故未继续向南扩方下挖。另外，散水第2级台阶以南堆积坚硬，包含较多釉面瓦、素面瓦残片。散水石台阶高38~45厘米，宽30~36厘米，台阶表层暴露角砾岩石板全部，长73~80厘米、宽40厘米、厚45厘米。

3.4.2. 北桥与壕沟遗迹发掘

茶胶寺北桥与壕沟遗迹发掘清理出北桥东半部分及壕沟遗迹，壕沟底宽2.5米，向上逐层增宽，口宽10.6米。壕沟中淤土埋藏深达2.5米，文化堆积可分出15层（图3-7）。壕沟西、北、南三面护岸的石砌筑台阶轮廓清晰，结构较为完整。其中，西侧护岸由砂岩和角砾岩错缝平砌成16级台阶状，而南北两侧护岸顶层砂岩以下的角砾岩条石滑落和浸蚀粉化严重，保护较差，第7层以下保存较为完整，推测与西护岸同样砌筑为16级台阶状。从整体保存状况来看，护岸上部砂岩与下部角砾岩保存完好，而中部角砾岩受渗水侵蚀而粉化较为严重。在最下层石台阶的外表，即壕沟内侧迎水面，使用白膏泥贴护，宽10~12厘米、厚度约为30厘米（图3-8）。所谓白膏泥即微晶高岭土，具有很强的吸湿性，能够防止角砾岩长期渗水粉化，也可以阻止水渗透到石台阶下部及里侧而遭受掏蚀，进而坍塌崩落。从现场发掘来看，白膏泥土质非常致密硬实，应属石灰混合而成的夯筑泥土。该发现在吴

图3-6 庙山外南侧南外塔门东基础与散水结构

图3-7 北桥东侧石砌壕沟护岸及埋深

图3-8 东侧壕沟底部白膏泥遗迹

哥古迹以往相关寺庙壕沟、池塘等遗迹发掘中还没有过。

通过发掘确认了茶胶寺北桥及壕沟的相互关系，对桥及壕沟的布局结构、工艺特征、埋藏状况等也都有所掌握。从这次对茶胶寺北桥东半部分及壕沟的阶段性发掘成果来看，壕沟遗迹的埋藏较深，石构建筑遗迹保存较好；整体砌筑工艺表现为表层平铺一层砂岩，其下大部分为规格大小不等的角砾岩错缝平砌而成，护岸坡度匀缓。通过调查和发掘，对北桥的设置意义有了较为深入的认识。通过对茶胶寺周边遗址特别是壕沟北、南部外围遗址的调查，参考已有资料成果，结合本次考古发掘未发现桥洞的结果，可以认为茶胶寺西、南壕沟上不存在通道，而东面有神道与外部相通，北面有路桥存在，所以北桥（或称北通道）的主要功能应当是向北与大吴哥城和东池通道的连接线，是茶胶寺与周边交通的主要通道。

此外发掘工作还纠正了一些资料和认识的不足。对于北桥遗迹，据探地雷达物探结果，北门外壕沟遗址地下存在一处东西向单孔石质桥涵。从这次发掘揭露结果观察，可以确定不存在这种所谓的一处涵洞遗迹现象，仅为通过南北横跨壕沟的一处连接通道而构成十字相交的关系。因此，壕沟内的水源及内外流通的进出口应当设置在其他位置，东门外神道与壕沟相交的南北方极有可能是寻找南北池及壕沟蓄水流通的地点和范围。地质雷达物探等空间信息技术的应用应当与考古发掘结合，才能共同解决遗迹的真实埋藏状况，提供可靠的实物资料。另外，据法国人雅克·杜马西发表资料，环绕庙宇的整个周边壕沟护岸共约8级砂岩或角砾岩石台阶，但本次考古发现为16层，无疑纠正了此前工作的不足。

3.4.3. 神道与散水发掘

茶胶寺东神道宽11.5米，南北两边表层即第一层角砾岩铺地石的外缘与东外塔门的南、北侧门中线相对。茶胶寺神道与巴方寺、周萨神庙等寺庙干栏式高架神道结构类型不同。茶胶寺神道没有干栏式立柱，而是将神道南北两侧砌筑成台阶状，且南北不通透，再在表面铺砌一层角砾岩石板，南北两侧近边缘处竖立两排东西向石灯柱（或称列柱）。

从现存地表遗迹看，角砾岩散水砌石分布于庙山东侧，以神道为中轴线南北对称分布，且与冲道南北两侧台阶连为一体。但是，从庙山外东南部和东外塔门外南侧探沟解剖结果来看，庙山一层平台外基础砌石南距散水表层台阶近4米，东外塔门外南侧一层平台外基础砌石东距散水表层台阶近8米，中间无任何铺砌石材，仅为回填土堆积，结构松散，似乎不能有效疏导和缓解来自庙山的雨水冲刷，这或许是茶胶寺建造工程未完成的又一个例证。

对于茶胶寺神道与散水的考古发掘，取得了对神道和散点遗迹结构布局及工艺特征的全新资料。在编号IT0811、IT0810两探方中共清理出神道南侧护岸13级角砾岩石砌筑台阶，各

层台阶砌筑规整，石块保存完好。自表层至底部总高度 4.5 米，南北延伸宽度 4.4 米。每层台阶高度 0.31~0.4 米、宽度 0.27~0.39 米不等。现存神道南侧角砾岩石边缘至南池北堤坡约 15 米。结合对现存南池西南角和东北角堆积的解剖，从神道遗迹暴露的石砌台阶以及庙山东南部外侧石砌筑散水遗迹初步判断，早期南池与神道应连为一体，后来由于庙山修筑过程中的石料废渣及沙土填充而缩小，但没有发现范围缩小后的南池四壁砌筑石台阶护岸的现象，仅为地层平缓的沙石土夯筑堆积，寺庙废弃后及重新被发现后的扰动沙土堆积逾使南池面积缩小。因此，南池存在这样的大致三期主要变化，其池壁结构与范围以及和神道、壕沟的关系基本明了。

对于东塔门外神道与散水交汇处的发掘，可清晰地看到十三级角砾岩台阶（图 3-9）。其中，神道南侧表面铺砌角砾岩石板层，整体东西向排列整齐，共砌筑 12 块，保存较完好，边缘局部剥落。探方内西侧及散水之上散落较多角砾岩石块，东北及中东部南段亦散见几块角砾岩石板，应为后期人为搬动所致。散水北部即东外塔门外东南角与神道相交拐角亦铺砌角砾岩石板层，残存 4 块，整体呈南北向砌筑，而中南部数块残缺，推测可能长期受西侧庙山一层台基开设的一处排水孔所排雨水冲刷而剥落。整体来看，除西坡表层角砾岩石存在不同程度的剥落残损外，其下 12 级保存完好。自石台阶第 13 级表面至第 1 级表面，总高度 4.13 米。每层石台阶高度与宽度略有不同，除第 1 级高 40 厘米、宽 75 厘米外，其余高约 33~35 厘米、宽约 34~40 厘米。

本次对神道南坡护岸的发掘，补正了修复设计中绘制较为随意的 6 级台阶，也纠正了有些专家推测的 3 级台阶和法国人考古资料中 12 级阶梯的结论。13 级角砾岩石砌台阶护岸的发现，不但弥补了此前数据的不足，也为保护修复设计研究提供了真实依据，对神道护岸结构的了解和认识是一次

图 3-9 东外塔门外东南角散水与神道交汇区砌筑结构和工艺特征（上）

图 3-10 神道与南池石砌筑台阶及埋深（左下）

图 3-11 神道南侧 13 级角砾岩石台阶（右下）

较大的突破。另外，地表残存神道上灯柱、矮墙及边缘砌石现象，结合 13 级台阶的清理解剖成果，对解释神道与南池的关系以及神道表面本身的石砌筑结构性质无疑具有重要价值。

神道南侧护坡 13 级角砾岩石台阶砌筑规整（图 3-10、11），第 2 级以下无粉化剥落和坍塌，石板边缘棱角分明，完整如初，基本无损，说明砌筑完成后在较短时期内即被填埋。护岸以南堆积土层平缓，可分出两大期变化，晚期堆积为人为填土，地层中的包含物较混乱，长期淤积而使南池缩小，为 20 世纪初法国人清理神道的回填土；下层的早期堆积新性高，掺杂较多角砾岩和砂岩石粉末。据此推测当初设计和砌筑建造的神道与南池应是通过石台阶连为一体，而后来在神道南侧堆积砂土，使南池变小，在晚期南池北部与神道间形成一南北宽约 15 米的空旷平台，范围较开阔。靠近东外塔门的神道南北两排石列柱的内侧残存角砾岩条石砌筑的逐层收分矮墙，结合原有神道与南池护岸连接一体的结构特点，推测这些石墙应为神道始建当初的遗存，而且具有增添神道结构设计美观度和防止水池中溢水漫淹神道及安全保护的双重功能。

3.4.4. 南池发掘

对南池遗迹的解剖发掘，主要选择南池西南角和东北角两个发掘区域，旨在通过西南至东北的对角解剖，了解南池的分布范围、结构布局、砌筑工艺特征和兴废过程等（图 3-12）。

通过对Ⅳ T0302、Ⅳ T0402 的解剖表明，地层堆积均为南池护岸石台阶粉化及台阶基础受雨水冲刷搬运而形成的砂土沉积，大部分区域台阶结构不明显，仅在Ⅳ T0402 西北部存在较厚角砾岩碎粒堆积，应为台阶结构。但是，通过对探方隔梁开挖探沟的解剖结果来看，南池西南拐角堆积没有发现角砾岩和砂岩石板砌筑的台阶护岸，仅存在明显的砂土夯筑缓坡度台阶基础。这些清理解剖结果可以说明，南池南护岸与西护岸无石砌台阶，而是逐层降低并向池内延伸的角砾岩、砂岩碎粒混合夯筑堆垒的砂土护岸，这应为茶胶寺未整体修筑完工的一个重要的考古证据。

据雅克·杜马西所记，1920—1922 年在南池东南角、北池东北角发掘，池深分别为 4.8 米、4.2 米，南池西壁和北壁存在 12 级石台阶。经钻探和解剖发掘，与实际情况基本相吻合，但所谓 12 级石台阶的池壁应属回填之前的南池，即与神道和散水共用的石砌筑护岸。对南池东北角和西南角的发掘结果表明，南池的实际分布范围和面积与雷达探测结果存在一定出入，上口南北长约 45~46 米、东西宽 25~26 米，底部南北长约 39~40 米、东西宽约 19~20 米，而堤坡内自上表面至底部的延伸宽约 4 米、高约 3~4 米（图 3-13）。北堤坡距神道 20 米，西堤坡距散水 14 米，加上散水距离庙山一层台东壁 11 米，南池西距庙山一层台东壁 25 米。南壕沟上口宽约 10.6 米，南池与南壕沟之间的共用堤岸宽约 15 米。这些数据是指南池分别从神

图 3-12 南池西南角内堤发掘情况

图 3-13 南池东北角发掘情况

图 3-14 东壕沟排水管道

图 3-15 东壕沟石砌筑护岸发掘情况

道南侧和散水东侧回填缩小后的分布范围，即第二期或者说第二阶段的池内范围。现存地表可见，神道与南池之间堆土范围大、埋藏厚度深，说明茶胶寺工程整体未完工，所以水池中堆土未及清理。

南池从大到小的演变明显存在两个过程，大致可分为三个阶段：第一期是建造之初，设计为神道、南池、庙山东南散水连为一体，砌筑形成13级石台阶，南池西、北石台阶分别与庙山外散水及神道相连，范围最大；第二期为庙山营建过程中，改变了最初的建造设计思想，在南池与神道之间逐渐堆积角砾岩、砂岩废料碎粒及砂土，填埋台阶，使南池面积缩小，与神道之间形成约15米的平台间距；第三期是自10世纪末、11世纪初庙山及周边组成建筑群相继停止兴建后，逐渐形成堆土，尤其是20世纪20年代以来法国人清理庙山一层台及神道积土并翻倒在神道与南池之间的平台上，土质明显疏松，堆积混乱无序，地层不平整，形成矮土梁，使得南池缩小变浅。南池逐渐缩小变浅的另外一个原因即不断的雨水冲刷使周边土沙流入池中，加之白蚂蚁筑窝堆土等原因，使得南池像北池一样，填埋缩小在不断持续。

3.4.5. 东壕沟发掘

工作组在茶胶寺庙山以东、神道以南区域为中心，围绕南池布设南池西南角、南池东北角与神道间、神道南侧与壕沟南段间三个发掘区，共布设探方25个，布方面积625平方米。通过清理发掘，揭露了东神道、东壕沟南段、南池等相邻遗迹的连接关系和分布范围结构布局、建造工艺，并局部解剖了一处石构排水管道遗迹（图3-14），为探索茶胶寺庙山与吴哥时代水利系统的关联情况提供了较为翔实的参考资料。

石砌排水管道位于东壕沟南段与神道交叉的东南角，呈东北—西南走向，方向北偏东30度，总长度约13米，现残长12米，由32块石板盖顶，其中砂岩13块，角砾岩19块。

西南水口与东壕沟外侧护岸相切，东北水口与神道东端相距约 2 米，水口宽 0.43 米，高 0.6 米。该排水管道遗构是茶胶寺与外界水系关系的主要沟通渠道，从石砌管道的地层堆积和与后述壕沟的位置关系及壕沟底部铺砌石板现象推断，两者为同时期砌筑而成。

在吴哥地区，排水管一般是用角砾岩或砂岩石板自下而上收分砌筑而成。规模大的呈多层石板垒砌的拱券形，规模较小的下部两墩铺石，上面封顶即可。这种在吴哥地区城墙下、壕沟边等方位设置的通水设施，与中国宋元时期的水关是一样的功能，砌筑工艺基本相似。

另外，茶胶寺壕沟排水管道相较于小吴哥壕沟通水口及大吴哥城城墙水关，在砌筑工艺方面更为粗糙。但是从设置方位来看，茶胶寺仅在东壕沟南段发现排水管道，基本与吴哥古迹寺庙中大部分的引水、排水设施一致，表现为从寺庙东北部引水和排水。茶胶寺庙山主体建筑砌筑石板下的基础和内部为砂土，遇水黏结性好，而干旱时石板则会出现松动，所以，水池、壕沟中的水通过毛细作用渗透到庙山基础内部砂土中，起到稳定作用。壕沟中的排水和引水孔同样十分重要，具有排水和引水两个功能，对保持旱、雨两个季节期间壕沟内蓄水稳定具有良好的调节作用。

此外，对于神道南侧的东壕沟北端清理解剖发现，北、东、西三面均为砂岩和角砾岩错缝平砌的 15 级台阶构成（图 3-15），底层平铺一层大小规格不等的角砾岩石板，使整个壕沟护岸形成 16 级，与北壕沟发掘出土者极为类似。其中，壕沟北侧面护岸上部 4 级为规格较大的砂岩砌筑，其下 3 级因雨水冲刷而大部分无存，仅存基础，再下 8 级均为角砾岩平砌而成。

3.5. 茶胶寺周边遗址考古工作

茶胶寺周边分布着一些与其密切相关的石构建筑遗迹，项目组先后调查了茶胶寺神道正东、东池西堤上的码头平台以及北部的十字平台，茶胶寺东南方向的石塔、西北方向的医院石塔、东北方向的小型石构建筑基址以及南、北部区域的建筑遗迹等。对于围绕茶胶寺四周分布的这 8 处石构建筑，分别编为茶胶寺东遗址、茶胶寺东北一号遗址、茶胶寺东北二号遗址、茶胶寺东北三号遗址、茶胶寺东南塔殿遗址、茶胶寺西北医院石塔遗址以及茶胶寺南、北遗址，其中主要对前 5 处遗址进行了比较全面的考古调查和勘探。

调查涉及的 5 处遗址均位于茶胶寺东或东北侧，其中茶胶寺东遗址、茶胶寺东北一号和二号遗址呈南北向一字排列，自南向北分布在东池西堤中南段。茶胶寺东遗址位于茶胶寺东西中心轴线东侧，西距茶胶寺庙山建筑神道约 380 米，距庙山建筑东外门石台阶约 445 米；茶胶寺东北一号遗址位于茶胶寺东遗址正北 77.5 米；茶胶寺东北二号遗址位于一号遗址北面约 55 米处；茶胶寺东北三号遗址位于茶胶寺环壕东北角外约 50 米；茶胶寺东南塔殿遗址西北距茶胶寺庙山建筑约 300 米。这些遗址中地表散见数量不等的陶瓷残片，尤其以茶胶寺东遗址、茶胶寺东北二号遗址和东南石塔遗址地表暴露陶瓷片为多，且以本地陶器为主，瓷器残片次之，也发现有零星水晶（图 3-16）。

　　茶胶寺东遗址分布范围相对较大，应为一处高台石构寺庙建筑。从采集到的遗物看，主要为陶、瓷器和石构件、水晶等。陶器有素陶器和釉陶器，胎质有夹砂灰陶、泥质红陶和夹砂黄褐陶等，器形有罐、壶、碗等，还有拱瓦和板瓦等陶制建筑构件。瓷器主要是青瓷白瓷，大多数较零碎，器形较难分辨。釉陶器与先前在周萨神庙出土的大致类同，主要施酱色釉，釉面较斑驳，不均匀，纹饰有连弧纹和弦纹等。在遗物中有一圆柱状石构件，可能为石狮子的足部。另外在该遗址还采集到 4 件水晶（图 3-17），可能与祭祀活动有关。茶胶寺东北二号遗址主要遗迹为一处俗称十字平台（或称码头）的建筑基址，其形状大致呈一个十字，东西宽 44.3 米，南北长 46.9 米。在东分叉通往东大池的台阶两侧，原各立有一尊石狮子，现北侧石狮子已从座上倒下，存身体大部分，狮子头部破缺，南侧石狮大部分残缺，仅留一足部的脚趾部分。北侧石狮子底长 86、宽 58、厚 14 厘米，狮身残高 100 厘米，两前足间宽 54 厘米。石狮子底面左上部刻划有一行古高棉文铭文，刻字面积长 49 厘米，宽 9 厘米，约 441 平方厘米，刻字笔画凹进深度 0.3 厘米。约 10 余字，大部分清晰可辨，铭文内容暂未获释读。经查阅，这则古高棉文石刻铭文未见于已公布的相关资料中，可谓本次调查的新发现（图 3-18）。

图 3-16 东神道壕沟出土中国瓷器

图 3-17 东遗址出土水晶

图 3-18 茶胶寺东北二号遗址石狮底部古高棉文铭刻拓本

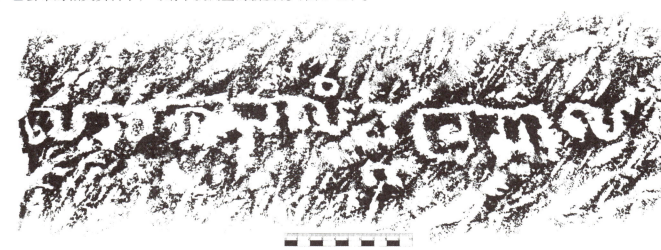

图 4-1 2013 年，国家文物局副局长顾玉才视察茶胶寺修复工作

4. 茶胶寺建筑现状调查评估分析与信息记录

4.1. 岩土工程勘察

茶胶寺岩土工程勘察的目的是为茶胶寺保护修复工程提供基础工程地质以及水文地质资料。经岩土工程勘察与地基及基础结构调查后发现，茶胶寺所在区域地形基本平坦，属于冲洪积地貌；地层上部为填土、人工回填土，下部为第四纪沉积土，主要为粉土质砂及黏土质砂；主要地层的层位分布比较稳定，建筑物基础底面位于同一地质单元同一成因年代的土层上，地基持力层土层分布均匀，属于均匀地基；调查期间地下水位埋深 6.6~8.9m，标高 83.14~85.27m；勘察期间，测得暹粒河河水位为 82.64m，地下水和暹粒河的水力联系是地下水补给暹粒河。地下水和暹粒河河水对混凝土结构及钢筋混凝土结构中的钢筋无腐蚀性，对钢结构有弱腐蚀性。岩土工程勘察未发现不良地质作用，茶胶寺庙山所在场地稳定。

4.2. 建筑材料表面病害现状、成因及分析评估

4.2.1. 病害调查内容及方法

石材表面风化破坏病害主要研究对象为茶胶寺须弥台雕刻的风化破坏。茶胶寺砂岩雕刻由于历史年代久远及热带季风气候等环境因素影响，形成了表面粉化剥落、微生物病害、表面坑窝状溶蚀、风化裂隙、表层空鼓、局部缺失等（图 4-2）。

4.2.2. 病害成因分析

石材表面风化病害是多种因素共同作用的结果。从破坏的原因看，可以分为内因与外因。内因是石刻载体石材自身的组成与性质，外因是指环境因素。各种因素的影响分述如下：

① 表面层片状剥落　　② 浅层性裂隙

③ 表面粉化剥落　　④ 鳞片状起翘与剥落

⑤ 微生物病害　　⑥ 表层空鼓

图 4-2 茶胶寺砂岩雕刻典型病害

1. 岩石特性

茶胶寺建筑材料以砂岩和角砾岩为主，石刻均雕凿于砂岩体上。茶胶寺中所用的砂岩主要是长石砂岩和长石玄武岩。相对于长石砂岩，长石玄武岩的空隙率较小，强度更大，保存状况也比较良好。砂岩强度较高，空隙率较小，在恶劣的环境中仍然容易产生破坏。在热带季风气候环境中，典型的干湿季节交替使砂岩中的空隙不断缩胀并逐渐变大，从而使砂岩强度降低。

2. 环境因素

由于石刻处于自然环境中，各种自然因素都对石刻的风化有影响。根据对茶胶寺环境的调查，引起石刻风化的主要环境因素为水、温度以及浮尘。

（1）水的影响

吴哥处于热带季风气候，雨量充沛而集中。水对砂岩的破坏包括物理破坏和化学破坏。物理破坏是指雨水对石质文物表面的冲刷和干湿交替。强降雨时，雨水冲刷对石质文物表面，对其施加机械冲击力，表现为冲蚀及溅蚀作用。另外，液态水在毛细管力作用下进入岩石内部，由于表面张力的作用，对岩石颗粒产生毛细压力，产生破坏；在温度高到一定程度时，水分又蒸发，蒸发过程如果受到限制，气体产生的压力，也对岩石的孔隙产生破坏。

（2）温度

温差变化对砂岩的物理蜕变过程产生重要影响。从宏观上看，热量从砂岩外部向内部传导。由于砂岩热传导率小，温度变化时砂岩表层比内部敏感，使内外膨胀和收缩不同步，在内部的砂岩和外部的砂岩之间会产生张力。从微观上看，组成砂岩的石英、钾长石、斜长石、方解石等矿物颗粒的膨胀系数也不同，甚至同种矿物的膨胀系数也随结晶方向而变。由于岩石内外部胀缩不一致，导致应力的产生，从而扩大原有裂隙和产生新的裂隙。暹粒地区常年温度高，昼夜温差非常大，温度变化对于石质文物产生较大的风化破坏。高温高湿的环境也有利于藻类、地衣等微生物的生长。

（3）浮尘

主要包括空气运动携带的无机矿物颗粒等，由于石刻表面附着有水分，而且岩石表面凹凸不平，一些来自空气的固体悬浮物在上面沉积，沉积后使表面颜色改变，并且促进生物破坏。

3. 生物因素

茶胶寺微生物包括霉菌、地衣和苔藓等。微生物来自于空气中，由于岩石表面有水分和灰尘颗粒，适合微生物生长，来自于空气的孢子就在石刻表面形成各种类型的微生物。微生物的生长改变石刻的外貌，对表面产生机械破坏，而且在生长过程中产生一些有破坏作用的酸碱分泌物，破坏岩石的胶结物，造成化学破坏。

此外，植物根系的劈裂作用，植物根系腐烂所分泌的酸性物质和动物分泌的尿液、粪便等对石材也具有一定的腐蚀风化影响。

4.2.3. 病害现状及评估

现场调查发现，调查区主要包括植物病害、动物病害、微生物病害、残缺、表面粉化剥落、表层片状剥落、鳞片状起翘与剥落、表面溶蚀、机械裂隙、浅层性裂隙和表层空鼓，共计 11 种石质病害。项目组选定二层须弥台东立面南端为取样调查区域，总面积为 57.9m^2。各病害占调查工作区总面积比例如图 4-3 所示，其中微生物病害分布最广，面积为 26.50m^2；表层片状剥落病害面积为 14.70m^2。另外，浅表层风化裂隙总长达 1626cm。

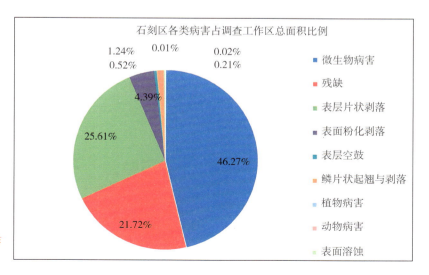

图 4-3 各病害占调查工作区总面积分布比例图

4.3. 建筑结构有限元分析

4.3.1. 高棉拱结构有限元分析

高棉拱是高棉建筑最主要的结构特征，通过高棉拱门结构有限元模型可知（图4-4、5），砌石抗滑移系数越大（即石块表面越粗糙），结构中的应力和滑移都会相应降低，结果趋于稳定。

4.3.2. 塔门结构有限元分析

在不考虑基础不均匀沉降的前提下，有限元数值分析得到重力荷载作用下的各项应力。可以看出，应力峰值与材料强度相比，构件压、拉、剪应力均小于材料强度，只是拉应力峰值与拉应力破坏应力相比，结构有出现开裂的趋势。因此，在无其他破坏荷载作用下，塔门现基本处于稳定的状态，而局部受拉区域有潜在危险（图4-6、7）。

图4-4 典型高棉拱门结构有限元模型

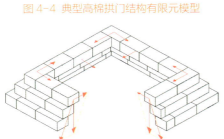

图4-5 高棉空间拱顶结构示意图

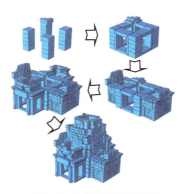

图4-6 东塔门建造流程图

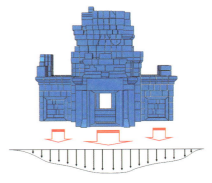

图4-7 东外塔门变形破坏特征

塔门主体结构高而笨重，与之相连的两侧拱廊与主体结构相比则要轻得多，整个塔门结构下的基台平台所受压力为中加大两边小，而且差异明显，各处沉降量随着所受压力不同而大小不一，不均匀性逐年递增，压缩至今，可以明显地看出各处沉降的差异，基本呈一倒三角形。

由塔门竖向应力云图可知（图4-8、9），支撑上部结构自重的门、窗框的竖向构件竖向应力较大，这与该类构件的破坏现状一致。

塔门结构中门、窗构件是整体结构受力中的薄弱构件，由拉应力云图可知（图4-10、11），门或窗框结构中横向构件处于受拉状态，而支撑上部构件的竖向构件则处于受压状态。

4.3.3. 结论与建议

在不考虑基础变形的前提下，茶胶寺各单体建筑结构自重下各应力（包括拉、压、剪应力）均小于材料强度，其中，压、剪安全富裕度相对较高。石材抗拉强度低，干燥时，砂岩抗拉强度约为1.2MPa，而部分结构出现的局部拉应力，受力部位安全富裕度相对不高。

图4-8 东外塔门底层石块受力云图

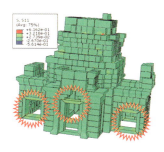
图4-9 门、窗框受力情况

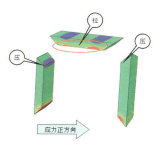
图4-10 窗框受力详图

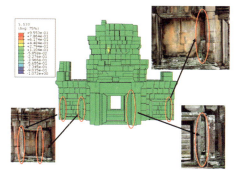
图4-11 东外塔门竖向应力云图与破坏现状

4.4. 建筑信息记录

4.4.1. 建筑信息模型

由于茶胶寺保护修复项目的长期性和复杂性，通过 BIM 手段对修复实施过程进行跟踪记录，整合现场实施过程文字、影像、图纸等资料，搭建茶胶寺建筑信息模型。建筑信息模型强化对茶胶寺建筑构件数据信息及其随时间变化情况进行记录、分析、演示和管理。项目组充分利用前期勘察三维扫描获得的点云数据，结合对石构件现场观察和类型学分析，从形态、尺寸、空间关系、材料、病害和年代等方面，对石构件逐一进行编号、鉴别、分类和记录。对于隐蔽部位的未知尺寸、属性或不确定的信息，则在干预过程中进行确认、修正、补录和更新。配合正射影像图，绘制精准完整的大比例尺的平、立、剖面图及详图，还可以用于建构筑物砌体体积的计算，将点云模型封装为网格模型，计算砌体体积以及用于建构筑物的倾斜、歪闪等分析，在对文物病害进行定性评估后可以进行定量计算，更加准确地预判文物病害及其修复难度与体量。

4.4.2. 分阶段信息记录

茶胶寺始建于 10 世纪末 11 世纪初，自建成到 20 世纪 20 年代法国远东学院对其进行清理维护，历经千年沧桑，很多构件都已经散落或丢失。先修复工作开展前，以现状点云数据为基础建立现状模型，然后将移位构件归安、缺失构件补配，对修复工作完成后的效果进行模拟展示。同时，模型还可以模拟建造过程，从大台基的底层逐层砌筑到屋顶，便于项目组推敲整个建筑的建造顺序。进而更进一步模拟整个修复过程中的拆落、归安情况。对于一些

角砾岩
砂岩

图 4-12 材料种类可视化表达[1]

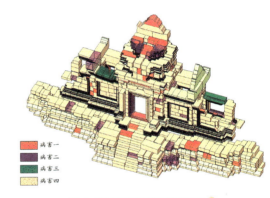

病害一
病害二
病害三
病害四

图 4-13 病害类型可视化表达[2]

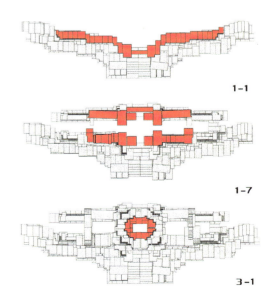

1-1

1-7

3-1

图 4-14 逐层记录拆砌过程[3]

①②③ 资料来源：伍沙，20 世纪以来柬埔寨吴哥建筑研究及保护 [D]，天津大学，2014

具有雕刻纹样的石构件，在模型中可以通过索引来链接其真实影像和节点大样图。更直观的显示建筑信息，辅助修复工作的科学开展。拆砌过程中，模型可生成各砌层平面图，在施工中可参照利用，同时可逐层记录拆除和砌筑过程，补充解体过程中测量的新数据，修正原有数据。此外，在修复工作完成后所有日常监测和维护的数据，都可实时输入到模型中，使石构件属性实时地更新。

文物修复工程实施过程难度大，技术复杂、周期长。建筑信息模型的集成应用，可有效解决具有复杂空间拓扑关系文物建筑表现和应用，对实现项目设计施工全过程动态管理起到重要作用。

在修复工作开展过程中，项目组以建筑模型为载体，全程动态、综合地记录和管理整个保护程序中不同阶段的保护活动，进而实现项目资料共享和集成模型的集成，对整个修复项目进行协同管理。建筑信息模型存储几何信息和非几何信息，并将得到的信息结合三维模型进行整理和储存，以备项目全过程中项目各相关方随时共享。

4.4.3. 综合信息可视化表达

多学科的调查结果作为石构件的属性记录在建筑信息模型中并进行可视化表达。比如石块的残损信息（图4-12、13）。模型可生成各砌层平面图，在施工中可参照利用。同时能逐层记录拆解和重新砌筑过程（图4-14），对于隐蔽部位未知尺寸、属性或不确定的信息，可以在干预过程中进行确认、修正、补录和更新，及时的修正数据错误或者添补数据遗漏，实时更新信息模型，保证模型的真实完整性。通过建筑模型的三维可视化效果，实现茶胶寺修复工程实施前后效果的三维展示，也有利于管理者形象直观的了解项目状况。同时，建筑信息模型的应用不仅可提高文物勘察设计工程的管理能力，增强文物设计和修复效果的实景展示能力，更是项目交付后对世界文化遗产的一种展示窗口和宣传平台。

5. 茶胶寺基台及其附属建筑保护修复实施

5.1. 基台建筑结构病害现状、成因分析及稳定性评估

5.1.1. 各层基台结构病害发育现状

一层基台：整体保存较好，但各角部及局部有残损问题。南侧已呈多处不规则沉陷，局部有石块缺失或断裂，东南角因上部围墙倒塌缺失一角。北侧总体保存较好，东北角缺失部分石块，上部墙体转角倒塌，东侧基台保存较好，东南转角处构件缺失，并有明显沉陷（图5-1）。

二层基台：东南角与西北角由于基台角部的坍塌引发上部东南角楼局部垮坍，同时角楼残余部分结构出现倾斜变形，早期APSARA局派技术人员以红砖砌体进行支护，为保持剩余结构的稳定性，修复工作开展前期，工作队以木结构支撑加固即将倒塌的西北角边墙；西南角垮塌，引发上部角楼失稳，墙体倾斜变形；上半部坍塌，引发上部角楼局部倒塌；东北角上半部倒塌，致使上部角楼倒塌变形，分割成三个独立部分，且东侧残留结构处于危险状态中，部分角部的石构件被上面跌落构件砸断（图5-2）。

三层基台：尚未完成雕刻，线脚分明，但因长期风化和雨水侵蚀，石材表面已严重损坏，基台四转角处均发生了倒塌，各台阶两侧的基台转角处不同程度缺失构件。顶部砂岩石地面已高低不平，局部易积水，水顺基台边缘漫流，易对石材产生侵蚀，造成风化。基台边缘铺满从上一层基台跌落的石构件。台阶保护状况较好。

四层基台：局部完成雕刻，四转角坍塌，其余部分结构稳定性较好。经长期风化和雨水侵蚀，石材表面受损严重，两边基台也有不同程度构件塌落，主要集中在基台转角处。顶部砂岩石地面已高低不平，局部区域易积水。台阶保存较好。

五层基台：破坏形式同三、四层基台，四个转角坍塌，

图5-1 一层基台结构变形病害典型现状（上）
图5-2 二层基台结构变形病害典型现状（中）
图5-3 第三至五层基台结构变形病害典型现状（下）

其余部分结构稳定性较好，经长期风化和雨水侵蚀，石材表面受损严重，基台也有不同程度的构件塌落，主要集中在基台转角处。各面台阶保存较好（图5-3）。

5.1.2. 一层基台上的单体建筑结构病害现状

1. 南外塔门

四间侧室屋顶已全部无存，南北两侧门楣山花全部塌落；中厅两侧侧室的墙体分别向东西两个方向倾斜，墙体呈现多处裂缝，东侧窗构件错位，用钢混结构支护。东外、西外侧室墙体歪闪、坍塌严重，大量构件散落周围；东内、西内侧室墙体不同程度歪闪；中厅构件基本完整，墙体有轻微歪闪；基台构件基本稳定，南侧表面构件部分错位（图5-4）。

2. 西外塔门

建筑损毁严重，屋顶全部坍塌，墙体出现多处裂缝，两侧山墙倾斜严重。西外廊门楣和屋顶全部掉落，南北两侧门大部倒塌。特别是南侧门只保留南墙，并以钢混结构支护，南北两侧结构分别向两侧倾斜。中厅残留的结构较为稳定，两侧基台及基台座缺失构件严重，北侧与墙体连接位置明显下沉。同时，构筑建筑体的砂岩石砌块多出现破碎和表面风化现象。法国专家曾于20世纪50年代对西外塔门进行了清理和加固措施，对门楣、门柱和抱框用钢筋混凝土支顶，或以扁铁箍加固，起到了一定的稳定作用，但并没有根本解决建筑结构的病害。急需对建筑体采取修复加固措施，从根本上保证其结构的稳定（图5-5）。

3. 北外塔门

整体结构相对稳定，屋顶全部塌落无存，局部结构有下沉错位现象，中厅顶部出现多处裂缝，裂缝宽约为10~80mm；裂缝多存在于横向上建筑不同部位相连处，均为基础不均匀沉降所致。部分构件处于即将掉落的危险状态，东侧室东南窗整体扭曲（图5-6）。

图5-4 南外塔门结构变形病害典型现状（上）
图5-5 西外塔门结构变形病害典型现状（中）
图5-6 北外塔门结构变形病害典型现状（下）

4. 东外塔门

修复施工前东外门损毁严重，屋顶全部坍塌，山花、门楣大部分塌落。基础有不均匀沉降，墙体出现多处通体裂缝。南、北通道山墙倾斜严重，处于濒临倒塌的危险中。同时，构筑建筑体的砂岩石砌块多出现破碎和表面风化现象。法国专家曾于 20 世纪 50 年代对西外门进行了清理和加固措施，对南、北通道山墙用钢筋混凝土砌筑支顶，对局部结构扁铁箍加固，起到了一定的稳定作用，但并没有根本解决建筑结构的病害。急需对建筑体采取修复加固措施，从根本上保证其结构的稳定（图 5-7）。

5. 南外长厅

修复施工前南外长厅损毁严重，屋顶全部坍塌，前廊各柱均保存，而柱上部大梁只保留两条，包括前门过梁在内的其他大梁以上结构全部倒塌。特别是中厅西边窗整体向东倾斜，并从北侧第二至第四扇窗完全倒塌，倾斜的窗体以木结构斜撑支护。多处窗框被压劈裂，后室东墙与南墙向内侧扭曲倾斜，墙体出现多处裂缝。同时，构筑建筑的砂岩石砌块多出现破碎和表面风化现象。法国专家曾于 20 世纪 50 年代对南外长厅进行了清理工作，将其周围散落的石构件堆放在建筑的西侧，急需对建筑体采取修复加固措施，从根本上保证其结构的稳定（图 5-8）。

6. 北外长厅

前廊柱全部断裂倒塌，前门东框倒向一层基台围墙，唯西门框尚存。正厅屋顶全部塌毁，现保留的结构较为完整，窗柱和窗框均有不同程度损坏，东侧墙体向西侧倾斜，西侧墙体向东侧倾斜。后室西墙与北墙完全倒塌，保留的东墙向西侧、北侧倾斜（图 5-9）。

7. 围墙

南墙中，连接南门西侧的 18m 长墙体倒塌，东南转角坍

图 5-7 东外塔门结构变形病害典型现状（上）

图 5-8 南外长厅结构变形病害典型现状（中）

图 5-9 北外长厅结构变形病害典型现状（下）

塌成一豁口，其余部分保存较好；西墙中，连接西门南侧的 3m 长墙体倒塌；北墙中，连接北门西侧的 16m 长墙体倒塌，剩余部分有 12m 长墙顶结构缺失；东北角墙体转角处坍塌形成一豁口，残留结构随第一层基台转角处有明显下沉现象。

5.1.3. 二层基台上的建筑结构病害现状

二层基台上发生结构变形、石构件断裂残损病害相对较为严重的主要为：南内塔门、南藏经阁、北藏经阁、二层台四转角及角楼、二层台回廊，东内塔门、西内塔门、北内塔门结构病害相对较轻。下文对病害发育严重的几处单体建筑进行重点描述，其他几处进行整体概述。

1. 东内塔门

中厅屋顶塌落，但三层结构总体保存较好，西廊、南北侧室及两侧门顶部屋面及山花全部倒塌，南北侧室上部残留后期修复的砖砌体屋面（图 5-10）。

2. 西内塔门

整体结构稳定性较好，除屋顶坍塌外，其余结构保存完整（图 5-11）。

3. 北内塔门

残留部分结构基本稳定，中厅保留二层塔身，顶部全部倒塌，中厅西门楣及山花全部倒塌。西侧室屋顶残存有后期砌筑的砖屋面。西次间与梢间之间顶部山花保存完整，余者或全部倒塌或只保留一部分结构。东侧室北墙向内侧倾斜（图 5-12）。

4. 南内塔门

南内塔门基台基本稳定，但每层基台上部石块缺失较多，并有错动现象。中厅及东侧室墙体基石稳定，无明显裂缝。中厅保存第二层塔身，第三层塔身只残留几块石构件，顶部不存。西侧室西南墙和西墙严重扭曲变形，整个墙体连带南侧假窗向东倾斜，西侧假窗明显与次间墙体脱离，墙体裂缝达 20cm，顶部石块严重错位。屋顶完全坍塌，构件无存（图 5-13）。

5. 二层台东北角及角楼

修复施工前整体转角部分坍塌严重，两侧回廊有不同程度的残坏、塌毁现象。现存多处裂缝，裂缝多为垂直裂缝，裂缝宽约为 10~60mm；部分裂缝纵向贯通，角楼构件有塌落危险。角楼墙体与回廊墙体有分离现象（图 5-14）。

6. 二层台东南角及角楼

东南角楼部分构件破碎、断裂、塌落、错位，现存多处裂缝，裂缝多为垂直裂缝，宽度在 10~65mm 范围之内；部分裂缝纵向贯通。在转角处，部分角砾岩基台以及上部部分角楼主体塌落，现有砖与混凝土的加固措施。东立面角楼墙体与东廊东墙分离。在基台的裂缝处，随处可见生长了草本植物；且转角处有明显的雨水冲刷与腐蚀的迹象（图5-15）。

7. 二层台西北角及角楼

转角部分坍塌严重，两侧回廊有不同程度的残坏、塌毁现象。20世纪90年代，柬埔寨APSARA局曾在北立面做一木框架支撑上部角楼，现保存至今（图5-16）。

8. 二层台西南角及角楼

西南角楼部分上部角楼主体结构保存较为完好，存在构件破碎、断裂、塌落、错位，现存多处裂缝，裂缝多为垂直裂缝，裂缝宽约为10~50mm；部分裂缝纵向贯通。台基转角部分塌落，且存在草本植物（图5-17）。

9. 南、北内长厅

北内长厅及南内长厅位于茶胶寺二层台东侧回廊以内。北内长厅前廊只保留南门，中间柱和梁及以上结构全部坍塌，除正厅与后厅之间上部的山花保留，其余山花全部坍塌，后室的窗上以钢混柱支撑断裂的窗梁（图5-18）。

南内长厅屋顶全部塌落，墙体有多处开裂，且墙和柱有多处出现不均匀沉降和结构体倾斜，但整体稳定性尚好。正厅南北两侧门上部的山花各保留一半结构，其余山花全部倒塌（图5-19）。

10. 南、北藏经阁

南藏经阁的基台、墙体、檐口的角部都出现了明显的开裂和侧闪。上层屋顶已经完全不存在，角部普遍高度越高损坏越严重。北藏经阁东山墙歪闪严重，有铁质构件加固（图5-20、21）。

11. 回廊

南回廊西段屋顶全部倒塌，回廊外侧保存七扇窗，南侧剩余七扇窗；西回廊南段屋顶全部倒塌，其余保存较好；西回廊北段保存状况同西南回廊；北回廊西段外墙残存八扇窗，靠北内门一侧窗严重变形，以钢筋混凝土支撑，内部地面及内窗靠北内门一侧全部塌毁，内窗只保留西侧的二扇；北回廊东段屋顶全部坍塌，外侧十扇窗、内侧八扇窗全部倒塌，有两扇内窗倾斜变形，处于危险状态。基座保存尚好。东回廊北段外墙北侧靠角楼处塌毁一扇窗，余者较好，内侧窗中有三扇倒塌、基座亦损毁；东回廊南段外墙靠东南角楼的两扇窗和内侧两扇窗倒塌，其余保存较好。南回廊东段屋顶全部坍塌，除靠东南角楼第三扇窗塌毁一半，其余屋檐以下、包括基座部分均保存较好。

图 5-10 东内塔门结构变形病害典型现状

图 5-11 西内塔门结构变形病害典型现状

图 5-12 北内塔门结构变形病害典型现状

图 5-13 南内塔门结构变形病害典型现状

图 5-14 东北角楼结构变形病害典型现状

图 5-15 东南角楼结构变形病害典型现状

图 5-16 西北角楼结构变形病害典型现状

图 5-17 西南角楼结构变形病害典型现状

图 5-18 北内长厅结构变形病害典型现状

图 5-19 南内长厅结构变形病害典型现状

图 5-20 南藏经阁结构变形病害典型现状

图 5-21 北藏经阁结构变形病害典型现状

5.1.4. 基台附属建筑单体结构病害成因分析

1. 地基与基础变形破坏原因

（1）整体变形破坏原因

茶胶寺第一层台四个角部和四个塔门处有角部沉陷倾斜、追踪张裂等整体变形破坏现象，主要机制是地基压密沉降伴随墙体变形拉裂。即墙体和塔门在重力作用下，使所作用的地基土（主要是砂土垫层）发生压密，产生沉降使建筑本身石块之间发生变形拉裂。第一层和第二层台的顶面处有地面隆起的整体变形破坏现象，主要机制是充填基台的欠压密砂垫层在重力作用下产生塑性变形，由基础沉降引起基台周围表面土体发生隆起。

（2）局部变形破坏原因

基台局部变形破坏的主要原因有以下几方面：

①第一层基台东北角和东南角的角部坍塌属受沉陷倾斜控制的内推坍塌型，基台顶部砌筑的回廊建筑产生的水平荷载，导致沉陷倾斜的基台产生进一步的劣化，发生内推坍塌。第二层基台四个角部坍塌类型主要属荷载压剪型，四个角部上部分别承载着四个塔楼的荷载，由周萨神庙工程的岩石力学资料可知，红色角砾岩的抗压强度和抗拉强度比较低，在压剪和拉张作用下，角砾岩的强度难以承担上部荷载，造成角部坍塌。上部三层基台四个角部坍塌类型主要属重力坍塌型，该处基台石砌墙体断面形状成"『"型，重心靠上，在重力作用下宜自上部发生石块临空倾覆。各级基台角部变形破坏是茶胶寺遗迹最为显著的破坏现象，其变形破坏的原因除上述分析的诸因素外，还可能由几种类型的复合型造成的，风化作用、生物作用、人为破坏和排水失效也能劣化角部变形破坏的发育。

②应力集中：石块受整体变形破坏、上部荷载和自重等影响都会产生应力集中，导致建筑边角部和底部应力较大，造成块石断裂和剥落。

③水的作用：水对茶胶寺的破坏作用主要体现在两个方面，一是建筑排水失效，雨季水量丰富，积水造成墙体的沿开裂面的进一步劣化，并会冲蚀基台内部回填的砂土并被搬运，导致内部形成空洞，产生局部沉陷。在第一层基台顶部完成的 ZK9 钻孔轻便动力触探成果是印证这一现象最好的例证。该钻孔位置紧邻基台石砌墙体的内侧，轻便动力触探的击数明显低于其他位置的轻便动力触探的击数。二是渗水加剧岩石风化，这一现象在二层基台以上的三层基台最为发育，三层基台砌筑累计高度最高，且四周墙体局部上进行了雕刻，砂岩石砌墙体渗水现象明显，渗水造成砂岩表面干湿交替，加剧风化

的程度。

④高大植被的生长对建筑的破坏，是造成吴哥古迹破坏的普遍因素。由于法国专家曾对茶胶寺进行了大规模的清理，对建筑体有害的植被已经被清除，目前在茶胶寺整个建筑体上未发现较大型的植被，但从基台转角处和许多塔门的基础部位能够看到曾经被树木破坏的痕迹。

⑤生物腐蚀造成岩石表面风化加剧。基台大部分石块表面生长苔藓，易引起表面剥落或沿节理面的崩解。

⑥动物掏蚀：基台有蚂蚁、蝎子、蜥蜴和蛇等出没，搬运掏蚀充填物，使内部形成空洞，产生局部沉陷。

2. 单体建筑的破坏原因

（1）基台的破坏是造成每座单体建筑破坏的主要原因

茶胶寺是典型的庙山结构类型，所有单体建筑均坐落在各层基台上，基台的变形破坏必然造成其上部各个建筑的破坏。二层基台四个角部的坍塌，致使其上部的角楼处于极度危险之中；基台内部砂土的流失造成地基承载力下降，使建筑的基础产生不均匀沉降，导致整体建筑出现结构变形、墙体倾斜、构件破损，以至建筑局部坍塌。

（2）各单体建筑自身的破坏原因

①从建筑地基下生长出的高大植被，破坏了基础结构并造成地基承载力下降，这与基台因内部植被的生长导致的破坏是一致的。

②因建筑变形导致各结构体受力关系发生变化，多数构件受集中应力作用造成剪切破坏，使其失去承载力，如门窗的过梁和部分墙体构件；建筑变形也导致一些纵向受力构件产生偏心受压，使中部断裂，如门窗的边框。

③部分较大型构件与下部构件的搭接面过小，如门楣和门过梁的搭接面只占门楣底部面积的1/4，另外3/4从梁探出，造成结构的不稳定，下部结构若出现变形，易使该构件以上结构整体倾覆。

④因水和生物的侵蚀而出现石材的风化，易导致构件承载力下降，造成上部结构处于危险之中。

⑤人为破坏也是造成建筑破坏的重要因素之一。

5.1.5. 典型单体现状病害图（图 5-22 至图 5-34）

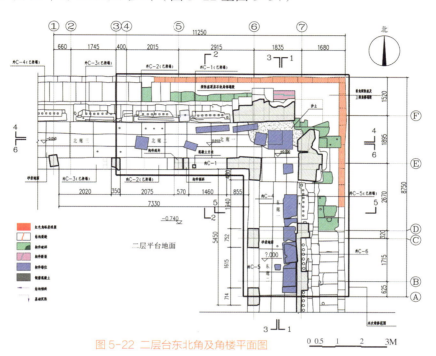

图 5-22 二层台东北角及角楼平面图

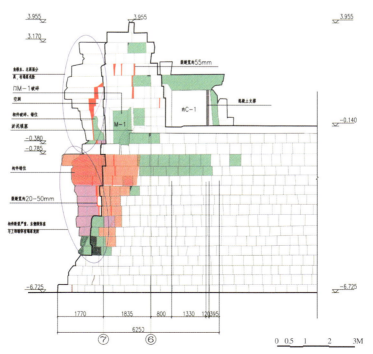

图 5-23 二层台东北角及角楼北立面图

5.1.5.2. 东外塔门

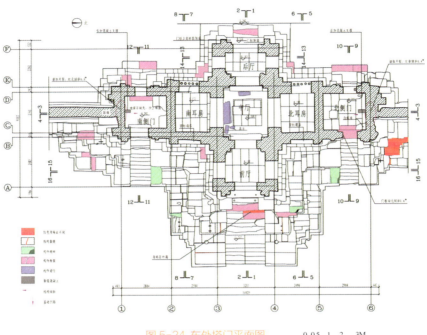

图 5-24 东外塔门平面图　0 0.5 1 2 3M

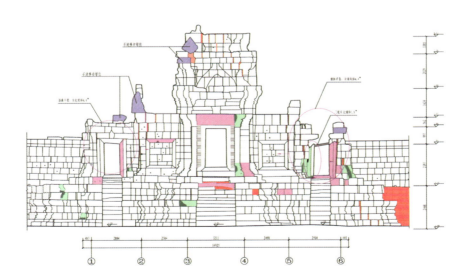

图 5-25 东外塔门东立面图　0 0.5 1 2 3M

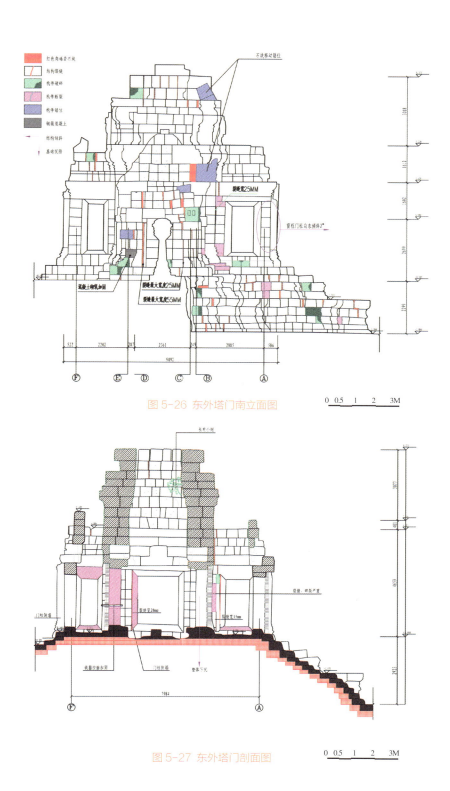

图 5-26 东外塔门南立面图

0 0.5 1 2 3M

图 5-27 东外塔门剖面图

0 0.5 1 2 3M

5.1.5.3. 北外长厅

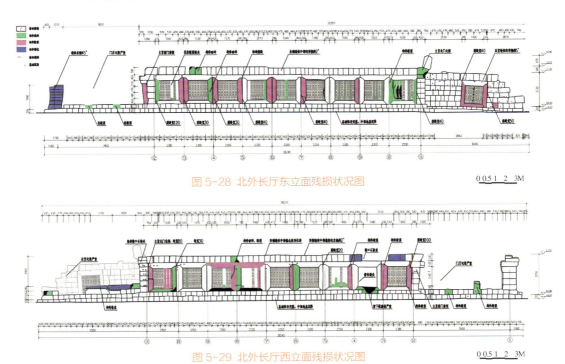

图 5-28 北外长厅东立面残损状况图

图 5-29 北外长厅西立面残损状况图

5.1.5.4. 须弥台踏道

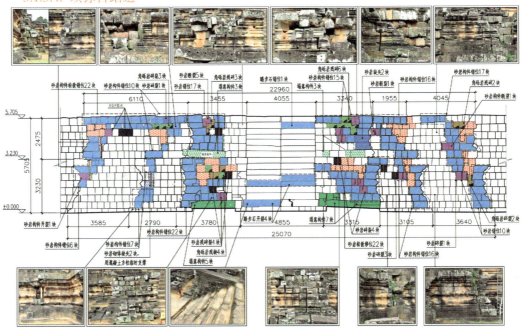

图 5-30 须弥台踏道东踏道一层台立面残损状况图

5.1.5.5. 须弥台东北角

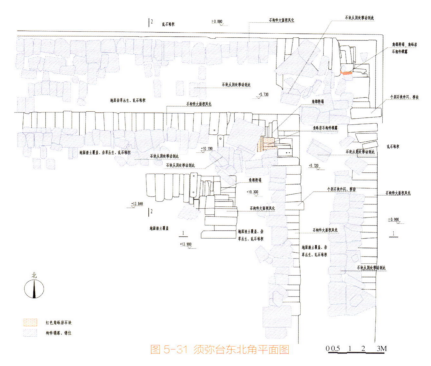

图 5-31 须弥台东北角平面图   0 0.5 1 2 3M

5.1.5.6. 南内塔门

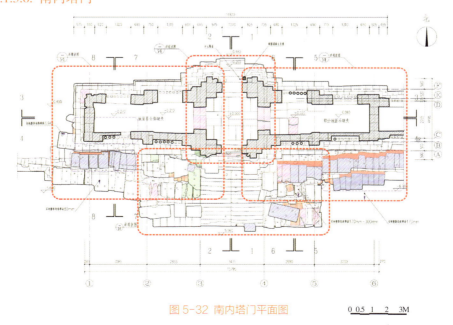

图 5-32 南内塔门平面图   0 0.5 1 2 3M

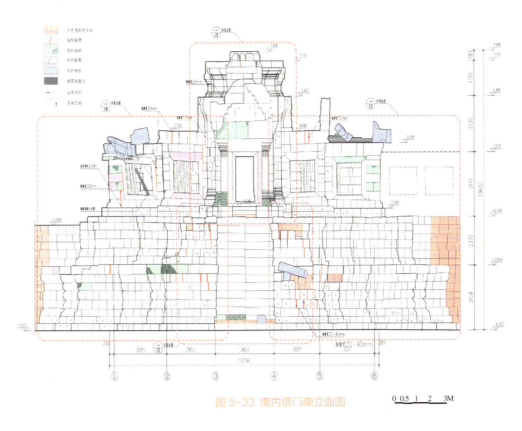

图 5-33 南内塔门南立面图　0 0.5 1 2 3M

图 5-34 南内塔门西立面图　0 0.5 1 2 3M

5.2. 修复工程设计方案

5.2.1. 整体基本措施

1. 对于结构主体保存较好，建筑形制大部完整，仅存在局部塌落、开裂等病害的进行临时加固与排险支护；

2. 对于结构大部分保存，基本形制尚存，但结构存在较大倾斜、塌落及开裂，建筑构件缺失严重，屋顶塌落（如内外塔门、藏经阁等）的进行重点修复，其方法是将危险部分拆落、残损构件修复，构件重新归安，修复中应适当运用新技术；

3. 对于结构大部塌落，建筑形制残缺不全，构件大部遗失或散落周边，仅有部分墙体、梁、柱尚在原位（如内、外长厅，二层基台上的部分回廊等）进行现状修整，对无确凿依据的部分不予复原；

4. 对于崩塌的基台角部，选用原角砾岩基本相同的新石材进行修补，由于崩塌处相邻石块也有相当程度的碎裂或风化，应根据补砌需要剔除残损部分，以便补砌部分能与结构结合紧密；由于角部所受荷载和材料均会构成石材的破坏，在补砌前对石块进行碳纤维加固；

5. 构件修补，对断裂、碎裂、局部损坏的构件，根据情况进行修补，对断裂的进行锚固和粘接，对山花、梁枋、窗柱、檐口线脚等雕刻构件，应按照艺术品进行修复；

6. 对于散落在各部分的从建筑上部掉落的构件和石块，按照三类进行处理：

（1）特定构件，即只能用于特定部位的构件，如山花石、屋檐石、门窗、梁枋等构件，将其参照形式复原研究进行拼对研究后归位，如有损坏，应先进行修补；

（2）保存和质量较好的普通石块，如墙体、屋顶、地面等处的整块料石，不一定有具体的部位，但可以按照其类型使用，可对其进行拼对和调配；

（3）破碎较严重，外形尺寸较差，材质较差，已不适合使用的残石，不再使用。

7. 对于20世纪五六十年代法国专家利用钢筋砼结构，以及20世纪九十年代柬埔寨有关单位利用木框架对局部残损严重部位进行的临时加固支护，结合保护修复工程予以拆除。

5.2.2. 基台保护修复技术方案

5.2.2.1. 结构修复工程

1. 基台转角处

（1）归安被拆除的结构部分，对缺失的构件采用新石料按基台原形制补配，对破损的构件进行修补（一层和二层的基台为红色角砾岩石块砌筑，三至五层的基台外侧为砂岩石块砌筑、内侧为红色角砾岩石块砌筑）。

（2）不同层采取局部新补配石构件加长设计制作使其结构自身咬合或在每层石块上部开槽植入扒锔或碳纤维进行结构加固，来提高归安砌体的整体性。

（3）基台转角上部建筑结构按照单体建筑修复方法进行修缮，排水方式以采取地面面排的方式，将雨水沿回廊的缺损处排出。

2. 基台中央台阶

只对台阶两侧边台上错动的构件进行归安，局部缺失构件以同材性的石块补配，对破损的构件进行修补。

5.2.2.2. 二层基台转角及角楼修复方案

由于四个转角部位基台及角楼可视为同一建筑整体，基台角部的修复方案直接影响上部角楼的完整保存，角楼大部分修复工作解体后重构和塌落石构件的寻配归安。

由前期建筑结构病害现状调查可知，二层台四转角及角楼结构变形损坏病害主要由于在上部角楼荷载及自然风化因素影响下，基台角部角砾岩石构件损害导致角部结构塌落，进而引起上部角楼发生结构变形和塌落。因此，对于二层台四转角及角楼的整体修复方案包括：

（1）结构解体范围的确定

基台角部塌落范围周边现存石构件均为断裂破损石构件，且边界相邻局部石构件发生移位变形，现场勘查后，基台角部解体范围确定为现存塌落范围向两侧及内部解体2~3块发生移位的石构件，局部如超出解体范围存在变形较大的石构件可酌情增加解体数量，基台解体范围向下部逐渐减少，整体以最小干预为原则。受基台解体范围影响及角楼结构变形塌落现状所致，上部角楼最终确定解体范围为残余部分全部解体。考虑角楼与两侧回廊间关系，后期重构归安角楼部分石构件需综合考虑与其两侧相连接的回廊部分的修复方案。综合考虑后确定在修复二层台四转角及角楼部位时，与回廊部分修复相结合同时进行施工。

（2）基台角部塌落结构的重构

受角砾岩特性因素影响，原先塌落部分角砾岩石构件受自然风化因素影响，强度已经降低很大，且塌落石构件破碎严重，自身颗粒结构特征也导致残损石构件不适宜再进行修复使用。基台塌落部分主要选取新开采的、性质和结构特征相近的角砾岩石料进行补配归安。

（3）基台角部重构石构件间的结构加固

由于基台稳定性对于整体单体建筑的完整保存至关重要，在基台角部重构过程中，对角部新补配石构件进行结构加固。可根据实际施工情况选取碳纤维结构加固、扒锔结构加固、石构件自身咬合结构加固三种加固措施。

（4）上部角楼修复

二层台四转角上部角楼的修复措施主要包含建筑结构解体、残损石构件修复、解体石构件归安、塌落石构件寻配归安（图5-35至图5-38）。

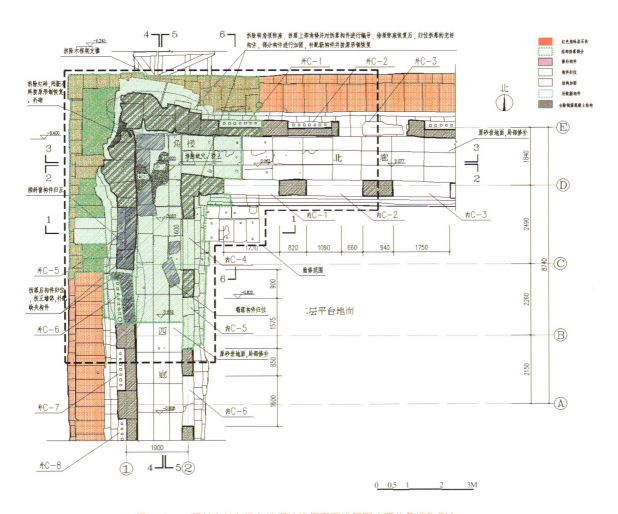

图 5-35 二层基台转角及角楼保护修复平面修复图（西北角楼为例）

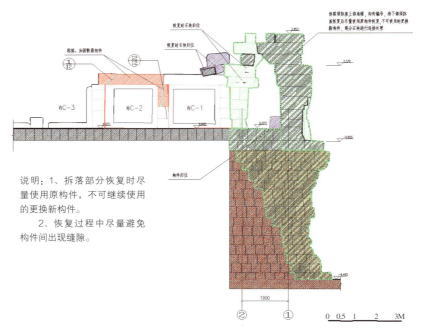

说明：1、拆落部分恢复时尽量使用原构件，不可继续使用的更换新构件。

2、恢复过程中尽量避免构件间出现缝隙。

图 5-36 二层基台转角及角楼保护修复立面修复图（西北角楼为例）

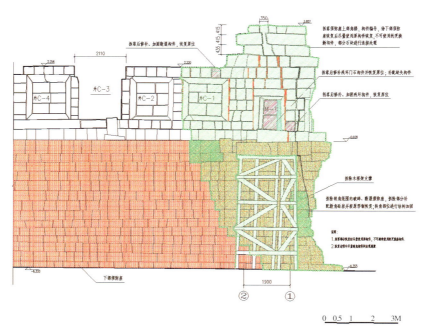

图 5-37 二层基台转角及角楼保护修复剖面修复图（西北角楼为例）

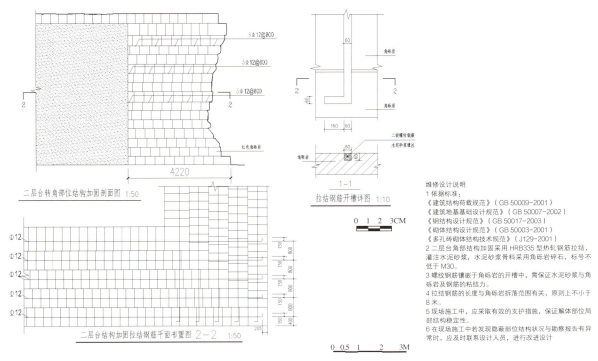

维修设计说明
1 依据标准：
《建筑结构荷载规范》（GB 50009-2001）
《建筑地基基础设计规范》（GB 50007-2002）
《钢结构设计规范》（GB 50017-2003）
《砌体结构设计规范》（GB 50003-2001）
《多孔砖砌体结构技术规范》（J129-2001）
2 二层台角部结构加固采用 HRB335 型热轧钢筋拉结，灌注水泥砂浆，水泥砂浆骨料采用角砾岩碎石，标号不低于 M30。
3 螺纹钢筋镶嵌在角砾岩的开槽中，需保证水泥砂浆与角砾岩及钢筋的粘结力。
4 拉结钢筋的长度与角砾岩拆落范围有关，原则上不小于 8 米。
5 现场施工中，应采取有效的支护措施，保证解体部位局部结构稳定性。
6 在现场施工中若发现隐蔽部位结构状况与勘察报告有异常时，应及时联系设计人员，进行改进设计

图 5-38　二层基台转角结构加固图（西北角为例）

5.2.3. 其他附属单体建筑保护修复方案

5.2.3.1. 建筑结构的解体

对每座单体建筑的损坏严重部位实施局部解体，是从根本上解决建筑体存在的安全隐患、恢复和展示其原貌的重要步骤。确定每座建筑解体的部位，必须考虑到结构的破损程度和是否能够承受上部的荷载等条件，一般应将解体部位拆落至基础结构。结构解体前应对拆落构件逐一编号建档。

对于建筑结构解体体量大小，在遵循最小干预修复原则的基础上尽量做到少解体少干预。修复施工前需进行补充勘察，根据以下三种原则对发生变形损坏的结构采取相应的修复措施：

1. 由于基础沉降导致上部结构发生严重变形，并存在坍塌破坏的可能，修复解体至结构变形破坏部位进行重构不能解决结构继续发生变形破坏；

2. 建筑上部结构变形不是由于基础发生沉降变形所引起，结构发生严重变形损坏部位位于上部结构中，仅对变形结构进行微调，不对发生结构变形部分及其上部结构进行解体不能排除结构继续发生变形破坏的情况，需对结构变形部分及其上部结构进行解体修复；

3. 对于基础未发生严重沉降变形，仅由于结构中局部石构件损坏导致结构发生变形，且结构变形可通过对残损石构件进行原位加固及调整即可解决上部结构进一步发生变形破坏的情况，修复施工时，主要采取原位加固、局部调整的措施进行处理，不对上部结构进行大范围的解体修复。

5.2.3.2. 结构修复工程

1. 基础

基础结构保持不变，将清理出的回填土经过筛选后重新铺筑在基础内部，夯筑要求达到夯实系数大于等于 0.95。

2. 室内地面

①在 ±0.000 以下设计深度，用原回填土筛选后夯实；

②铺设厚 320mm 红色角砾岩石垫层，每间屋中均以中央位置为基准找 2% 泛坡，在石块缝隙处用石灰砂浆灌缝，填实；

③在红色角砾岩石垫层上铺设厚与原地面尺寸相同的砂岩石块，砂岩石块表面要求平整，侧面应与相临石块贴紧，底侧可略有不平，以利水流。

3. 建筑主体结构

基础加固后归安解体结构的建筑主体构件，包括墙体、门窗、柱、山花等，在归安前应对构件进行清洗除去污垢，同时修补和粘接断裂和破损的石构件，归安石构件应按顺序逐层安装，对有条件拆落的不解体结构的断裂或破损石构件，应尽量取下进行修补。

4. 屋顶

茶胶寺各单体建筑屋顶构件多已无从寻找，本次修复不对屋顶结构进行修复。

5. 局部结构的加固措施

为提高局部结构的稳定性，防止个别石构件可能产生的倾覆，需采用钢结构拉结的方式进行加固。

5.3. 项目前期准备及组织实施

5.3.1. 现场三通一平

1. 施工通道建设

为便于各修复点的保护与修复项目的顺利开展，根据柬方有效保护景区场地的要求，项目组首先围绕茶胶寺外围修建了施工通道 476.20m，新建施工通道分别于西外塔门及外围壕沟西北角与景区道路相连通，便于施工材料及机械车辆的进出（图5-39）。

新建施工通道采用当地购买的红色黏土与砂石垫层修建而成，新建通道与原场地间铺设白色塑料布进行隔离，便于恢复清理场地的辨识。施工通道宽度5.00m，塑料布层上铺设10~15cm厚砂石，表面铺设砂石垫层，砂石垫层顶部铺35~40cm厚红色黏土层碾平压实后铺设砾石层硬化，施工通道两侧种植草皮进行护坡处理，总计使用土方800m³，砂100m³。施工通道铺设时埋设PVC排水管使得施工通道与茶胶寺间围墙基台间积水顺利排出。

2. 施工临时用电配置

由于项目工程地理位置特殊，现场不能提供电源，解决施工现场所需用电需要配备发电机，根据修复施工内容，现场修建发电机专用机房，并配备了3台柴油发电机。

图 5-39 施工通道铺设
图 5-40 施工现场供水设施建设

3. 施工生产供水系统建设

供水主要为解决现场警卫人员生活及修复施工生产用水，由于施工场地无供水设施，现场需打井取水。供水设施设在工程管理区东北角，由水井、抽水机和水塔三部分组成（图5-40）。水井深度约45m，用电机、抽水机取水，水塔支架由脚手管钢管搭建，支架上安置蓄水桶，水桶容量2000升、水塔高6.00m。

施工生产用水主要用于石材切割，少量混凝土养护，消防安全用水，现场降尘用水，茶胶寺外围供水管道浅埋于地表下，进入茶胶寺庙区水管采用PVC软管明敷，需要用水部位留取截门。

4. 修复施工场地清理平整及围挡

为便于修复施工顺利开展，施工机械设备、材料等的进出场，根据修复施工计划，首先对茶胶寺整体及各修复施工点的场地进行场地的清理平整，对各施工点场地周边散落的石构件进行移位、分类分区规整码放，并进行标示，以便后期塌落石构件的寻配（图5-41）。

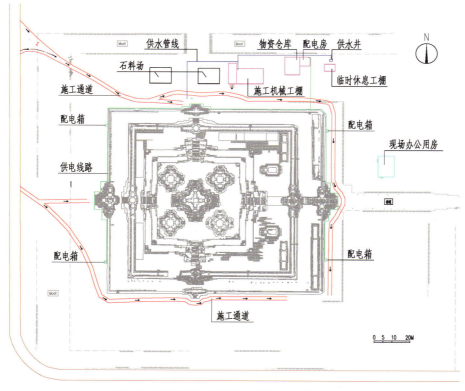

图 5-41 施工现场临设及施工通道、水电管线布设图

　　根据施工现场分步进行、施工与参观同时进行的原则，为保障游客生命安全，对部分施工项目点进行围挡暂时封闭，随竣工随开放。

5.3.2. 施工机械设备与现场情况的有效结合

　　现场进场主要施工机械包括：塔吊、40T汽车吊、12T汽车吊、3T随车吊以及电动葫芦4台，根据场地特征及起重设备起吊能力（图5-42），现场调配布设机械总体方案为：

　　1.40T汽车吊、12T汽车吊、3T随车吊布设于茶胶寺围墙外围铺设的施工通道上，主要对外围东外塔门、南外塔门、西外塔门、北外塔门、一层台围墙及其转角、南外长厅、北外长厅、二层台转角及角楼、二层台回廊进行修复施工。其中：40T汽车吊主要应用于二层台的3处转角及角楼、二层台各段回廊的修复；12T汽车吊主要应用于东外塔门、南外塔门、西外塔门、北外塔门、南外长厅、北外长厅的修复；3T随车吊主要应用于一层台围墙及其转角的修复、石料运输等工作；

　　2.由于塔吊具备可拆卸、可移动性，塔吊主要布设于茶胶寺二层平台之上，应用于二

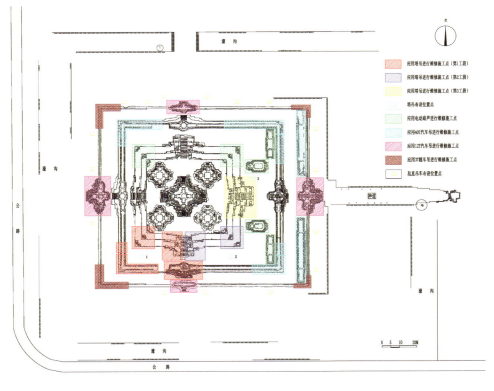

图 5-42 施工机械设备的布设图

层平台及上部须弥台转角、须弥台踏道等各点的修复施工。

3. 考虑塔吊工作效率相对不高、拆解移位时间及周期长特征，为达到及提高施工进度，对二层台转角及角楼、二层台回廊、南北内长厅、南北藏经阁、须弥台转角等项目点根据进度计划安排结合 40T 汽车吊、电动葫芦等施工设备进行修复施工。

4. 在保证当前阶段施工计划、进度情况下，调动人力物力，就近对后期所需修复施工点进行施工，减少大型机械设备重复拆卸组装、移位情况的出现，推进项目整体施工进度。

5. 现代起重（汽车吊、塔吊、电动葫芦）与传统吊装（倒链）设备相结合，现代切割打磨与传统雕凿打毛工具相辅助，提高修复施工进度。

6. 在整体工期计划、保证分阶段施工进度内，统筹管理、合理调配、布设各类型施工设备，使施工设备达到使用率与效率最高。

5.3.3. 施工场地的防雷及避雨

由于修复施工均需搭建脚手架，且搭建的脚手架高度均超过建筑物，雨季雷雨天气较多，为保证雨季施工作业安全，必须做防雷击措施。避雷针安设于中央主塔顶部，避雷针的接闪器选用 φ16mm 圆钢，长度为 1.5m，其顶端车制成锥尖，表面热镀锌，10mm 圆钢做引线引至主塔地基处设置接地极，垂直接地极采用长度 1.5m 角钢制作，接地极间的距离为 5m，圆钢导线焊接接地极，接地极顶端要在地下 0.8m 以下，避雷设施布设如图 5-43 所示。

接地极选用角钢，其规格为 40mm×40mm×4mm，垂直接地极的长度为 2.5m；接地极之间的连接是通过规格为 40mm×4mm 的扁钢焊接。焊接位置距接地极顶端 50mm，焊接采用搭接焊。扁钢搭接长度为宽度的 2 倍，且至少有 3 个棱边焊接。接地极间的距离为 5m。

图 5-43 避雷设施安装与布设

5.4. 茶胶寺修复施工技术措施

5.4.1. 变形移位石构件编号及解体拆落

1. 变形移位石构件编号（图 5-44）

（1）拆落构件编号要求：

①对解体构件以从上到下的顺序进行编号，即建筑残存的最顶层石构件为编号第一层，最底层为编号最后一层。

②在对构件编号前先绘制编号图，编号图要求准确描绘每层石构件的摆放形式，编号图中的石构件编号要与实际构件相对应。

③使用 5 号油画笔蘸白色油漆在解体石块顶面标识编号，在编号前应用塑料刷清除构件顶部污垢。

④编号后，对解体结构进行测量、拍照。

⑤现场工作结束后，将所有记录输入计算机中，并将实物数据存档。

（2）编号方法

①编号规则：

解体石构件编号由 5 个数字或字母组成；

第 1 位表示建筑部位，P：建筑基台，B：建筑主体，R：建筑屋顶；

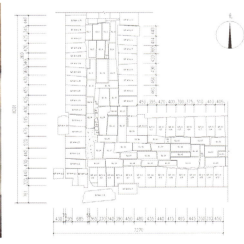

图 5-44 变形移位石构件解体编号及成果图

第 2 位表示材质，1：砂岩，0：角砾岩

第 3 位表示层数序号，自上至下：1.2.3.4……

第 4 位表示同一层石块序号，自右至左：1.2.3.4….

②示例：

"P．0．3．4．e"表示基台部分东立面第 3 层自右至左第 4 块角砾岩石块；

"B．1．6．7．n"表示建筑主体部分南立面第 6 层自右向左第 7 块砂岩石块。

2.变形移位石构件拆落（图 5-45、46）

①拆落前准备工作

对歪斜、位移部位及周边相关构件采用脚手架进行原位支顶或扁钢进行维护，随解体拆落随加固防护，防止解体拆落过程中发生坍塌。

②构件拆除顺序

拆除中：严格控制拆除范围，原则上自上而下进行拆除，但要先拆除易坍塌、不稳定部分，可根据具体情况，确定一次性拆除范围，原则上不要求一次统一拆除，如局部拆除量少，可随拆随修配，以保证修配的对应性。

石构件自上而下逐层拆除，每拆除一层完毕，资料组人员立即到位，对揭开的对下一层进行记录、编号、绘制现状图、拍摄图片及影像资料，准确记录构件的分块、位置和尺寸；在结构拆落过程中若发现异常填充物，则应判断其作用、由来，并检测填充物的成分和力学性质。

图 5-45 解体拆落施工前进行临时结构加固防护

5.4.2. 残损石构件粘结修补

（1）非承重小构件的粘接处理

对于残破的非承重小构件，包括较大非承重构件上掉落的小残块可采用直接粘接的方式。其处理过程和粘接基本流程相同。但要特别注意残块在构件上位置的确定及粘接过程中的固定。

（2）非承重大构件的粘接处理

对于非承重或非受力大构件的断裂，必须在断裂面增加小锚杆的方式增加粘接强度。

图 5-46 变形移位石构件解体拆落施工

（3）承重构件的结构粘接加固

这类构件通常是由于应力作用断裂的石梁或门楣处构件，由于需要承受较大的压应力和拉伸应力作用，在粘接加固过程中不仅需要在断裂面上设置锚杆，还要在石梁或门楣下表面加入 U 形不锈钢锚杆起到提高强度作用。

5.4.3. 石构件试装配及归安

1. 基础调平及整修

对于基础沉降引起上部结构变形的情况，修复施工工序主要包括以下步骤：上部变形移位结构解体→基础不均匀沉降变形测量→基础调平整修→解体拆落石构件重构归安。

受茶胶寺建筑结构及基础构造特征所限，由于不能解体至基础下部地基表面，对于发生不均匀沉降变形的基础，仅能进行局部的调平及整修。由于历经一千多年的沉降变形，目前整体已达到稳定。根据沉降变形程度，对发生沉降变形侧的结构进行解体后，基础表面铺设人工角砾岩或砂岩垫层进行调平及整修。人工角砾岩或砂岩垫层采用角砾岩或砂岩石粉混合环氧树脂胶进行配置，配置比例根据现场及室内试验确定。

2. 解体拆落石构件的回砌归安（图 5-47 至图 5-50）

①吊装方法同拆卸方法，由底层向上逐层安装，每吊装完一层通知资料组做好存档资料；

图 5-47 锚孔施工后布筋、拼对试装

②对不可调整的大空当，可用小块石填充，以保证其上部块石的稳定；

③对转角及承重部位构件的安装，要保证错缝处的搭接长度，如局部不合理，可考虑更换或其他补强措施；

④对于局部错位变形较小、无需进行拆落即可归位的错位构件采用支顶归位方式进行原位归安；

⑤对于自身错位变形较大、且相对周边构件也发生错位变形的构件需首先采用吊装等方式对主要构件起吊，并对周边构件进行归位后再对错位变形较大的构件进行归位。

图 5-48 解体石构件回砌归安（左）
图 5-49 修复后的一层台围墙及西北角（右上）
图 5-50 修复后的北内长厅（右下）

5.4.4. 塌落石构件寻配及试装配

在建筑主体正式拆落前，首先做好对建筑缺失部位的寻配、补配工作（图5-51）：

1. 将其周边散落堆放且有可能属于缺失部位的构件（石块），搬运至指定场地，按类型铺排后进行测量、编号、绘图。然后按照复原研究的成果进行尝试拼对组合。对损坏构件和石块进行修复。最后补充绘制施工图。

图5-51 塌落石构件的测绘、寻配

2. 按照补充设计进行安装，安装时应注意与原留存部位结合牢固。

5.4.5. 新石构件补配加工

项目修复施工过程中有部分缺失的关键部件（石块）需要适当用新石料加工后替代（图5-52）。

1. 选石材：

需要补配的石材主要分两类，当地砂岩及红色角砾岩。砂岩强度不低于60MPa；角砾岩强度要求不低于30MPa（图5-53）。

2. 构件制作

（1）构件制作按照不改变文物原状原则进行补配。

（2）首先根据实测尺寸，使用大型石材切割机对荒料进行加工成半成品，半成品尺寸略大于成品尺寸。

图5-52 塌落石构件试装配

（3）根据样板尺寸对半成品构件进行深加工，要求使用小型机械细加工，确保补配的构件与原有构件形状基本相同。

（4）料石要求加工面面平角方，使用前均应用人工錾凿打磨平整，不得残留机械加工痕迹（图5-54）。

图5-53 中柬双方管理人员检验新制石料

图 5-54 修复后的须弥台东南转角（上）

图 5-55 修复后的二层台北回廊东段（左下）

图 5-56 石构件补配及细部线脚雕凿（右下）

5.4.6. 结构加固

为增加归安及补配石构件的稳定性，按照设计要求对归安及补配石构件进行结构加固。根据结构特征的不同，不同部位采取不同的结构加固方法。主要分为扒锔结构加固、碳纤维结构加固、可逆结构支撑加固三大类（图5-57至图5-59）。

茶胶寺建造过程中，银锭榫结构加固方法为普遍采用的一种结构稳定性增强方法。变形结构重构修复施工时，可将银锭榫适量改为扒锔形式对归安的相邻石构件进行结构加固。碳纤维结构加固主要运用于茶胶寺基台转角处，以提高结构较为薄弱的砌体整体性。

可逆结构支撑加固防护体系主要布设于各建筑结构中存在山花、位于参观游览通道上的重要单体建筑。是在此类单体建筑修复竣工后，为保障建筑本体的结构稳定性及游客人身安全，对寻配、归安的细高山花石进行的一种加固防护体（图5-60、61）。

图 5-57 碳纤维布加固
图 5-58 布设锚拉钢筋
图 5-59 东外塔门南侧室山花防护加固

图 5-60 东外塔门山花石整体加固

图 5-61 北藏经阁山花石整体加固防护

6. 庙山五塔保护修复实施

　　庙山五塔保护修复是茶胶寺保护工程最先开始，也是难度最大的一项工程（图6-1）。庙山五塔建筑构件体量巨大，并且位于高耸的庙山台基之上，施工场地和材料的搬运受到很大限制，施工安全方面的挑战十分严峻。项目组通过多年的学习、实践，对茶胶寺的历史格局、建筑形制、残损状况及病害成因等诸多问题，开展了深入调查与研究；在积累了丰富的、针对性很强的施工经验后逐步开始庙山五塔修复工程，确保了工程科学开展，最终圆满地完成了整个修复工作。

图 6-1 修复中的茶胶寺庙山五塔

6.1. 庙山五塔建筑特征分析

6.1.1. 基座分析

茶胶寺庙山五塔坐落于巨石砌筑的须弥座上，须弥座没有明显后期加工痕迹。座底有宽约8cm砂岩圭角。三层平台顶部地面完全覆盖细沙石，不同于其他庙山建筑具有砂岩铺地。中央主塔与四座角塔的塔基形制差别显著。四角塔须弥座为两层，一般由四层砂岩叠砌而成，四面的踏道两侧分别设有单层垛台。中央主塔须弥座分三层，最下层为7~8层砂岩，中间层为4~5层砂岩，最上层为2~3层。体量庞大且构造复杂，在其塔基四面每段踏道的两侧亦设有两层垛台。此外，中央主塔东立面的塔基与踏道顶部之间隔有一个小的阶梯平台，而在其南立面与北立面上，塔基则与踏道直接相连。值得注意的是，中央主塔四面踏道的上端宽度较下端略为收窄，踏道坡度约为47°，其上下两端水平方向的夹角约为10°。

6.1.2. 门窗洞口

庙山五塔门窗抱框构件皆以八字插隼进行连接。可分为真窗和假窗两类（图6-6），真窗尺寸与相对应的门洞大致接近但参差不齐，其高度约为1.8米（高宽比约为2∶1）。假窗则设于中央主塔过厅的两侧，假窗抱框表面饰有粗雕的线脚，其内侧尺寸高约为0.94米，宽约为0.88米；虽然窗框内侧壁面安装窗棂的上下榫孔仍清晰可见（图6-2），但现场却未发现散落的窗棂构件。

通向抱厦的门洞尺寸约为高2.25米，宽1.25米，之上为粗凿门楣雕饰，上方施以叠涩拱（图6-3）（抱厦侧向窗上部门楣并未施以叠涩拱支撑），其凹槽以木板内外相隔（叠涩拱朝向抱厦的开口原为固定在横向支架上的木板所遮盖，安装横向支架的凹槽已经凿至拱顶内皮）；另外，门洞两侧上下均有榫槽，疑为旧时安装木门所致（图6-4、5）。门框内外两侧亦为粗雕线脚，门洞两侧仍保存有安装花柱所用榫槽的残迹，但现场并未发现形制完整的花柱遗存，仅有部分未完成的花柱残迹（图6-6）。

图6-2 中央主塔西北角假窗窗棂槽
图6-3 中央主塔门过梁叠涩架空
图6-4 东北角塔内门上梁门扇槽
图6-5 东北角塔内门下角门扇槽

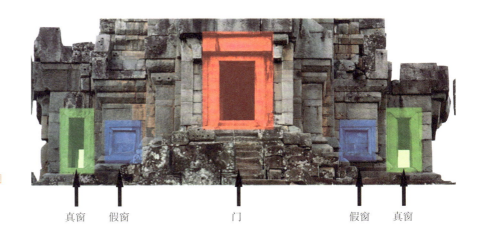

图 6-6 门窗洞口示意图

真窗　　　假窗　　　　　门　　　　假窗　　　真窗

图 6-7 中央主塔室内檐部天花槽

图 6-8 平台散落原型塔顶构件

6.1.3. 屋顶与天花

庙山五塔屋顶采用叠涩的结构形式，逐步向内收拢，拱身通高约为 2.2 米。现存塔顶部分残损甚多，惟中央主塔过厅保留尚算完整。室内檐口以上有天花槽痕迹（图 6-7）。根据相似案例研究，推测庙山五塔天花也应为方形木制天花，上有井字龙骨，并有雕花图案。由于有天花存在，檐口以上石材做工相对粗糙，没有深加工的痕迹。塔顶有莲花形屋顶装饰，平台及中央主塔内均有塌落构件（图 6-8）。

6.1.4. 石材表面孔洞

庙山五塔未完成部分砂岩表面发现大量孔洞，推测大致作用分为两种，一种为石材运输过程中所需的插孔，另一种则是悬挂构件所用孔洞。其中搬运构件所留下的插孔大致分为大小两种。大的直径 6cm，深 9cm，小的直径 4cm，深 4.5cm。此外，现场还发现有建筑砌筑完成后，正处于后期精加工逐渐将孔洞凿掉阶段的石块。因此在墙身、梁柱等部位孔洞几乎不可见（图 6-9）。

● 中央塔西立面孔洞分布

图 6-9 中央主塔西立面孔洞分布图

6.1.5. 排水

庙山五塔所在五层平台是典型的漫流、渗流结合集中排水类型。漫流是指在五层平台四周，平台水流无规律漫流，通过五层平台的外立面，漫流至下层平台。渗流是指塔中央主塔周围雨水通过平台表面渗入平台内部，经外立面石材之间缝隙排向下层平台。集中排水是指台阶周围区域的雨水汇集后，集中通过台阶排出；此外，五塔抱厦窗下各有排水槽，（图 6-10 至图 6-12）排水高度略低于中厅门槛，有助于将塔内排出积水。但因平台表面被大量泥沙、黏土层覆盖，石材之间被泥沙、黏土填塞，整体排水效果并不理想，雨季室内积水较为严重。

针对以上情况，庙山五塔场地排水主要措施为清理平台上的泥沙及黏土层；整理平台排水坡度，将雨水引导至四周的台阶处排出；在适当位置开凿出水口，解决水流无法正常排向台阶的问题。

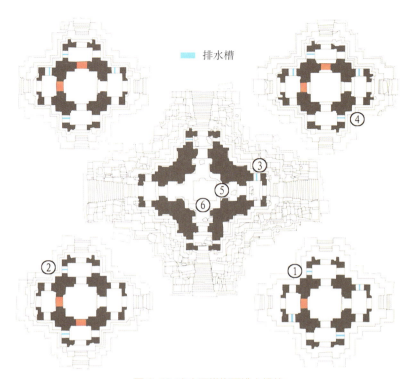

■ 排水槽

图 6-10 庙山五塔抱厦排水槽位

图 6-11 西南角塔北抱厦
西窗排水槽

图 6-12 东南角塔北抱厦
西窗排水槽

6.2. 庙山五塔结构病害现状勘察及成因分析

6.2.1. 现状调查

庙山五塔主体结构基本稳定，中央主塔的稳定性较好，仅在东南转角有墙体局部塌落，险情大多位于四面角塔，尤以角塔抱厦险情较为集中。四角塔的残损特征大体相同，主要有以下几种：

第一，一层基座和踏步石块缺失、破损、走闪；

第二，门柱柱脚下沉、破损；门柱中段石块塌落、破损；门柱柱头部位开裂、破碎；

第三，抱厦两侧窗框、墙体因基座内部角砾岩酥碱导致窗框倾斜、变形，部分构件错位；

第四，门楣、门过梁断裂、破损；

第五，一层山花构件错位，二层山花个别构件倾斜，屋面石构件错位；

第六，中心塔个别石构件走闪、倾斜（图6-13）。

现将庙山五塔各单体保存现状及残损成因详述如下：

表6-1 平台保存现状及残损成因

建筑部位	保存现状	残损原因分析
平台地面	庙山五塔平台地面未发现明显下沉和裂缝，部分塔基周侧地面因旁侧受压而向上隆起，平台排水局部不畅，部分塔基周侧容易雨后积水。	各塔体下沉不一所致。
平台须弥座	前期对基座须弥座进行了整体维修，现基座基本完好。	

表6-2 东北角塔保存现状及残损成因

建筑部位	保存现状	残损原因分析
东抱厦	基座基本完整，一层基座踏步石破碎。两侧窗框变形较小，与中心塔离隙约1厘米。北门柱中部石块破损、残缺，南门柱竖向多处开裂，风化严重，门柱柱头断裂。二层山花外倾，屋面石块错位，有掉落危险。	门柱石块破碎为变形挤压造成，二层山花外倾、屋面石块错位为上部石块掉落所致。
南抱厦	南抱厦基座基本完整，西门柱中部缺失，东门柱石块破碎。东、西窗框向北倾斜0.8%，与中心塔离隙2~3厘米。二层山花外倾，屋面石块错位，缝隙4~7厘米。	抱厦倾斜，前端下沉造成抱框石块受力集中而破损，同时造成二层山花和屋面石块变形错位。
西抱厦	西抱厦基座、踏步基本完整。窗框向东倾斜1%，南窗框与中心塔离隙2~4厘米。南门柱中段石块破损缺失，柱头断裂。北门柱基本完整，柱头断裂。二层山花倒塌，屋面石块松动，与中心塔离隙。	抱厦南侧墙体倾斜，前端下沉造成抱框石块受力集中而破损，同时造成二层山花和屋面石块变形错位。
北抱厦	西北角基座部分石块缺失，二层基座下沉明显。抱厦两侧墙体向北倾斜4.3%，窗框变形明显，东窗框与中心塔离隙4~7厘米，西窗框与中心塔离隙2.5厘米，但早已稳定。二层山花外倾，屋面石块松动错位。	二层基座角砾石垫层破损造成基座下沉，从而引起上部结构整体倾斜变形。
主要承重构件	东北角塔的主要承重构件保存较为完整，部分存在开裂、倾斜等现象，承载力降低。其中存在不安全隐患的立柱有2根，占总数量的12.5%；存在不安全隐患的梁有2根，占总数量的25%。由于角塔的建筑结构与主塔有所不同，可将墙体与立柱视作同一结构。	

表 6-3 东南角塔保存现状及残损成因

建筑部位	保存现状	残损原因分析
东抱厦	基座下部部分石块缺失，踏步基本完好。入口两侧门柱中段石块缺失，柱头部位完好。两侧窗框向东倾斜 3.3%，离隙 6~7 厘米。二层山花外倾，屋面石块松动错位。	抱厦两侧倾斜，前端下沉造成门柱石块受力集中而破损，同时造成二层山花和屋面石块变形错位。
南抱厦	基座、踏步基本完好，东门柱柱脚石块破碎，中段石块风化。西门柱基本完好。窗框向南倾斜 1%。一层山花部分石块塌落，屋面石块松动错位。	门柱石块受力集中而破损，西窗框墙下基础角砾石强度降低引起局部下沉，同时造成二层山花和屋面石块变形错位。
西抱厦	基座、踏步基本完好。北门柱柱头石块开裂，中部整段石块外倾，离隙 4 厘米。南门柱柱脚早期用混凝土加固，中段石块错位劈裂，走闪 6~7 厘米，柱头断裂。门楣断裂、残损，窗框向东倾斜 0.7%。上部二层山花外倾，屋面石块轻度走闪错位。	门柱石块受力集中而破损，同时造成二层山花和屋面石块变形错位。
北抱厦	基座、踏步基本完好，东门柱柱脚断裂错位，早期用混凝土加固，中段石块整体下沉错位，下部错位 8~9 厘米。西门柱下部断裂错位，中段整根石块下沉、离隙 3 厘米。两侧窗框向北倾斜 0.5%，二层山花已经塌落，屋面石块错位，离隙 3 厘米。	门柱受力集中而破损，下部基础垫层强度低引起局部下沉，同时造成二层山花和屋面石块变形错位。
塔顶	塔顶石块走闪，有塌落危险。	塔顶塌毁所致。
主要承重构件	东南角塔主体承重结构保存情况较好，部分承重构件出现开裂现象，其中存在不安全隐患的柱 2 根，占总数量的 12.5%；存在不安全隐患的梁 3 根，占总数量的 37.5%。	

表 6-4 西南角塔保存现状及残损成因

建筑部位	保存现状	残损原因分析
东抱厦	一层基座南部石块部分缺失，南门柱仅存柱头部分，且已断裂。南门柱里侧墙体根部早期用混凝土支护加固，北门柱中部塌落。南窗框前端下沉，与主体结构离隙 3 厘米。北窗框后部下沉，离隙 3 厘米。二层山花及屋面石块走闪错位。	门柱受力集中而破损，下部基础垫层强度低引起局部下沉。北窗框墙体基础强度降低引起局部下沉。同时造成二层山花和屋面石块变形错位。
南抱厦	一层基座两侧有部分石块错位、缺失。西门柱中部石块无存，柱头断裂掉落。东门柱中部石块无存，柱脚石块破碎，柱头部位断裂，有掉落危险。门楣两端破损，两窗框基本完好，离隙 1 厘米。二层山花掉落，屋面石块走闪错位。	两侧门柱受力集中造成构件受损、局部结构变形。同时造成二层山花和屋面石块变形错位。
西抱厦	一层基座石块大部分缺失，踏步石块缺失约 80%。下部角砾石酥碱。西门柱无存，门楣南段断裂。北窗框整体下沉滑动，前部墙体根部早期用混凝土支护加固。一层山花南部石块塌落，二层山花及屋面部分石块塌落。	基座角砾石垫层强度降低造成基座下沉，引起上部结构变形、局部塌落。
北抱厦	一层基座两侧部分石块缺失，东门柱基本完好，西门柱仅存柱头部分。西窗框向前倾斜，与中心塔离隙 3.5 厘米。东窗框向前错位下沉，与中心塔离隙 3 厘米。二层山花塌落，屋面石块走闪错位。	两侧门柱受力集中造成构件受损、局部结构变形。同时造成二层山花和屋面石块变形错位。
主要承重构件	西南角塔破坏情况较严重，主要承重构件损毁较多，其中存在不安全隐患的柱 5 根，占总数的 31.3%；存在不安全隐患的梁 3 根，占总体的 37.5%。	

表 6-5 西北角塔保存现状及残损成因

建筑部位	保存现状	残损原因分析
东抱厦	基座、踏步基本完好。南门柱塌落,仅存第一层柱头石块。北门柱中部石块塌落,柱头石块完好。门下槛石断裂,北门框根部破碎。北窗框移位下沉,与中心塔离隙2~3厘米。南窗框移位下沉3厘米,嵌补墙体下部早期用混凝土支护加固。山花、屋面基本完整,石块错位。	两侧门柱受力集中造成门柱及入口构件受损、结构变形。同时造成二层山花和屋面石块变形错位。
南抱厦	一层两侧基座石块缺失约55%,踏步石基本完好。西门柱下沉,向西错动,上部石块破碎。东门柱仅存上部柱头。东窗框基本完整,离隙1~1.5厘米。西窗框向前下沉,下部早期用混凝土支护加固。一层山花错位,二层山花塌落。屋面石块错位。西门框石破损。	两侧门柱受力集中造成门柱及入口构件受损、结构变形及山花屋面构件错位。上部石块塌落致使基座石块缺失破损。
西抱厦	一层两侧基座石块部分破损缺失。两门柱石块塌落,柱头石块完好。南窗框向前移位下沉,离隙2.5~3厘米。北窗框基本完好。一层山花上部石块部分塌落,二层山花塌落,屋面石块错位。	南门柱基础强度降低使得上部结构局部下沉。两侧门柱受力集中造成构件受损、局部结构变形。同时造成二层山花和屋面石块变形错位。
北抱厦	一层基座两侧石块缺失约50%,踏步石基本完好。东门柱完好,西门柱中部塌落,柱头塌落。西窗框向前倾斜1.6%、移位,与中心塔离隙1.5厘米,前部墙体下部石块破碎。东窗框基本完好。一层山花两端错位,西墙檐口石块错位。二层山花塌落,屋面石块错位。	西门柱、窗框基础强度降低致使构件受损、局部结构变形。上部石块塌落致使基座石块缺失破损。
塔顶	塔顶石块走闪,有塌落危险。	塔顶塌毁所致。
主要承重构件	西北角塔整体保存较完整,局部构件存在受力不均及偏心受压的情况,易导致建筑结构局部失稳。存在不安全隐患的立柱2根,占总数量的12.5%,梁保存完好无开裂现象。	

表 6-6 中央主塔保存现状及残损成因

建筑部位	保存现状	残损原因分析
中心塔	中心塔整体保存完好，无明显下沉、倾斜。东南角假窗部位墙体塌落约 80%，上部石块悬挑，局部有塌落危险。	下部石块破损造成上部结构局部塌落。
抱厦	基座石块部分错位，有塌落危险。西抱厦、北抱厦整体完好，入口部位部分构件断裂。东抱厦门楣及门过梁断裂、窗框劈裂内倾，门柱破损缺失。南抱厦东侧窗框下沉，离隙 3~4 厘米。	两侧门柱受力集中造成构件受损、局部结构变形。窗框下部基础石块或垫层强度降低，造成下沉。
主要承重构件	中央主塔主要承重构件部分破损严重，存在开裂、倾斜等现象，承载力明显降低，构件稳定性降低。其中存在不安全隐患的柱有 13 根，占总体的 54%，存在不安全隐患的梁有 6 根，占总体的 50%，承重墙体开裂 3 处。	

① 平台角塔塔基周侧地面向上隆起　　　　② 东踏道及两侧扶墙现状完好图

③ 东北角塔东抱厦残损现状　　　　　　　④ 东北角塔北抱厦残损现状

⑤ 东南角塔东抱厦残损现状

⑥ 东南角塔南抱厦残损现状

⑦ 东南角塔西抱厦残损现状

⑧ 东南角塔北抱厦残损现状

⑨ 西南角塔南抱厦残损现状

⑩ 西南角塔西抱厦残损现状

⑪ 西北角塔北抱厦残损现状　　　　　　　⑫ 西北角塔塔顶石块走闪

⑬ 中央主塔基座石块部分错位　　　　　　⑭ 中央主塔门柱残缺失

图6-13 庙山五塔现状残损

6.2.2. 成因分析

　　一层基座和踏步石块破损、走闪的主要原因是上部石块塌落造成，另外抱厦两侧墙体和门柱变形、错位也造成了基座走闪变形。门柱柱脚下沉破损主要原因是两侧墙体前倾造成柱脚基础集中受力产生破损和下沉。门柱中段石块随着柱脚下沉造成塌落，也有个别情况是因为中段石块（一般是一整根石柱）自身石材纹理有裂隙造成破损。抱厦两侧窗框、墙体变形和错位一是建筑构造原因，中心塔与抱厦相接处不是一整块构件，缺少拉结，整体性差；二是由于墙基承载力不同或变化所造成。影响墙基承载力的因素有基座角砾石酥碱、基座平台下回填沙松动等。抱厦门柱柱头开裂、破损主要是剪切破坏。门楣断裂是由于抱厦两侧变形、错位使得两端产生相对位移造成的剪切破坏。门过梁断裂除剪切破坏原因外，也不排除底部受拉破坏的情况。山花错位倾斜以及屋面石块错位一是下部结构变形引起，二是上部石块掉落造成。

6.2.3. 勘察结论

庙山五塔的残损现状勘察结论如下：第一，庙山五塔平台地面未发现明显下沉和裂缝，部分塔基周围地面因旁侧受压而向上隆起，平台排水局部不畅，塔基周围容易雨后积水。前期工程对三层须弥台转角及踏道进行了整体维修，目前平台整体稳定，需要对塔基周围进行排水处理；第二，庙山五塔中央塔结构基本稳定，东南转角墙体局部塌落，需进行修补。东抱厦门楣断裂、门框倾斜劈裂，南抱厦东墙开裂，需进行维修；第三，四座角塔的主体结构基本稳定，塔顶和塔身有个别石块有较大错位倾斜，极易塌落，应对其归安扶正；第四，四座角塔的抱厦损坏情况严重，对结构稳定有较大影响，个别部位险情有继续发展和倒塌的危险，应采取相应措施，彻底排除险情；第五，对于已经产生变形、目前无继续发展迹象已经处于稳定状态的部位，可维持现状，进行变形监测；第六，对于对结构安全无影响的塌落部位，如一层基座边缘石块等，可不进行归安。

6.3. 庙山五塔保护修复方案

根据庙山五塔残损现状调查结果，本次工程以保证建筑结构安全为首要目标，排除建筑主要险情。考虑到庙山五塔为对游客开放的空间，应对虽不影响结构安全，但有塌落危险的构件进行归安。对塌落构件原则上不进行寻配归安，出于结构安全的目的，可以添配少量新构件。在维修方法上，采取局部拆砌归安、原位调整、修复粘接、结构加固与附加结构支护等方法，有效排除建筑险情。

针对基座下沉，门柱、门帽、门框变形破坏，采取基座与基础局部拆砌、钢筋拉接、增加钢结构支护等方法对变形部位进行局部加固措施。

构件的修补分为两种情况，一是残损构件的修补粘接，粘接对象是起结构支撑作用或有继续损坏危险、危及安全的构件；二是对有结构安全隐患的缺失构件进行补配，如基座下部缺失的角砾岩、墙体塌落部位等。

建筑构件的归安复位，主要针对建筑现存的构件，需要归安复位的建筑构件大致包括三类：一是山花、屋面及塔顶倾斜错位的构件；二是门柱、抱厦墙体及部分窗框变形部位的构件；三是部分基座、踏步走闪变形的构件。构件归安根据现场实际情况，包含拆落归安和原位归安。

粘接加固的石材采用当地砂岩石及红色角砾岩。石构件粘接材料选用蠕变性好、固化时收缩小、耐候性好、适应性强、使用方便的环氧树脂进行石构件粘接，具体配比需要进行现场试验来确定。

表 6-7 东北角塔维修做法（图 6-14）

维修部位	维修做法
东抱厦	1. 二层山花及屋面石块归位。 2. 修补、拉接南门柱柱头石块。 3. 两侧窗框、墙体维持现状。 4. 入口处增加钢结构支护。
南抱厦	1. 二层山花、屋面拆落归安。 2. 基座、窗框维持现状。 3. 东门柱残破构件粘接修补。 4. 西门柱上部残存两层构件用钢筋拉结。 5. 入口处增加钢结构支护。
西抱厦	1. 门柱柱头钢筋拉结加固，南门柱粘接修补。 2. 山花、屋面石块拆安归位。 3. 基座、踏步保持现状。 4. 两窗框保持现状。 5. 入口处增加钢结构支护。
北抱厦	1. 二层基座拆安归位，更换酥碱的基础角砾石。 2. 抱厦整体拆落，修补破损构件，安装归位。 3. 入口处增加钢结构支护。

维修说明：

1. 本次工程以保证建筑结构安全为首要目标，排除建筑主要险情以及存在的不安全隐患；

2. 修复粘接采用蠕变性好，固化时收缩小，耐候性好，适应性强，使用方便的环氧树脂。

图 6-14 东北角塔东立面设计图

表 6-8 东南角塔维修做法（图 6-15）

维修部位	维修做法
东抱厦	1. 两侧窗框适量调整归位。 2. 上部山花、屋面拆安归位。 3. 入口处增加钢结构支护。 4. 其余部位维持现状。
南抱厦	1. 东门柱修补加固。 2. 山花、屋面石块拆安归位。 3. 入口处增加钢结构支护。 4. 其余部位维持现状。
西抱厦	1. 两门柱粘接修补，调整归位。 2. 山花、屋面拆安归位。 3. 基座、两侧窗框维持现状。 4. 入口处增加钢结构支护。
北抱厦	1. 东、西门柱拆落归安，修补粘接破损柱脚，下部垫层角砾石重新铺装。 2. 山花、屋面石块拆安归位。 3. 基座、两侧窗框维持现状。 4. 入口处增加钢结构支护。
塔顶	1. 归安走闪悬空石块。

维修说明：
本次工程以保证建筑结构安全
为首要目标，排除建筑主要险
情以及存在的不安全隐患。

图 6-15 东南角塔东立面设计图

表6-9 西南角塔维修做法（图6-16）

维修部位	维修做法
东抱厦	1. 修补南门柱两层柱头破损石块。 2. 屋面、山花错位石块归位。 3. 基座规整，更换基础酥碱的角砾石。 4. 入口处增加钢结构支护。 5. 其余部位维持现状。
南抱厦	1. 规整基座错位石块。 2. 重点加固修补门柱柱头破损部位石块。 3. 山花转角石块与里侧拉接。 4. 两侧窗框维持现状。 5. 入口处增加钢结构支护。
西抱厦	1. 更换踏步下部破损、缺失的角砾石，补配上部缺失的踏步石。 2. 基座上部结构整体拆落归安。 3. 入口处增加钢结构支护。
北抱厦	1. 规整基座石块，山花、屋面石块归位。 2. 东门柱视上部山花拆落情况拉接加固。 3. 入口处增加钢结构支护。 4. 两侧窗框维持现状。

维修说明：
本次工程以保证建筑结构安全为首要目标，排除建筑主
要险情以及存在的不安全隐患。

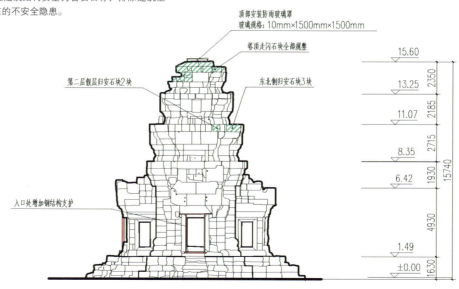

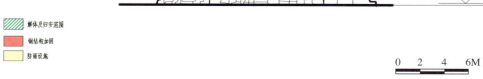

图6-16 西南角塔东立面设计图

表 6-10 西北角塔维修做法（图 6-17）

维修部位	维修做法
东抱厦	1. 修补南门柱上部柱头石块。 2. 山花转角石块拉结加固，屋面石块归安复位。 3. 粘接门下槛，修补南门框下部破损部位。 4. 入口处增加钢结构支护。
南抱厦	1. 基座石块规整，拆安一层山花。 2. 视现场情况尽可能将西门柱向里侧归位。 3. 屋面石块归位。 4. 入口处增加钢结构支护。
西抱厦	1. 基座石块规整，基座下部空洞部位补配铺装角砾石。 2. 二层屋面石块归位。 3. 入口处增加钢结构支护。
北抱厦	1. 重点修补加固西门柱。 2. 归安檐口、屋面错位石块。 3. 侧窗框维持现状。 4. 入口处增加钢结构支护。
塔顶	1. 归安走闪悬空石块

维修说明：

1、本次工程以保证建筑结构安全为首要目标，
排除建筑主要险情以及存在的不安全隐患；

2、修复粘接采用蠕变性好，固化时收缩小，
耐侯性好，适应性强，使用方便的环氧树脂。

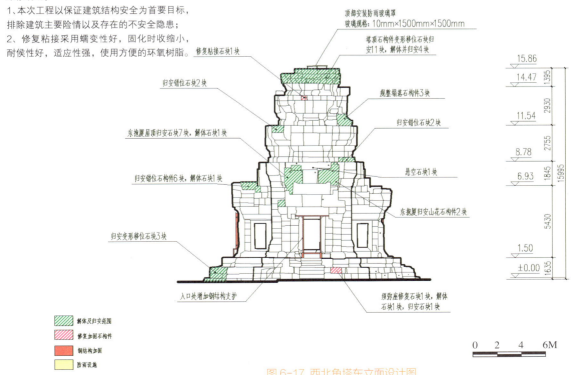

图 6-17 西北角塔东立面设计图

表 6-11 中央主塔维修做法（图 6-18、19）

维修部位	维修做法
中心塔	1. 补配东南角假窗部位墙体缺失构件。
抱厦	1. 规整基座错位严重、有塌落危险的构件，更换酥碱的角砾石。 2. 拆安门柱上部山花、屋面构件。 3. 修补、拉结门柱柱头石块，粘接加固门帽、门过梁。 4. 入口处增加钢结构支护。

维修说明：
本次工程以保证建筑结构安全为首要目标，排除建筑主要险情以及存在的不安全隐患。

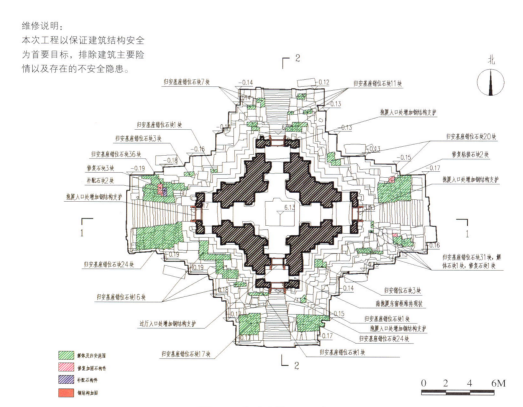

图 6-18 中央主塔平面设计图

维修说明:
本次工程以保证建筑结构安全为首要目标,排除
建筑主要险情以及存在的不安全隐患;

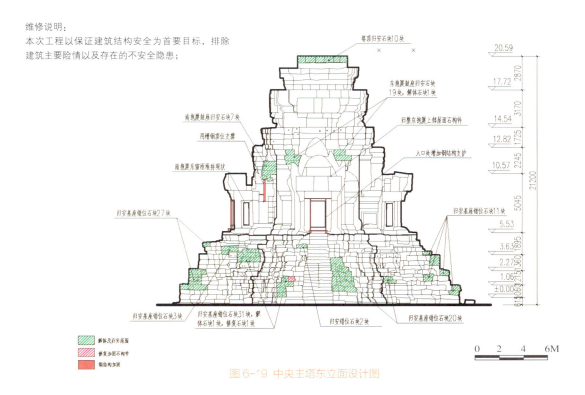

塔顶归安石块10块
东抱厦敲座归安石块
19块,解体石块1块
归整东抱厦上部屋面石构件
入口处增加钢结构支护
南抱厦敲座归安石块7块
用槽钢顶住支撑
南抱厦东窗框维持现状
归安基座错位石块27块
归安基座错位石块11块
归安基座错位石块3块
归安基座错位石块31块,解
体石块1块,修复石块1块
归安错位石块2块
归安基座错位石块20块

解体及归安范围
修复加固石构件
钢结构加固

0 2 4 6M

图6-19 中央主塔东立面设计图

6.4. 工程实施

图6-20 修复后的庙山五塔

6.4.1. 材料设备

6.4.1.1. 搭材作

为了满足庙山五塔的解体拆落、建筑构件归安复位、残损构件修补、钢结构支护等要求，并方便工作人员走动。庙山五塔排险加固项目施工脚手架根据施工需要和建筑的形制特征搭设，主材一律使用钢管，连接件使用铸铁构件，脚手板使用木脚手板。立杆直立在平台或石块上，其间支垫木块和橡胶垫（图 6-20 至图 6-23）。施工脚手架钢管规格为 2 米、3 米、4 米、6 米四种，立杆横向间距约为 1.2 ~ 1.3 米，纵向间距也约为 1.2 ~ 1.3 米，高度超过塔顶 2 ~ 3 米，以便于石块的吊运（图 6-24）。脚手架末端距离建筑本体不少于 5 厘米。单体建筑脚手架四个角落均设定滑轮一个，用以运输脚手架和扣件。

此外，根据施工需要，准备四个手拉葫芦，以满足石块的吊运；准备千斤顶若干，满足吊运、移动、归安石构件；准备 5 吨塔吊，以满足茶胶寺一层地面的物资运至庙山五塔平台。

图 6-21 中央主塔脚手架铺设

图6-22 中央主塔脚手架搭设

图6-23 角塔脚手架搭设

图6-24 吊塔作业
图6-25 塔顶临时防雨设施

6.4.1.2. 吊装设备安装

茶胶寺修复工程引入了传统施工工具。比如，维修使用的塔吊在其范围之内最多兼顾两三个点的维修，而且转移费时、困难，在庙山上层施工还有很大的安全问题。项目组则选用铁管简单焊接，制造出传统吊装工具，比如斜吊杆等，可以在一些维修量不大的角落灵活使用。保证项目可以有十几个点同时施工，有的修缮点只需要五六个工人，花十几天就能完成全部施工任务。

6.4.1.3. 防护设施

由于庙山五塔的顶部均残损缺失，现塔顶结构无存，塔顶裸露在外，雨水通过塔顶空洞进入建筑内部，并在室内形成积水，可能对建筑基础造成不良影响。为避免雨水进入建筑内部，在四角塔顶部安装了可逆的临时防雨设施。防雨设施框架为钢结构，通过嵌入砌体进行固定，固定方式完全可逆（图6-25）。

6.4.2. 施工前的档案记录

对拆落的砂岩石构件进行测量、拍照、绘图、编号，并将其整理为数字化资料进行归档（图6-26）。

图6-26 石块测量、编号

6.4.3. 局部解体拆落

局部解体拆落主要针对基座、踏步变形较大，上部结构需要拆落的情况。严格控制解体的工程量，减少不必要的干预。拆除前对歪斜、位移部位及周边相关构件采用钢材及千斤顶进行原位支顶，随拆随顶，防止拆除过程中发生坍塌。拆砌中首先使欲拆除的石构件松动，使其与相邻构件分离，使用撬棍或手拉葫芦，用吊装带挂住构件一角，轻轻抬起3～5厘米，逐渐使构件分离。构件分离后，用吊装带将石构件拴牢用手拉葫芦将石构件运至地面，使用手拉葫芦通过井子架进行垂直运输，到达平台的石构件由多人搬运或使用脚手架杆铺设滑轨进行运输（图6-27）。

图6-27 局部解体

6.4.4. 建筑构件归安复位

建筑构件归安复位，主要针对建筑现存构件，与茶胶寺之前单体建筑的散落构件寻配归安复位有所区别。需要归安复位的建筑构件大致包括三类：一是山花、屋面及塔顶倾斜错位的构件；二是门柱、抱厦墙体及部分窗框变形部位的构件；三是部分基座、踏步走闪变形的构件。构件归安根据现场实际情况，包括拆落归安和原位归安。石构件原则要求按照原位归安，控制好成型后的外轮廓。归安时应尽量使块石之间接触面互相匹配。归安后的墙体、屋檐应尽量表面平整、线脚垂直（图6-28）。

6.4.5. 残损构件修复加固

（1）修补粘接

修补粘接构件是残损构件常用的修补方法，粘接对象是起结构支撑作用或有继续损坏危险、危及安全的构件。选用蠕变性好、固化时收缩小、耐候性好、适应性强、使用方便的环氧树脂对断裂石构件进行粘接（图6-29）。

（2）钢筋拉接

钢筋拉接主要用于柱头挑出部位的加固，根据构件破损情况采用上部钻孔、剔槽埋入钢筋与后部构件粘接连接，增加构架的上部抗拉能力。对于受力较为集中的部位如门柱柱脚、门柱柱头、门帽等应在断裂面植筋加固或下方开槽卧入钢筋，使用环氧树脂加石粉作为填充物加固进而增加石构件的加固稳定程度。

6.4.6. 石构件补配

对于存在结构安全隐患的关键部位，需要适当用新石料进行补配，如基座下部缺失的角砾石、墙体塌落部位等。严格控制新补配构件数量，除结构安全需要，比如为支顶上部悬挑构件，或一些特殊部位构件，其余部位构件原则

图6-28 构建归安复位

图6-29 残损构件的粘接

上不予补配。采用当地砂岩及红色角砾岩（采自荔枝山脚下的采石场），根据实测尺寸，使用大型石材切割机对荒料进行加工，成半成品后，再使用小型机械细加工，确保补配的构件与原有构件形制基本相同，料石要求加工面面平角方，使用前均用人工錾凿打磨平整（图 6-30）。

6.4.7. 钢结构支护

在庙山五塔抱厦入口处对原先部分木结构加固进行了移除，于各建筑四面抱厦入口处及结构薄弱的部位加设钢结构支护，用以支护上部出挑门帽及山花等构件（图 6-31）。根据庙山五塔抱厦入口及结构薄弱部位的形制，单独设计钢结构支护。为了避免钢结构直接与石头接触，造成石构件表面的损坏，在钢材与石构件之间增设橡胶垫保护石构件（图 6-32）。钢结构支护共安装 23 处。

图 6-30 石构件补配（左）

图 6-31 东北角塔南立面
钢结构支护（中）

图 6-32 钢材与石构件之
间的橡胶垫（右）

图 7-1 修复后的茶胶寺东立面

7. 茶胶寺修复项目实施成果的经验与启示

7.1. 探索吴哥古迹保护多边合作交流，践行亚洲文化遗产保护行动

图 7-2 2015 年，国家文物局局长励小捷详细听取茶胶寺修复项目介绍

吴哥古迹的保护犹如一所文化遗产保护与研究的国际性大学，来自不同文化、不同专业背景的各国文化遗产保护专家与学者在此相互学习、交流、激励，逐步凝练出具有国际视野的吴哥特色文化遗产保护学术体系与研究成果。自从正式启动拯救吴哥古迹国际行动以来，大约 20 多个国家及团体组织参与了吴哥古迹的保护与修复工作。在吴哥地区的各国吴哥保护工作队和团体组织具有丰富的实践经验，他们长期工作在吴哥地区，所取得的丰硕成果为茶胶寺保护工程项目的实施提供了重要借鉴（图 7-1）。项目组通过多种形式，开展国际间的沟通与交流，用以丰富我们的视野、提高专业水平（图 7-2）。

贯穿项目实施过程中的对外合作交流也对落实亚洲文化遗产保护行动具有重大意义。吴哥古迹保护协调委员会对于中国工作组的赞扬与肯定，证明我们不仅在人才、技术方面具备了开展亚洲文化遗产保护行动所需要的条件，同时也积累了足够丰富的与国外文博机构合作经验，完全可以策划并主导好亚洲文化遗产保护行动（图7-3）。

7.1.1. 中国吴哥古迹保护研究中心

为方便开展与吴哥古迹相关的科学研究、学术交流、柬方人员培训工作，经中柬双方多次协商沟通，最终在暹粒市郊 APSARA 局办公区内建成中国吴哥古迹保护研究中心（图7-4）。研究中心主要围绕茶胶寺综合保护研究项目的总体目标及研究方向，开展茶胶寺历史沿革、规划布局、建筑形制、装饰艺术等多方面的专题研究，逐步在茶胶寺工作现场建立起科学、高效、创新的学术团队及其科研支撑平台，通过较为全面、系统、深入、扎实的科学研究，并为积极推进茶胶寺保护修复工程提供了大量基础资料、科学依据以及关键技术。项目组以研究中心为依托，进一步加强了与各国学术机构及研究单位的学术交流与合作研究，系统整理、汇编、出版了大量学术成果。工作组还定期在研究中心现场培训柬方技术人员，进一步努力将研究中心建成吴哥古迹保护研究的高水平学术研究基地。

图 7-3 2015 年，国家文物局局长励小捷、中国遗产研究院院长刘曙光及国家文物局相关司室负责同志与柬埔寨索安副首相会谈

图 7-4 中国吴哥古迹保护研究中心

图 7-5 2016 年，国家文物局副局长、中国文化遗产研究院院长刘曙光在第二届国际协调委员会柏威夏寺全体大会作为主席国代表发言

图 7-6 2016 年，中国文化遗产研究院副院长许言代表 CCSA 在 ICC 大会上发言

7.1.2. 与参与吴哥古迹保护机构的多边合作交流

1993 年 10 月在东京召开的第一次吴哥国际会议决定成立联合国教科文吴哥古迹保护协调委员会（ICC-Angkor）。吴哥古迹保护协调委员会是一个由多个国家和组织机构为保护和发展吴哥古迹提供援助而组成的国际协调机构，主要负责对吴哥古迹保护、科学和发展项目的磋商、评估和跟踪。其下设两个特设专家组，为吴哥古迹的保护与管理提供技术支持，第一组负责保护工作，第二组负责可持续发展工作。协调委员会分别于每年的 6 月和 12 月召开两次会议，一次技术大会和一次全体年会。全体年会通常于 12 月初举行，通常是大使和机构官员出席，同时也会邀请技术团队参加。

在第 29 届技术大会和第 24 届全体大会上，中方代表与柬方政府 ICC 秘书处 ICC 特设专家组援助柬埔寨吴哥古迹相关国家驻柬埔寨大使馆代表相关国际组织和专业机构代表等近 300 人一同参会，介绍了茶胶寺修复工程的工作情况，并与各国同行进行技术交流和研讨。在工程实施过程中 ICC 特设专家组也多次莅临现场进行检查，对茶胶寺修复项目实施过程中所遇到的技术问题举办相关专题研讨会，来共同探讨修复过程中所遇到的各种技术问题的方案和措施。此外，工作组与 ICC 特设专家组共同组织召开了两届茶胶寺保护修复专题会议。吴哥国际协调委员会永久科学秘书贝肖克教授在第二次会议上指出，中国援柬工作队在茶胶寺保护修复工程的工程定位、理念与方法值得肯定。尽管部分庙山的残损情况严重，但庙山五塔的保护修复理念和方案，完全符合吴哥宪章的相关规定与要求（图 7-5、6）。

项目组在进行修复工作的同时还与其他参与吴哥古迹保护修复的组织机构和团体间保持了不定期的互访，到各自的修复施工现场参观学习交流，并互相邀请参加各自举办的学术交流会，互相借鉴、积累古迹修复保护方面的经验，提高了古迹保护修复的技术水平。在吴哥地区的各国吴哥保护工作队具有丰富的实践经验，他们长期工作在吴哥地区，所取得的丰硕成果可作为茶胶寺修复项目组的重要借鉴。工作队在石刻保护与研究方面与德国吴哥古迹保护工作队（GACP）的技术专家围绕茶胶寺须弥台砂岩雕刻保护修复进行了合作研究。在考古发掘研究领域与 APSARA 局吴哥遗址保护与考古部、金边皇家艺术大学考古系共同合作开展了 2013 年度、2014 年度茶胶寺现场的考古发掘研究，合作取得了诸多研究成果（图 7-8 至图 7-10）。

图 7-7 2013 年，中国文化遗产研究院与法国远东学院共同举办"考古与柬埔寨吴哥遗址——法国远东学院历史照片特展"暨"吴哥古迹保护与研究论坛"，国家文物局关强副局长出席展览开幕式。

图 7-8 中国文化遗产研究院柴晓明院长与 APSARA 局长索曼局长及贝肖克与教授讨论设计方案

图 7-9 APSARA 局局长索曼视察茶胶寺（左下）

图 7-10 2019 年项目组与 APSARA 局长郝鹏及 ICC 专家组就茶胶寺修复项目技术成果进行讨论（右下）

图 7-11 中国文化遗产研究院院长柴晓明
在吴哥研究中心与 ICC 专家展开学术交流

图 7-12 国家文物局检查组于茶胶寺现场
指导工作

图 7-13 援柬 III 期项目组对柬方工人进行
技术培训（左）

图 7-14 中国援柬项目组与柬、日、泰、缅、
老五国文物保护人员交流学习（右）

7.1.3. 依托项目中外联合人才培养

　　项目组沿袭国际援助吴哥古迹保护行动及中国援柬一期周萨神庙保护修复模式的良好传统，在茶胶寺修复项目实施过程中，始终注重中外文化遗产保护修复人才的联合培训，并将柬方工程技术人员的培养作为茶胶寺修复工程的重点工作之一。从周萨神庙修复工作以来，至今已 20 多年，中国吴哥古迹保护项目组与柬方 APSARA 局密切合作已为柬埔寨培养了一百多名当地的修复技术人员。其中大部分人员已熟练掌握石材加工与雕刻、构件安装和其他施工技术。部分经过培养的柬方技术人员已在其他国家工作队中逐渐成为技术骨干力量。人员培训不光着眼于培训当地的技术工人，项目组同时还培训了柬方的保护工程技术人员和研究人员。经过数年的现场施工及技术管理，中柬双方技术人员都在实践中积累了丰富的经验，除了自身的专业知识外，多学科工作的涉猎，将其逐渐培养成了技术过硬的多面手。同时，中方参与人员在与各个国家队间的技术交流过程中，在文物保护理念认识、语言学习与应用等诸多方面也均有了很大的提高（图 7-11 至图 7-15）。

图 7-15 2016 年，国家文物局副局长，中国文化遗产研究院院长刘曙光于中国吴哥研究中心与 ICC 专家贝逍客教授（左一）、APSARA 局索曼局长（右二）进行会谈

7.2. 深入了解吴哥文明，修复效果彰显大国担当

7.2.1. 吴哥古迹保护的"中国方案"

茶胶寺修复工程严格遵守了《吴哥宪章》和《世界遗产公约》的精神，实施过程中突出强调了最小限度干预原则，采取的所有措施均是可逆的，从而最大限度地保护了茶胶寺建筑的真实性。保持古迹的原形式、原结构、原材料和原工艺，并在新、旧构件的协调方面加以区分。茶胶寺庙山存在大量散落石材，20 世纪专业工作者整理遗址时，此前的修复工作只是将他它们汇总搜集堆积在一起。项目组在施工过程中严格按照原始的砌筑方式对散落构件进行寻配归安，在可能的条件下，尽量将塌落的构件归安复位，花费了大量时间和精力在原有石构件的寻配上，对新补配的构件也采用了原工艺做法，这也是为了茶胶寺建筑的真实性和完整性可以得到进一步体现。此外，真实性和完整性的理念还体现在对于文物安全的重视上。除了完成既定的具体维修外，项目组还增设了可逆的安全防护设施，确保游人安全和文物安全。

茶胶寺庙山五塔修复工程的实施，也反映了中国援柬工作队对茶胶寺保护工程科学严谨、整体对待的高度责任心。因庙山五塔建筑构件体量巨大，并且位于高耸的庙山台基之上，修复难度较大，且已有临时加固、支护措施，因此曾有专家建议庙山五塔可暂时维持

图 7-16 中国文化遗产研究院乔云飞副院长与
ICC 专家就修复工作开展现场讨论

图 7-17 项目组成员与柬 APASARA 局副局长
Kim Sothin 讨论设计方案

图 7-18 项目组成员周西安工程师与柬埔寨当地儿童

现状。项目组经过详细勘察认为茶胶寺庙山五塔确实存在安全隐患，且隐患有发展的趋势。本着负责任、有担当的大国精神，项目组采用预防性保护的措施，充分准备，周密计划，精心实施，最终保质保量地完成了包括庙山五塔在内的全部修复任务。

2018 年，国家文物局胡冰副局长率团参加吴哥古迹保护国际行动 25 周年系列活动，出席 ICC-Ankor 第 31 届全体大会。柬埔寨文化艺术大臣彭萨格娜代表首相洪森为保护吴哥古迹做出突出贡献的各国代表颁发勋章，中国文化遗产研究院许言、王元林、顾军三位同志获柬埔寨王国骑士勋章（图 7-19）。彭萨格娜高度评价了中国在吴哥古迹的文物保护工作，她对中国队在实现保护好珍贵文化遗产目标的前提下，为增进两国人民间的友谊，改善民生和可持续发展做出的贡献表示由衷的感谢。

中国政府参与柬埔寨吴哥古迹保护国际行动已经 20 多年了。就吴哥古迹的保护而言中国虽然是后来者，但经过茶胶寺修复工程，在不断学习他国工作经验，总结自身工程实践过程中，中国援柬工作队逐步走向成熟。并得到了柬埔寨王国政府和 ICC 专家组的信任，今后还将承担起更加重要的使命，在遗产保护领域继续发挥负责任大国作用，不断贡献中国智慧和力量（图 7-16 至图 7-23）。

7.2.2. 修复实施前后比对

茶胶寺修复工程以全面的研究为基础，严格贯彻了《吴哥宪章》、《保护世界文化和自然遗产公约》及其《操作指南》的精神，充分吸取了中国援助柬埔寨吴哥古迹第一期周萨神庙保护工程的经验，自项目之初的勘察设计到后期的施工组织、协调管理，项目组对每一项任务、每一个环节都进行了严格控制、认真把关，前期研究及后期的修复施工均取得了可喜的成果，达到了预期的目的。

图 7-19 2018 年，国家文物局副局长胡冰与获柬埔寨王国骑士勋章的工作组成员许言、王元林、顾军合影

图 7-20 国家文物局专家组组长黄克忠指导庙山五塔
修复工作

图 7-21 中国文化遗产研究院总工侯卫东与 ICC 专家就
茶胶寺修复方法展开现场讨论

图 7-22 故宫博物院李季研究员、李永革工程师、中国文
化遗产研究院吴加安研究员现场考察援柬Ⅲ期项目

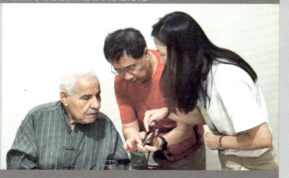

图 7-23 故宫博物院李季研究员与贝逍客教授交流

图 7-24 茶胶寺修复前后实施效果对比

部位	20 世纪历史照片[①]	修复前（2011.10）	修复后（2017.12）
茶胶寺南立面			
茶胶寺东神道			
须弥台东踏道			
北长厅			

① 资料来源：法国远东学院。

部位	20 世纪历史照片	修复前（2011.10）	修复后（2017.12）
北藏经阁			
东外塔门			
中央主塔 东立面			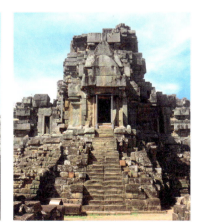

部位	20 世纪历史照片	修复前（2011.10）	修复后（2017.12）
中央主塔 南立面			
东北角塔 南立面			
东北角塔 西立面			

7.3. 推动交叉学科学术研究深化，考古研究与科学工程实验贯穿项目始终

为了科学实施茶胶寺保护修复项目，项目组运用交叉学科综合研究的研究方法，将建筑材料力学、生物学等多学科的学术研究与科学实验贯穿项目始终，取得了丰富且重要的科研成果，为后期保护修复工程技术方案的确定、确保工程顺利实施提供了重要研究基础与技术支撑。

研究石材的工程性质对修复工程具有重要意义，项目组在茶胶寺周边采取石材进行了室内试验分析。岩石试验内容包括常规物理试验、力学试验、水理试验及化分试验。分析研究茶胶寺建筑石材的力学性质是本次工作的重点。通过对所取岩样进行劈裂试验、单轴压缩试验及三轴压缩试验探究石材力学特性，辅助修复工作开展。

7.3.1. 建筑材料与强度试验

7.3.1.1. 常规物理试验成果

根据岩石物理力学试验结果，可知砂岩的天然密度为 $2.17g/cm^3$ 至 $2.43g/cm^3$，烘干密度为 $2.13g/cm^3$ 至 $2.40g/cm^3$，颗粒比重为 $2.67g/cm^3$ 至 $2.68g/cm^3$，孔隙率为 12.81 至 16.4；角砾岩的天然密度为 $1.92g/cm^3$ 至 $2.34g/cm^3$，烘干密度为 $1.86g/cm^3$ 至 $2.28g/cm^3$，颗粒比重为 $2.98g/cm^3$ 至 $3.06g/cm^3$，孔隙率为 25.4 至 37.69。可以看出，砂岩的天然密度及烘干密度比角砾岩的要大，而角砾岩的颗粒比重及孔隙率比砂岩要大。

7.3.1.2. 力学试验成果

1. 抗压性能

通过饱和单轴抗压试验得出，砂岩的饱和单轴抗压强度 30.40MPa 至 47.14MPa，属于较硬岩，新鲜砂岩的饱和单轴抗压强度和茶胶寺砂岩的饱和单轴抗压强度极为接近，可见砂岩风化系数较大，耐风化能力强；角砾岩的饱和单轴抗压强度为 1.30MPa 至 6.40MPa，属于极软岩－软岩，饱和单轴抗压强度较低，茶胶寺角砾岩的单轴抗压强度为 1.3MPa 至 1.59MPa，新鲜角砾岩的饱和单轴抗压强度为 3.38MPa 至 6.40MPa，茶胶寺的角砾岩饱和单轴抗压强度要远低于新鲜角砾岩，风化系数较小，约 0.5 左右，角砾岩的耐风化能力差。

2. 软化性能

烘干岩石进行单轴抗压试验得知，在烘干状态下，单轴抗压强度和弹性模量都有一定程度的提高，角砾岩的饱水软化系数为 0.34 至 0.36，而砂岩的饱水软化系数为 0.5 至 0.72，

砂岩和角砾岩均为软化岩石，而角砾岩的软化性更强。

3. 抗拉性能

根据劈裂试验得知，砂岩的抗拉强度为 2.80MPa 至 5.45MPa，约为饱和单轴抗压强度的 1/10 左右，而角砾岩的抗拉强度为 0.39MPa 至 0.72MPa，约为饱和单轴抗压强度的 1/5 左右；砂岩的抗拉强度比角砾岩的抗拉强度高得多，约为角砾岩抗拉强度的 10 倍左右。

4. 抗剪性能

岩石进行三轴压缩试验后得知，砂岩的粘聚力为 8.79MPa 至 9.70MPa，摩擦角为 35.81 度至 39.98 度，角砾岩的粘聚力为 1.04MPa 至 2.80MPa，摩擦角为 28.28 度至 30.30 度，砂岩的抗剪强度要比角砾岩大很多。

7.3.1.3. 水理试验成果

1. 含水率及吸水率

岩石的水理试验结果显示，砂岩的天然含水率为 1.33% 至 1.63%，自然吸水率为 4.06% 至 6.00%，饱和吸水率为 4.64% 至 9.67%；而角砾岩的天然含水率为 2.48% 至 3.48%，自然吸水率为 7% 至 11.62%，饱和吸水率为 8.07% 至 12.15%。砂岩的天然含水率、自然吸水率及饱和吸水率均比角砾岩要低，主要是由于角砾岩孔隙率较大的缘故。从饱和吸水率来看，砂岩和角砾岩均不具膨胀性。

2. 崩解试验

对砂岩和角砾岩分别进行耐崩解性试验，得出砂岩和角砾岩的崩解指数分别为 96.9 及 92.8，均为不易崩解的岩石。

7.3.1.4. 试验成果分析

通过以上分析，可以看出茶胶寺建筑石材的工程性质主要有以下几点：

1. 物理力学性质差异大

茶胶寺建筑石材由砂岩及角砾岩组成，砂岩的天然密度大，单轴抗压强度、抗拉强度及抗剪强度均远远大于角砾岩，砂岩属于较硬岩，而角砾岩属于极软岩 – 软岩；

2. 风化差异性大

实验成果显示砂岩的耐风化能力要远大于角砾岩，因此在对于茶胶寺，随着时间的推移，角砾岩由于风化而使得强度降低的速度远大于砂岩；

3. 软化性强

砂岩和角砾岩均为软化岩石，遇水饱和后，强度都不同程度有所降低，尤其是角砾岩的软化系数很小，遇水极易软化；

4. 耐崩解性强

砂岩和角砾岩均为不易崩解岩石，耐崩解能力强。

7.3.2. 砂岩雕刻保护修复试验

为探究不同措施对于茶胶寺砂岩雕刻石材的影响，筛选出合适修复的材料和工艺，石刻保护团队选择须弥台二层东立面南端的石质构件上进行了表面污染病害清洗试验、表面生物病害治理试验、石质构件局部归位粘接试验、石质构件空鼓病害填充和灌浆修补试验。

7.3.2.1. 表面污染病害清洗现场试验

因化学试剂很容易损坏石材，对文物造成保护性破坏。出于对茶胶寺石质文物的保护，现场试验采用去离子水和乙醇水溶液作为清洗剂，使用牙刷对典型表面污染与变色病害区域进行清洗。

（1）试验方法和实施过程

表面污染与变色病害清洗现场试验区域位于须弥台二层东立面南端的右下侧墙基，部分区域有花纹雕刻，表面具有一层黑色的污染物，主要为苔藓类植物的尸体，属于典型的表面污染与变色病害。因实验区为半雕刻区，选取该区域为清洗区可以观察非雕刻区和雕刻区的清洗效果。

考虑到试验区域具有雕刻图案的特殊性，清洗的过程中不能破坏雕刻区域的图案，实验区采用机械清洗法：先用软毛刷轻轻的清除表面的灰尘及其他杂质，然后在清洗材料1冲洗下用牙刷刷洗2遍，再利用清洗材料清洗表面还有残留的顽固污渍，彻底清除表面污染与变色物。

（2）试验效果评估

试验区域表面污染与变色物主要是附生苔藓生物的残留体，并且表面富积大量的灰尘等污染物。清洗后试验区域的表面污染与变色物彻底清除，且对试验区域表面的雕刻图案基本没有影响，清洗工艺对于雕刻区的石质构件文物清洗效果显著（图7-25）。

7.3.2.2. 表面生物病害治理现场试验

生物体在岩石表面的生长受生物种类、环境条件及岩石表面性质三个因素影响。最常采用生物防治材料剂对石质文物表面进行防霉杀菌处理。现场试验采用硅氟型杀藻剂对试验区域进行处理，观察处理效果。然后，清除石质表面微生物再涂刷有机硅硅氟类抗藻剂，赋予处理表面抗藻性。检验所选试剂对岩石表面微生物的抑制效果。

（1）试验方法和实施过程

试验区域位于须弥台二层东立面南端的右侧凸出向南墙基石块石质构件。苔藓几乎占据了整块石构件。实验区内附生的苔藓种类较多，大部分苔藓为浅绿色，部分为白色，还有一些苔藓尸体附在石质表面上显黑色。

为了比较生物处理效果，在试验区域进行杀藻试验，表面用涂刷复合杀藻剂两遍。生物治理材料治理实施48小时后，利用牙科工具清除试验区域内已被杀死的苔藓植物，并用去离子水清洗干净。自然干燥后，进行抗藻处理，防止藻类在区域内重新生长。涂刷岩石抗藻保护液两遍，作为长期评估文物表面生物治理效果的试验区域。

（2）试验效果评估

通过对试验区域生物治理实施后不同时间段试验区域表面生物生长情况进行观察研究，发现岩石表面在涂刷复合杀藻剂24小时后，表面生物开始死亡，表面颜色开始发黄。从涂刷杀藻剂24小时后的效果来看，复合杀藻剂对茶胶寺石质文物表面的藻类生物有较好的治理效果。在实验中，对石质构件表面的藻类生物进行杀灭后，清除表面残留物，然后再涂刷岩石抗藻保护液以防止文物表面生物再次生长。经过一定时间的观察，涂刷了抗藻液的区域并未发现藻类生物重新生长（图7-26）。

7.3.2.3. 石质构件局部归位粘接现场试验

采用有机硅－石粉复合粘接材料对石质文物已剥落的小石块进行归位粘接现场试验，并对试验结果进行评价。

（1）试验方法和实施过程

试验区域位于须弥台二层东立面南端，石材表面一小石块已剥落，剥落部分的尺寸7cm×2cm×2cm。将剥落小石块取下，采用软毛刷轻轻刷除小石块表面和缺失凹槽内的灰尘和碎石粉，然后用清洗牙刷对试验区域进行清洗，彻底清除试验区域表面的污染物。

补配砂浆的配制比例为硅酸乙酯类主剂：80目以下石质石粉：固化剂=10：20：1。将硅酸乙酯类主剂、石粉和固化剂按比例加入混合容器内，立即进行搅拌，直至均匀为止即为补配砂浆。选取质地与石质本体相同的新鲜长石砂岩石块进行粉碎，再经80目筛网过筛制得石粉。

调制好的补配砂浆利用牙科工具均匀适量地涂抹在剥离石块的三个剥离面和缺失凹槽内。涂抹时，保证补配砂浆在修复施工的过程中不污染其他石质文物区域，并能使剥离石块很好的归位。然后，将剥离石块归位放入缺失凹槽处压紧。最后采用牙科工具将修复区域边缘平整，大致和试验区域周围形貌一致。

（2）试验效果评估

为了对石质构件局部归位粘接试验的效果评估，采用热红外成像仪对修补后的试验区域进行拍照记录，另外可从外观形貌方面对试验区域修复前后对比评价。

采用红外热成像仪对养护后的归位粘接试验区进行拍照记录，观察粘接效果。养护后试验区域的红外热成像照片显示，归位粘接部位与右边的同一平面石质文物构件温度相同，证明该剥离石块的归位粘接效果良好，粘接空隙已全部用补配砂浆填满。

从外观形貌来看，石质构件局部归位粘接试验区域经过修复后，剥离部分已十分牢固地粘接到原来位置，大致恢复到发生剥离病害前的形貌。

7.3.2.4. 石质构件空鼓病害填充和灌浆修补现场试验

对石质文物的空鼓和断裂病害多采用填充修补或灌浆修补的方法来修复。现场试验采用石粉和硅丙乳液对茶胶寺石质构件空鼓位置进行灌浆封堵，防止流水浸湿，空鼓位置病害进一步恶化，引发剥落缺失等病害。

（1）试验方法和实施过程

试验区域为须弥台东面第二层靠南平台立面的右下侧墙基石砖石质构件，加固封护试验中的 B-2 区。该区为雕刻区，部分雕刻形成空鼓病害。空鼓面积约 $6cm^2$，选择使用填充修补的办法进行修复。首先，采用洗耳球、软毛刷、牙科工具清除石质构件裂隙试验区域表面及内部的泥土、灰尘及其他杂物。

补配砂浆的配制方法与归位粘接试验中用到的砂浆相同。将调制好的补配砂浆利用牙科工具填入试验区域中的缺失部分进行修补实施，每次填入的补配砂浆的量要适宜，保证补配砂浆在修复施工的过程中不掉落至地上或污染其他石质文物区域，直至整个缺失部分都被填充完毕，最后采用牙科工具将修复区域表面修平整，大致和试验区域周围形貌一致。修补完成后，试验区域进行养护。

（2）空鼓灌浆修补现场试验过程

该试验区域是位于须弥台二层东立面南端立面的石质构件。试验区域为典型石质文物空鼓病害，并且表面出现鳞片状起翘与剥落的状况。空鼓尺寸约为 13cm×10cm，面积较大，适合采用灌浆修复的方法进行修复。

为了确定试验区域的空鼓情况，采用红外热成像仪对试验区域进行拍照记录。由红外热成像照片可见，试验区内空鼓部分的显示温度比周围石质构件要低，由此可确认该试验区域内空鼓范围。然后，采用洗耳球、软毛刷、牙科工具清除石质构件裂隙试验区域表面及内部的泥土、灰尘及其他杂物，清除完毕后用去离子水清洗两遍，彻底清除石质构件裂隙内部的杂物。

补配砂浆的配制方法与归位粘接试验中所使用的砂浆相同。按硅酸乙酯类主剂：120目以下石质石粉：固化剂=10：12：1质量配比，将硅酸乙酯类主剂、石粉和固化剂装入混合容器内，立即进行搅拌，直至均匀为止，灌浆砂浆具有一定的流动性。石粉制作是选取质地与石质本体相同的新鲜长石砂岩石块进行粉碎，然后经120目筛网过筛制得。

将配制好的补配砂浆利用牙科工具先修补石质构件裂隙的边缘，在上边缘留出灌浆口，修复材料填入裂隙石质构件的深度在2cm以上，以防止在灌浆的过程中灌浆材料将修补的裂隙石质构件挤开而渗出。在石质裂缝修补完毕保护30分钟后，开始实施灌浆。灌浆的过程中采用牙科工具辅助灌浆材料充分填充到裂隙石质构件的内部，使灌浆材料充满石质构件。灌浆施工完毕后至少3小时后待灌浆材料表面固化进行表面清理工作，防止灌浆材料污染其他区域。最后采用补配砂浆将灌浆裂隙进行修复。对试验区域灌浆修复和表面修复实施完毕后，养护一天。采用加固材料1对试验区进行滴注加固，使对试验区石质文物的修复效果最优化。养护一天后，采用红外热成像仪对试验区域进行拍照。

（3）填充修补和灌浆修补试验效果评估

为了系统地评估石质构件空鼓病害填充和灌浆修补现场试验的效果，分别从修复前后的外观形貌和修复前后空鼓勘察两个方面进行评价。两个试验分别分析如下：

a. 填充修补试验效果评估

由雕刻区填充修补试验修复前后的对比照片及修复后红外热成像照片所见，填充修补后，该雕刻区的空鼓部位已被修复砂岩充分填充。砂浆固化后与周围的石质构件并无色差，很好地恢复了雕刻区的原貌。在修复后红外热成像照片中，原空鼓部位温度与周围雕刻区相同，说明补配砂浆已完全填满空隙，修复效果良好。

b. 灌浆修补试验效果评估

雕刻区填充修补试验区修复前后照片及红外热成像对比照片可见。灌浆修复后，灌浆材料充分填充石质构件裂隙的内部，并且具有较好的黏结性能，将石质构件裂隙的各部分连接到一块，防止石质构件裂隙病害进一步的发育。经过滴注加固后，试验区域内表面鳞片状起翘与剥落的状况也得到很好的治理。修复后在试验区表面上有一条色差较为明显的修补边缝。该条边缝是修补砂浆的痕迹，主要是因为养护时间还不够，补配砂浆还没有彻底固化，因此相对于石质构件基岩来说，还存在一定的色差，随着养护时间的推移色差会越来越小。

　　对比修复前后的红外热成像照片可见，修复前试验区内空鼓位置的温度明显低于周围石质构件，说明了该区域的空鼓情况；修复后试验区域与周围石质构件无明显温差，因此可推断灌浆材料已充分将试验区内空隙填充，修复效果良好（图7-27）。

图 7-25 试验区域清洗后的效果　　　　　　　　　图 7-26 试验区域生物治理材料实施对比

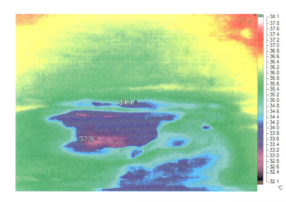 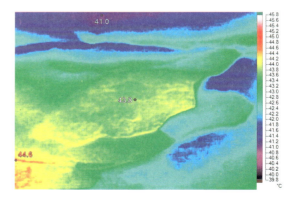

图 7-27 灌浆修补试验区修复前后照片及红外热成像对比照片

主要参考文献

[1] 中国文化遗产研究院 , 许言编著 . 茶胶寺修复工程研究报告 [M]. 北京 : 文物出版社 ,2015.

[2] 中国文化遗产研究院编著 , 许言主编 . 茶胶寺庙山五塔工程研究报告 [M]. 北京 : 文物出版社 ,2019.

[3] 柬埔寨金边皇家艺术大学 , 柬埔寨吴哥古迹保护与发展管理局 , 中国政府援助吴哥古迹保护工作队 , 中国文化遗产研究院 , 编著 . 柬埔寨吴哥古迹茶胶寺考古报告 [M]. 北京 : 文物出版社 ,2015.

[4] 中国文化遗产研究院 , 温玉清 , 编著 . 茶胶寺庙山建筑研究 [M]. 北京 : 文物出版社 ,2013.

[5] 许言 , 博雅 . 从茶胶寺修复看援外工程的意义 [J]. 世界遗产 ,2015(03):70—71.

[6] 侯卫东 . 从周萨神庙到茶胶寺——中国参与吴哥古迹研究与保护纪实 [J]. 建筑遗产 ,2016(01): 100—109.

[7] 侯卫东 . 援助柬埔寨茶胶寺项目之保护实践 [N]. 中国文物报 ,2014-04-04(006).

[8] 侯卫东 . 高棉古国吴哥圣境 吴哥古迹历史文化背景概说 [J]. 世界遗产 ,2015(03):30-37.

[9] 王元林 , 余建立 , 乔梁 . 柬埔寨吴哥古迹茶胶寺考古工作纪要 [J]. 中国文物科学研究 ,2014 (01):89—94.

[10]Claude Jacques. *Angkor. Cites and Temples* [M]. Bangkok: River Books Co. Ltd, 2002.

[11]Jacques Dumarçay. *Ta Kèv : Etude Architecturale Du Temple* [M]. Paris: EFEO, 1971.

[12]Claude Jacques. *The Khmer Empire: Cities and Sanctuaries from the 5th to the 13th Century* [M]. Bangkok: River Books Co. Ltd, 2002.

[13]G. Coedès. *Inscriptions du Cambodge IV* [M]. Paris: E. de Boccard, 1952.

（本文中未注明出处的图纸、图片均为项目成果，为作者自绘或拍摄）

（本章执笔：赵燕鹏、王元林、黄雯兰、袁濛茜、金昭宇）

03

援乌兹别克斯坦花剌
子模州历史文化遗迹
修复项目

项目勘察、设计、施工总承担单位：中国文化遗产研究院
项目管理单位：四川省文物考古研究院
项目实施期限：2017—2019

Project General Contractor: Chinese Academy of Cultural Heritage
Project Management: Sichuan Institute of Cultural Relics and Archaeology
Project implementation period：2017—2019

援乌兹别克斯坦花剌子模州历史文化遗迹修复项目^①

项目摘要：

为了深化落实"一带一路"倡议，加强中方与乌兹别克斯坦在文化遗产保护方面的交流与合作，2015 年 4 月，中乌两国签定项目实施换文，确定中国政府同意援助乌兹别克斯坦花剌子模州历史文化遗迹修复项目。该项目修复内容包括希瓦古城中的阿米尔·图拉（Amir Tura）经学院（建筑面积约 3000m² ）和哈桑·穆拉德库什别吉（khasahmurad）清真寺（建筑面积约 188m² ）两栋历史建筑的保护修复及其周边相关环境（约 7600m² ）的综合整治提升。

该项目是中国在中亚地区实施的第一个援外文物保护成套项目，因此项目组在项目前期有的放矢地铺陈了关于中亚地区历史城镇及典型建筑的一系列研究。项目组通过现场科学全面的勘察、评估修复对象，因地制宜地制定了有效的保护修复对策与措施。在工程实施过程中，项目组积极探索"创新合作、协同实施"的援外文物保护总承包（EPC）工作机制，与当地工匠深度合作，着力对当地工人进行技能培训，在充分吸收当地传统工艺的同时适度引入前沿技术，在文物病害勘察、专项监测、中外协调合作等关键节点工作中探索传统与前沿技术的融合。

项目组通过深入理解希瓦古城的突出普遍价值，创新性地将修复项目中的两栋古城重点文物建筑与古城北门及其周边道路、民居环境进行有机关联，配合古城原有展示轴线，完善古城整体展示结构。通过此次修复项目，中乌双方合作共同探索了在中亚地区历史城镇保护修复中"最小干预"和"预防性保护"的理念与方法，同时将世界遗产真实性与完整性保护、历史建筑修复与遗产地人居环境提升有机融合，使修复后的古城北门区域整体风貌得到了较大改善。

---

① 该项目获 2019 年中国文化遗产研究院优秀文物保护工程项目特别贡献奖。

Restoration Projects of Historical Cultural Heritage of Khwarazm of Uzbekistan [①]

Abstract:

In order to deepen the implementation of the "Belt and Road" initiative and strengthen the exchanges and cooperation between China and Uzbekistan in cultural heritage protection, in April 2015, China and Uzbekistan signed an exchange of pnotes on the implementation of the project, confirming that the Chinese government agreed to assist Uzbekistan's Khwarazim State historical and cultural heritage restoration project. The restoration of the project includes the protection and restoration of the two historical buildings of the Amir Tura madrasah and the Khasahmurad Mosque in the ancient city of Khiva and the integration of the surrounding environment improvement. In April 2017, the project officially started.

This project is China's first foreign aid cultural heritage protection project in Central Asia. Therefore, the project team focused on laying out a series of studies on historical towns and typical buildings in Central Asia in the early stage of the project, and conducted a scientific and comprehensive survey and evaluation on site. Repair the objects, and formulate scientific and effective protection and restoration counter measures according to local conditions. In the process of project implementation, the project team actively explored the "innovative cooperation and coordinated implementation" of the general contracting mechanism for the cultural heritage protection. The project has in-depth cooperation with local craftsmen and focused on training local workers to fully absorb local traditional crafts. Appropriately introduce cutting-edge technologies in cultural heritage disease survey, special monitoring, and Sino-foreign coordination and cooperation.

Through an in-depth understanding of the Outstanding Universal Value of Khiva as a World Heritage, the project team innovatively organically linked the two key historical buildings and its surroundings and also the residential environment. From the perspective of the overall city layout, the restoration project will be integrated into another heritage interpretation axis of the ancient city of Khiva, perfect the overall display structure of Khiva. Through this restoration project, China and Uzbekistan have jointly explored minimal intervention and preventive protection concepts and methods in the protection and restoration of historical towns in Central Asia. At the same time, the authenticity and integrity of the world heritage, the restoration of historical buildings and the improvement of the humman settlement have greatly improved the overall style and appearance of the ancient city of Khiva.

---

① The project won the Special Contribution Award of the Excellent Cultural Heritage Protection Project of Chinese Academy of Cultural Heritage in 2019.

图1-1 希瓦古城地理区位及在丝绸之路上的位置

1. 有的放矢铺陈综合研究

1.1. 项目背景

2013年9月，国家主席习近平访问中亚四国，提出共建"丝绸之路经济带"的倡议（图1-1）。在访问乌兹别克斯坦期间，习近平主席与乌兹别克斯坦总统卡里莫夫共同签署《中乌关于进一步发展和深化战略伙伴关系的联合宣言》和《中乌友好合作条约》。

为了深化落实"一带一路"倡议，加强中方与乌兹别克斯坦在文化遗产保护方面的交流与合作，根据2013年乌政府向我国政府提出的文物保护合作援助申请（图1-2，3），及2014年1月10日和30日的政府间换文文件，经中国商务部和国家文物局批准，2014年4月，我院组织多专业人员组成考察组，赴乌开展项目可行性考察工作，并与乌方商谈拟订会谈纪要（图1-4）。

图1-2 修复前的阿米尔·图拉经学院

图1-3 修复前的哈桑·穆拉德库什别吉清真寺

2015 年 4 月，中乌两国签定项目实施换文，确定中国政府同意援助乌兹别克斯坦花剌子模州历史文化遗迹修复项目（以下简称"修复项目"）。该项目主要内容包括对希瓦古城北门附近的阿米尔·图拉（Amir Tura）经学院和哈桑·穆拉德库什别吉（khasahmurad）清真寺两栋典型伊斯兰建筑进行保护修复，并对其相关区域环境进行整治与展示。

2016 年 3 月至 4 月，我院组织专业考察组赴乌进行专业考察，编制项目勘察设计文本。10 月，中乌两国签订专业考察纪要，对项目考察设计工作的有关事宜进行讨论，并规定相关职责。12 月，我院与商务部签订总承包任务合同。

2017 年 3 月，中乌两国签订了项目实施协议，以我院专业技术人员为主体组成的援乌项目组（以下简称"项目组"）总体负责此修复项目。2017 年 4 月 13 日项目正式开工，2019 年 12 月 25 日通过内部竣工验收，为期 3 年。

图 1-4 2016 年 6 月，文化部部长雒树刚（后排左三）、国家文物局副局长、中国文化遗产研究院院长刘曙光及国家文物局局相关司室同志与援乌项目参与人员合影

1.2. 专项研究

希瓦修复项目选址、制定修复目标的科学决策取决于项目前期有的放矢的支撑研究。正如《威尼斯宪章》所要求的"在任何情况下，修复工作的进行必须遵循对该文化纪念物的考古及历史研究的结果"，项目选址支撑研究包括中亚历史城镇研究、希瓦古城格局研究以及伊斯兰建筑历史考证等。

项目选址策略针对希瓦古城这一世界遗产城镇的特点，开展了关于丝绸之路中亚地区伊斯兰历史城市、建筑等一系列专项研究，有的放矢地深入了解希瓦古城地理环境、历史文化背景及其城市、建筑的营造特性，从宏观区域层面到微观建筑尺度，对伊斯兰城市与建筑特征进行深入探究，结合对乌兹别克斯坦其他历史城镇的调查与对比分析，有力地支撑了援乌文物保护修复项目的科学选址工作。

1.2.1. 希瓦古城历史及突出普遍价值研究

1.2.1.1. 历史沿革

乌兹别克斯坦 [①] 位于中亚的中部，北部和西北部同哈萨克斯坦接壤，南邻阿富汗，西南部与土库曼斯坦相邻，东接吉尔吉斯斯坦，东南部同塔吉克斯坦相连。其地势东高西低，大部分为平原，是中亚地区历史文化遗存最为丰富的区域之一 [②]。境内有阿姆河和锡尔河等中亚地区主要河流，这些河流是丝绸之路沿线维持巨大规模人口的重要因素，其流经的区域也是丝绸之路沙漠绿洲城市的集中发展区域。

希瓦古城位于花剌子模盆地的阿姆河古三角洲冲积平原上，是阿姆河流域最重要的古城之一。希瓦地区自 4 世纪以来就是丝路重镇，历史悠久，商贸活动、文化交流频繁，古城中多个时期的历史文化遗存层累叠压。据考古研究可知，现存古城叠压在古希瓦城之上，苏联考古学家的调查显示，地面现存古城始建于 10 世纪的花剌子模国强盛时期，在沙漠中形成自己的商贸路线，到 14 世纪，希瓦已经是世界知名的大城市。1512 年，乌兹别克王族伊尔巴尔斯建立希瓦汗国，原定都乌尔根奇；约 1570 年，因阿姆河改道，首府于 16 世纪末迁至希瓦，此后很长一段时期内，希瓦古城都是穆斯林世界最大的宗教中心之一，是历史上政治、文化

[①] 乌兹别克斯坦东西长 1400 千米，南北宽 925 千米，国土面积 44.89 万平方千米。全境属温带大陆性气候，春季温暖短促，夏季炎热干燥，秋季凉爽多雨，冬季寒冷。乌兹别克斯坦是中亚五国中人口最多的国家，截至 2013 年统计数据显示，有近 3000 万人。

[②] 在乌兹别克斯坦，考古学家发现了大量人类早期活动的遗存，时代自公元前 70 万年至公元前 10 世纪，跨越了旧石器时代、中石器时代、新石器时代、青铜时代和铁器时代。公元前 10 世纪至公元 8 世纪，是乌兹别克斯坦早期国家的初创、发展和形成时期。这一时期，主要受古代希腊、波斯和中国文化的影响，该地区信仰的宗教多种多样，民族迁徙频繁。

和交通的区域中心。作为通往伊朗沙漠的最后一个驿站，希瓦古城是古代丝绸之路上的一处重要的城驿，具有极高的历史、文化和艺术价值，在中亚地区具有很高的知名度和影响力。

18世纪，希瓦古城因连续战乱遭到严重破坏。19世纪初，希瓦汗国再次强盛，希瓦城得到持续约一个世纪的恢复、重建。城内残余的建筑废墟被原位平整，形成新的城市地坪并在此之上重建大型建筑，早期保存的建筑局部外墙被埋于新地坪之下。希瓦古城成为城市行政管理、政治统治和文化交流中心。

希瓦汗国于1920年覆亡，苏联在此建立花剌子模苏维埃人民共和国，1924年并入乌兹别克斯坦和土库曼斯坦两加盟共和国。1991年，乌兹别克斯坦共和国独立，希瓦隶属于花剌子模州。

1.2.1.2. 突出普遍价值

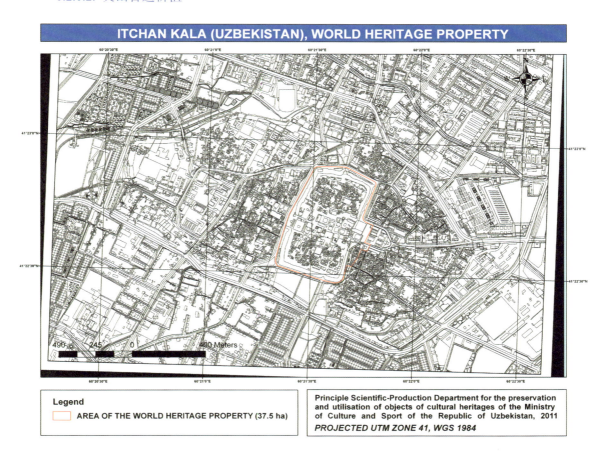

图1-5 世界遗产希瓦古城伊钦 · 卡拉内城遗产区划界图

图片来源：UNESCO.Outstanding Universal Value of Itchan Kala [EB/OL].[2020-03-27].
http://whc.unesco.org/en/list/543/documents/.

RUSSIAN TROOPS ENTERING THE CITY OF KHIVA AT THE HAZAR-ASP GATE.

图 1-6 1870 年代俄国军队入侵希瓦城

　　希瓦古城于 1967 年被乌兹别克斯坦公布为国家文化遗产保护区，1990 年被联合国教科文组织列入世界文化遗产名录。世界遗产区伊钦·卡拉内城是希瓦古城的重要内塞，位于阿姆河南边，是穿越沙漠前往波斯路途中的最后一个驿站（图 1-5、6）。

　　希瓦古城伊钦·卡拉内城作为乌兹别克斯坦首个世界文化遗产，"是一个协调的整体城市，是花剌子模城市文明的独特见证。伊钦内城的纪念物构成了杰出且独特的中亚传统建筑群，见证了 14 世纪至 19 世纪伊斯兰建筑的发展历程。希瓦古城的伊钦内城的纪念物构成了杰出的建筑群。"具有杰出的突出普遍价值符合世界文化遗产以下几项标准：整个城市格局完整、代表性文物古迹众多，具有较高的真实性和完整性。这也是希瓦古城成为修复项目选址的一个重要原因。

　　标准 iii：希瓦古城是一个协调的整体城市。希瓦古城的伊钦内城是花剌子模城市文明的独特见证。

　　标准 iv：希瓦古城伊钦内城的纪念物构成了杰出的建筑群。珠玛（Djuma）清真寺的带屋顶的院落设计是适应中亚地区严峻气候的一种独特清真寺形式。这种建筑的比例独特、内部结构是根据中亚的传统技艺建造的，见证了 14 世纪至 19 世纪伊斯兰建筑特征的发展历程。

标准 v：希瓦城内具有传统风格的建筑，成为了中亚传统设计和建造工艺的一个重要案例。

希瓦古城的遗产边界是古城防御城墙包围着。因此，所有伊钦内城的重要组成部分都被完整地保存在城墙中。整个伊钦内城中的陵墓、清真寺、狭小的老街道、民居、商队聚集地、大市场、宣礼塔包括保护着内城的矩形防御墙都被完整地保留下来。

伊钦·卡拉内城留存着历史遗产具有真实性。已有的修复成果也是遵从了传统的建造技术，使用了传统的当地材料，比如烘烤的土砖、木料和石料。在希瓦古城中，遗产面临较大的自然环境威胁。

1.2.2. "要塞、内城与外城"格局研究

中世纪的中亚伊斯兰城市发展大致遵循着以下拓扑关系："由原有聚落的核心发展转

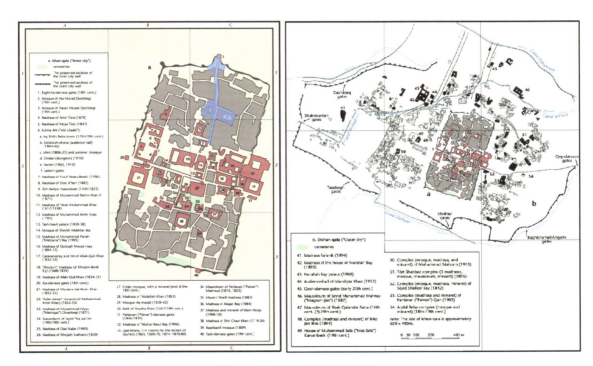

图 1-7 19 世纪希瓦古城历史地图

（左图为伊钦·卡拉内城，右图为迪珊·卡拉外城。蓝色虚线内区域为项目实施区域。
图片来源：Yuri Bregel.An Historical Atlas of Central Asia[M].Brill,2003.）

变为城市的防御工事要塞（城市核心），要塞之外建设由城墙护卫的城镇（内城），城镇之外的区域是商旅或手工艺人居住的郊区（外城）"。这是中亚城市建设发展的一个重要特征，虽然城市布局、形式有所不同，但很多中亚重要城市均遵循了这一总体规律，希瓦古城也不例外。作为中亚区域历史城镇的典型代表，希瓦古城整体分为伊钦·卡拉内城（Itchan Kala）和迪珊·卡拉外城（Dishan-Kala），由原有军事城堡转变成为的城市核心位于内城西北角，整个城市东西长 2.5 千米，南北宽 1.5 千米（图 1-7）。

其中，伊钦·卡拉内城作为世界文化遗产的遗产区，是古城历史建筑最集中的区域，整个城区是一个南北长 650 米、东西宽 400 米的矩形，面积约 26 公顷。内城由约十米高的城墙包围，内部有东西、南北两条主要道路，联通四个城门①，城市的军事核心则在内城的东西轴线西端。

内城中最重要的大型公共建筑物，如宫殿、清真寺、浴室、商店等均沿城市东西主干道分布，干道两端连接东、西城门，也形成了古城的一条重要轴线。古城南北道路沿线则主要集中了多个经学院和小型清真寺，与东西轴线十字交叉形成了内城的主要布局架构。此次修复项目的对象阿米尔·图拉经学院和哈桑·穆拉德库什别吉清真寺两栋文物建筑即为内城南北轴线上具有代表性的伊斯兰公共建筑，并与古城北门、北部城墙及周边的道路、民居形成了一个整体的区域。修复项目实施后可以更为完整地保护、展示希瓦古城历史风貌。

1.2.3. 古城现状

伊钦·卡拉内城现分布着 50 余处文物建筑和 200 余处民居，主要建筑类型包括宫殿、经学院、清真寺、宣礼塔、陵墓、市场、商队旅店等，同时还有可汗、官员和富商的住宅以及大量民居，基本包括了伊斯兰城市全部主要的建筑类型。由于希瓦古城内的重要公共建筑几乎均在一个较短的历史时期内建造完成，建筑群密集均布，整个古城具有高度的统一性，各类建筑在希瓦古城周边城墙与城市轴线的统摄下有机地结合在一起（图 1-8）。

由于中亚城市的防御性特征，古城建筑物很多都具有城堡式建筑厚重雄伟的风格。大面积厚重的砖墙或土坯墙和窄小的开窗不仅体现了建筑的防御性，也是中亚沙漠地区有效调节室内温度的主要措施。在这些或低矮或高耸，或小巧或宏伟，圆顶或方顶，幽暗或明亮的建筑上，印刻着杰出的建筑艺术成就。城中的民居建筑材质以夯土、生砖为主，而大型公共

---

① 北门：巴赫恰·塔尔沃兹；东门：巴尔万·塔尔沃兹；南门：塔什·塔尔沃兹；西门：阿塔·塔尔沃兹。

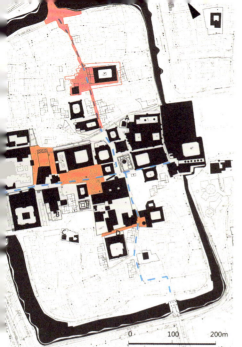 

图 1-8 希瓦古城伊钦·卡拉内城总平面图（红色为项目实施区域）及实景鸟瞰

建筑则多使用烧结砖以增加建筑的使用寿命。古城内部的石板路或土路大多狭窄，两侧高大建筑有沉重的大门和封闭的院落，建筑顶部多有雉堞，建筑物角部有塔楼。

丰富的建筑装饰也是伊斯兰建筑的一个重要特征。从9至12世纪，各种建筑装饰的形式不断发展和完善。从前伊斯兰时期留传并发展出了各种不同的装饰图案，包括常规的或特殊形状的砖、木、伊斯兰 Girih①、Ganch② 雕刻而成的装饰砖以及带有雕刻的陶器（图1-9）。从12世纪开始出现釉面砖，并使用浅蓝色、深蓝色、白色釉料构成陶器上雕刻的装饰图案。

希瓦古城最为著名的建筑装饰技艺是希瓦木雕，并体现在建筑物的所有木质构件上，如立柱、门和护窗。希瓦的工匠在雕刻方法和技术上沿袭了花剌子模古老传统的装饰，但在构图和图案设计上创造了独特的希瓦式样。

图 1-9 Ganch 雪花状石膏体（左）、Girih 多边形组合图案（中）及 Kufic 文字作为建筑装饰（右）

---

① 伊斯兰传统几何多边形组合图案的瓷砖装饰。
② 甘切夫，中亚一种雪花图案的石膏体装饰。

2. 科学全面勘察现状

2.1. 阿米尔·图拉经学院现状勘察与残损分析

2.1.1. 经学院建筑形制与规模特征调查

阿米尔·图拉经学院由穆罕默德·拉希姆汗一世的儿子阿米尔·图拉于 1870 年建造，是 17—19 世纪布哈拉汗国与希瓦汗国时期伊斯兰宗教建筑的代表之一。经学院建筑立面装饰较少，处于未完成状态，这可能跟当时俄军的入侵有关。该建筑曾在 1983 年进行过立面整修。

阿米尔·图拉经学院坐东朝西，整体平面为"回"字形格局，围合中部庭院空间，是伊斯兰经学院建筑的典型形制（图 2-1）。经学院建筑东西长 51.4 米、南北宽 36.8 米，建筑主体高约 6.8 米（现地面露出部分），西部入口高约 14.5 米（现地面露出部分），占地面积 1980 平方米，建筑面积 3000 平方米。经学院建筑内主要的功能包括中央大厅、教室和寝室，共有约 50 个房间。

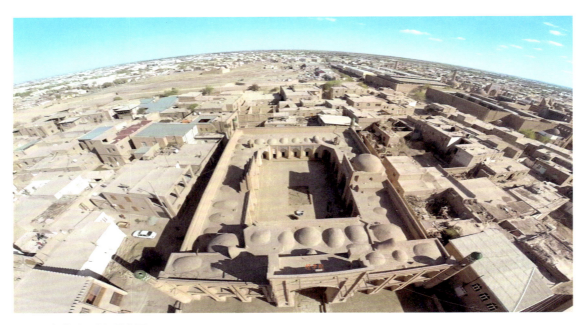

图 2-1 经学院无人机影像图

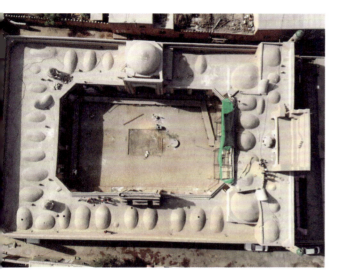

图 2-2 阿米尔·图拉经学院航拍

图 2-3 阿米尔·图拉经学院一层平面现状测绘图

Amir Tura经学院一层平面现状测绘图

经学院建筑正立面朝西，入口规模为两层建筑，庭院建筑由一层的单间寝室组成，建筑立面高度用女儿墙拔高，四角设有高耸的防御塔／宣礼塔。整个建筑东西纵轴结构对称布置，而双拱顶横轴院落布局又有其自身特色，院落东侧、南侧和北侧三面由椭圆形穹隆顶的教室与南侧中部圆形穹隆顶的开敞大厅组成（图 2-2）。

如图 2-3 所示，内院南北各有一个正门，北侧门通向两个并排的单间居室，南侧门通向圆顶清真寺，两个正门均为砖砌拱顶敞厅。经学院所有房间沿横向轴穿廊布置，院子的

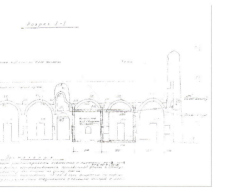

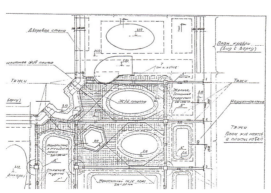

图 2-4 阿米尔·图拉经学院立面图（1991 年）（左）阿米尔·图拉经学院历史修缮图（1991 年）（中）历史照片（右）

（图片来源：1991 年乌兹别克斯坦文化古迹保护和修复项目科研设计勘察院修复工程资料）

拐角处用半八边形墙槽处理成通道与房间。单间居室和正门的院子正面装饰有"马约里卡"瓷砖楣饰，角塔墙面装饰有嵌入的釉面砖和绿色的 Girih 装饰，在居室窗户上装饰有 Ganch 雕花窗格。

根据 1991 年乌兹别克斯坦文化古迹保护和修复项目科研设计勘察院的修复工程资料记载（图 2-4），阿米尔·图拉经学院西部和南部区域为希瓦市的居民住宅建筑。此前 1948—1975 年经学院被用作生产合作社，部分房间用于盲人的居住场所；1972—1973 年，经学院正前方的商业街得以恢复；1979 年经学院内部进行了小修，之后经学院一层还曾用于希瓦市公共图书馆阅览室。

经学院主入口西面正中为贯通两层的入口门洞，内凹为尖券半穹隆式，下层开木门，上层设木挑台。顶部高起于建筑主体。两侧对称为三列二层的尖券门，内为拱顶房间。外立面其余三面，除两处小门及 13 处小窗外，均为实墙。主入口木门为板门，门洞高 2.7m、宽 1.7m，门板西面为传统伊斯兰风格减地雕花，东面素面。木挑台为木枋外侧搭于木梁、内侧插入砖墙、上铺木板形式，外设木质栏杆（图 2-5、6）。

图 2-5 阿米尔·图拉（AmirTura）经学院外侧西立面正射影像图

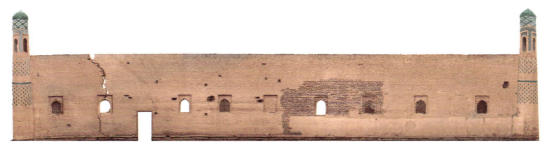

图 2-6 阿米尔·图拉（AmirTura）经学院外侧东立面正射影像图

经学院内部庭院由廊房环绕，每房朝向内院方向均为尖券门面形式，下开雕花木门，上设石膏模制花窗。内院南、北两侧居中各有一高出建筑主体的大型尖券，北侧券内仍为廊房两间，南侧券内为通高的穹隆空间，廊房内大部均有壁龛，地面均铺方砖。房间各穹隆顶之间外部低凹部位以砖杂砌砌实，屋面满铺方砖，并形成内侧屋面高、外侧屋面低的坡度以排水，屋顶外围为高约 2.2m 的女墙，厚 0.6m，女墙墙脚开排水口，排水口宽 0.12m、高 0.76m，挑出木水槽排水（图 2-7、8）。

经学院建筑四角为四座高出主体建筑的砖砌圆筒式宣礼塔，尖顶，东侧两座高约 10m，西侧两座高约 13m，局部贴当地传统瓷砖。建筑上下通道楼梯砖砌，设木踏板，每阶平均高、深约 34cm。建筑未完全建成，外墙尚残留部分支撑脚手架的外挑木梁，共计 27 处。

图 2-7 阿米尔·图拉（AmirTura）经学院内庭院西立面正射影像图

图 2-8 阿米尔·图拉（AmirTura）经学院内庭院东立面正射影像图

　　建筑外墙局部以瓷砖装饰，瓷砖表面为伊斯兰传统的蓝白色调卷草纹样。瓷砖未贴完整，西墙全部未贴瓷砖，应贴而未贴瓷砖部位砖墙未勾缝。瓷砖固定方式为自每片瓷砖中央预留的小孔钉入铁钉，固定于砖缝中。所有室内空间均抹白灰，灰厚约 10 ～ 15mm。

　　建筑主入口西侧中央为毛石铺入口通道，并有一穹隆顶门楼式建筑，两侧对称分布廊房共十间，每间廊房后部各有一穹隆顶后室，现已全部封闭填实，无法进入。该部分廊房传统功能为商品贩卖交易场所。室外地面均为铺砖，铺砖方式为立砖人字纹，内院地面中央为东西 6.5m、南北 5.2m 的沙土池，兼为内院排水下渗所用。花池西侧现有现代水井一口。

　　因周边建筑曾经大面积毁坏重建，经学院周围地面后期大幅度抬升，存在厚约 2 ～ 2.5m 的杂填淤土，仅西侧廊房西部被清理，形成宽约 1.8 ～ 4.2m 的下沉式空间，南北设踏步出入上下，西侧为砖砌挡土墙。

图 2-9 阿米尔·图拉经学院修复前西立面

图 2-10 阿米尔·图拉经学院修复前庭院（东-西）

图 2-11 经学院修复前庭院（西－东）

图 2-12 经学院修复前南立面

图 2-13 经学院修复前屋顶

图 2-14 经学院修复前楼梯

    阿米尔·图拉经学院现存建筑形制总体完整。但建筑空间局部被改变：其一为西入口十间门廊内室被封堵填实；其二为内院北侧房间西部三间门被砖墙封堵，而自主入口门道内北侧室进入。局部窗棂有缺失，但因系模制，形制可依据尚存者复原。外贴瓷砖未完工，未勾缝砖墙外露（图 2-9 至图 2-14）。

2.1.2. 经学院建筑结构与材料

    阿米尔·图拉经学院主体为黏土砖砌筑墙体，门洞为伊斯兰式尖券，室内穹隆顶（图 2-15）。建筑内圈、外圈外墙厚约 1.1 ～ 1.2m，隔墙厚约 0.8m。砖墙外部顺砌，内部杂砌，砖方 25 ～ 29cm、厚 5.5cm，新补条砖 25cm × 13cm × 6cm，砌缝宽约 2cm。墙体下部近地面处砌筑条石一层，厚 20 ～ 25cm。条石上部为木枋一层，厚 10 ～ 13cm、宽 15 ～ 24cm，木枋由铁件连接。该部分结构具有一定的隔潮作用。建筑局部使用木材，主要包括西入口二层木挑台、墙体木隔潮层、木门、穹隆顶内侧木梁、二层走廊木梁、楼梯踏板等。

图 2-15 阿米尔·图拉经学院尖券结构（上）、阿米尔·图拉经学院
尖券（尖顶下设木梁）及穹隆结构（下）

2.1.3. 经学院建筑现状勘察

2.1.3.1. 地基与基础勘察

经钻探地勘及配合探坑勘查，经学院的地基土质以粉土为主，其成分范围从黏质粉土到砂质黏土，分布不均，较为潮湿，承载力不强；回填土为杂填土堆填，一般厚 2.5m 左右，较少夯实，成分以粉土为主，内杂碎砖，内有沉降孔洞，潮湿；粉土层厚约 3~4m，其下为粉砂层。地下水位为检测部位地坪下 6~7 米处（图 2-16、17）。

经学院地基与基础勘察在 20m 勘察深度范围内揭露 3 类地层，自上而下分别为①层人工填土层、②层粉土层、③层粉细砂层。①层人工填土层普遍松散、密实度差，工程性质较差；②层粉土层较疏松，密实度较差，工程性质一般，局部较差，粉土层天然地基承载力标准值为 30~90kPa；③层粉细砂上部（11m 深度以上）局部密实度较差，工程性质一般~中等，天然地基承载力标准值为 50~150kPa，且场区东南角区域工程性质较其

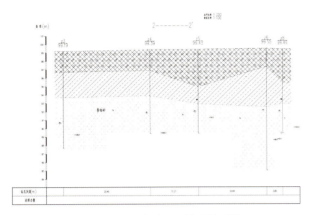

图 2-16 经学院工程地质剖面图

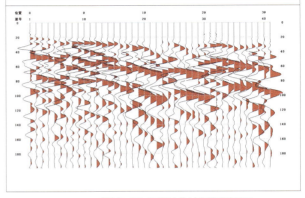

图 2-17 地震映像法探测剖面图

他区域为差；下部（11m 深度以下）较密实，工程性质较好，天然地基承载力标准值为 150~250kPa。

勘察期间，经学院地表下 20m 深度范围内见一层地下水。该层地下水为潜水，稳定水位埋深为 6.0m ~ 8.5m（标高 91.9m ~ 93.9m），主要赋存于③层粉细砂层中。该层地下水为渗入 – 迳流型。主要由大气降水渗入及地下迳流补给，并以地下迳流及人工开采为主要排泄方式。

阿米尔·图拉经学院基础埋深约为 2.5~2.38m，基础为直立砖砌结构，无放脚。砖体抗压强度约 9.37MP，强度较低。基础下持力层为粉土，未发现基础下存在砂石垫层或夯土。

从经学院房间内泄水孔探槽探得，泄水孔由 8 层砖砌成，下部无底，直接坐落在下部粉土层上，其作用是将倾倒进孔内的水渗入房心土中，泄水孔并无排水管道，各房间泄水孔之间并无管道连接。

场区地下水对钢筋混凝土结构的腐蚀性为中腐蚀；对钢筋混凝土结构中钢筋在长期浸水条件下属于微腐蚀性，在干湿交替时，属于中腐蚀性。场地回填土对钢筋混凝土结构的腐蚀性为中腐蚀；对钢筋混凝土结构中的钢筋腐蚀性为中等腐蚀。阿米尔·图拉经学院墙体木隔潮枋下的下卧石为安山质角砾熔岩，易风化成土状，经学院下卧石风化后黏土矿物含量达 36%。

2.1.3.2. 墙体及穹隆拱现状勘察

经学院中所有墙体皆为砖砌承重墙。外墙厚约 1.1m，隔墙厚约 0.9m，砌筑材料主要为黄土少量掺灰，部分墙外表面曾经使用水泥砂浆勾缝（水泥砂浆勾缝，表面打磨平整，为当地常用维修工艺，其他建筑多见此做法），现有地坪以上 1 米范围内墙体较为潮湿。下卧条石为页岩，多酥碱破碎，室内多塞砖修补；条石上部木腰线多变形糟朽；腰线上约 0.4 米范围内的砌砖多风化破损，局部砌砖断碎、脱落。

表 2-1 经学院房间墙体残损勘察情况调查表：

房间墙体		残损描述
4 号房间	东墙	拱券东北角（阳角）从墙基处向上，直达拱券四分之一高处，裂缝宽 20mm。墙面中小龛两侧分别有两条小裂缝向上交汇于墙高二分之一处，合成一大裂缝直达拱顶（宽 20mm），于拱尖南 300mm 处横断拱券。墙面南部 4 条裂缝向南上方发展，2 条进入斜穿过墙角南墙；2 条过拱进入拱券，合成一条，沿拱中拐向北，与东北角裂缝相接，并在拱尖北 300mm 处断拱。东拱尖北一大裂缝（40mm）与拱平行入顶。
	南墙	东拱券南部的两条裂缝（距地 900mm）向上方进入南墙至墙高三分之一处拐向斜方下与多条裂缝汇合进入墙中小龛，入地。小龛上部众多裂缝向东上斜裂，进入东墙拱。墙中拱券尖西 300mm 处一裂缝向上至大拱顶后向东发展，沿大拱顶下向东断大拱顶下沿，至东小窗（大拱顶），缝宽 40mm。
	西墙	墙中部 1 条裂缝向上至西拱顶。墙北部 1 条裂缝向上至西拱顶。西拱顶尖处有一条斜向裂缝。西拱西侧，一裂缝断拱，并向上至西小窗，西小窗口拱尖 3 条裂缝斜向上至大拱顶下沿。西拱南墙面有一裂缝与拱平行与断拱裂缝汇合至西小窗。
5 号房间		东墙：墙北部，小方龛南侧，一裂缝蜿蜒向上，入拱顶向北转，入门口上拱顶结束。小龛北侧，墙中部偏北北一大裂缝（30mm 宽）垂直地面始，蜿蜒至拱顶，断墙。 南墙：从小龛东下方开始，数条裂缝向西上方发展，斜过小龛，至拱顶及西南墙脚。 西墙：墙中部垂直地面裂缝至拱向南发展过拱顶至东南墙角。墙中部偏北一裂缝从小龛上部斜向过拱顶与断拱裂缝相接。西墙小龛顶向上开裂至拱，再转向东南直至东南墙角。
6 号房间		东墙：东墙北部开裂（50mm），蜿蜒向上向北至拱顶，并过拱顶至西墙分散成几条裂缝。东墙中小龛顶开裂，垂直向上断房间（20mm 宽缝）。 东南墙角开裂至拱向西北过拱顶至西墙中。墙面已漏雨污染。 南墙：众多裂缝，且从小龛向西上发展。
7 号房间		东墙：中部 1 米高处开裂，向上过拱顶至西墙垂直至地面，断房间，宽 >30mm。 东西墙面南侧：分别开裂，并过拱顶连通，呈 M 型，从东墙下部至西墙中部，几断墙。 东墙南端至南墙中小龛尖顶，呈倒 U 型裂缝，宽 20mm。 上述两条大裂缝相距 200~400mm，中间形成众多裂缝，使东南角距地 100mm 至拱顶之间的墙体及拱体碾碎。

8 号房间	西墙南角斜向上北方过拱顶至北墙中向下，偏东至地面，砖破碎处宽 400mm（位于拱顶其间夹杂松散砖块）大缝，缝边 1m 范围内存在多条同向裂缝，极其危险。 南墙西端小方龛上裂缝向上偏东至拱中止，宽 30mm，其中段分出一条裂缝向上至拱。 南墙中小龛上裂缝斜向东上方过拱顶再向下至东墙小门顶止，其东墙段裂缝较大，宽 >20mm。 东墙小门南侧裂缝，距地 1m 向上至拱，宽 15mm。 北墙东北角开裂，从地至拱，小龛尖顶一裂缝至拱。 北墙小龛裂缝向上向西开裂，与大裂缝汇合。
8-1 号小间	从外墙窗上端尖角处裂缝向上，过拱至小门口口边，裂缝宽 >20mm，断墙。
9 号房间	大裂缝从东门边斜向至拱顶缘，拐向南墙，呈 30° 角至南墙洞（灯台），裂缝宽 >30mm，墙体破碎。
9-1 号小间	大裂缝从东墙根部发出，斜向上过窗下小龛及外窗，过拱顶，斜至西南墙角，然后向下斜裂至门口地面，最大破坏宽度 >300mm，结构断裂。

因经学院建筑物普遍存在不均匀沉降，墙体裂缝向上延伸至穹隆拱券顶部，穹隆拱券普遍存在中间裂缝、断拱裂缝等几种形式，尤其断拱形式为结构完全断裂，危害极其严重。

经学院建筑南部正中大穹隆处，因沉降原因使墙体开裂，连带将穹隆拱券拉裂，破坏穹隆拱券的整体性，极易造成拱券穹隆的坍塌。墙体沉降造成穹隆顶侧向约束下降，出现沿穹隆拱券底部的水平断裂。因本建筑穹隆拱券多为尖券，因此构造裂缝多集中在拱券尖部，以及大穹隆拱券根部。本建筑构造裂缝宽度在 1~3mm 之间。

建筑物东南部墙体、穹隆拱顶根部完全断裂，穹隆拱券开裂，裂缝造成的松散砌体宽度达 400mm 以上，漏雨严重。

女儿墙、建筑物东南部屋面等处存在沉降裂缝。四周女儿墙均存在沉降裂缝，尤其西墙墙顶处，多处立砌砌体之间开裂，形成倒 V 字砖缝，虽经维修仍依稀可辨。东南部屋面因此处结构沉降严重，其屋面已被拉裂，局部破坏部位宽达 400mm，砌筑黄土已经失效，砌筑砖体仅靠相互间摩擦力维持不至坠落，室内漏雨严重。

2.1.3.3. 屋面及其他部位现状勘察

1. 屋面现状

经学院屋面的结构破坏亦存在于建筑东南角，为下部墙体破坏连带导致，形成东北－西南走向的通缝，缝长 13m，最宽处 0.7m，内外贯通（图 2-18）。

屋面现存通风采光口大多数基本完好，个别破损严重或完全无存（图 2-19、20）；排水口破损，屋面女墙下排水口普遍不同程度破损，抹灰脱落，部分排水槽已不存（图 2-21）。

图 2-18 阿米尔·图拉经学院
屋面东南部结构裂缝

图 2-19 阿米尔·图拉经学院
通风采光口抹灰起翘、脱落

图 2-20 阿米尔·图拉经学院通风采光口破损缺失　　　　图 2-21 阿米尔·图拉经学院排水槽

　　经学院建筑屋面主要问题集中在建筑物西部及东南部，表现为结构开裂。结构沉降裂缝——因墙体不均匀沉降，引带屋面开裂；如任其存在发展，导致雨水进入破坏砌筑砂浆，将进一步危害建筑整体安全。本建筑因沉降引起的裂缝宽度在 1~150mm 之间，个别处达到 200~400mm（包括松散砌体在内）。

2. 墙面抹灰现状

　　室内墙面抹灰大部完好，少量因墙体裂缝破损。

　　室外墙面局部抹灰已严重起翘、脱落，分布区域为主体建筑屋顶穹隆顶、采光通风口、女儿墙、出入口、西入口门楼，为日晒、雨淋反复作用导致。

3. 装修装饰现状

　　该建筑由于历史原因未全部完成，原建筑表面局部外贴瓷砖未完成。

　　已贴瓷砖区存在瓷砖缺失、釉面剥落、瓷砖破裂缺损，瓷砖内部灰浆流失现象（图 2-22）；建筑木门保存总体完整，局部有轻微开裂、变形、磨损，但不影响使用；部分模制石膏花窗局部或整体缺失；外墙铸铁窗棂局部或整体缺失；木门由于木材干裂，导致开合不严实（图 2-23）。

　　室外砖地面普遍轻度风化、磨损（图 2-24、25）；内庭院中央有现代水井一口，周边地面下沉约 16cm；西入口石铺地面表面轻度剥落破碎，局部现代灰浆覆盖。

图 2-22 阿米尔·图拉经学院瓷砖脱釉

图 2-23 阿米尔·图拉　　图 2-24 阿米尔·图拉经学院内院地面　　图 2-25 阿米尔·图拉经学院西外侧地面
经学院廊房木板门

2.1.4. 经学院建筑主要残损原因分析

阿米尔·图拉经学院主体形制完整，局部构件缺失及形制改变不影响其整体的真实性与完整性，且可明确依据现存信息恢复原形制。

建筑基础不均匀沉降，建筑局部结构破坏较严重，墙体因基础沉降而开裂、下沉、倾斜（图2-26），导致屋面裂缝常年漏雨，有失稳隐患。结构侧向约束力不足导致建筑细小裂缝较多。

图2-26 经学院建筑墙体开裂，建筑基础返潮（左）屋顶变形、结构开裂（右）

2.1.4.1. 基础不均匀沉降

阿米尔·图拉经学院建筑基础土壤持力层较疏松，使得地基土在建筑物自重压力下压缩，造成建筑物沉降。而地基土土质的不均匀，加上建筑南侧三个厕所长期渗水及建筑东侧胡同排水不畅，造成场区东侧地下水位高于西侧地下水位，在上述多种因素的共同作用下，建筑物产生了不均匀沉降，并进一步引起建筑砖体结构开裂，其中东南侧建筑不均匀沉降及墙体开裂问题尤其严重。

经学院建筑表现出来的各种病害症状，其主要根源是来自于建筑基础的不均匀沉降。项目组在经学院建筑内外四个立面八个面共布置了304个标高沉降观测点，其中最大沉降值超过0.7米，且南立面形成了连续性的大幅度基础沉降。

根据对木腰线上皮的标高测量，建筑基础区域约15%存在10cm以下的下沉，约45%的基础区域存在10cm至20cm的下沉，约40%以上区域存在20cm以上的下沉,参考值见(图2-27)。

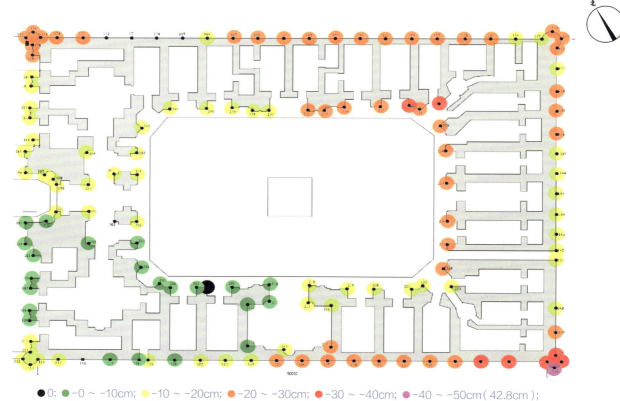

● 0; ● -0 ~ -10cm; ● -10 ~ -20cm; ● -20 ~ -30cm; ● -30 ~ -40cm; ● -40 ~ -50cm（42.8cm）;

图 2-27 阿米尔·图拉（AmirTura）经学院水平木腰线高程现状参考差值

　　建筑基础下沉最严重位置在东南角，下沉量达 42.8cm，由此引致上部建筑东南角整体下沉，并于南部、东部墙体形成 2 条贯通上下的主裂缝及多条次生裂缝。

　　东南角基础沉陷严重，又一原因是历史上此区域建有若干厕所（至今仍有三处），且经学院东南角室内存在渗水井，常年下渗侵蚀地基。经学院西侧入口外部廊房有后期加砌的凸出砖实心砌体一处，因不均匀沉降而下沉 10cm，导致整体向西倾斜。

2.1.4.2. 建筑裂缝

　　经学院建筑墙体局部结构性破损较严重，表现为不同程度的裂缝及与之关联的变形倾斜。经现场勘查，其主要裂缝类型可归纳为三种：结构沉降裂缝、剪切应力破坏裂缝和构造裂缝。

1. 结构沉降裂缝：

经学院建筑地基沉降致使墙体及拱顶严重开裂、歪闪，集中表现在建筑物东南角墙体严重开裂、歪闪。因东南角基础下沉导致的建筑变形区域面积约为 120m²。因地基土质以粉土为主，有利于产生毛细作用，加之当地蒸发量大于降水量，增强了地下毛细作用，降低了地基承载力，在建筑物自重压力下，造成建筑物沉降；因土质不够均匀，造成建筑物不均匀沉降，引起墙体结构开裂，甚至造成墙体断裂，严重破坏建筑物的稳定性。

建筑因沉降引起的裂缝宽度在 1 ~ 150mm 之间，个别处达到 200 ~ 400mm（包括松散砌体在内），裂缝长度大于 1000mm，甚至墙体（或建筑物墙、拱券、穹隆顶）完全断裂。因地基普遍软弱，建筑物的所有部分都存在不同程度的沉降裂缝；建筑物的四个拐角处，因建有高大的角塔，其附近墙体的沉降裂缝尤为明显。建筑东南部因历史上集中建有多处厕所，污水下渗导致此处建筑沉降远高于其他部分，造成墙体、穹隆拱顶完全断裂，断裂处最大达到 100mm 以上，裂缝造成的松散砌体宽度达 400mm 以上。其中东南墙角向北 7 米的东墙面开裂，裂缝最大错槎处达到 100mm。

2. 剪切应力破坏裂缝：

因墙体建筑质量不佳、材料老化，整体结构强度不足，在地基不均匀沉降和建筑物自重作用下，导致墙体、拱顶开裂，致使结构整体性下降。厚墙（及大砖柱）内砂浆饱满度不足，砌筑松散，年长日久，墙体在自重的压力下变形，造成应力集中，出现开裂；另因墙脚处破损严重，造成破损处结构截面变小，压强变大，超过其抗压强度，致使砖体受压断裂；当断裂砖体不足以承受上部压力时，将引起整个建筑物的脆性破坏。

本建筑的剪切应力破坏开裂裂缝多集中在西部（二层）内外墙体（开裂部分约占墙体面积 25%），南部院内大穹隆顶的墙体、砖柱（此处为高大的穹隆顶，开裂部分在院内，约占墙体面积 20%），其他部分较少。初步推断此二处的建筑物自重较大（西部为二层建筑；大穹隆顶处为开敞式大厅，虽然墙柱较厚，但有效承载截面较小），加之墙（柱）脚部破损，增大墙体压强所致开裂。剪切破坏开裂多见于建筑墙体下部，为垂直状短密集小裂缝，裂缝宽度在 0.5 ~ 3mm 之间，长度 30 ~ 300mm，裂缝间距 50 ~ 100mm。

3. 构造裂缝：

因建筑构造不合理或不可避免的应力集中点（如方洞口上边角处），极易出现构造裂缝，一般裂缝向斜上方发展；如不及时处理，任其发展，将严重破坏墙体结构的整体性。本建

筑的构造裂缝多集中在室内小龛券尖部位、窗口券尖部位和门口上边角位置，裂缝宽度在
1 ~ 3mm 之间，裂缝长度 150 ~ 400mm（图 2-28）。

表 2-2 阿米尔·图拉经学院裂缝分类统计表

裂缝类型	裂缝部位	裂缝宽度	裂缝长度（米）
沉降裂缝	墙体、拱顶	<5mm	1026
沉降裂缝	墙体、拱顶	5~50mm	350
沉降裂缝	墙体、拱顶	50~150mm	119
沉降裂缝	拱顶	<400mm	5
构造裂缝	拱尖部位	1~3mm	52
剪切裂缝	外墙面	1~3mm	103

①外墙沉降裂缝

②内墙及拱顶沉降裂缝

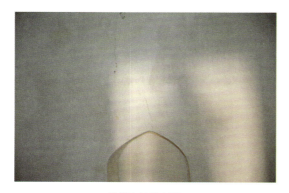
③拱尖构造裂缝

④墙面剪切裂缝

图 2-28 阿米尔·图拉经学院裂缝分类照片

2.1.4.3. 风化等其他自然因素

建筑砌砖严重风化酥碱，砖体粉化缺失（图2-29）。

2. 砌砖酥碱、风化：

因毛细水作用及日照、冻融作用导致西入口门楼及廊房、庭院四周台基风化严重，北门柱濒临失稳。

木腰线材质系榆木，因接近地面，干、湿交替频繁，加之风化作用影响及人为因素，部分木腰线严重糟朽、变形、烧损。丧失隔潮作用条石位于木腰线下，石质系火山凝灰岩，因本身材质特性缺陷及年久风化，部分条石严重酥碱、风化，此前的维修中曾以水泥修补抹面，但多有脱落，或内部已空鼓，且修补效果与整体文物建筑不协调。此类残损危及上部建筑结构稳定，其本身亦。

3. 杂填淤土掩埋：

因周边建筑曾经大面积毁坏重建，阿米尔·图拉经学院周围地面存在厚约2～2.5m的杂填淤土。根据局部临时探坑观察，掩埋部分砖墙被侵蚀较严重，已普遍丧失棱角，呈圆弧状态。

① 经学院南外墙东部现代建房造成墙面空洞、砌砖缺失　② 经学院东外墙结构裂缝上部部分砌砖缺失　③ 经学院西入口门楼北砖柱局部风化缺失

④ 经学院内院北部台基砖风化　⑤ 经学院西入口门楼北砖柱局部砖风化　⑥ 经学院木腰线糟朽劈裂及连接铁件缺失、下卧条石酥碱风化及后期水泥修补

⑦ 经学院北外墙西部现代民房抹灰痕迹　⑧ 经学院南外墙偏东部位局部开挖探坑内所见被掩埋砖墙　⑨ 经学院内院南面近地面砖墙砌筑灰浆流失

图 2-29 阿米尔·图拉经学院残损照片

2.1.5. 阿米尔·图拉经学院主要勘查图纸

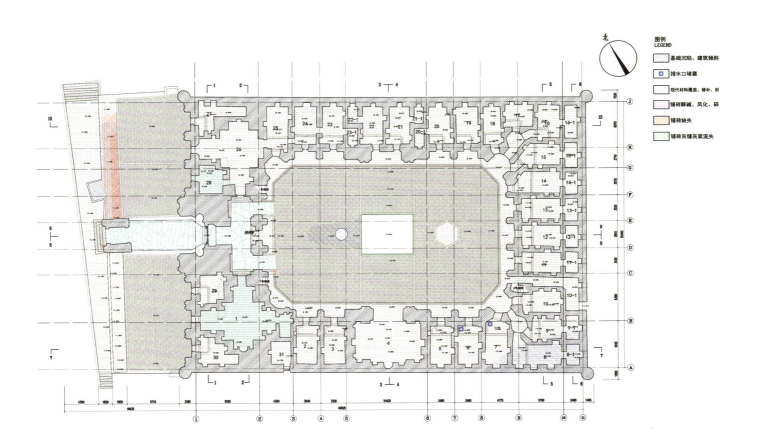

图 2-30 阿米尔·图拉（Amir Tura）经学院一层平面残损现状图

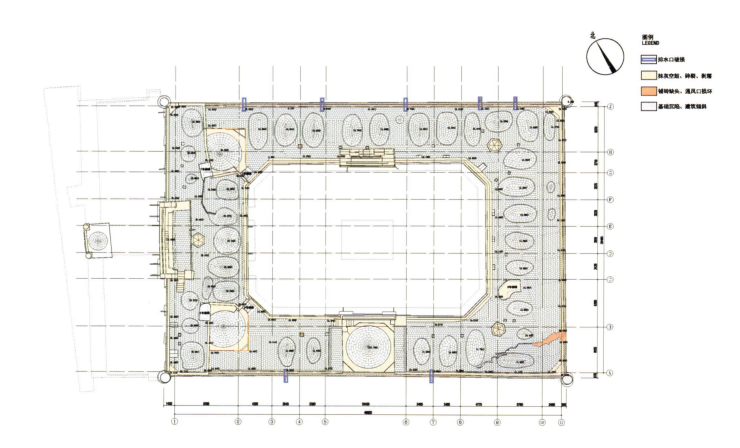

图 2-31 阿米尔·图拉（Amir Tura）经学院屋顶平面残损现状图

图 2-32 阿米尔·图拉（Amir Tura）经学院西立面残损现状图

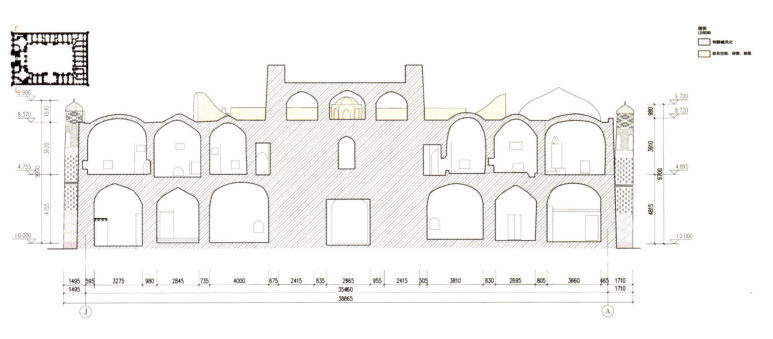

图 2-33 阿米尔·图拉（Amir Tura）经学院 1-1 剖面残损现状图

经学院

清真寺

清真寺

图 2-34 清真寺无人机影像图

2.2. 哈桑·穆拉德库什别吉清真寺现状勘察与残损分析

2.2.1. 清真寺建筑形制与规模特征

哈桑·穆拉德库什别吉清真寺建造于 18 世纪晚期。清真寺主体建筑坐南朝北，主体由北侧院落、中部半开敞的夏季独柱礼拜堂、南部的冬季室内双柱礼拜堂、东北角宣礼塔构成，是希瓦古城小型清真寺的典型形制。东侧及东北侧有附属房屋（图 2-34、35）。建筑整体东西 14.3 米、南北 16.3 米，主体高约 7 米（自原始地面），共一层，除宣礼塔外均为平屋顶，砖砌外墙与中部木柱混合承重。建筑整体外观与周围民居相似，清真寺木门由雕刻的伊斯利米风格图案装饰。清真寺占地面积 300m²、建筑面积 188m²（图 2-36）。

建筑主入口位于东墙北部，双扇雕花木板门。入口内为过廊，西对庭院。

清真寺前厅（夏季独柱礼拜堂）檐下中央设雕花木柱一根，上承东西向托木及木梁一根，梁上承木檩，上覆木栈棍

图 2-35 清真寺三维扫描模型

后覆砖，表面抹灰泥屋面。厅北开敞无墙，其余三面为
砖墙抹白灰，东两壁下部有尖券壁龛一处，东壁有尖券
窗洞一处，横梁及木椽后尾搭于墙顶。

后室（冬季室内双柱礼拜堂）位于前厅南侧，与前
厅以砖墙相隔，墙东部开两处木门，中门上部有尖券式
窗洞。南墙下部设尖券壁龛、上部有方形窗洞三处，各
有木框及竖向窗棂一根。东壁北部有方形壁龛一处。四
壁抹白灰。室内中部设木柱两根，上各承南北向托木及
木梁一根，梁上搭木檩、木板、砖、灰泥层。

前厅北侧砖墙围合，形成庭院。砖墙抹白灰，设尖券
壁龛两处。地面中部有方形渗水口一处，雨水自然下渗排放。

清真寺入口内过廊南侧为南侧室，乃是自主体建
筑东侧接出，砖墙，东壁有方形壁龛一处及门一处，
门单扇雕花。西壁有方形壁龛一处及尖券窗洞一处（即
前厅东壁尖券窗洞）。墙顶搭木檩，椽上铺木栈棍，
上部铺砖并抹灰泥。

清真寺内部庭院东部北侧为北侧室，室门面对庭院，
门上有尖券窗洞，以木过梁相隔。室内抹白灰。西壁、
东壁各有方形壁龛一处，南壁有尖券壁龛。屋顶做法同
南侧室。东北角为砖砌宣礼塔，尖穹隆顶，通体抹白灰
（图 2-37、38）。建筑屋顶设立砖砌女墙，开豁口架排
水槽为排水口，共六处，南侧室顶排水口东、南各有一
处共二处，其余屋顶各有一处。室内及院内地面铺方砖，
十字缝糙墁，边缘立砌（图 2-39）。

2.2.2. 建筑材料与结构

哈桑·穆拉德库什别吉清真寺主体为砖墙木柱混合
承重，木柱独立设置，三根，屋顶木架平顶。砖墙外部
顺砌，内部杂砌，砖规格同于阿米尔·图拉经学院，缝
宽约 2cm。墙体自原始地面第 11 皮砖上设油毡隔潮层。

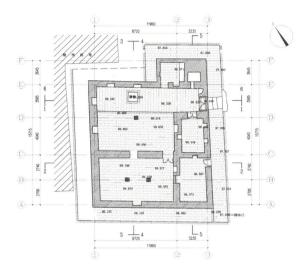

图 2-36 清真寺平面现状测绘图

图 2-37 清真寺修复前东南部外观

图 2-38 清真寺修复前东北部外观

① 清真寺入口　　② 清真寺内庭院　　③ 清真寺前厅　　④ 清真寺北侧室排水口

⑤ 清真寺后室　　⑥ 清真寺南侧室东墙门　　⑦ 清真寺挡土墙东南角排水口

图 2-39 清真寺现状照片

2.2.3. 清真寺建筑现状勘查

2.2.3.1. 地基与基础勘察

清真寺地基土质为粉土，基础由 250mm 厚（宽出墙基 400mm）素砼垫层和平砌砖墙构成（砖墙平砌直达屋面），地下埋深 670mm。周边地层均由后期杂填土层、砂质粉土或黏质粉土层、粉细砂土层构成。后期杂填土层厚度一般 2.5m 左右，粉土层厚约 3 ~ 4m，其下为砂层。基础持力层为粉土层，下为粉细砂层。砖砌基础，无放脚，无垫层。

清真寺的地基与基础勘察在 20m 勘察深度范围内揭露 3 类地层，自上而下分别为①层人工填土层、②层粉土层、③层粉细砂层。上两层土与经学院土质一致，③层粉细砂上部（5m 深度以上）局部较疏松，密实度较差，工程性质中等天然地基承载力标准值为 40~120kPa；下部（5m 深度以下）较密实，工程性质较好，天然地基承载力标准值为 120~200kPa。

场区地下水及回填土对钢筋混凝土结构的腐蚀性与经学院一致。

2.2.3.2. 墙体现状勘察

经学院北墙及西墙有因基础不均匀沉降造成的砌体局部结构开裂。建筑室内墙体多有裂缝，小龛尖券处普遍开裂；南部房间西墙西北角从屋顶向下斜向开裂；南部房间东南墙角通裂。

2.2.3.3. 其他部位现状勘察

1. 墙面抹灰现状

清真寺建筑墙面抹灰近门窗、地面区域普遍起翘、脱落。东北角宣礼塔上墙面抹灰起翘、脱落，为年久老化及日晒、雨淋反复作用导致。

2. 装饰、装修现状

清真寺建筑东墙木门保存总体完整，局部轻度干裂。其余门窗均已为现代铁门，已非原形制。

3. 外侧下沉空间排水现状

清真寺建筑周边下沉式空间东南角存在一排水口，但排水不畅，导致近地面墙体常年性潮湿而风化加剧、空间内淤泥较多。西侧及北侧西部仍淤积杂土部分，雨水常年下渗，侵蚀墙体。

2.2.4. 建筑主要残损原因分析

哈桑·穆拉德库什别吉清真寺主体形制完整，局部构件形制改变不影响其整体的真实性与完整性。

因地基土为粉砂土及存在砂层，土质不良，建筑基础不均匀沉降，并导致上部墙体开裂。墙体砖材料近地面及淤埋区域风化严重，并有局部缺失，砌缝灰浆材料亦大量流失，不利于墙体长期稳定。

外侧下沉空间排水不畅导致淤泥较多，杂填淤土未清理区淤埋砖墙经常处于潮湿状态；墙面及地面若干处以水泥砂浆修补，大部已年久开裂或脱落，且与建筑风貌不协调；抹灰因年久老化及潮湿侵蚀而起翘剥落较多，且有加剧趋势。

2.2.4.1. 基础不均匀沉降

清真寺基础持力层较疏松，使得地基土在建筑物自重压力下压缩，造成建筑物沉降。而地基土土质的不均匀，建筑周边排水不畅，在上述多种因素的共同作用下，建筑物产生了不均匀沉降，并进一步引起建筑砖体结构开裂。

目前建筑局部存在不均匀沉降，地面西高东低，差值达 30cm。持续进行稳定性监测。

2.2.4.2. 建筑裂缝

表 2-3 哈桑·穆拉德库什别吉清真寺裂缝分类统计表

裂缝类型	裂缝部位	裂缝宽度	裂缝长度
沉降裂缝	外墙墙体	>50mm	28.31 米
沉降裂缝	内墙	5~50mm	4.13 米
沉降裂缝	内、外墙面	<5mm	8.11 米

外墙沉降裂缝   内墙沉降裂缝

图 2-40 哈桑·穆拉德库什别吉清真寺裂缝分类典型照片

2.2.4.3. 风化等其他自然原因

建筑局部砌砖缺失:

墙体砌砖年久严重风化酥碱导致脱落及砖块整体粉化缺失(图 2-41)。

砌砖材质为当地低温烧制传统黏土砖,该类病害主要存在于建筑近地面区域,因毛细水作用及日照、冻融作用导致,且常处于潮湿状态中。

因曾经现代维修,外墙局部存在部分水泥修补、勾缝(图 2-42)。

因周边建筑曾经大面积毁坏重建,建筑周围地面存在厚约 2 ~ 2.5m 的杂填淤土。目前经现代维修清理,南、北东侧及西侧为下沉式空间,外围为砖挡土墙,西侧仍被掩埋。被掩埋墙体总面积 22m²。

砖墙局部砌筑灰浆流失严重,普遍存在于被掩埋区及近地面约 1m 内区域。北外墙亦为流失严重区。

图 2-41 清真寺西北角顶部墙砖缺失　　　　图 2-42 清真寺北墙墙砖风化及后期水泥修补

2.2.5. 哈桑·穆拉德库什别吉清真寺主要勘察图纸

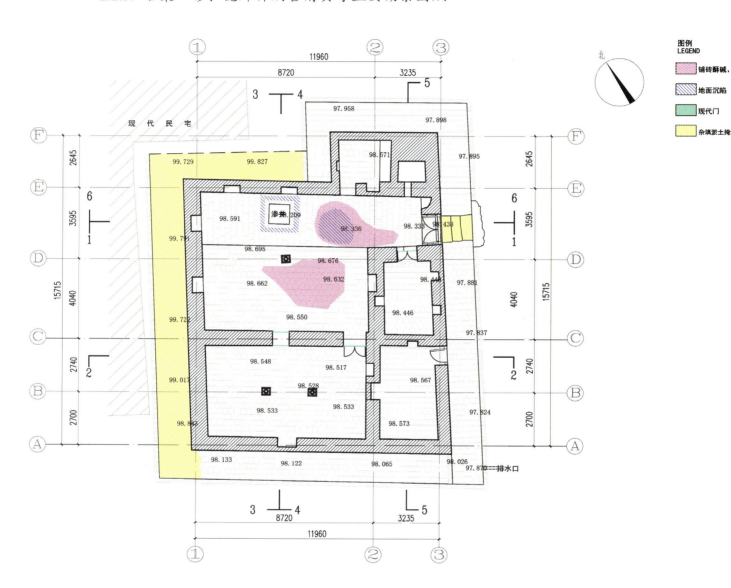

图 2-43 哈桑·穆拉德库什别吉（Khasahmurad）清真寺平面残损现状图

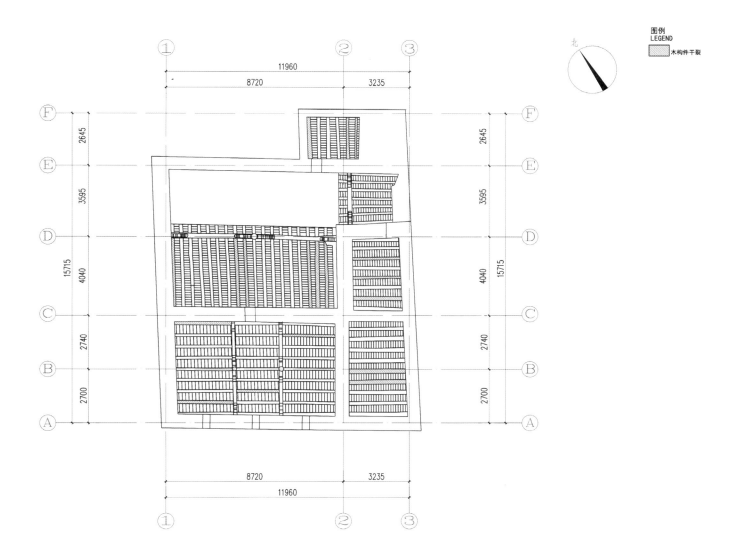

图 2-44 哈桑·穆拉德库什别吉（Khasahmurad）清真寺梁架残损现状图

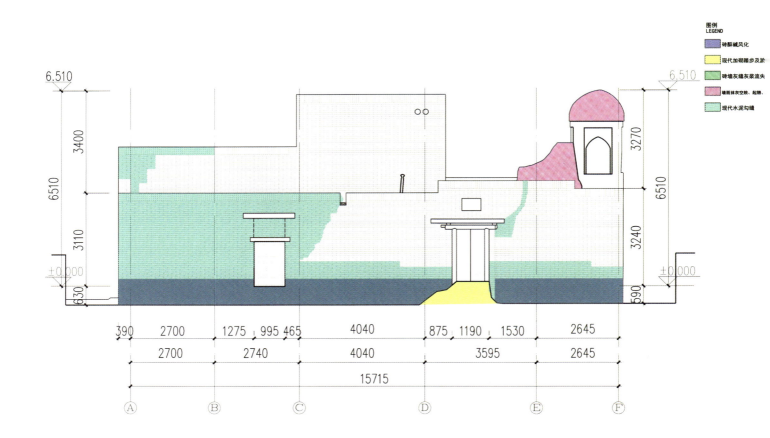

图 2-45 哈桑·穆拉德库什别吉（Khasahmurad）清真寺东立面残损现状图

图2-46 哈桑·穆拉德库什别吉（Khasahmurad）清真寺1-1剖面残损现状图

2.3. 周边环境现状勘察

2.3.1. 南北主干道（塔什普拉托夫街道）北端场地现状

2.3.1.1. 北门现状

希瓦古城北门位于经学院与清真寺北侧约 300 米处。建筑坐南朝北，为砖砌建筑。平面布局为长方形，砖砌结构。面阔三间，进深两间，中部为古城通道，两侧各设房间两间，各房间中部设圆形穹顶。北侧房间各连接高出主体建筑的砖砌圆筒式高塔，南侧房间内均设置楼梯通往屋顶平台。平顶四周砌筑高 3.2m 左右的砖墙，上部砌筑砖垛口。占地面积约 530 ㎡，建筑面积约 365 ㎡。

北门位于希瓦古城北侧，是北面出入口关卡。该区域现存建筑由于年久失修等原因，主要存在以下残损：穹顶灰浆流失，后期水泥修补；城台方砖酥碱，局部碎裂，后期水泥勾缝；墙砖酥碱、缺失、松动，砌筑灰浆流失严重，局部墙体开裂；室内墙面抹灰污染严重，局部粉化脱落；城门通道地面凹凸不平，后期改为水泥路面，室内地面方砖酥碱、碎裂，部分后期改为水泥地面；墙面污染严重。室外方砖局部酥碱、风化；散水砖酥碱、风化，局部缺失；北侧门缺失，南侧门糟朽变形、无法开启，整修门道地面时将下槛锯断。

2.3.1.2. 广场现状

北门广场自北门向南约 70m，沿城墙向东、西各延伸约 50m，占地面积约 2150.44m²，广场路面以土路为主，局部有水泥铺墁，破损严重，起伏较大，南高北低，沿南北向道路两侧各有宽约 60cm 的排水沟，近广场中心位置有一沉井，整个广场地势较为开阔，无其他建筑物阻挡（图 2-47 至图 2-50）。

图 2-47 广场现状（北—南）　　　　　　　图 2-48 广场现状（西—东）

图 2-49 古城北门现状

图 2-50 广场现状

图 2-51 城墙现状

图 2-52 城墙东侧二层台现状

图 2-53 城墙西侧阶梯现状

2.3.1.3. 城墙现状

希瓦古城墙始建于公元前 5 ~ 4 前世纪，墙体高约 10m，墙底宽度为 6 ~ 8m，整修范围以北城门为起点，向东、西两方向延伸约 50m。城墙总高约 8m，底宽约 6~8m，顶部宽约 3.5m，内外收分 1~2m 不等（图 2-51 至图 2-53）。城墙顶部方砖铺墁，外侧设垛口墙，墙上设箭口，垛口墙总高约 3.5m。城墙每间隔 60m 左右设马面一处。墙体主要为夯筑，现局部可见包砖残留。北门西侧有坡状阶梯可登至墙顶，也是登顶城墙的唯一道路，阶梯现存砖面系后期修补，多断裂缺失；东侧为一段长 50 余米的二层台。

城墙夯土墙墙体开裂，表面酥碱、风化，垛口抹灰粉化脱落，酥碱缺失，坡道凹凸不平，局部塌毁，铺砖大小不一，方砖缺失；城外西侧散水为水泥路面。2018 年 6 月，希瓦市管理部门进行局部修缮，地面以条砖铺墁。外檐墙由垛墙、垛口、马面组成，内檐无女墙，墙体表层局部有墙面脱落、开裂情况，但不影响整体结构，整体保存状况良好。

2.3.2. 南北向主干道（塔什普拉托夫街道）道路及其两侧房屋现状

2.3.2.1. 道路现状

南北向主干道（塔什普拉托夫街道）道路总长约 350 米。现状为土质路面，与两侧房屋无明显界限划分，无明确道路排水设施（图 2-54）。

　　南北主干道连接古城北门与古城中部东西向道路，最宽处约 13m，最窄处约 3.4m，道路起伏明显，经学院至北门外高差值最大约 2.2m。目前当地市政府没有对城内进行统一的市政设施规划，沿路居民在道路上随意开挖渗井用以解决生活用水排放，现共有渗井约 15 处分布在南北向道路上，直径约在 55cm~65cm 之间，路面以土质路面为主，局部区域由当地居民以水泥铺墁。经学院北侧的东西向道路，长约 104m，最宽处约 9.1m，最窄处约 3m，沿路约有渗井 8 处，前面现状与南北向道路相同。

　　经学院东侧道路长约 45m，宽约 2m。南侧道路长约 72m，最宽约 5.5m，最窄约 3.4m，无渗井及其他排水设施分布，路面沉土较多，容易积涝。

南北向主干道现状

经学院北侧道路现状

经学院南侧道路现状

经学院南侧道路现状

图 2-54 南北主干道道路现状

2.3.2.2. 道路两侧房屋现状

道路两侧房屋多系现代民居，构造方法多为在地圈梁上以条砖垒砌墙体，墙体多以草泥涂抹，平整程度不一，墙砖裸露部位集中在墙底圈梁处，部分墙体整体墙砖裸露在外（图2-55、56）。墙体高度起伏不一，墙沿平直，部分墙沿以墙垛修饰。沿街墙面开设门窗，多以木质门窗为主，少见塑钢、铝合金门窗，门窗无固定规格及装饰形式（图2-57）。民居屋顶均为平顶，排水槽和排水管沿屋檐及墙壁设置，另有配电箱、照明灯及空调箱置于墙壁上。

图 2-55 沿路房屋现状

图 2-56 沿路建筑墙体现状

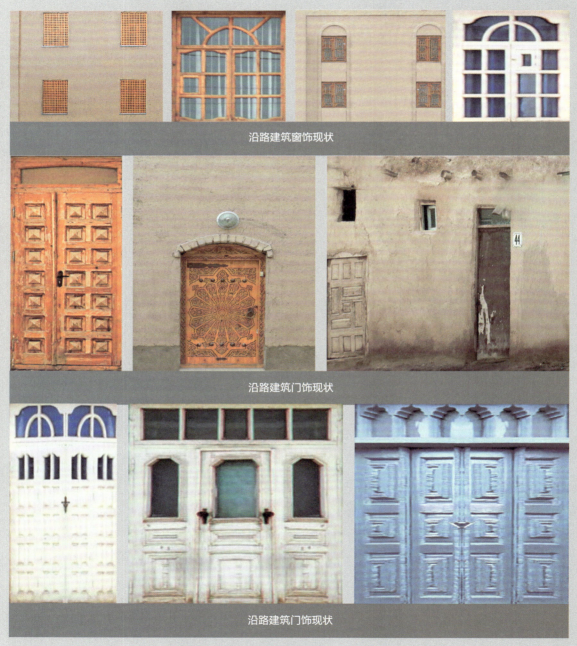

图 2-57 沿路民居建筑门窗现状

图 2-58 阿米尔·图拉经学院西入口地面局部表面破碎

图 2-59 经学院与清真寺之间的场地航拍及照片

2.3.3. 经学院与清真寺之间场地现状

2.3.3.1. 建筑外部地面现状

经学院与清真寺之间的场地面积约 770 平方米，平面呈不规则多边形。场地地面材质为土质路面，无铺墁。地面不平整，呈现不均匀沉降。场地内无明显的散水，下雨时路面积涝，排水不畅。

阿米尔·图拉经学院周围地面存在厚约 2~2.5m 的杂填淤土，仅西侧廊房西部被清理，形成宽约 1.8~4.2m 的下沉式空间，南北设踏步出入上下，西侧为砖挡土墙。经学院西侧入口外部廊房有后期加砌的凸出砖实心砌体一处，因不均匀沉降而下沉 10cm，导致整体向西倾斜。西入口石铺地面表面轻度剥落破碎，局部现代灰浆覆盖（图 2-58）。

清真寺周边一圈为下沉式空间，东南角存在一排水口，但排水不畅，导致近地面墙体经常性潮湿而风化加剧、空间内淤泥较多。西侧及北侧西部仍淤积杂土部分，雨水常年下渗，侵蚀墙体。目前建筑局部存在不均匀沉降，目前地面西高东低，差值达 30cm。地面砖不同程度碎裂磨损，为年久踩踏及老化导致。

场地内大部分空间现为施工中使用的材料堆放场。场地南侧有一直径 1.3 米的化粪池（图 2-59）。

2.3.3.2. 广场基础现状

经钻探地勘及配合探坑勘查，地基土质为粉土为主，其成分范围从黏质粉土到砂质黏土，分布不均，较为潮湿，承载力不强；回填土为杂填土堆填一般厚 2.5m 左右，较少夯实，成分以粉土为主，内杂碎砖，内有沉降孔洞，潮湿；粉土层厚约 3~4m，其下为粉砂层。地下水位为检测部位地坪下 6~7 米处。

在 20m 勘察深度范围内揭露 3 类地层，自上而下分别为人工填土层、粉土层、粉细砂层。地表下 20m 深度范围内见一层地下水水位埋深为 6.0m~8.5m（标高 91.9m~93.9m）。广场场区土质及地下水状况及腐蚀性与经学院一致。

2.3.4. 周边环境主要勘察图纸

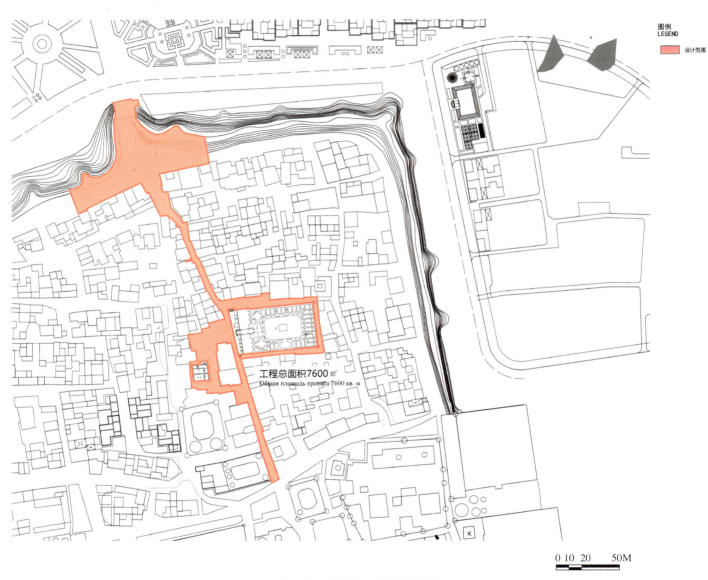

图 2-60 环境整治工程设计范围图

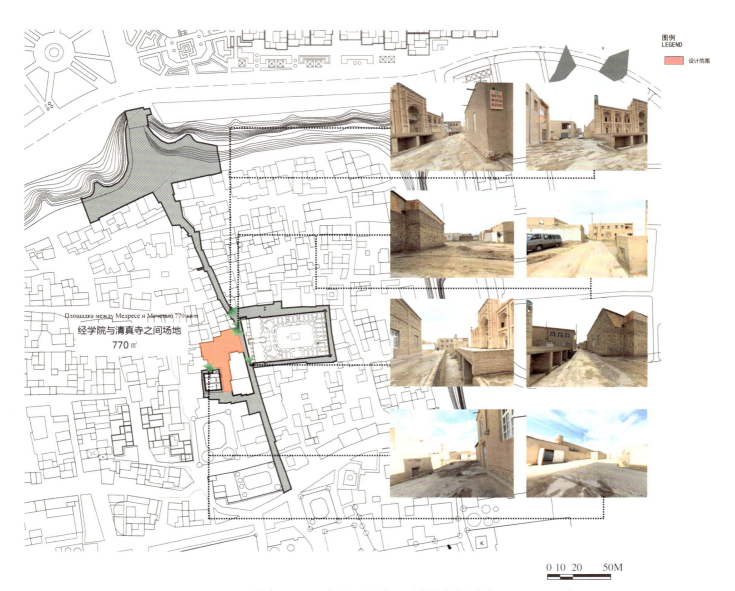

图 2-61 阿米尔·图拉（Amir Tura）经学院与哈桑·穆拉德库什别吉（Khasahmurad）
清真寺之间场地现状分析图

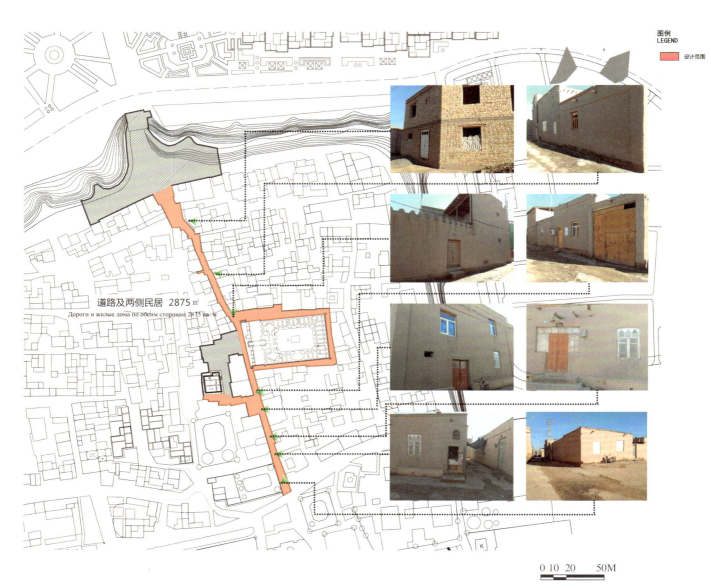

图 2-62 南北主干道及两侧建筑现状分析图 1

图例
LEGEND

设计范围

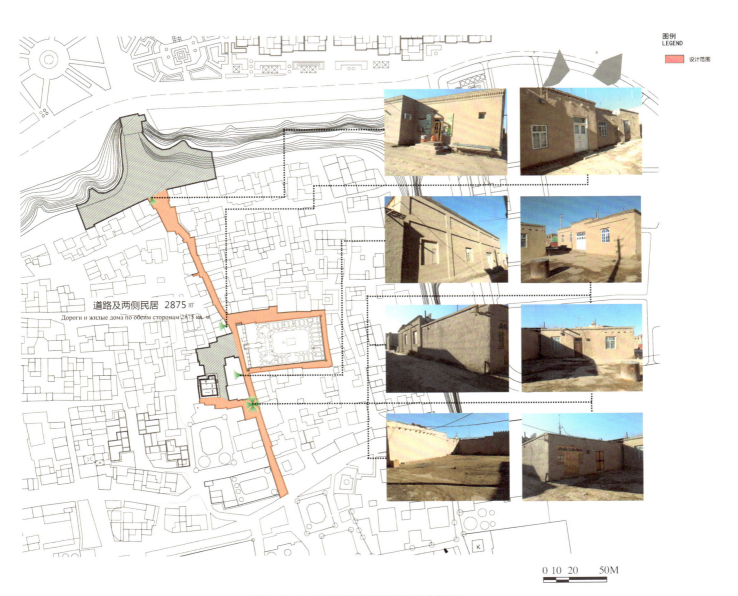

道路及两侧民居 2875 ㎡
Дороги и жилые дома по обеим сторонам 2875 кв. м

0 10 20   50M

图 2-63 南北主干道及两侧建筑现状分析图 2

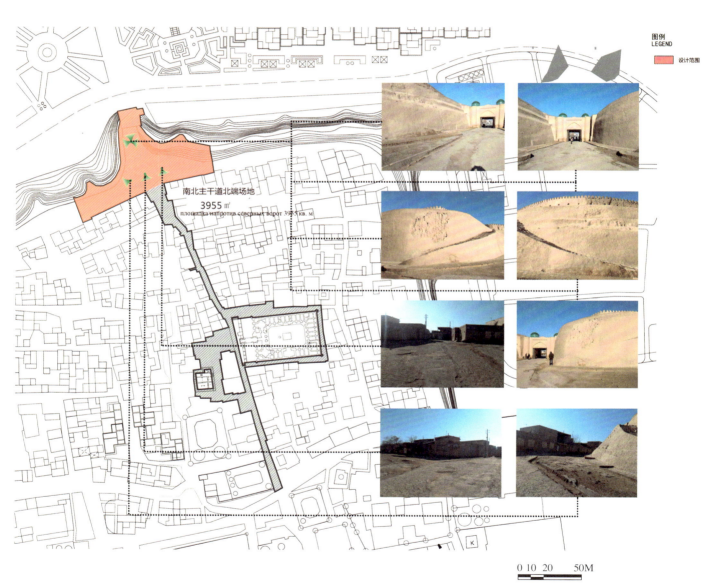

图例
LEGEND

设计范围

南北主干道北端场地
3955 ㎡
плошадка напротив северных ворот 3955 кв. м

0 10 20   50M

图 2-64 北门及周边场地现状分析图

3. 因地制宜制定保护修复措施

希瓦古城修复项目基于前期支撑研究成果和勘察评估结论，科学制定了较为全面的保护修复目标。项目组根据希瓦古城的特性以及修复对象的残损状态，本着最小干预的修复理念和治病求本的态度，综合考虑联合国教科文组织的意见和建议（图 3-1），因地制宜地实施综合性保护修复措施。

图 3-1 中国文化遗产研究院援乌项目总负责人许言副院长与乌方人员讨论施工方案

3.1. 项目实施目标

3.1.1. 保护展示希瓦古城世界文化遗产价值

修复项目以阿米尔·图拉经学院和哈桑·穆拉德库什别吉清真寺文物建筑本体保护展示为修复项目核心，结合古城北门及南北主干道周边环境现状，开展综合性的希瓦古城北门区域整体环境整治。项目深入挖掘希瓦古城世界遗产的突出普遍价值特征及其载体，串联古城南北主干道上的重点文物建筑，形成希瓦古城北部区域的游览停留与文化遗产展示节点空间。并与已有的古城东西主要遗产展示轴线共同完善希瓦古城的整体展示结构，将希瓦古城发展成为优质的世界文化遗产地。

3.1.2. 提升希瓦古城遗产地人居环境水平

修复项目在设计范围内梳理希瓦古城道路交通，完善基础设施，提升整体景观环境和当地居民生活品质，彰显希瓦古城典型伊斯兰城镇整体风貌特色。

3.1.3. 创新"一带一路"文物保护合作修复项目

希瓦古城修复项目遵循国际文化遗产保护的原则和理念，以世界文化遗产地的管理要求为目标，深入研究修复对象历史沿革及遗产特征，发挥中国世界遗产大国的技术优势和管理经验，展现中国文物保护的国际水平，将希瓦古城修复项目作为具有国际影响力的文物保护修复创新合作项目，扩大中国整体实力的影响，走出在"一带一路"沿线的文物保护利用特色道路。

3.2. 设计原则

3.2.1. 真实性、完整性原则

完整保留文物建筑及其相关环境的全部历史信息与价值信息，保证希瓦古城世界文化遗产的真实性与完整性。

3.2.2. 最小干预原则

遵循最小干预原则。针对希瓦古城突出普遍价值中对于古城整体性价值的强调和重视，注重古城整体格局和肌理，保留整治区域道路狭窄、民居密集围绕公共建筑的空间特征，因地制宜地实施环境整治措施。

3.2.3. 可持续发展原则

此次希瓦古城的文物建筑修复和环境整治区域位于古城北部的南北主干道两侧，包括了主干道北部端头的古城北门。修复项目的实施可进一步促进希瓦古城遗产的展示与阐释，利用北门这一古城重要出入口的优势，形成一条南北向遗产展示轴线，与古城东西轴线分布的遗产展示核心区互补，为完整、全面地展示作为世界遗产地的希瓦古城历史遗产提供必要的空间条件。

3.3. 保护修复对策

根据项目实施目标和设计原则，项目组制定了"治病求本、标本兼治、知常达变"的希瓦古城保护修复策略。

3.3.1. 治病求本——找准遗产本体病因

通过上述对两栋文物建筑本体进行的全面综合勘察，项目组发现经学院建筑本体病害包括建筑墙体和屋顶变形、开裂、整体结构裂缝较多以及建筑基础不均匀沉降等。而清真寺

现状病害主要是墙体、屋顶的变形和开裂以及室内墙体抹灰斑驳脱落等。其中经学院的建筑病害相对严重且发育速度较快，特别是建筑基础不均匀沉降问题，是导致其他病害的一项主要病因，需要尽快实施干预措施。

经学院与清真寺周边均为土路及民宅。经学院西侧为希瓦古城南北向干道北段，北接北城门，南接古城中心。路西为拆迁遗留渣土场地。项目开始前期，北门作为进入希瓦古城的主要入口之一，周边环境较为杂乱，民居建设较为随意。进入北城门内主要道路与周边民居界限不清，路面为土质凹凸不平，行车后晴日扬尘、雨后泥泞。整个区域内后建建筑凌乱，缺少满足世界文化遗产管理要求的管控，缺少古城入口必要的开放、展示基础条件，不利于世界文化遗产价值的阐释与环境的保护，也不满足希瓦古城的开放展示需求。

文物建筑本体的多重病害以及建筑周边环境的杂乱无章都是修复对象呈现的病症，表现为"标"，项目组因循这些遗产及其环境特征，通过综合整体审查病因，深入挖掘切中要害"治本"。通过对勘察结果的分析，造成经学院建筑基础不均匀沉降的主要原因是水害，包括地下水、地表水以及毛细水在内的共同作用。地下水的影响首先是因为经学院建筑周边地下水水位不均匀。希瓦市地处沙漠边缘，属大陆性气候区，夏季炎热干燥，昼夜温差大，地下水埋藏较浅。根据对经学院和清真寺勘察期间各钻孔揭露的地下水埋深及水位标高数据可知，清真寺区域地下水位基本在同一个标高、埋深基本一致，所以基本没有发生建筑基础不均匀沉降的现象；而经学院的地下水位则呈现出东侧埋深浅、西侧埋深深，北侧埋深浅、南侧埋深较深的趋势。

其次是建筑南侧道路紧邻民居，居民生活污水直接排向路面，导致地表水常年淤积，加之地下水毛细作用对建筑基础的腐蚀、风化，这些对经学院建筑南侧基础稳定性产生了极大影响，直接导致了南侧基础的连续不均匀沉降。

3.3.2. 标本兼治——因循遗产环境特征

找准病因后，项目组针对两栋文物建筑基础不均匀沉降的问题提出了多方面的解决策略。首先，依据建筑基础不均匀沉降的数据并结合沉降监测对基础病害发展趋势的判断，项目组对重点下沉部位采取了局部分段交叉灌浆的方式进行加固，对其他沉降部分则采取了持续监测的审慎态度。修复措施在运用这些现代技术采取"硬手段"的同时，也尊重当地传统民居建筑建造特点，在建筑地面砖基础之上设置或修复了油毡、芦席、下卧石、木隔潮枋等建筑基础防潮层，同时注重在施工过程中对建筑基础的通风、干燥措施，使用"软方法"阻止地下水毛细作用对建筑的不良影响。

其次，针对经学院建筑结构因基础下沉而造成的墙体、屋顶变形、开裂，项目先后实施了建筑结构加固、裂缝修补等维修措施。在维修中，项目组尽可能使用当地传统材料和工艺，遵循可识别原则，对建筑进行修补、修复，确保建筑现存形制真实完整、结构安全稳定、各类残损及安全隐患消除，使建筑历史信息得到最大保存，彰显历史建筑的价值。

第三，地面排水不畅导致路面污水淤积也是经学院建筑基础受到侵蚀的重要因素。经学院周边场地地面材质为土质路面，修复前场地内无明显的散水和铺墁，地面不平整造成局部污水淤积。古城原有地面排水以地下径流及人工开挖渗水井为主，沿街居民生活污水也有部分向路面倾倒，夏季瞬时降水量较大时，建筑周边及路面也常会形成泥泞和积涝。

为彻底解决建筑排水不畅带来的基础糟朽问题，修复项目需要将其周边环境一起考虑，整体组织场地排水。修复范围内场地整体南部高北部低，最大高差约 2 米。为尊重原有场地特征，提升修复项目整体效果，场地排水组织将本区域内排水系统与北门外希瓦城市排水系统连接。根据地势与现状，采取"场地分区、道路分段"的整体排水策略。

为减少场地变化，尽量尊重现状，排水设计沿用希瓦古城原有渗井与地表蒸发、地下径流结合的排水方式，以经学院中心为排水起始点，沿南北向主干道分别向南、北方向顺地势坡降。南北主干道道路纵坡坡度依据现状控制在 0.5%~1.5%，路面设计横坡坡度约 2%。场地每段道路在利用原有渗井基础上增设新渗井作为排水口。道路两侧为结合局部绿化的民居建筑散水。

3.3.3. 知常达变——提升遗产环境品质

修复项目在保证两栋文物建筑本体安全性以及文物价值的真实性与完整性基础上，将建筑修复与古城周边环境整治有机联系起来。此次环境整治设计区域围绕经学院与清真寺两栋文物建筑，沿南北主干道向北延伸至古城北门。通过实施文物建筑的展示、古城民居的整治、南北主干道的改造、北门及城墙的整饬以及城镇广场的景观塑造等措施整体提升了北门环境质量，使北门成为希瓦古城新开放的主要出入口，也使文物保护成为改善古城环境，提升北门区域整体风貌的有效手段。

环境展示与整治设计深入挖掘了希瓦古城遗产突出普遍价值特征及其载体，串联古城南北主干道上的重点文物建筑，形成一条遗产展示轴线，与目前沿古城东西向主要轴线分布的遗产展示核心区互补，共同完善希瓦古城的整体展示结构。

针对希瓦古城整体、统一的突出普遍价值，环境设计注重维护古城整体格局和肌理，保留整治区域内道路狭窄、民居密集且围绕公共建筑的空间特征，因地制宜地实施道路改造与民居整饬措施。同时在经学院与清真寺两栋文物建筑之间形成小型广场，在北门及城墙前形成古城入口广场，为希瓦古城北部区域增加新的游憩停留场所与文化节点空间。

　　修复项目环境整治设计尽量以不影响古城风貌的方式解决古城现状存在的基础设施匮乏问题。结合原有场地的排水、供电系统整理，综合改善区域基础设施条件，谨慎引入现代城市元素，给周边居民提供更多便利。设施提升充分与希瓦古城总体规划衔接，为今后古城发展留有余地，为整体真实、全面展示作为世界遗产地的希瓦古城提供必要的基础条件。

　　修复项目在以南北向道路为轴线统摄的线性空间中塑造局部放大的广场，并增加广场中的景观绿化，在形成空间节奏的同时优化古城景观绿化环境。周边道路以当地石材、黏土砖等材料按照传统方式分区铺砌，只在区域边界细节上加以区分，强调古城环境的整体感（图3-2）。

北门至东西向街道300米道路及节点分布

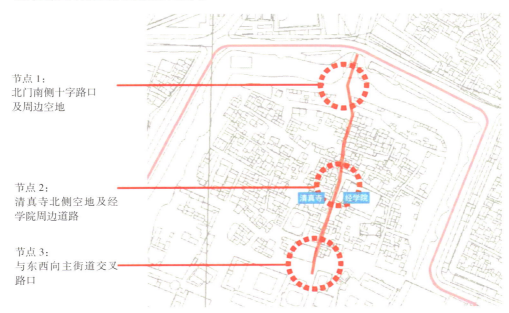

节点1：
北门南侧十字路口
及周边空地

节点2：
清真寺北侧空地及经
学院周边道路

节点3：
与东西向主街道交叉
路口

图3-2 北门至东西向街道300米道路及节点分布图

　　场地整体设计注重几何关系的运用，并通过当地黏土砖铺砌方式及模数的变化完成场地铺装。为适应当地少雨干旱的气候，借鉴乌兹别克斯坦其他历史城市内绿化景观设计，广场绿化采用规整几何形状嵌入砌筑，并结合竖向设计进行场地排水。

　　在空间与材料尺度方面，工作队充分调研古城建筑模数及环境的材料使用，注重延续希瓦古城传统材料模数，例如使用25×25厘米见方的传统砖，根据不同铺砌方式，对人行广场和道路进行平铺、错缝或人字纹铺装。在车行广场和路面则选择25×50厘米长条形砖进行错缝或回字形铺装，仍然维持了古城原有建筑材料模数（图 3-3）。

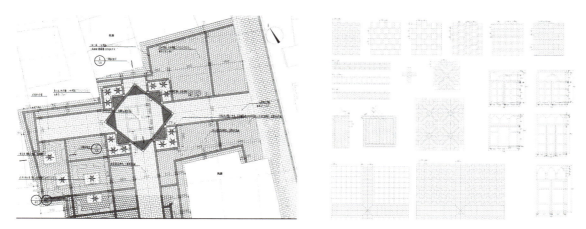

图 3-3 广场地面铺装设计（左）及伊斯兰传统砖铺砌方式研究（右）

3.4. 本体修缮措施

乌兹别克斯坦花剌子模州历史文化遗迹修复项目是一项以研究为支撑的综合性保护项目。考古工作贯彻项目始终，修缮工程采用设计–采购–施工一体化（EPC）方式。以中国文化遗产研究院技术人员为主组成的中方项目组全面负责项目的前期考古探查、勘察、前期考古探查、设计与施工，同时负责提供项目所需施工机械、设备、材料，派遣必要数量的工程技术人员赴乌组织施工并对设备进行安装调试。

3.4.1. 建筑本体修缮重点内容

阿米尔·图拉经学院修缮是以确保结构安全为主要目的的抢险加固修缮工程，建筑面积 3000 ㎡，占地面积 2730 ㎡。根据阿米尔·图拉经学院残损、病害现状，开展包括建筑基础加固、建筑墙体及其他构件破损维修及其他装饰、装修措施。

针对阿米尔·图拉经学院结构因基础下沉而造成墙体、屋顶变形、开裂。在前期进行考古探查的基础上，对上部建筑进行防护支顶，以注浆方式进行地基加固；并使用勾缝、灌浆、扒锔修补加固等各种方式修复各处裂缝。

项目采取以当地传统工艺、材料为主并适当辅以现代成熟工艺技术的手段，修补、修复经学院残损部位及构件，消除安全隐患。包括局部拆砌东南角下沉、开裂、歪闪部位，改善墙脚外侧填土质量并铺设散水以防毛细水常年侵蚀、清除墙面现代抹灰及水泥、剔补残失与酥碱砖件、原材料修补流失灰缝灰浆、修补原有破损抹灰。维修或补配破损缺失的木腰线及下卧条石、清除现代抹灰及水泥、补配修复崩开或缺失的连接铁件。清除现代水泥及沥青、剔补残失与酥碱铺砖、修补流失灰缝灰浆、修复残坏的通风采光口、修复残坏的排水口、修补残坏的楼梯木踏板、重做脱落空鼓的楼梯踢脚抹灰、屋面防水、院落地面中部下沉区域加固找平。

修复建筑残坏、变形的木构件、补配局部脱落缺失的木构件与铁件及瓷砖、铁件封护防锈保护、修复补配残损或缺失的模制石膏花窗及铁棂窗、对应贴而未贴瓷砖区域抹石膏。清除现代加砌的封门砖墙及室内填充物等其他后期添加物。

对哈桑·穆拉德库什别吉清真寺修缮属于一般性修缮工程，建筑面积 188 ㎡，占地面积 300 ㎡。根据清真寺残损、病害现状，工作组先后采取了建筑结构加固和残损维修等措施。基本做法与经学院修复措施一致。

3.4.2. 建筑地基与基础加固

建筑地基与基础加固主要包括前期考古探查、基础加固试验、经学院及清真寺两处建筑的外墙地面方砖拆除、灰土桩施工、地基注浆、基础植筋、砖砌扩大基础、灰土夯填作业平台、挡墙拆除与砌筑、凹陷路面灰土换填、宣礼塔抢险加固、变形监测、建筑物裂缝监测、地下水位观测等单项工程（图 3-4）。

①考古探查。

②地基基础加固试验。

③地基基础加固实施。

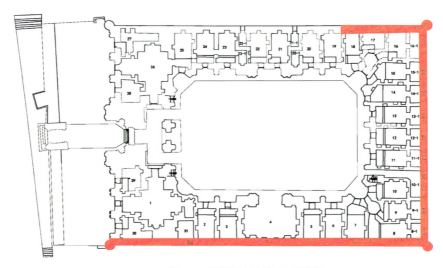

图 3-4 经学院地基基础加固范围

1）地基基础加固

通过现场试验，经检测评定加固效果能满足提高地基承载力、消除墙体不均匀沉降、减轻毛细水对建筑基础及下部墙体的影响等目标时，则按上述试验步骤分段对经学院和清真寺地基基础进行加固。

加固方法与步骤如下（图 3-5）：

步骤一：清理施工作业面，为防止浆液外渗，保证注浆效果，在建筑外围设置灰土桩并放线定位。

步骤二：分段开挖注浆作业平台，做好开挖支护，保障安全。钻孔至设计深度（主体建筑区域 10m，西廊建筑区域 5m）。

步骤三：基底交叉倾斜灌注超细水泥浆，提高地基承载力，加固地基。

步骤四：建筑基底植筋砌砖，扩大基底面积。

步骤五：为稳固墙基、防止雨水下渗使用三七灰土分层夯填置换墙根土体。

第一次完成加固后，检查加固质量，对效果不佳位置补灌加固，直至达到质量标准；完成工作，清理现场。

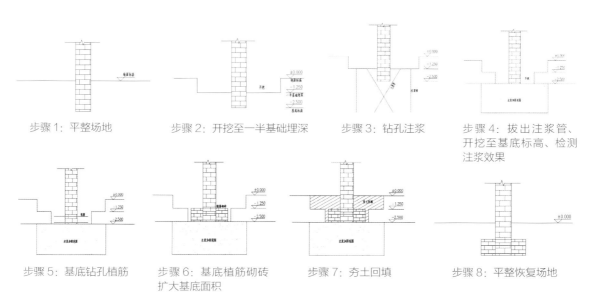

步骤 1：平整场地　　　步骤 2：开挖至一半基础埋深　　　步骤 3：钻孔注浆　　　步骤 4：拔出注浆管、开挖至基底标高、检测注浆效果

步骤 5：基底钻孔植筋　　步骤 6：基底植筋砌砖扩大基底面积　　步骤 7：夯土回填　　步骤 8：平整恢复场地

图 3-5 地基基础加固步骤

3.4.3. 建筑墙体与穹隆顶加固

1. 清除外围淤土

鉴于清真寺西面砖墙外围为杂填淤土覆盖，常年毛细水作用致使被埋砖墙长期被侵蚀、风化酥碱严重，因此清除杂填淤土至原有地面，使墙体露出，消除其破坏因素。清淤时，应对整个墙体进行支护，避免下部墙体出露后，因其材料残损问题导致墙体失稳，待下部墙体修复完成、结构稳定后，再拆除支护构件。

2. 剔补残失与酥碱砖

经学院和清真寺原墙砖整块脱落无存或整体破碎、酥碱粉化的，补配、替换以原工艺与原材料制成的砖，方砖规格为 25cm×25cm×5.5cm，条砖规格为 25cm×13cm×6cm。原墙砖局部缺损、风化深度超过 1cm 的，以钢刷剔净缺损面及已粉化部分，补配以原工艺与材料制砖，现场加工为合适规格，以石膏浆粘接于原砖缺损面上。缺损、风化深度小于 1cm 的保持现状。

3. 墙体裂缝修补

选用生石灰粉及土对开裂墙体进行修复，保证结构稳定，对于宽度大于 5mm 的裂缝进行灌浆加固并加扒锔加固，宽度不足 5mm 的裂缝勾缝处理，对已断裂的砖进行抽砌；清理裂缝，埋管封堵；灌浆加固，并养护 20 天；敲除灌浆嘴，清水墙面做砖粉修复，抹灰墙面做抹灰保护。

表 3-1 灌浆加固与断砖抽砌做法

裂缝低压灌浆	工艺做法	a. 清理裂缝，将裂缝两侧的抹灰各剔开100mm，将污染物及松散物清理干净，并用高压吹风机吹净尘土； b. 用喷壶湿润裂缝； c. 采用与灌浆料相同配方的材料（减水）进行勾缝，并埋设灌浆管； d. 待勾缝材料起强度后（一般为一周），开始从最下端灌浆管灌浆； e. 当灌浆处上一个管子冒浆后，用木塞堵住管口，继续灌浆，直到出气管冒浆后，用木塞堵住出气管，继续灌注浆液3分钟，完成； f. 养护15天后，敲掉所有露出墙面的管子，修补封堵砂浆及管口位置墙面，使之与墙面平齐。
	技术要求	a. 灌浆管必须埋设在最下端，每隔500mm埋设一根，裂缝转角处（不考虑距离）必须埋设一根灌浆管； b. 裂缝最上端埋设出气管，所有灌浆管必须出墙面100mm，出气管口上翘5mm； c. 灌浆材料为100目生石灰粉、细（中）沙、细黄土配制，灌浆料配制； d. 灌浆料配制完成后，必须在一小时内用完。
	参考配方	灌浆材料参考配方 黄土：生石灰粉：水 =8 ： 1.7 ： 5 封堵材料参考配方 黄土：细沙：生石灰粉：水泥：水 =1 ： 3 ： 0.5 ： 1 ： 1.5
	技术指标及其他说明	<table><tr><td>材料</td><td>时间</td><td>单位</td><td>抗压强度</td></tr><tr><td rowspan="2">灌浆材料</td><td>30 天</td><td>MPa</td><td>约 0.5</td></tr><tr><td>60 天</td><td>MPa</td><td>＞ 0.8</td></tr><tr><td>封堵材料</td><td>30 天</td><td>MPa</td><td>3~5</td></tr></table>
	使用说明	a. 灌浆施工前应进行配方试验，以便于进行配方配比试调配，并进行试验检测，根据检测结果进行最终确定灌浆及封堵配方，使之更适合封堵及灌浆作业； b. 按照设计配比调配，调配完毕的材料在一小时内用完，超过时间应废弃，不得再次使用。
断砖抽砌	工艺做法	a. 剔除断砖，将碎砖及周围砌筑黄土清理干净，喷水湿润； b. 选取同尺寸砖块，喷水养护后，可适当裁切边角，便于插入砖洞； c. 砖洞内应先塞入砌筑黄土，然后塞入砖体，挤出砌筑黄土，并调正砖块位置，使之与砌缝、墙体表面平砌； d. 在砖缝内塞填砌筑黄土，与周边墙体砌缝一致。
	技术要求	a. 喷水不得过多，以作业面湿润为准； b. 裁切部分不得过大，不得以砌筑黄土填塞过大砖洞； c. 砖体外表面不得打磨。
扒锔加固	工艺做法	a. 沿灌浆裂缝居中放置，放置间距300mm； b. 掏出砌缝灰浆＞50mm，钉入扒锔，扒锔嵌入砌缝＞50mm； c. 勾缝封闭。
	技术要求	a. 采用Φ8钢筋制作，长度250mm，弯钩长度50mm，钩端磨尖； b. 入扒锔时应装订牢固。

4. 修补灰缝灰浆

清除砖墙外围现代水泥,清除后的砖墙表面进行剔补修复,并以当地传统灰泥材料勾缝。砖墙剔补及现代抹面清除工作完成后,对砖墙流失灰缝灰浆进行修补。墙面灰浆及砌砖修补全部完成后,对整个墙面修补过的灰缝进行整体性打磨至与砖齐平,达到平整光洁的效果。

修补原有破损抹灰:清除已脱离建筑砌体的残坏抹灰,以该建筑使用的当地传统灰浆重做砖墙室内外已空鼓、起翘、脱落的抹灰,修复后的抹灰墙面应平整光洁、新旧抹灰色彩差异较小。

5. 拱券、穹隆结构加固

(1)拱券加固:

对于宽度大于 5mm 的裂缝进行灌浆加固,宽度不足 5mm 的裂缝勾缝处理;清理裂缝,埋设灌浆管,封堵裂缝;灌浆加固,养护 20 天;其后敲掉灌浆管,清水墙面做砖粉修复,抹灰墙面做抹灰保护。

(2)穹隆顶加固:

对于宽度大于 5mm 的裂缝进行加固,宽度不足 5mm 的裂缝勾缝处理;清理裂缝,埋设灌浆管,抽砌裂缝部分的断裂砌砖,封堵裂缝;灌浆加固,养护 20 天;其后敲掉灌浆管,清水墙面做砖粉修复,抹灰墙面做抹灰保护;

裂缝大于 20mm 处加入扒锔,扒锔嵌入砖缝内不小于 30mm,表面勾缝覆盖;扒锔长度 400mm,弯钩长度 50mm。

6. 建筑维修墙体拆砌

经学院西入口北侧外凸实心砖砌体拆砌。因该处砖砌体下沉并倾斜,予以拆砌维修,使之结构恢复水平稳定状态。下部地基灰土垫平夯实。经学院东南角处东墙歪闪墙面局部拆砌(图 3-6、7)。

(1)工艺做法:

a. 按照设计图纸要求,明确拆砌区域,并划线标定范围;

b. 测绘墙面裂缝及裂缝两侧墙面错槎的准确尺寸,绘制墙面变形趋势图;

c. 在拆砌区域内拆解墙体表面砌砖;裂缝到 J 轴方向 1 米范围内拆解深度不超过 300mm,其他部分拆解深度不超过 150mm;

d. 在拆砌区域向外扩展 2 米的范围内,确立补砌控制线,以确保新砌墙面与周围原墙面顺平;

e. 根据表面观感要求，补砌砖体长度或宽度可进行裁切，裁切面不得用于墙体外面；

f. 补砌施工时应遵循以从下到上、从两侧向中间作业的原则进行；

g. 分层补砌，且拉线控制墙面的平整度；

h. 补砌完成后，进行勾缝处理，勾缝为平缝。

（2）技术要求：

a. 拆砌墙面拆砖时应采用拆解方式进行，不得进行野蛮拆除，以防止墙体受震，出现砌缝或砖块开裂，造成安全隐患；

b. 补砌墙面的水平砖缝必须与周边墙面顺平，不得出现错台现象；

c. 补砌墙体水平砖缝厚度与周边墙体不得出现明显差异；

d. 补砌砖块裁切时，其长向裁切量不得超过 10mm，宽度裁切量不得超过砖宽的 1/2；

e. 补砌完工后，补砌墙面观感与周围墙面应顺平，无明显凸起内凹，水平砌缝应顺直；

3.4.4. 地面（含台基）维修

清除经学院和清真寺现代维修遗留的水泥及沥青，清除后的铺砖、铺石表面进行剔补修复。原铺砖整块脱落无存或整体酥碱粉化的，补配、替换以原工艺与原材料制成的砖，方砖规格为 25cm×25cm×5.5cm，条砖规格为 25cm×13cm×6cm。原墙砖局部缺损、风化深度超过 1cm 的，以钢刷剔净缺损面及已粉化部分，补配以原工艺与材料制砖，现场加工为合适规格，以砂浆粘接于原砖缺损面上。缺损、风化深度小于 1cm 的保持现状。

清真寺内院排水口周边及东部地面下沉区局部揭墁提升地面。揭开地面砖后，以素土

图 3-6 东南角墙体结构加固　　　　　　　　　　　　　　　　　　　　图 3-7 墙体维修

填补夯实下部凹陷区，地面砖归位。同时在建筑四周铺设散水、设置排水沟。原入口踏步随之拆除重做，材料同挡土墙。踏步下设洞口使建筑散水外围排水沟交圈连通。西南角排水道随工疏通。

3.4.5. 建筑其他部位维修

1. 木腰线及下卧条石维修

清除经学院木腰线及下卧条石表面原有现代抹灰及水泥木腰线连续糟朽长度超过 1/3 的，以原木材（榆木）按原规格加工，予以替换，替换过程中对所在墙体进行临时支顶。木腰线连续糟朽长度小于 1/3 的，剔除糟朽区域，以原木材加工为合适规格填补缺损区域，使用改性环氧树脂粘接牢固，糟朽面与新补木材间采用榫卯方式结合（图3-8）。

条石风化酥碱破碎深度超过截面 30% 的，本次维修选用当地强度较高、色彩近似的砂岩类石材加工为原规格进行替换，替换过程中对所在墙体进行临时支顶。条石风化酥碱破碎深度小于截面 30% 的，以钢刷清除缺损面及酥碱粉化部分后，以强度较高、色彩近似的砂岩类石材加工为适合规格，以环氧树脂补贴于破碎缺失部位（图3-9）。

项目中补配替换了缺失和破损的木腰线连接铁件，所配铁件应按原规格制作，并以希瓦古城延续的传统工艺打制。以表面封护专用材料对连接铁件进行封护，防止进一步生锈。

图 3-8 木腰线修复

图 3-9 条石修复

2. 楼梯、屋面维修

项目按屋面现存完好实例的形制、材料，修复经学院屋面残坏的通风采光口。剔除排水口松动的抹灰，按原材料及排水坡度将抹灰修复完整，同时补配缺失的木排水槽。建筑墙脚外侧对应排水口部位设置刻槽石板承接落水，石板规格0.15m×0.5m×2m（可用 2 ~ 4 块石板拼合）（图 3-10）。

以同类木材（榆木）更换经学院整体糟朽的楼梯木踏板、挖补局部糟朽、劈裂缺损的楼梯木踏板（图 3-11）。清除已脱离踏步的灰皮后，以原白灰浆按原工艺重做脱落空鼓的楼梯踢脚抹灰。

待地基、基础加固及墙体拆砌工作完成后，按原做法修复屋面东南部开裂部位，铺砖下部使用改性防水砂浆，防止雨水渗漏。西廊北侧屋顶残坏严重，全部揭开按原做法重做，并在铺砖下部使用改性防水砂浆。揭开经学院院内现代水井所在下沉区域铺砖，填补夯实素土至与周边未下沉区填土齐平，将铺砖按原铺法归位（图 3-12）。

图 3-10 经学院的外廊整治

图 3-11 经学院楼梯及踏步修复

图 3-12 经学院地面维修

图 3-13 修复施工中的经学院

3. 装饰、装修维修保护

以同类材料木条及耐水性胶粘剂嵌补劈裂的木构件，包括木门、木栏杆、木梁枋构件。以原材料、原形制、原工艺补配局部脱落缺失的木栏杆构件、铁棂窗铁件。木栏杆以原榫卯方式安装；铁棂窗铁件以原勾搭方式安装（图3-13）。

瓷砖饰面整块脱落的，新制同纹饰瓷砖安装补全；缺角者及局部脱釉者保持现状。新制瓷砖填补新制饰面瓷砖按原形制中部预留穿孔，以铁钉穿入砖墙、后加灰浆的方式固定。

整修所有木门，使之开合严实。以当地传统木门替换经学院已非原形制的门框及门扇，木门雕花采用当地传统纹样，由熟稔当地传统木工手艺的当地匠人完成。对建筑木门及门框、屋顶木梁、外挑木梁等木质构件进行防腐保护。使用涂刷法涂刷 ACQ（Alkaline Copper Quaternary）防腐剂。

根据现存模制石膏花窗形式，补配缺失的模制石膏花窗，安装于缺失位置。

修复补配残损或缺失的铁棂窗：根据现存铁棂窗形式，补配缺失的铁棂窗或其局部构件，安装于缺失位置。

3.4.6. 建筑本体修复设计图纸

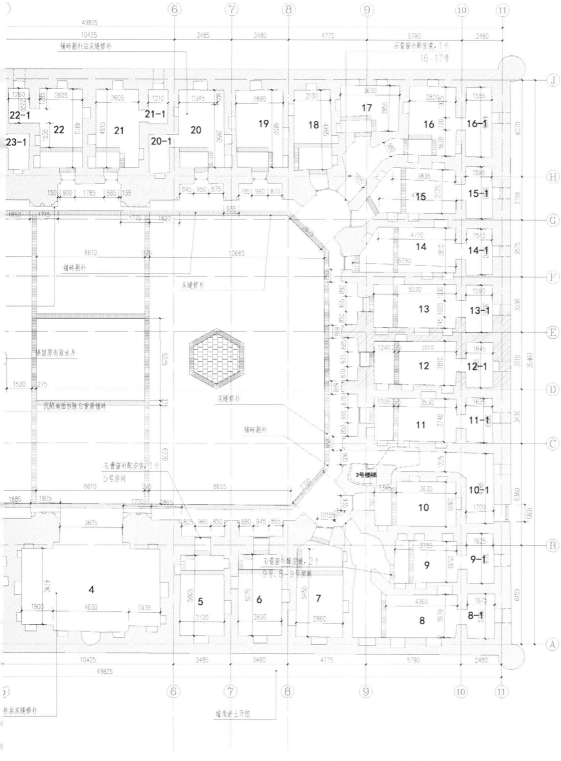

图 3-14 阿米尔 · 图拉（Amir Tura）经学院一层平面维修设计图

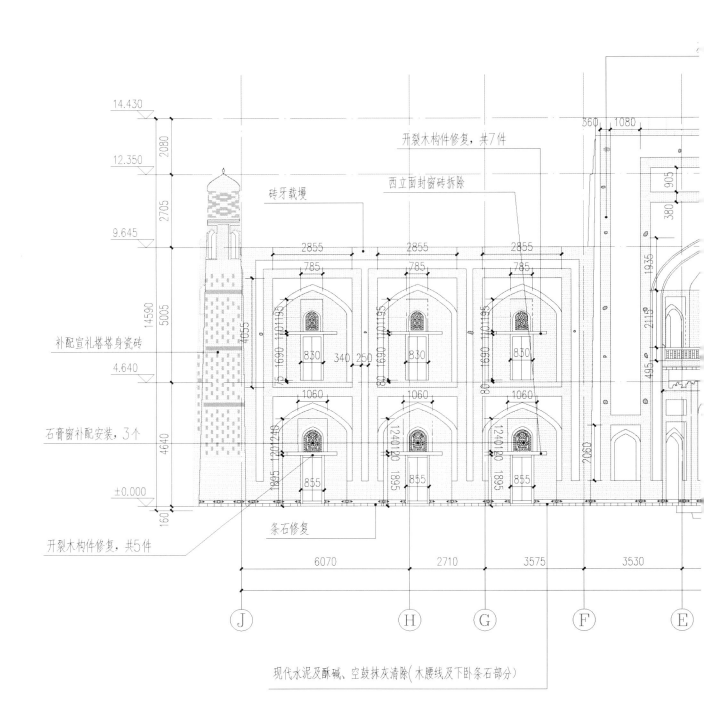

开裂木构件修复，共7件

西立面封窗砖拆除

砖牙载墕

补配宣礼塔塔身瓷砖

石膏窗补配安装，3个

开裂木构件修复，共5件

条石修复

现代水泥及酥碱、空鼓抹灰清除（木腰线及下卧条石部分）

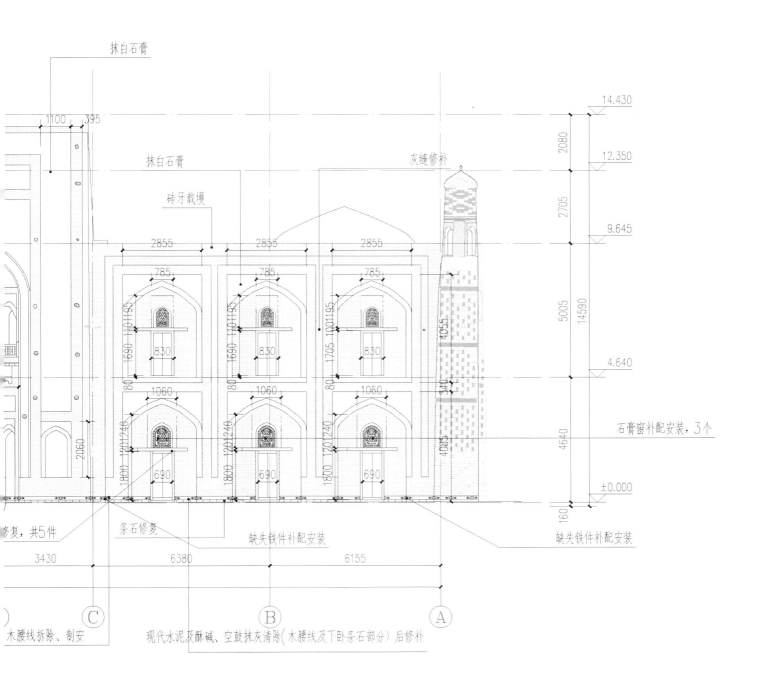

图 3-15 阿米尔 · 图拉（Amir Tura）经学院西立面维修设计图

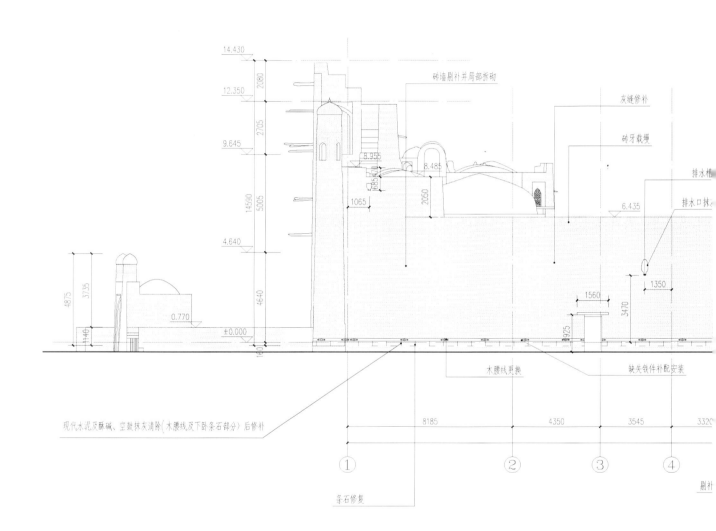

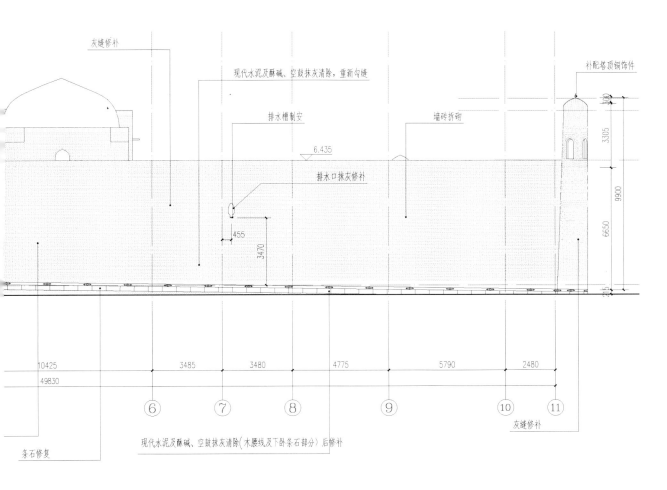

灰缝修补

现代水泥及酥碱、空鼓抹灰清除，重新勾缝

排水槽制安

补配塔顶铜饰件

墙砖拆砌

6.435

排水口抹灰修补

455

3470

10425

49830

3485   3480   4775   5790   2480

⑥   ⑦   ⑧   ⑨   ⑩   ⑪

灰缝修补

条石修复

现代水泥及酥碱、空鼓抹灰清除（木腰线及下卧条石部分）后修补

300
3305
9900
6650
215

图 3-16 阿米尔 · 图拉（Amir Tura）经学院南立面维修设计图

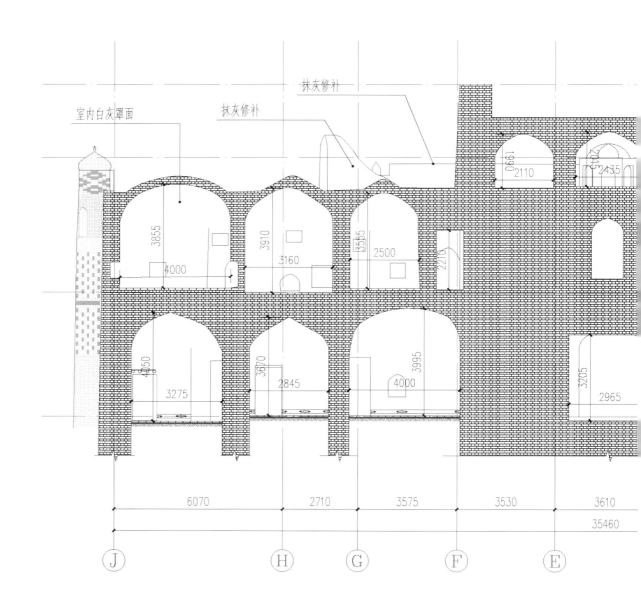

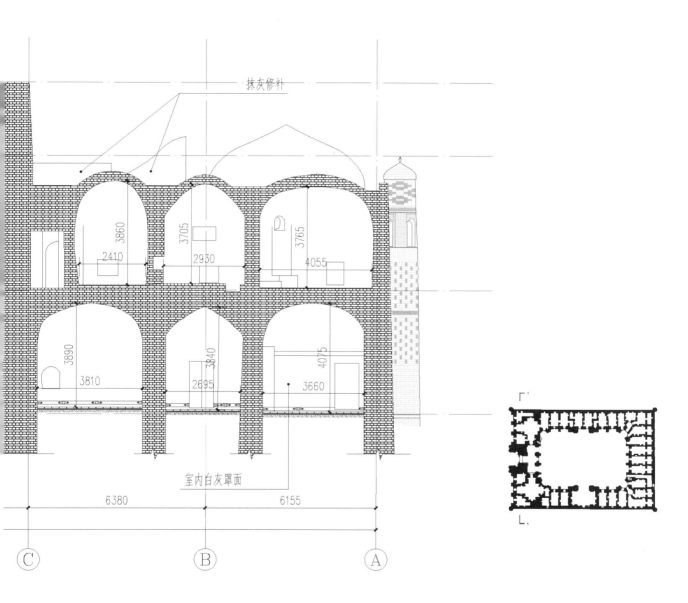

图 3-17 阿米尔 · 图拉（Amir Tura）经学院 1-1 剖面维修设计图

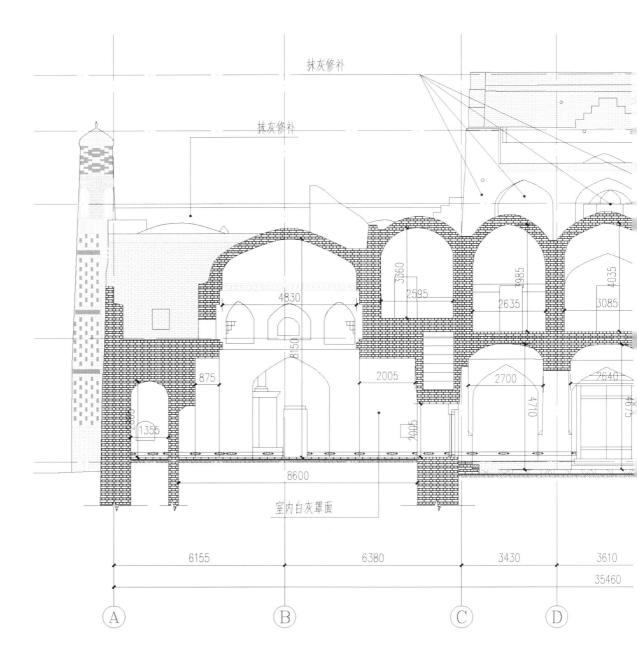

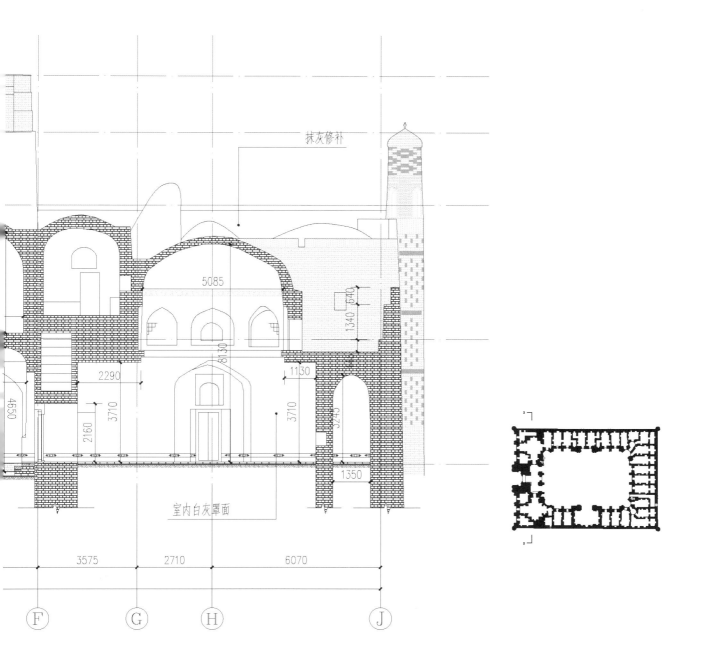

图 3-18 阿米尔 · 图拉（Amir Tura）经学院 2-2 剖面维修设计图

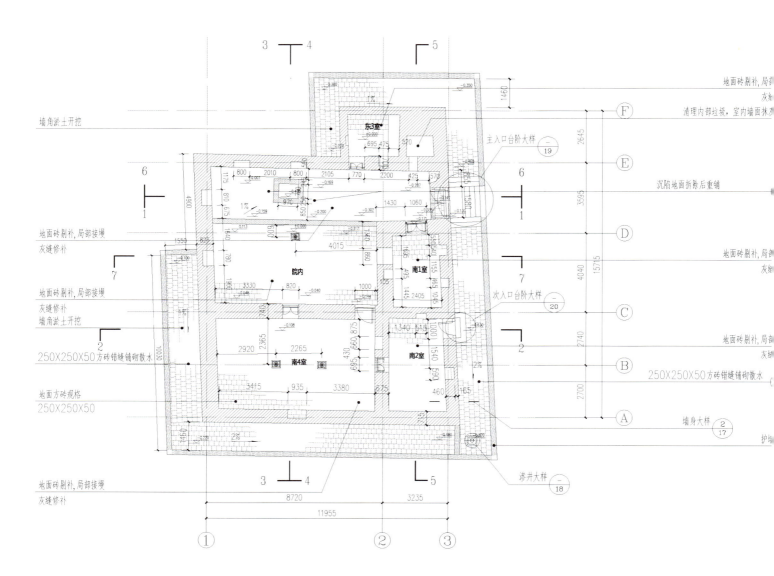

图 3-19 哈桑 · 穆拉德库什别吉（khasahmurad）清真寺平面维修设计图

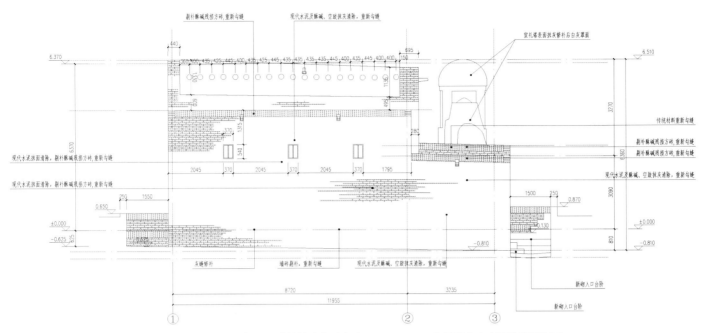

图 3-20 哈桑 · 穆拉德库什别吉（khasahmurad）清真寺南立面维修设计图

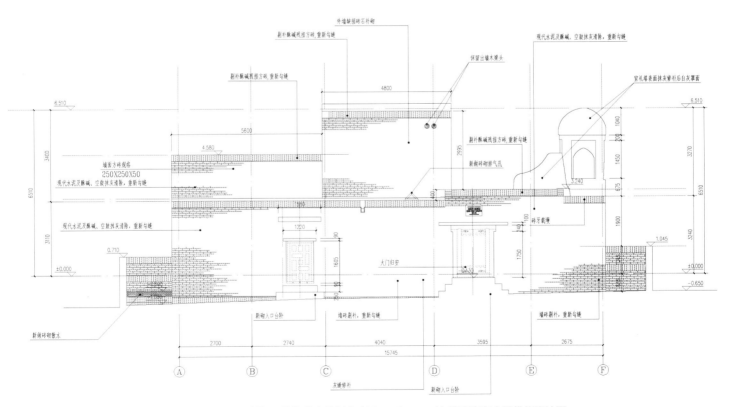

图 3-21 哈桑 · 穆拉德库什别吉（khasahmurad）清真寺东立面维修设计图

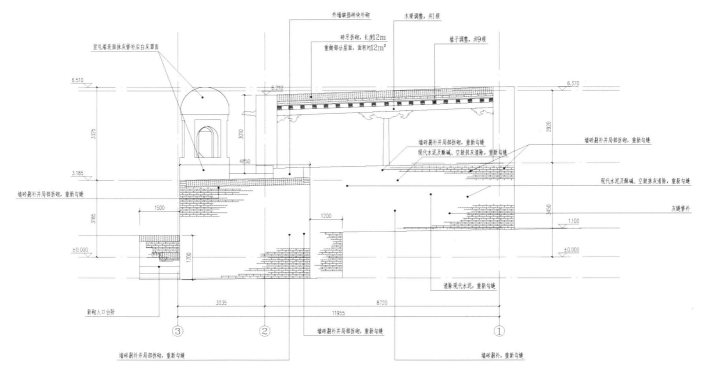

图 3-22 哈桑 · 穆拉德库什别吉（khasahmurad）清真寺北立面维修设计图

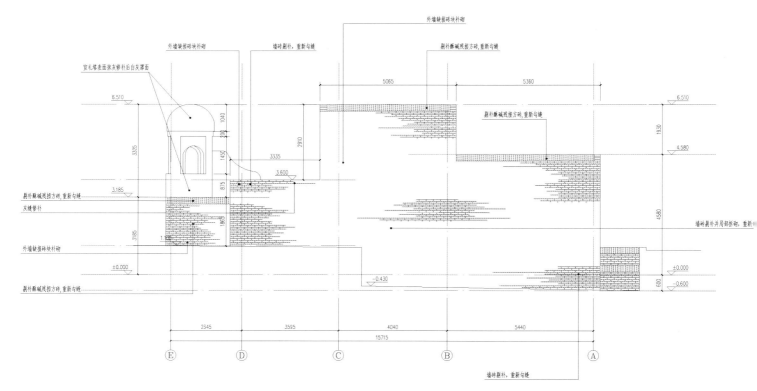

图 3-23 哈桑 · 穆拉德库什别吉（khasahmurad）清真寺西立面维修设计图

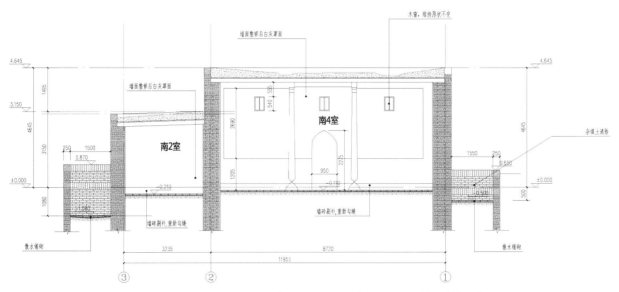

图 3-24 哈桑 · 穆拉德库什别吉（khasahmurad）清真寺 1-1 剖面维修设计图

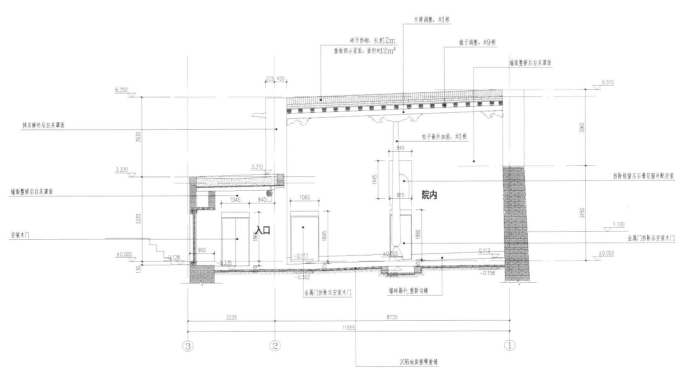

图 3-25 哈桑 · 穆拉德库什别吉（khasahmurad）清真寺 2-2 剖面维修设计图

3.5. 环境整治措施

目前经学院与清真寺周边均为土路及民宅。经学院西侧为希瓦古城南北向干道北段，北接北城门，南接古城中心，路西为拆迁遗留渣土场地。整个区域内建筑凌乱，路面凹凸，晴日扬尘、雨后泥泞，不利于世界文化遗产价值的阐释与环境的保护，也不满足希瓦古城的开放展示需求。经学院与清真寺独处于古城北部，尚不在现有古城遗产展示核心区，此区域的整体环境提升，为全面展示古城历史遗产空间提供了可能。

现结合阿米尔·图拉经学院和清真寺本体保护及文物建筑整体展示需要，修复项目主要开展以铺墁地面、组织排水、绿化环境为主要内容的环境整治工程，形成希瓦古城北部区域的游览停留与文化遗产展示节点空间。

3.5.1. 环境整治范围

此次环境整治设计涉及范围主要包含三部分。范围一：南北主干道北端场地及周边民房和城墙；范围二：南北向主干道道路及其两侧房屋；范围三：经学院与清真寺之间场地。场地总面积7600 ㎡，按照"分区布设，和谐统一"的原则进行整体整治设计。

范围一：南北主干道北端场地及周边民房和城墙

以古城北门为核心，包括北门内两侧约50米范围周边道路及其广场，占地面积3955m²。主要整治内容包括北门及城墙整饬、北门周边环境清理、道路铺装、周边房屋立面整饬、入口广场绿化景观及公共设施完善等。

范围二：南北向主干道道路

南北主干道北至北门，南至东西主干道共350m，占地面积2875m²。主要涉及内容包括道路电线入地等基础设施清理整治，道路地面铺装及道路两侧房屋立面及局部环境整饬。道路路面行车宽度保证在2.3~2.5m宽，道路两侧房屋约0.5m散水，结合道路实际情况调整宽度及适当增加绿化。道路长度约350m。

范围三：经学院与清真寺之间场地

经学院（23号）与清真寺（43号）之间及其周边场地。东至经学院西立面前道路西侧，南至清真寺南墙外道路，西至清真寺西墙外下沉通道西侧边界及其向北延长线，北至经学院西侧民房，拟整治该小区域环境面积770m²。

3.5.2. 环境整治内容

环境整治内容及措施尊重希瓦古城原状，设计元素简洁、手法一致，设计形式强调古城广场在密集民居中创造的整体舒朗、平整的感觉。景观分区铺装，强调古城环境的整体感。铺装材料以当地黏土转、石材、土坯等为主，部分小品等设计细节辅以木质材料。主要整治内容包括遗产本体及周边环境清理、基础设施提升、周边房屋立面整饬、景观环境改善以及公共设施完善等。

范围三中的环境整体设计通过建立连接经学院与清真寺之间场地的东西向轴线统摄整个场地的秩序。场地整体设计注重几何关系的运用，并通过当地黏土砖铺砌方式及模数的变化完成场地铺装。延伸经学院东西轴线作为场地铺装主要轴线，与清真寺前广场形成正交的两条主要轴线，两轴线相交处的方形绿化区域为场地核心区域。周边以分层次、分区域铺设当地黏土砖，以几何形状的地面铺装强化场地秩序及其与周边建筑的关系。由于周边民居暂时无法搬迁，广场边界因循现状建筑边界外扩 0.5~1 米散水，铺砖区分。

范围一主要是北门及城墙周边的集散入口形式的广场，硬质铺装为主，人车混行，几何形状随城墙围合的空间边界形式。城墙脚下辅以大量绿化。具体整治内容：

1）遗产环境清理：场地废渣、废弃物等清理整治。

2）道路路面铺装：主要行车道路以当地石材为主要面层材料进行道路铺砌，道路垫层详见道路做法剖面图。道路两侧结合民居进行散水铺装和局部绿化。

3）建筑房屋整饬：对北门建筑及邻近城墙进行整体整饬。整治民居立面与整体环境不和谐白色门、窗、空调室外机等，民居墙面基础部分包砖，结合南北主干道路面铺砌部分民居废弃场地。

4）基础设施提升：有序组织区域排水、电线入地等基础设施提升。

5）景观环境改善：按传统做法铺装广场场地地面、适当种植绿化、布设景观小品及照明设施等。

6）公共设施完善：布设座椅等广场游憩设施、标识导览系统等。

7）其他

3.5.3. 环境清理及地面铺装设计

环境清理包括场地内渣土、杂物、电线杆、居民生活垃圾等建筑周边与遗产环境不符的设施的整治。而地面铺装包括车行道路面、广场地面、广场边界分割及散水的铺装。

北门广场及南北主干道等车行道道路路面主要使用当地石材，局部辅以传统砖或现代铺装材料、绿化等，规格根据场地空间及道路承载力需要确定，可采用 25cm×50cm×10cm 或 25cm×25cm×8cm 石材，按传统方式铺装，材料具体规格以现场实际情况为准，并应与当地环境相匹配。下部素土夯实、200～300mm 厚砂石垫层或级配砂石垫层。局部承载力需求较高的路段铺设石材厚度不小于 100mm，并适当采用混凝土等现代材料垫层保证路面强度，达到平整、耐用的目地。

广场石材地面铺装面层采用与当地传统砖匹配的石材，可选用 25cm×50cm×10cm 规格石材，按传统方式铺装，材料具体规格以现场实际情况为准；广场方砖地面铺装面层采用 25cm×25cm×5.5cm 当地传统黏土方砖平铺；广场人字纹地面铺装面层采用 25cm×25cm×5.5cm 当地传统黏土方砖 45° 斜向铺砌人字纹。基层为素土夯实，200～300mm 厚砂石垫层。

广场边界可采用 25cm*25cm*5.5cm 当地传统黏土方砖立砌、人字纹铺砌或条石平铺。下层为素土夯实，200～300mm 厚砂石垫层。散水宽度随现场实际情况确定（图 3-26、27）。

图 3-26 乌兹别克斯坦历史城市地面铺装参考图

① 布哈拉传统黏土砖铺地（左上）

② 撒马尔罕方格花砖广场铺地（中上）

③ 布哈拉广场石材及绿化铺地（左上）

④ 布哈拉城墙外方格花砖广场铺地（中下）

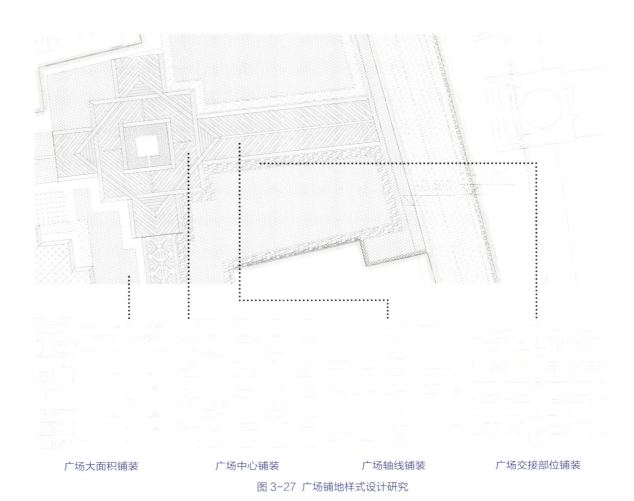

广场大面积铺装　　　　广场中心铺装　　　　广场轴线铺装　　　　广场交接部位铺装

图 3-27 广场铺地样式设计研究

3.5.4. 交通组织及竖向设计

① 交通组织

为保持原希瓦古城北门内通向古城中心的南北向干道畅通，依据现状南北主干道设计为机动车道。北门作为古城又一主要入口，北门前广场成为古城旅游、交通集散场地。停车场设置于北门外，引导游客步行或换乘电瓶车进入希瓦古城，可直接参观经学院与清真寺，因此设计区域内不专设停车场。

围绕经学院的道路可供车行通过，在两侧入口处设置小型人行入口广场。而清真寺前广场为人行、游憩广场，机动车绕行其周边道路。除此之外，因空间狭窄，在经学院东北角设路障防止机动车撞击、剐蹭文物建筑，采用天然块石，规格约 0.3m×0.3m×0.5m，下部栽入地面。

② 竖向设计及区域排水

设计范围内的基础设施应进行相应的提升与改善。设计坚持文物保护的最小干预原则，尊重现状，尽量以不影响古城风貌的方式解决现状中存在的一些基础设施匮乏问题。在尽可能给周边居民提供更多便利的同时，谨慎引入现代城市元素，以保证世界文化遗产的真实性以及与古城总体规划未来衔接的操作性，并为今后古城发展留有余地，设计包括整体场地的有组织排水与场地用电。

场地整体地势平坦，南部稍高北部稍低，地面绝对标高 97.29~99.36。道路设计尊重现状，尽量减少土方量，设计标高以经学院轴线与南北主干道交叉点为 ±0.00，分别向南、北两侧顺地势坡降。北侧道路至北广场边界处标高为 -1.00，南侧道路至东西主干道交界处标高为 -0.70。清真寺前广场边界与道路持平，广场中心最低点标高为 -0.50。北门门洞外侧标高为 -1.80 米，较古城外道路高 0.5 米，北门广场排水坡度约为 2%~3%。

场地整体无有组织排水，雨天时排水不及时，造成道路泥泞，给旅游和周围居民出行均带来不便。为适应场地变化，提升修复项目整体效果，将本区域内整体排水系统与北门外排水系统连接。沿用希瓦古城原有渗井排水方式，整体场地南北向道路根据地势现状，整体排水方向以经学院为中心，沿南北向主干道向南、北方向分别降低，道路与广场分区排水，道路分段排水。南北主干道道路纵坡坡度依据现状控制在 0.5%~1.5%，路面设计为两侧高、中间低，横坡坡度约 2%。场地每段道路在利用原有渗井基础上增设新渗井作为排水口。渗井井径约 60~70cm，深约 1.5~2m。道路两侧为建筑散水结合局部绿化。

其中经学院与清真寺之间的广场地面高程设计为中部低、周边高，顺坡排水至广场中心区域，同时结合广场绿地下渗，广场坡度约 3%~5%。周边建筑留有约 0.5 米散水，广场边缘与道路高度齐平。北门广场两侧沿用清理后的原有排水明沟，整体排水方向为由南至北通过北门将雨水汇入城市排水明沟。东西向绕城道路排水方向为由西向东排入道路一侧明沟。

另外，本项目范围内的南北主干道无市政污水管道，目前居民均通过自建渗井来解决污水排放问题。考虑到与现有希瓦古城整体保护规划中市政设施的衔接，暂保留现状。未来可根据古城总体规划，铺设排污管线，设置化粪池或污水处理站，为古城后续开发利用及品质提升奠定基础。

现状的用地用电均为地上明线，考虑城区比较古老，用电设施比较陈旧，一旦要进行改造提升现状的用电满足不了负荷要求。因此建议在南北主干道增加埋设一根电缆，具体负荷可深化计算，以主要解决实施范围内的场地景观照明以及经学院与清真寺本体的夜景照明及其今后发展利用的用电，同时也为将来周边居民用电入地做准备。

3.5.5. 景观提升设计

① 民居建筑立面整饬

以南北主干道道路两侧建筑立面现状为基础，墙面以当地夹草泥灰饰面，门窗形式尊重现有民居整体风貌，对立面不和谐的要素在征求当地业主意见后进行清理拆除。

表 3-2 民居建筑立面现状问题及整饬措施表

民居建筑立面现状问题		民居建筑改造措施
建筑立面 – 基础	民居建筑基础薄弱、返潮严重，与道路交接薄弱，局部地段与行车	建筑外立面基础加防潮层、贴砖外包。
建筑立面 – 门	形式、颜色各异，部分木门糟朽严重	选取当地规格和样式，替换为木门。
建筑立面 – 窗	形式、颜色各异，部分木窗糟朽严重	选取当地规格和样式，替换为木窗。
民居建筑场地	杂物堆积，土质地面，缺少必要生活设施	对民居间场地进行简单铺装，设置座椅等必要生活服务设施。

② 绿化种植和休憩设施

主要集中在经学院与清真寺之间广场中心结合休憩座椅布设绿化。绿化以当地易成活树种种植为主。结合广场铺地，绿地周边布设砖砌台座，上铺经防腐处理的木板条，座椅宽、高各40cm。为适应当地少雨干旱的气候，绿化种植的树木可以采用"凝水罐"的种植方式（图3-28），同时结合太阳能微型水泵喷泉，美化广场环境的同时改善区域微环境，为到访者提供舒适的参观环境。

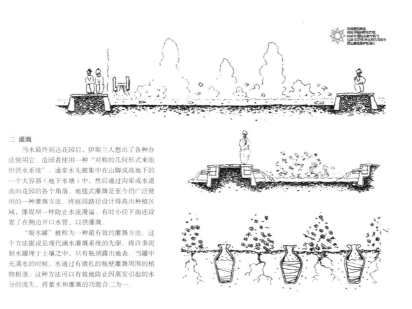

二 灌溉

当水最终到达花园后，伊斯兰人想出了各种办法使用它。造园者使用一种"对称的几何形式来组织供水系统"。通常水先被集中在山脚或高地下的一个大容器（地下水塘）中，然后通过沟渠或水道流向花园的各个角落。地毯式灌溉是至今仍广泛使用的一种灌溉方法。将庭园路径设计得高出种植区域，像堤坝一样防止水流漫溢。有时小径下面还设置了在侧边开口水管，以供灌溉。

"凝水罐"被称为一种最有效的灌溉方法。这个方法据说是现代滴水灌溉系统的先驱。将许多泥制水罐埋于土壤之中，只有瓶颈露出地表。当罐中充满水的时候，水通过有微孔的瓶壁灌溉周围的植物根茎。这种方法可以有效地防止因蒸发引起的水分的流失，将蓄水和灌溉的功能合二为一。

图 3-28 伊斯兰灌溉方式示意图

③ 标识系统设计

世界文化遗产标识系统是在现场提供遗产保护管理、展示利用、服务安防等各类信息的媒介。经学院与清真寺周边环境整治工程设计中的标识系统，应具有实用性和适应性，且既能与古城整体风貌和谐统一，又能传递中国援助的信息。根据标识信息在遗产保护中的功能与作用，标识子系统又可细分为保护管理、展示系统、安防消防和配套服务四部分。

根据信息在遗产保护中的功能与作用，标识系统又可细分为阐释系统、指示系统、警示系统三部分。（1）阐释系统包括希瓦古城世界遗产展示屏幕（北门入口广场）、主展示牌、遗产要素说明牌（希瓦古城北门、清真寺、经学院）；（2）指示系统包括路口指示牌（北门入口广场、经学院与清真寺之间场地、南北主干道与东西主干道交汇处）、引导指示牌（道路两侧、地面）；（3）警示系统包括安全警示牌（小心坠落、小心台阶）及配套的安全防护栏杆（经学院下沉空间周围及清真寺下沉空间周边）以及交通标识等。它们共同组成了一套完整的符合世界文化遗产地保护管理要求的标识系统。

表 3-3 标识设施表

系统	类别	功能	位置	数量	内容	材质	尺寸
展示系统	展示屏幕	北门广场是一块较为完整的区域,是进入北门后游客第一个驻足的场地,故可作为项目首次亮相的舞台。	北门入口广场	1个	中国援助项目简介、古城平面图等。	金属框架、LED显示屏幕	6500mm×4000mm×600mm,5860mm×3180mm×200mm(屏幕)
	主展示牌	展示。游客活动、休憩、逗留的公共空间	经学院与清真寺之间场地	1个	项目名称、中国援助标识、项目范围等。	金属支架、金属镂空纹饰、展板喷漆	2100mm×2010mm×50mm
	遗产说明牌	经学院、清真寺、北门均为建筑本体修缮的内容,应安置遗产说明牌作为引导说明。	北门、清真寺、经学院	3个	经学院、清真寺、北门名称等。	金属支架、金属镂空纹饰、文字雕刻	1500mm×600mm×50mm
指示系统	路口指示牌	方向指引。	北门入口广场、经学院与清真寺之间场地、道路交汇处.	3个	经学院、清真寺、北门名称及方向等。	金属基座、表面喷漆	800mm×150mm,120mm×2450mm(基座)
	引导指示牌	道路障碍引导	道路两侧、地面	4个	经学院、清真寺、北门名称及方向等。	金属、表面喷漆	800mm×150mm
警示系统	安全警示牌	可能发生危险的区域进行安全提示。	北门、经学院及清真寺下沉空间周边。	8个	当心坠落、小心台阶。	金属、表面喷漆	375mm×450mm
	安全防护栏杆	由于经学安全防护	经学院及清真寺下沉空间周边。	2个		金属基座、金属镂空纹饰	3100mm×1620mm×60mm

3.5.6. 环境整治设计图纸

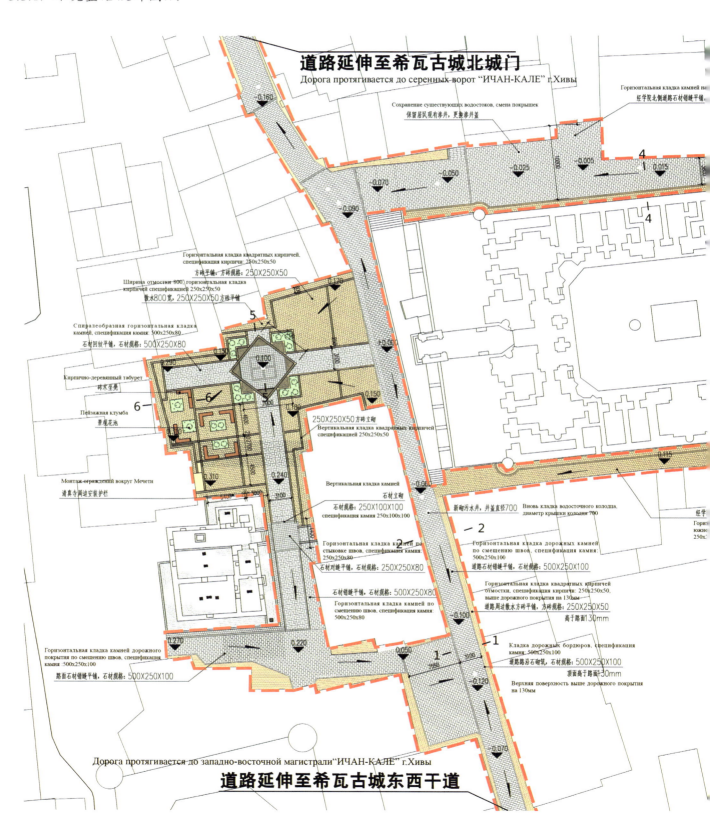

北

кация камня 500X250X100

и кладка квадратных кирпичей отмостки на северной стороне
фикация кирпичи: 250X250X50

经学院北侧散水方砖平铺，方砖规格：250X250X50

0.075

0.155

0.235

X250X50
пичей на
кирпичи:

0   5   10   20   30M

图 3-29 节点整治设计方案：阿米尔·图拉（Amir Tura）
经学院与哈桑·穆拉德库什别吉（khasahmurad）清真寺
之间场地

北

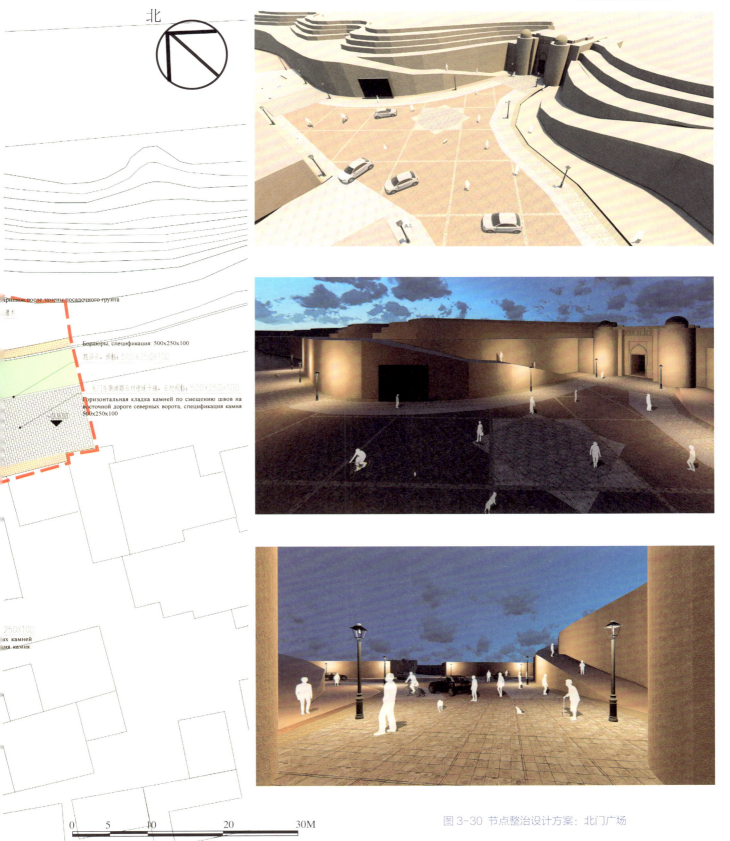

图 3-30 节点整治设计方案：北门广场

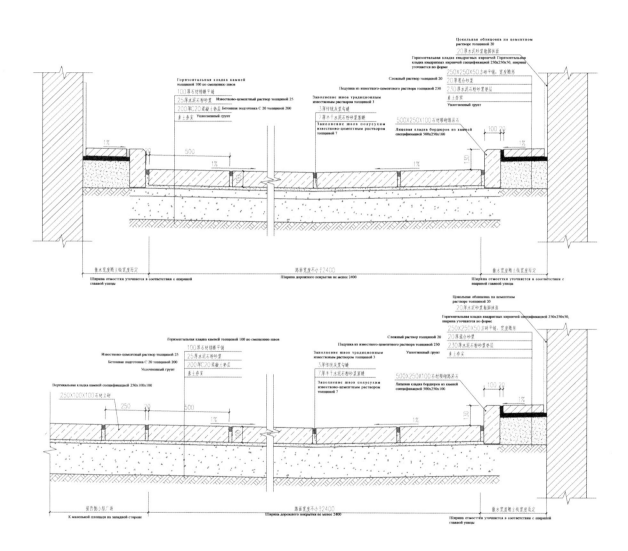

图 3-31 断面设计图

图 3-32 竖向设计图

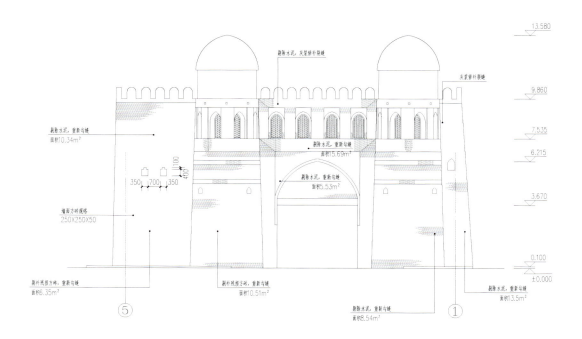

图 3-33 北门北立面整治设计图

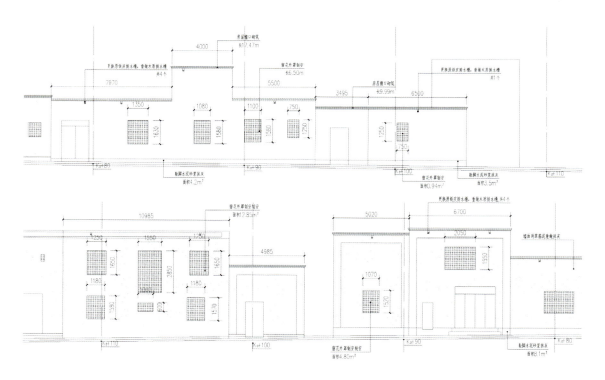

图 3-34 民居立面整饰设计图

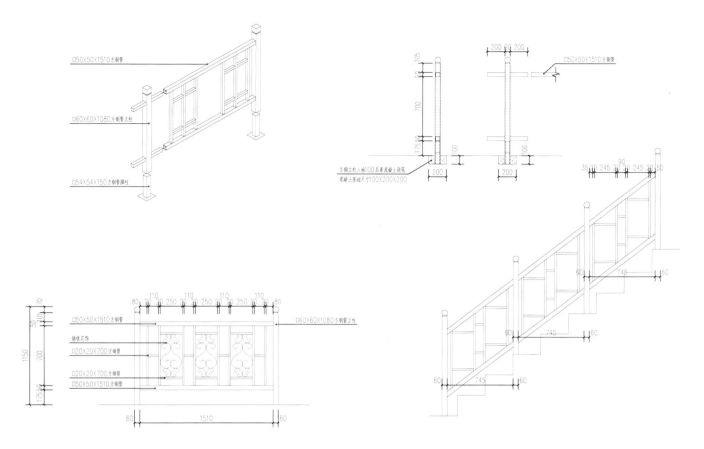

图 3-35 栏杆做法大样图

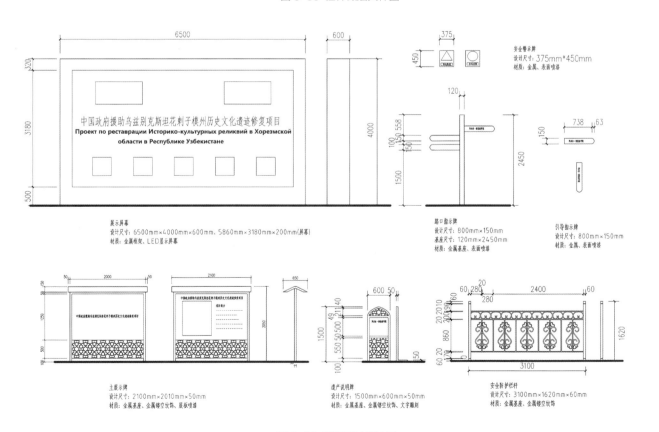

图 3-36 标识系统设计图

4. 探索创新合作协同实施

乌兹别克斯坦花剌子模州历史文化遗迹修复项目是一项以充分支撑研究为基础的综合性遗产保护修复与展示项目。项目实施过程包括前期科学选址、合理制定修复目标、因地制宜地实施保护修复策略等一系列总体步骤，并在病害勘察、专项监测、中外协调合作等关键节点工作中尝试将传统与前沿技术相融合。通过此次修复项目，中乌双方合作共同探索了在中亚地区历史城镇保护修复中的最小干预和预防性保护理念与方法，同时将历史建筑修复与古城环境提升有机融合，使得修复后的古城北门区域整体风貌得到较大改善，树立了援乌文物保护项目的鲜明形象，并在乌兹别克斯坦当地产生较好的社会效益（图4-1）。

4.1. 探索技术创新

在援乌项目实施过程中，工作组积极引入文物修复前沿技术，并充分吸收当地传统工艺，全面与当地工匠合作，在数字化勘察记录、文物建筑病害专项监测、希瓦传统木雕工艺保护传承等方面探索文物保护修复合作项目中传统与前沿技术的融合。

图4-1 2016年，文化部部长雒树刚视察
希瓦古城修复现场

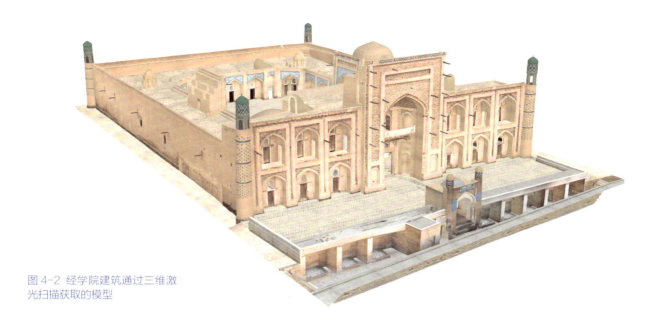

图4-2 经学院建筑通过三维激
光扫描获取的模型

4.1.1. 创新实施数字化记录

在修复项目正式启动之前，工作队引进国内成熟的文化遗产保护技术，利用三维激光扫描仪、精密数字电子水准仪等高精细测绘设备开展了丰富的前期勘查与研究工作（图4-2至图4-4）。为全面、多角度获取建筑现状形制、地形高程等基本数据与基础沉降、结构变形、墙体开裂等建筑病害信息，工作队使用多旋翼无人机倾斜摄影系统地对文物建筑进行了航空摄影，获取了不同角度的文物建筑航空影像，实现了大比例尺高精度测图和倾斜摄影三维建模，作为科学研究建筑本体病害、制定保护修复方案的重要依据。在修复的过程中，工作队充分考虑修复工作对当地居民的影响，充分沟通并获得当地居民的理解和支持。

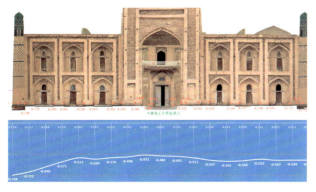

图4-3 经学院基础沉降勘察记录：木隔潮枋标高测量

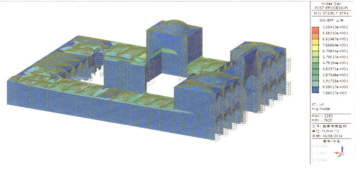

图4-4 经学院建筑有限元结构分析模型

4.1.2. 建筑病害专项监测

项目实施前，工作队对经学院建筑倾斜、四个宣礼塔的倾斜进行了精确的测量。为动态了解文物建筑是否存在持续加剧的沉降、倾斜变形，并检验修复效果，工作队将勘察时期的测量数据作为基准，在建筑多处位置布置了沉降观测点（图4-5），持续监测建筑变形，取得动态数据，为后期选择加固方法与加固位置，实施最少干预的保护措施提供数据支撑。

在对建筑重点部位及关键倾斜部位实施了必要的加固措施后，修复措施及时排除了两栋文物建筑的安全隐患，科学地解决了建筑基础不均匀沉降、地下水渗透对墙体产生的危害以及建筑墙面开裂、剥落等一系列文物建筑病害问题。

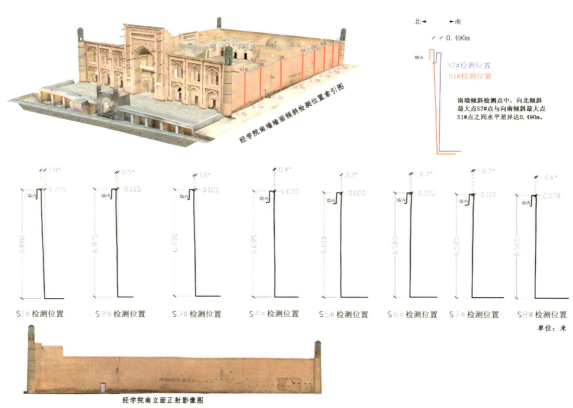

图4-5 经学院建筑南立面各部位倾斜检测模型

图 4-6 经学院施工现场

4.2. 现场实施重点

修复项目在希瓦古城实施的三年中，中方充分尊重乌方传统工艺，聘请了乌方专家及匠人参与修复项目，在项目重大技术节点实施前注重与乌方技术人员沟通协商，同时积极听取项目使用方希瓦市政府及北门附近社区居民的意见和建议。项目实施过程中，项目组尽量聘用当地工人，工人上岗前由中方技术人员进行文物修复技术操作的相关培训，并在实施中随时指导工人的操作细节。这让很多参与了修复项目的当地居民在项目结束后成为可以独立操作的文物保护技术工人，提升了他们的就业机会及收入（图 4-6）。

4.2.1. 现场施工总体部署

希瓦古城（伊钦—卡拉古城）位于该国西部花剌子模州，位于州南部的国家西南边境地区，地属阿姆河平原绿洲，周边小湖、河滩、沼泽众多。气候为典型大陆性气候，冬季寒冷少雪，夏季炎热干燥。冬季最低气温 -32℃，1 月平均气温 -5℃；夏季最高气温 44℃，7 月平均气温 27.3℃。年均降水 80 ~ 90mm，多集中于 3 ~ 4 月份，无霜期 240 天。施工季节一般为三月至十月，降雨不多，天气炎热，适宜施工。十一月至次年二月气候寒冷，不适宜施工。

根据中乌双方约定，乌方提供项目建设和施工用地并负责项目场地内可能涉及的征地、非文物建筑拆除和人员搬迁，负责项目场地的通水、通电、通路，提供安全保障。希瓦古城的修复项目涉及到的建筑材料主要有砂、石材、水泥、砖、白灰、木材、钢材、黏土、防水材料、木材防腐剂、无伸缩混凝土水泥、裂缝灌浆材料添加剂、渗透加固材料等，当地供应能够满足工程需要。但一些专业性强的保护工程材料如地基处理用高强无伸缩混凝土水泥、裂缝灌浆材料添加剂、渗透加固材料等在当地如无法购买，需要从国内订购运送。

本项目现场施工总体部署中将文物建筑本体修缮和道路及环境整治划分为两个分部工程，其中文物建筑本体修缮工程包含经学院、清真寺两个区域。修缮中将经学院、清真寺、道路及环境整治视为三个单位工程。

经学院墙体维修施工，东南角损坏严重，将东南角墙体维修与其他部位墙体修缮划为两个施工段，两个施工段平行流水施工以保证工期。道路及环境整治，依据等工作量原则，划分两个施工段，交替流水施工（图4-7、8）。

1. 施工部署原则

（1）在进一步详勘和完善施工组织设计的基础上，项目部署施工顺序本着先基础、再主体结构修缮、后装修的原则；

（2）满足文物修缮"最小干预"的原则；

（3）满足设计图纸要求；

图4-7 2018年经学院修复现场

图4-8 2018年清真寺修复现场

（4）处理好季节性施工的原则。

2. 施工安排

（1）本项目修缮任务量大，修缮周期相应长，为避免季节性暴晒对文物建筑造成的影响，拟对文物建筑本体局部搭设保护棚，对原有建筑的木结构及室内文物进行有效保护。保护棚采用脚手架进行搭设。建筑四周搭设双排齐檐脚手架，每层檐部留有作业面、出入口。在施工过程中加强对文物本体的防护，进一步勘察隐蔽部位残损情况与构造做法并调整相应维修措施，施工中拆卸的构件于指定位置码放整齐（图4-9、10）。

（2）施工前对于作业半径内的石活及其他文物进行保护。地面保护，在地面上搭设脚手架之前进行必要的覆盖和在脚手架下垫木板，以免因维修产生破坏。

（3）材料运输：本工程架上平面、地下场内采用双轮手推车运输；场外采用手推车兼汽车运输；垂直运输采用卷扬机及封闭溜槽（仅限渣土）。

（4）在组织施工中，根据工程特点及古建维修不可遇见特性灵活组合，按工序、工种组织流水施工，局部实施分部、分项工程之间，工序、工种之间和本工种之间的立体交叉作业，避免窝工。为保证立体交叉作业，架子搭设满足各工种和各作业面的需要，安全防护设施必须可靠有效，安全措施必须认真落实。项目经理、技术负责人和各专业工长根据各工种工程量大小和实际进度情况，以及流水施工的需要，做好用工计划安排和工力协调，确保施工组织流畅。

图4-9 搭设保护棚进行屋面维修

图4-10 搭设保护棚进行屋面维修

4.2.2. 现场安全保障体系

项目组根据经学院和建筑群空间特点与破坏状况，对工程现场实施了包括文物建筑本体预加固与文物本体结构监测相结合的动态安全保障体系。文物本体预加固采取建筑维修脚手架与排险支护架相结合的方法，在建筑局部断裂、歪闪严重的部位，采取着重支撑、支护的方法。确保整个施工阶段的安全修复现场方负责对存在险情的建筑物进行必要的支护和防护（图4-11、12）。

经学院和清真寺建筑外部局部采用钢管脚手架围护支撑，上部覆盖瓦楞铁作为遮雨棚。扣件式钢管脚手架搭设范围涉及所有文物建筑外墙面。沿外墙面搭设扣件式钢管脚手架，立柱轴距1.5m，层距1.7m。钢管端头近文物建筑一侧如为建筑墙面，则不得直接接触建筑墙面，二者间以软木木楔塞实抵紧。钢管端头近文物建筑一侧若为木门窗，则其间距离不应小于30cm。立管下应垫木块与文物建筑地面隔离。扣件式钢管脚手架搭设应符合中华人民共和国颁布相关规范，包括：《建筑施工扣件式钢管脚手架安全技术规范 JGJ130-2011》、《钢管脚手架扣件 GB 15831-2006》。

瓦楞铁遮雨棚范围涉及所有文物建筑顶面。瓦楞铁遮雨棚架设于建筑内外脚手架上部，以脚手架为支撑，并以脚手架所用同类钢管为骨架，钢管以脚手架扣件固定，应符合《建筑施工扣件式钢管脚手架安全技术规范 JGJ130-2011》、《钢管脚手架扣件 GB 15831-2006》。

图4-11 开裂穹顶修复的临时顶部支撑

4.3. 环境整治与景观提升工程

经学院与清真寺两栋文物建筑周边区域的环境整治与景观提升工程是修复项目实施中的难点和亮点。因为环境整治措施涉及区域居民日常生活，因此现场实施难度较大，但同时也因此将该区域的基础设施以及景观绿化进行了提升，切

图4-12 宣礼塔修复临时侧向钢支撑

实改善了该区域居民的生活水平，得到了当地民众和参观游客的好评，成为希瓦古城中一个新的亮点区域。

环境整治措施中，项目组充分利用经学院与清真寺之间拆迁后的场地，平整后建设小广场，广场总面积约 840m²。广场地面铺砌当地方约 25 cm 的当地传统黏土砖，下部 200~300mm 厚素土压实。其余整治区域地面铺毛石石板，并在广场与民房间设置绿地，种植当地易成活树木，兼作广场排水渗水之用。由于地面铺砖样式设计采用的是当地典型的几何图形组合方式，因此在实施铺排放线、砖体砌筑方式及交接关系上需要格外注意，才能在符合当地民众宗教习惯的基础上保证场地设计的协调、美观（图 4–13、14）。

① 广场铺装放线

② 广场地面砖、石材铺装实施

③ 广场绿化及排水

④ 广场砖砌座椅

图 4–13 广场环境整治照片

同时在广场北部绿地南缘设座椅，砖砌台座，上铺经防腐处理的木板条，座椅宽、高各40cm。广场地面设计为中部高、东西两侧低，顺坡排水至绿地下渗，坡度约0.3～0.5%。南北向道路根据地势现状，设计为经学院前高，向南、北方向分别降低，顺坡排水，坡度约1%。沿道路西缘设石砌排水明沟（宽25cm、深15cm），路面设计为东侧略高、西侧略低，排水至明沟中。

希瓦古城北门前广场的整治实施期间正是花拉子模州最炎热的季节，中午地表温度可高达60℃，因此高温炎热给施工带来了极大的困难。但是中方技术组和乌方技术人员及工人一起冒着酷暑，保证施工。项目组在北门广场前搭设临时遮阴棚供施工操作人员及时休息补充水分，同时合理安排工作时间及时长，充分保障了项目组人员的身体健康，北门整治也达到了预期效果（图4-15、16）。

图 4-14 清真寺前小广场整治后的夜景照明

此次环境整治的一个重点和难点是现场道路路面整治与地下基础设施管线提升。希瓦古城北门内通向城中心的南北向干道是古城内居民机动车出入的主要道路，因此采用规格约 0.3m×0.3m×0.5m 的天然块石铺设路面，保证路面机动车承载力。但因周边民房密集，道路空间狭窄，因此在经学院东北角和道路弯曲狭窄的拐点设路障防止机动车撞击、刮蹭文物建筑，同时将路缘石进行倒角处理，下部深栽入地面中，以保证道路整治工程的耐用性（图 4-17、18）。

经学院外墙周边设散水，坡度 10%；散水外侧铺毛石板，坡度 1%；毛石板外缘近民居一侧设石砌排水明沟（宽 25cm、深 15cm），连通至南北向道路排水明沟，道路交叉部位架毛石板形成暗沟通过。于希瓦古城北门南侧十字路口中央按当地传统形式设排水渗井一处，引北半部道路明沟排水至此；引南半部道路明沟排水至现东西向石板大路已有排水井内（图 4-19 至图 4-34）。

图 4-15 北门广场铺装及绿化施工（右）

图 4-16 道路石材实验（下 1-2）

图 4-17 道路铺装排水渗井施工（下 3）

图 4-18 民居立面整饰（下 4）

图 4-19 经学院外立面修复后
（上）与修复前（下）

图 4-20 经学院内立面修复后
（上）与修复前（下）

图 4-21 清真寺修复后（上）
与修复前（下）

图 4-22 经学院与清真寺之间
场地修复后（上）与修复前（下）

图4-23 经学院与清真寺之间场地修复后（上）与修复中（下）

图4-24 道路环境整治后（左）
与整治前（右）

图 4-25 南北主干道整治
后（上）与整治中（下）

图 4-26 民居立面及周边环境
整治后（上）与整治前（下）

图 4-27 北门广场整治后（上）与整治前（下）

图 4-28 民居立面整饬后（上）与整饬前（下）

图 4-29 经学院修复效果（上）及经
学院修复后夜景照明效果（下）

图 4-30 清真寺修复效果
（上）及清真寺修复后夜景
照明效果（下）

图 4-31 经学院与清真寺之间场地修复效果

图 4-32 经学院与清真寺之间整治
后场地夜景照明效果

图 4-33 北门区域作为希瓦古城重要入口整治后的环境风貌

图 4-34 北门区域作为希瓦古城重要入口整治后的夜景照明效果

图 4-35 2018 年，国家文物局宋新潮副局长检查希瓦古城现场修复工作

图 4-36 2013 年，乌兹别克斯坦项目现场选址

图 4-37 2016 年，乌科学技术委员会召开援乌项目专家评审会

图 4-38 2019 年，援乌项目组与乌兹别克斯坦遗产专家讨论环境整治技术方案

图 4-39 2019 年，援乌项目负责人与乌兹别克斯坦遗产专家讨论环境整治技术方案

4.4. 协同实施效果

2018 年，项目组完成了阿米尔·图拉经学院和哈桑·穆拉德库什别吉清真寺建筑本体结构加固与修复，包括墙体开裂、歪闪部分的加固整修，屋面开裂部分的整修，木构件的残损整修，石构件的整修，墙面瓷砖的清理整修以及其他缺失构件的补配及维修等工作。2019 年完成了整个北门区域的基础设施改善、民居整饬、道路整修和绿化景观提升。希瓦古城这一历史城镇的综合保护整治项目，是中外方技术人员、专家、当地政府和居民协同实施的成果。

4.4.1. 与世界遗产委员会专家深度沟通

经与世界遗产委员会专家沟通咨询，确认希瓦修复项目以保证文化遗产的真实性和完整性为宗旨，按照最小干预原则开展工作，消除安全隐患，修复希瓦古城文物建筑开裂、歪闪部位，最大限度保护和保存其原有的历史信息。同时尽可能多地保护和使用其原有构件，在工程隐蔽部位可适当使用新型材料和加固技术，予以结构补强。修复项目应充分考虑世界遗产城镇的可持续发展，将保护与展示利用有效衔接。

同时，世界遗产委员会专家建议项目实施过程中能够恰当地使用保护技术，使用经检验有利于文物建筑长期保存的成熟技术，保护文物建筑原有的技术和材料。项目修复过程中，项目组有意传承希瓦当地原有的传统工艺，如希瓦木雕等，而且注意施工防护措施不妨碍再次对文物建筑进行修复。

4.4.2. 与乌方当地政府及专业同行交流协商

项目组在方案制定阶段就注重与乌方当地政府及专业同行进行充分交流（图 4-35 至图 4-39）。在项目实施期间，中方项目组也在现场积极欢迎乌方及专业同行来施工现场参观交流。项目实施过程中遇到乌方政府基于希瓦古城整体发展提出的相关要求，项目组积极回应，在力所能及的范围妥善满足乌方的诉求，满足希瓦古城今后的长远发展，同时建立

本项目采用中国现行的规范及技术标准，结合乌具体情况进行设计和施工，中方项目部人员主动熟悉乌兹别克斯坦国《文化遗产项目保护和利用法》、《考古遗产项目保护和利用法》、《关于继续完善文化遗产项目保护和利用》等本地法律法规，同时注意在实施过程中特殊行业的管理规范和验收规范。

4.4.3. 与项目地居民友好相处

援乌兹别克斯坦花剌子模州历史文化遗迹修复项目，阿米尔·图拉经学院与 khasah-murad 清真寺位于西瓦古城文化遗产核心区内。地理位置特殊，游人较多，当地居民多信奉

伊斯兰教。因此本次修缮过程中的安全、保卫工作及与当地居民的相处为重中之重。尊重伊斯兰居民的生活习惯，在生活上不做伊斯兰居民忌讳的事情。加强思想教育工作，从思想上重视民族和宗教问题。雇用乌兹别克斯坦保安人员与中方值班人员共同对现场安全负责，乌兹别克斯坦保安无语言障碍，易于交流。

4.4.4. 注重乌当地法律法规学习

援乌项目组在乌期间，积极与驻乌使馆经商处沟通。将项目部在乌期间的主要人员工作布置太项目所在地情况及时汇报给使馆经商处。主动组织参与驻乌使馆在乌进行的党建工作，并按照使馆要求规范项目组人员的行为（图4-40）。

当地民众是古迹的真正守护者，援乌兹别克斯坦花剌子模州历史文化遗迹修复项目的每一阶段都有当地技术工人参与，确保修复工作出自熟练、合格、有经验的传统工匠或者在他们指导下的工匠。项目实施中地方传统工艺特色浓郁的分项（分部）工序的施工任务均主要由聘用的乌兹别克斯坦当地工匠来承担，中方侧重于管理工作。项目组提前挑选适合本维修项目的当地劳务作业队伍，并做好技术培训前的准备工作，确保开工前参与施工的人员到位。

在乌工作人员代表国家形象，项目组对入乌工作人员要求规格较高。对所有入乌施工人员进行人品、背景的考察和对工作态度、工作能力进行考核，培训每一位参与项目的人员都应有大局观念，保证国家的利益高于一切（图4-41、42）。

图 4-40 援乌项目组拜会驻乌使馆经商处

同时，项目组建立健全岗位教育和培训制度，对入乌施工人员督促其遵守当地法律法规、宗教信仰和外事纪律，维护其人身财产安全，生活保障、人格尊严，宗教信仰等合法权益、依法、合规处理劳务纠纷。

项目组对《乌兹别克斯坦共和国部长委员会 269 号决议》等法律法规进行了翻译，并确保项目部至少保存一套，供全体管理人员学习，用于指导施工。并组织项目部学习涉外工作的各项相关规定和外事纪律，确保每个入乌人员做到熟练知晓（图 4-43 至图 4-45）。

图 4-41 2016 年，国家文物局副局长、中国文化遗产研究院院长刘曙光在中国文化遗产研究院会见乌兹别克斯坦文物局专家阿布杜萨菲

图 4-42 2019 年，援乌项目组向乌兹别克斯坦文化部部长及相关人员汇报项目进展情况

图 4-43 项目组聘用乌当地工人施工

图 4-44 项目组与希瓦市政府管理人员进行现场沟通　　图 4-45 项目组人员与当地居民家庭聚餐

5. 美美与共、民心相通

希瓦古城修复项目充分考虑当地居民进行宗教活动及社区文化活动的需要，创造公共
活动、停留与文化遗产展示空间，真实、完整地呈现了古城的历史风貌。修复项目较大程度
地提升了希瓦古城北门区域的整体环境品质，在文物建筑保护、基础设施改善、生态环境保
护、当地人民生活水平提高等方面产生了良好的综合社会效益。

5.1. 提升希瓦古城世界遗产地保护管理水平

选择阿米尔·图拉经学院和哈桑·穆拉德库什别吉清真寺文物建筑及希瓦古城北门区域进
行整体文物保护修复和环境整治工作，是基于中国工作队对希瓦古城世界遗产突出普遍价值的
深度认知，以及对当地文化遗产保护的主动担当精神（图5-1）。这一整体保护修复项目可以
增强希瓦古城的保护、展示、阐释和宣传，同时将保护成果惠及当地民众及游客。中国援助乌
兹别克斯坦文化遗产修复项目在希瓦古城主要入口之一的北门建立了鲜明的整体形象，将我国
世界文化遗产保护理念、技术、标准和管理经验带入中亚地区，整体提升了希瓦古城的遗产保
护管理水平。

希瓦古城依钦·卡拉内城于1967年被公布为乌兹别克斯坦文化遗产保护区，1990年被
列入世界文化遗产名录。本项目的维修对象是希瓦古城文化遗产保护区的核心组成部分。在
项目实施过程中，按照《世界遗产公约》及操作指南要求，项目组充分考虑联合国教科文组

 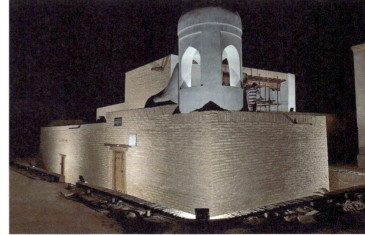

图5-1 基于对世界文化遗产价值认知的经学院（左）和清真寺（右）修复效果

织世界遗产委员会的意见，确保项目修复完成后符合世界文化遗产保护管理要求。

2019 年 12 月，援乌项目通过内部竣工验收，标志着中国在乌开展的首个文物保护修复项目圆满完成（图 5-2、3）。"乌兹别克斯坦副总理拉马托夫在视察该项目时积极评价修复工作，表示希望乌中两国积极交流文物保护修复经验。希瓦市市长朱马尼亚佐夫表示，在乌中两国文物保护工作者的共同努力下，阿米尔·图拉经学院与哈桑·穆拉德库什别吉清真寺已恢复历史风貌；古城北门主干道和居民生活区广场的环境明显改善。"中国文物保护工作者用先进的技术和理念有效保护了宝贵的希瓦古城，工作成果得到联合国教科文组织代表的充分肯定，在促进希瓦旅游业发展的同时，也提升了百姓的幸福感，为古城发展注入新活力。"①

"登上修旧如旧的北门城墙，俯瞰整座古城，美妙景致尽收眼底。如织的游客、嬉戏的孩子穿梭其中，让古城重焕生机。当地居民拉娜说，以前北门口的路坑坑洼洼，一下雨，地面污水横流。孩子上下学很不方便。现在路面平整，照明设施一应俱全，游客也比过去多了很多。"我正计划把我家改造成民宿，在修复工程彻底竣工后，迎接外国游客。"18 岁的迪安黎曾在乌首都塔什干的孔子学院学习汉语，这个特长使他有机会到希瓦古城中国工地实习。"能够参与希瓦古城修复工作，是我一生的骄傲！"②

图 5-2 2018 年，援乌项目中期验收会议

图 5-3 2019 年 12 月，援乌项目内部竣工验收会议

①② 引自原载于人民网，2019 年 12 月 30 日《中国援助乌兹别克斯坦历史文化遗迹修复项目通过验收》。

5.2. 深化中乌及中亚地区间文化遗产保护交流

　　援乌修复项目的顺利实施，是中乌双方密切协同合作的成果。乌兹别克斯坦文化部、乌兹别克斯坦文化和体育部文化遗产保护和利用科研生产总局、希瓦市政府在中方人员赴乌、设备材料采购、入关清关、施工场地利用等方面给予了极大的支持与帮助。乌方为协助中方顺利开展修复工作，向中方推荐了本国具备较强专业技术能力、协调能力的专业技术人员，为中方提供当地传统古建筑修复的技术咨询，并在施工中协助中方沟通希瓦古城相关管理部门，保证了项目顺利推进。

　　在科学实施希瓦古城保护修复项目的同时，中方还注重深化中乌及中亚地区间的文化遗产保护交流。2018年11月，中乌双方在塔什干共同召开"一带一路"文物保护技术国际研讨会——希瓦古城保护与利用国际交流会（图5-4）。会议围绕乌兹别克斯坦花剌子模州历史遗迹修复项目进行文化遗产保护与利用探讨，来自中国、乌兹别克斯坦文化部相关管理人员和专家、哈萨克斯坦文化和体育部文化艺术司及文化和科学研究院、吉尔吉斯斯坦修复科学研究设计院、塔吉克斯坦及土耳其文化遗产保护领域的60余位专家学者参加了研讨会。

图5-4 2018年，国家文物局副局长关强、中国文化遗产研究院院长柴晓明等中方领导、专家与中亚国家文化遗产保护工作者参加"一带一路"文物保护技术国际研讨会-希瓦古城保护与利用国际交流会

图 5-5 2019 年 9 月，乌兹别克斯坦文化部副部长阿济洛娃（左 5）视察援乌项目现场

图 5-6 2019 年，中乌文物保护工作者在乌文物局进行项目会谈

图 5-7 2019 年，乌兹别克项目组整理竣工资料

　　由中国和乌兹别克斯坦联合举办，除两个主办国，还吸引哈萨克斯坦、吉尔吉斯斯坦、塔吉克斯坦、土库曼斯坦等国共 60 余位专家和学者与会。专家们就本国文物保护理念、项目合作，以及修复技术等议题做了经验交流。中国文物遗产保护专家还就中乌两国联合保护世界文化遗产希瓦古城的情况向与会者做了介绍，得到各国专家的认可和赞同。

　　乌兹别克斯坦文化部副部长阿济洛娃说，乌境内拥有 7300 多处文化遗迹，其中希瓦、布哈拉和撒马尔罕等地拥有许多珍贵的世界文化遗产和建筑古迹。乌方非常希望通过这次文物保护研讨会，学习中国及其他国家文化遗产修复经验。中方表示，希瓦古城的保护修复是中国在中亚地区开展的首个文物遗产保护项目。中国愿借助此次文物保护研讨会扩展与"一带一路"沿线国家文物保护部门和学术机构的合作，持续深入地开展跨国联合文化遗产保护。

研讨会上，中外专家们交流了历史上中国和中亚地区文化交往并讨论了"一带一路"背景下文化遗产保护的机遇与挑战，同时交流了各国历史建筑修复方法与技术的应用案例。本次大会也是中国与中亚四国及土耳其间首次遗产保护修复研讨会，旨在以希瓦古城修复项目为契机，促进中国与中亚国家间文化遗产领域的学习借鉴和探讨交流（图5–5至图5–7）。

5.3. 推动遗产活化利用与可持续发展

援乌修复项目注重文物建筑的活化利用和可持续发展。工作队将经学院现有建筑内部空间加以整治修复，并在周边环境设置区域广场、增加排水、照明等设施。并在日常生活中不断与当地居民加深沟通，逐渐在文化理念方面与居民达成共识，积极参与当地居民家庭节事活动，引导社区居民利用历史建筑及其周边设施进行培训、宣传、文化交流等社区活动，并不定期进行交流展览，进行文化宣传活动（图5–8）。

图5-8 遗产修复项目融入当地社区活动

中国工作队在项目实施过程中，充分了解、尊重当地文化传统，在坚持最小干预和保持文物原状原则的同时，综合考虑希瓦古城旅游发展和居民生活，探索综合的文物建筑保护与活化利用方式，为乌兹别克斯坦世界遗产的保护、利用和可持续发展提供了良好的模式和有效的方法。

5.4. 提高当地社会就业及专业人员技术水平

秉承中国传统的"授之以鱼不如授之以渔"合作共赢理念，中国工作队在乌期间积极履行社会责任，雇用当地员工、培养当地人才，带动民生经济，促进两国间文化交流（图5-9、10）。除施工技术组人员由国内派出外，项目技术顾问、工人等尽量雇用当地人。工作队结合当地工作习惯有序安排日常工作，有效地促进了当地的社会就业，得到古城居民的支持和认可。同时，工作队组织国内专家不定期赴现场检查指导工作，加强对乌文物保护技术人员的业务培训，并于2018年9月在中国举办亚洲区域文化遗产保护与管理高级人才培训班，以国际文化遗产合作项目带动提升当地专业人员技术水平。

图5-9 中方技术人员现场培训当地工人

图5-10 中乌双方工人进行现场施工技术交流

图 5-11 阿米尔·图拉经学院修复后

图 5-12 2020 年 3 月，乌兹别克斯坦总统沙夫卡特·米尔济约耶夫视察中国援乌文物保护项目现场

5.5. 实施希瓦古城社会经济长期发展计划

修复项目充分考虑了希瓦古城未来的社会经济发展，结合古城总体规划及相关旅游等专项规划，力求文物保护修复项目的实施能对当地社会经济发展产生长远的积极影响（图 5-11）。2020 年 3 月 12 日，乌兹别克斯坦总统沙夫卡特·米尔济约耶夫到希瓦古城视察了此项援乌历史文化遗迹修复项目。

"米尔济约耶夫表示，文化遗产是乌兹别克斯坦民族的宝贵财富，一砖一石都饱含丰富的历史信息，保护好文化遗产并传递给子孙后代是当代人的责任，为此将设立一所遗产保护修复学校。陪同视察的希瓦市市长朱马尼亚佐夫表示，希瓦古城保护修复合作项目为当地旅游业发展注入了新活力。希望以现有合作为起点，开启乌中文物保护工作者交流与合作的新纪元。"[1]（图 5-12）

① 引自《乌兹别克斯坦总统视察中国援乌历史文化遗迹保护修复合作项目》，原载于人民网，2020 年 3 月 14 日。

修复后的阿米尔·图拉经学院现作为乌兹别克斯坦遗产修复技术培训学院进行活化利用。该培训学院在木雕、抹灰工程、美术艺术和一般修复技术等方面培训当地的年轻修复技术人员（图5-13）。

援乌修复项目通过与乌方建立长期合作机制，让希瓦古城这颗古丝绸之路上的明珠在21世纪的"一带一路"经济带上焕发出新时代的璀璨光芒。

6. 结语：中国智慧、文明互鉴

援助乌兹别克斯坦花剌子模州历史遗迹修复项目是我国在中亚地区实施的第一个援外文物保护修复合作项目。在修复项目实施过程中，中乌双方各级领导人均给予了密切关注与支持。项目得到了中国商务部、中国国家文物局、中国商务部国际经济合作事务局、驻乌大使馆经济商务参赞处和乌兹别克斯坦文化部、乌兹别克斯坦文化和体育部文化遗产保护和利用科研生产总局、希瓦市政府等各方的大力支持。

援乌兹别克斯坦花剌子模州历史文化遗迹修复项目，以文化遗产保护修复理念与方法为主导，以科学实施保护修复项目为目标，兼具文化遗产保护理念提升与保护修复技术创新，融合了花拉子模州当地的社会、文化背景，体现了国际文化遗产保护工作的专业性、长期性、综合性与复杂性。在修复项目实施过程中，中国工作队与当地技术力量深度合作，从希瓦古城的两栋文物建筑修复入手，以点带面地对花剌子模州历史文化遗迹进行详细调查、踏勘、记录和研究，有效实施了综合性保护修复措施，整体区域形成了良好的中国援外文物保护形象，加强中国文物保护在丝绸之路沿线的中外文化交流和国际合作。

同时，项目以遗产保护修复与展示利用为契机，整体提

图5-13 2020年，遗产修复技术培训学院在阿米尔·图拉经学院召开开学日讨论会

升项目区域环境品质，积极参与到当地社区文化建设和社区事务管理中，将遗产保护成果惠及当地民众，不断扩大中国文物保护修复的国际影响力。同时通过各种类型的技术交流促进中国与中亚国家遗产保护人员互相借鉴、学习。展现了中国坚持相互尊重、平等相待的文化交流主张和作为世界遗产大国的责任与担当。

2019年5月，习近平主席在亚洲文明对话大会开幕式主旨演讲中提出："中国愿同各国开展亚洲文化遗产保护行动，为更好传承文明提供必要支撑"。实施亚洲文化遗产保护行动，是习近平主席关于构建人类命运共同体、共建"一带一路"、推动周边外交的有力措施。作为中国在中亚地区实施的第一个援外文物保护修复合作项目，希瓦古城保护修复项目成为亚洲文化遗产保护行动的具体实践，将中乌人文交流拓展至文物保护修复和研究领域，建立中乌文物保护修复合作机制，主动发挥文物保护的文化基础作用，助力夯实"一带一路"国家民心相通的人文基础。刘玉珠局长在《奋力谱写文物事业改革发展新篇章》一文中欣然评价，援外文物保护修复合作与中外联合考古已然成为"一带一路"文化建设的重要收获。

中乌合作保护修复，深化中乌人文交流拓展文物建筑修复和研究领域，夯实了国际文物修复合作的研究基础，充分挖掘历史上的丝路文化交流和当代丝绸之路经济带的文明融合，主动发挥文物保护作为文化基础组成部分的重要作用，是文化遗产保护领域践行"文化走出去"战略与"一带一路"倡议的积极举措。

援乌项目的实施过程中，中方在国际文物保护合作项目中贡献了中国智慧，谱写两国友谊佳话。希瓦古城这颗古丝绸之路上的明珠焕发出新时代的璀璨光芒，文物保护在21世纪的"一带一路"沿线谱写了中国与中亚地区文明交流互鉴的当代新篇章。

主要参考文献

[1] Baipakov, K M & Pidayev, Sh R (eds). *Prominent Archaeological Sites of Central Asia onthe Great Silk Road* [M] Samarkand: ICAS., (2011) .

[2] Baumer, C. *Traces in the Desert: Journeys of Discovery Across Central Asia* [M] London: I B Tauris. (2008).

[3] Baypakov, K (ed). *Artistic Culture of Central Asia and Azebaijan in the 9th-15th Centuries*[M]. Samarkand/Tashkent: International Institute for Central Asian Studies, (2011).

[4] Bennison, A K & Gascoigne, A (eds). *Cities in the Pre-modern Islamic world: the Urban IMPact of Religion, State and Society* [M]. London: Routledge, (2007) .

[5] Bregel, Y. *An Historical Atlas of Central Asia* [M] Leiden: Brill. (2003) .

[6] Christian, D. *Silk Roads or Steppe Roads? The Silk Roads in World History,* Journal of World History 11 (1): 1–26, (2000) .

[7] Ciolek, T M. *Old World Trade Routes (OWTRAD) Notation System: A Method for Standardising and Computerising Geographical and Logistical Data about Longdistance Transportation/ Communication Routes.* OWTRAD: Accessed 2/3/2011, (2006).

[8] Cleere, H. *Serial Nomination of the Silk Roads to the World Heritage List: A Concept Paper,* (2006).

[9] de la Vaissiè re, È. *Sogdian Traders: A History*. Leiden: Brill, (2005)

[10] Di Cosmo, N. *Ancient City-States of the Tarim Basin*, in Hansen, M H (ed) A CoMParative Study of Thirty City-State Cultures 393-407. Copenhagen: Royal Danish Academy of Sciences and Letters, (2000) .

[11] Hansen, V. *The Silk Road: A New History*. Oxford: Oxford University Press, (2012).

[12] 朱岩石 . 中国考古学对境外丝绸之路古城考古的独特贡献——以乌兹别克斯坦明铁佩古城遗址考古发掘与研究为例 [J]. 民主与科学 ,2018(01):21—25.

[13] 旷薇 , 邵磊 . 丝绸之路商贸城市布哈拉古城保护与利用 [J]. 中国名城 ,2013(12):66—70.

[14] 王建新 . 丝绸之路的历史与重建新丝绸之路 [A]. 陕西省省委宣传部、陕西省社会科学界联合会 ."中国梦：道路·精神·力量"——陕西省社科界第七届（2013）学术年会论文集 [C]. 陕西省省委宣传部、陕西省社会科学界联合会 : 陕西省社会科学界联合会 ,2013:11.

[15] 钱云 , 张敏 . 撒马尔罕古城保护系列规划设计——帖木儿时期古城测绘与概念性保护规划 (1995-1997)[J]. 国外城市规划 ,2005(04):94—97.

[16] 胡洋 , 张敏 . 撒马尔罕传统建筑概述 [J]. 中国名城 ,2015(11):76—83.

[17] 袁剑 , 刘玺鸿 . 近代中国视野中的乌兹别克斯坦：背景、认知与演变——以清末民国时期的国内报刊记述为例 [J]. 南京政治学院学报 ,2017,33(04):92—98.

[18] 乐玲 . 10-12 世纪陆上丝绸之路交通道路网络复原 [D]. 陕西师范大学 ,2017.

[19] 李琪 . 帖木尔王朝时期中亚建筑艺术的主要特点 [J]. 西域研究 ,2010(01):93—97.

[20] 莫合德尔·亚森 . 新疆与中亚地区伊斯兰教建筑的装饰特征 [J]. 美术观察 ,2009(11):112.

[21] 王晓玲 . 中亚伊斯兰教建筑的营造法式与艺术风格 [J]. 美术观察 ,2009(05):111.

[22] 李雄飞 , 樊新和 . 伊斯兰文化东渐的遗踪（续）——陆上丝绸之路名城喀什中亚风格清真寺建筑构图研究 [J]. 华中建筑 ,2009,27(01):229—238

（本文中未注明出处的图纸、图片均为项目成果，为作者自绘或拍摄。）

（本章执笔：王晶、刘志娟、李明松、阎明）

后 记

　　对外援助文物保护工程项目是中国文化遗产保护国际交流与合作的重要内容，是一项具有综合性与专业性的文化遗产保护科学事业。

　　在实施援外文物保护项目期间，我们先后得到了中华人民共和国商务部、中国国际发展合作署、中国国家文物局、商务部国际经济合作事务局、中国驻柬埔寨、尼泊尔和乌兹别克斯坦大使馆及使馆经商处、尼泊尔考古局、柬埔寨吴哥古迹保护与发展管理局（APSARA）、乌兹别克斯坦文化部航空航天及旅游局等国内外多方面的指导和帮助。国家文物局领导及有关司室同志对各援外项目均给予了长期的指导和大力的支持。

　　针对援外项目所具有的长期性、复杂性和多学科合作等特点，中国文化遗产研究院选派了院内多专业、跨部门的多位同仁组建各援外项目组，大家协同合作、群策群力，因此每个援外项目都是项目组所有参与人员的集体智慧成果。援柬茶胶寺修复项目实施期间，时任文研院总工程师的侯卫东研究员、乔云飞研究员都为推进茶胶寺项目的顺利开展付出了极大的辛劳；在援尼九层神庙修复项目中，院工程所的袁毓杰高级工程师及其他同事克服现场艰苦的条件与身体不适，圆满完成了九层神庙的现场勘查测绘与设计工作；在援乌兹别克斯坦希瓦古城修复项目的现场勘查期间，时任工程所所长的乔云飞研究员在乌兹别克斯坦冬季最冷的时候坚守在古城项目现场 40 余天，与勘察人员共同完成了对希瓦古城修复文物建筑及其环境的全面勘察与信息记录，为项目顺利实施奠定了坚实的基础。

　　文物保护援外成套项目的管理单位作为援外项目实施全过程的现场监督与管理主体，亦对项目付出了极大的心血。河北省古代建筑保护研究所、四川省文物考古研究院、陕西省文化遗产研究院、浙江省古建筑设计研究院等单位均对各项援外项目在境外的顺利开展给予了大力的支持，在此一并表示诚挚的感谢！

　　这些援外项目涉及石质文物、木构建筑及砖木结构建筑的修复与综合环境整治等多个领域，且境外实施难度较大，因此，在项目实施过程中，中国驻各国使馆、中外方领导、专家、学者在现场对修复项目提供了真诚的帮助和专业的指导。

　　柬埔寨索安（Sok An）副首相、APSARA 局索曼（Sum Map）局长、保护和发展吴哥古

迹国际协调委员会（ICC-Angkor）永久秘书贝逍客（Azedine Beschaouch）教授、APSARA
局郝鹏（Hang Peou）局长、尼泊尔文化、旅游、民用航空部考古局布赫希·纳拉扬·达哈
尔（Bhesh Narayan Dahal）局长、达莫达尔·高塔姆（Damodar Gautam）局长、加德满都杜
巴广场九层神庙博物馆阿茹娜（Aruna Nakarmi）馆长、乌兹别克斯坦文化部文化遗产保护
和利用科研生产总局阿布都萨菲（Rakhmonov Abdusafi Rafikovich）教授、乌兹别克斯坦花剌
子模州法荷德奥（Farhod O'rozboyevich Ermanov）州长、希瓦市索布尔（Sobir Jumaniyazov）
市长等外方领导、专家为各援外项目现场提供了切实的帮助，有力保障了援外项目在境外的
顺利开展。清华大学吕舟教授、故宫博物院李季研究员、李永革高级工程师、中国文化遗产
研究院吴加安研究员、詹长法研究员、清华大学建筑设计研究院崔光海高级工程师等国内各
领域专家、学者对各援外项目在现场也给予了悉心的指导与帮助！

　　此次援外文物保护项目成果的集结出版，得到了每位项目参与者的大力支持。各位援
外文物保护工作者积极提供了全面的项目资料，并对一些重点内容进行了重新校核，在此对
各位的工作表示深切的谢意。刘曙光研究员、李季研究员、吕舟教授等专家在书稿编纂过程
中及成卷后均给予了很多中肯的意见和建议，在此一并表示感谢！

　　先后参与援外文物保护合作项目的中外方工作人员以及各国当地工人共有约百余人，
在此一并表示最诚挚的感谢！

　　一、《援尼泊尔加德满都杜巴广场九层神庙修复项目》主要参与人员：

　　许言、乔云飞、袁毓杰、周建国、刘志娟、郭倩如、袁濛茜、黄雯兰、徐琳琳、苑凯莉、
王晶、贾宁、王翊赜、赵燕鹏、炳军良、熊江捞、赵彬、Busburale、Jetgten、Boghalese 等。

　　二、《援柬埔寨吴哥古迹茶胶寺修复项目》主要参与人员：

　　许言、侯卫东、乔云飞、温玉清、乔梁、王元林、余建立、黄雯兰、袁濛茜、金昭宇、
刘志娟、顾军、袁毓杰、李宏松、张兵峰、颜华、刘江、于志飞、葛琴雅、陈青、王晶、赵燕鹏、
阎明、张宪文、张秋艳、孙延忠、周西安、史高峰、San Kosal、Chhook Somala、Em Uom、
Lom Sopheap、Kum Koeum 等。

　　三、《援乌兹别克斯坦花剌子模州历史文化遗迹保护修复项目》主要参与人员：

　　许言、乔云飞、阎明、刘志娟、袁毓杰、王晶、黄健、陈晖、赵燕鹏、黄雯兰、袁濛茜、
苑凯莉、颜华、于志飞、熊焕忠、熊二忠、Jakhangir Rakhmanov 等。

Epilogue

As an important constituent part of China's international exchange and cooperation, foreign aid cultural heritage conservation and restoration projects involve comprehensive and professional scientific endeavor.

During the implementation of foreign aid cultural heritage conservation projects, we have received guidance and help from the Ministry of Commerce of PRC, China International Development Cooperation Agency, National Cultural Heritage Administration of China, Agency for International Economic Cooperation, Ministry of Commerce of PRC, Embassy of China in Cambodia and Economic and Commercial Office thereof, Embassy of China in Nepal and Economic and Commercial Office thereof, Embassy of China in Uzbekistan and Economic and Commercial Office thereof, Department of Archaeology of Nepal, Cambodian APSARA Authority, Aerospace and Tourism Bureau of Ministry of Culture of Uzbekistan, etc. Our foreign aid projects have also received long-term guidance and strong support from leaders and people from relevant departments and offices of the National Cultural Heritage Administration.

In response to the long-term, complex and multidisciplinary nature of foreign aid projects, the Chinese Academy of Cultural Heritage has selected and sent many multidisciplinary colleagues from its various departments to set up foreign aid project teams to collaborate and make collective efforts, therefore, each foreign aid project is the result of collective wisdom of all project participants. During the implementation of the aid restoration project of the Ta Keo Temple in Cambodia, Researcher Hou Weidong, who was then the Chief Engineer of CACH, and Researcher Qiao Yunfei worked very hard to promote the smooth proceeding of the project; in the aid restoration project of the Nine-storeyed Basantapur Tower in Nepal, Senior Engineer Yuan Yujie of the Engineering Institute of Chinese Academy of Cultural Heritage (CACH) and other colleagues overcame the difficult site conditions and physical discomfort to successfully complete the site survey and mapping and design; during the site survey of the aid restoration project of the Khiva Ancient City in Uzbekistan, Researcher Qiao

Yunfei, who was then the head of Engineering Institute, stuck to the ancient city project site for more than 40 days during the coldest period of winter in Uzbekistan and completed comprehensive surveys and information recording of the buildings to restore and their environment in the Khiva Ancient City, which laid a solid foundation for the smooth implementation of the project.

The management entities of those foreign aid cultural heritage conservation projects have also put great efforts into the projects as on-site supervisors and managers for the whole process of project implementation. Hebei Institute of Ancient Architecture Protection, Sichuan Provincial Cultural Relics and Archeology Research Institute, Shanxi Provincial Institute of Cultural Heritage, Zhejiang Institute of Traditional Architectural Design & Research, etc. have given strong support to the smooth implementation of foreign aid projects outside China, to which we'd like to express our sincere gratitude here!

These foreign aid projects involve the restoration of stone cultural heritage, wooden architecture and brick-wood architecture, comprehensive environmental improvement, and other fields, and it is difficult to implement projects overseas, therefore, the Chinese embassies in the related countries and Chinese and foreign leaders, experts and scholars have provided sincere help and professional guidance on the restoration project sites during project implementation.

Foreign leaders and experts, including Deputy Prime Minister Sok An of Cambodia, Director General Sum Map of APSARA, Permanent Secretary Prof. Azedine Beschaouch of ICC-Angkor, Director General Hang Peou of APSARA, former Director General Bhesh Narayan Dahal of Department of Archaeology, Nepal, Director General Damodar Gautam of Department of Archaeology, Nepal, Director Aruna Nakarmi of Nine-storeyed Basantapur Tower Museum in Durbar Square in Kathmandu, Prof. Rakhmonov Abdusafi Rafikovich from the General Office for Scientific-Production for Preservation and Utilization of Objects of the Cultural Heritage of the Ministry of Culture of Uzbekistan, Governor Farhod O'rozboyevich Ermanov of Khwarazm, Uzbekistan, and Mayor Sobir Jumaniyazov of Khiva, provided solid assistance to the foreign aid projects and strongly ensured the smooth implementation of foreign aid projects abroad. Domestic experts and scholars in various fields, including Prof. Lyu Zhou of Tsinghua University, Researcher Li Ji and Senior Engineer Li Yongge of The Palace Museum, Researcher Wu Anjia and Researcher Zhan Changfa of the Chinese Academy of Cultural Heritage, and Senior Engineer Cui Guanghai of Architectural Design and Research Institute of Tsinghua University, gave careful guidance and help on the foreign aid project sites!

The collection and publication of the achievements of the foreign aid cultural heritage conservation projects have received strong support from each project participant. Workers engaged in foreign aid cultural heritage conservation have actively provided comprehensive project data and re-checked some of the key content, to whom we'd like to express our deep gratitude here for their work. Researcher Liu Shuguang, Researcher Li Ji, Prof. Lyu Zhou, etc. have given pertinent comments and suggestions in the compilation process and after the completion of volumes, to whom we'd also like to express our thanks here.

There have been more than one hundred Chinese and foreign staff members and local workers of the related countries involved in the foreign aid cultural heritage cooperation projects, to whom we'd like to express our most sincere thanks here!

I. Main participants of the "Chinese Aid Restoration Project of the Nine-storeyed Basantapur Tower in Kathmandu Durbar Square, Nepal" :

Xu Yan, Qiao Yunfei, Yuan Yujie, Zhou Jianguo, Liu Zhijuan, Guo Qianru, Yuan Mengxi, Huang Wenlan, Xu Linlin, Yuan Kaili, Wang Jing, Jia Ning, Wang Yize, Zhao Yanpeng, Bing Junliang, Xiong Jianglao, Zhao Bin, Busburale, Jetgten, Boghalese, et al.

II. Main participants of the "Chinese Aid Restoration Project of Ta Keo Temple of Angkor in Cambodia" :

Xu Yan, Hou Weidong, Qiao Yunfei, Wen Yuqing, Qiao Liang, Wang Yuanlin, Yu Jianli, Huang Wenlan, Yuan Mengxi, Jin Zhaoyu, Liu Zhijuan, Gu Jun, Yuan Yujie, Li Hongsong, Zhang Bingfeng, Yan Hua, Liu Jiang, Yu Zhifei, Ge Qinya, Chen Qing, Wang Jing, Zhao Yanpeng, Yan Ming, Zhang Xianwen, Zhang Qiuyan, Sun Yanzhong, Zhou Xi'an, Shi Gaofeng, San Kosal, Chhook Somala, Em Uom, Lom Sopheap, Kum Koeum, et al.

III. Main participants of the "Chinese Aid Conservation and Restoration Project of Historical Cultural Heritage of Khwarazm of Uzbekistan" :

Xu Yan, Qiao Yunfei, Yan Ming, Liu Zhijuan, Yuan Yujie, Wang Jing, Huang Jian, Chen Hui, Zhao Yanpeng, Huang Wenlan, Yuan Mengxi, Yuan Kaili, Yan Hua, Yu Zhifei, Xiong Huanzhong, Xiong Erzhong, Jakhangir Rakhmanov, et al.